互通式立交优化设计原理与方法

李 涛　富志鹏　林宣财　潘兵宏　张江洪 **编著**
吴明先　吴善根 **主审**

人民交通出版社股份有限公司
北京

内 容 提 要

本书原创性地提出了高速公路主线分合流区车道交通数字化主动管控设计原理,并系统阐述了互通式立交优化设计原理与方法。全书分3篇共9章。第1篇主要介绍主线分合流区关键技术指标的确定原理,建立、完善互通式立交设计指标体系。第2篇重点介绍主线分合流区车道交通数字化主动管控系统与交通安全综合保障技术的基本原理,为多车道高速公路智慧交通的组织管理提供标准化、规范化的设计方案。第3篇主要对《公路路线设计规范》(JTG D20—2017)和《公路立体交叉设计细则》(JTG/T D21—2014)中相关规定的原理进行深入解读,解释关键技术指标的来源,同时基于总结性、创新性与原创性研究成果,阐述灵活运用技术指标的方法。本书列举了较多典型工程案例剖析,供同行借鉴、参考。

本书为互通式立交设计、车道交通数字化主动管控设计与交通安全设施设计的实用参考书,为从事公路总体、互通式立交、智慧高速公路与交通安全设施专业的广大设计、管理、科研人员提供了理论指导和设计指南,也可供高校相关专业师生参考阅读。

图书在版编目(CIP)数据

互通式立交优化设计原理与方法 / 李涛等编著. —北京:人民交通出版社股份有限公司,2023.11
ISBN 978-7-114-19054-4

Ⅰ.①互… Ⅱ.①李… Ⅲ.①互通式立交—最优设计—研究 Ⅳ.①U412.35

中国国家版本馆 CIP 数据核字(2023)第 207785 号

Hutongshi Lijiao Youhua Sheji Yuanli yu Fangfa

书　　名:	互通式立交优化设计原理与方法
著 作 者:	李　涛　富志鹏　林宣财　潘兵宏　张江洪
责任编辑:	丁　遥
责任校对:	赵媛媛
责任印制:	张　凯
出版发行:	人民交通出版社股份有限公司
地　　址:	(100011)北京市朝阳区安定门外外馆斜街3号
网　　址:	http://www.ccpcl.com.cn
销售电话:	(010)59757973
总 经 销:	人民交通出版社股份有限公司发行部
经　　销:	各地新华书店
印　　刷:	北京市密东印刷有限公司
开　　本:	787×1092　1/16
印　　张:	22.75
字　　数:	540千
版　　次:	2023年11月　第1版
印　　次:	2023年11月　第1次印刷
书　　号:	ISBN 978-7-114-19054-4
定　　价:	120.00元

(有印刷、装订质量问题的图书,由本公司负责调换)

序
PREFACE

新中国成立以来,我国公路交通总体经历了从"瓶颈制约"到"初步缓解",再到"基本适应"的发展历程,取得了历史性的成就。截至2022年底,我国公路总里程达到535.48万km,其中高速公路里程17.73万km,国省干线公路连接了全国县级及以上行政区,干支衔接、四通八达的公路网已经形成。

2019年9月和2021年2月中共中央、国务院发布了《交通强国建设纲要》和《国家综合立体交通网规划纲要》,将交通强国从行业发展战略上升到国家战略层面,这两个纲要擘画了我国交通运输发展的宏伟蓝图。党的二十大报告指出"坚持把发展经济的着力点放在实体经济上,推进新型工业化,加快建设制造强国、质量强国、航天强国、交通强国、网络强国、数字中国",再次明确了建设交通强国的战略定位。

"十四五"时期是我国全面建成小康社会、实现第一个百年奋斗目标之后,乘势而上开启全面建设社会主义现代化国家新征程、向第二个百年奋斗目标进军的第一个五年,也是加快建设交通强国、构建国家综合立体交通网的关键时期。国家经济快速发展,民众出行需求不断变化,对高速公路的服务质量提出了更高的要求,不仅要安全快捷,也要舒适愉悦。对标"人民满意、保障有力、世界前列"的交通强国建设总目标,高速公路建设的关键技术指标和管理手段等也需与时俱进,进一步更新和完善。

中交第一公路勘察设计研究院有限公司(以下简称一公院)作为我国交通规划设计咨询行业领军企业,70年来不仅在国内外承担了大量复杂的公路建设项目,还承担了《公路工程技术标准》《公路路线设计规范》等标准、规范的编制工作。一公院长期重视科研与工程实际的结合,秉承"解工程难题,填行业空白,引领行业技术进步"的职责使命,坚持问题导向、需求导向、目标导向和应用导向,对事关高速公路建设方案、工程造价与行车安全等影响比较大的四大方面问题开展了系统的技术攻关,在复杂环境公路路线优化设计原理与方法、高速公路连续长大纵坡路段平均纵坡的合理控制、互通式立交出入口技术指标体系与安全保障技术、高速公路停车视距与识别视距及对交通安全的影响等方面取得了丰硕的创新性研究成果,这些成果对促进和提升我国高速公路设计水平具有重要意义和参考价值。

为了更好地推广、应用既有研究成果,一公院组织负责参加课题研究的资深专家,在研究成果及学术论文基础上,编撰了三本专著,分别为《公路路线优化设计原理与方法》《互通式立交优化设计原理与方法》和《互通式立交出入口与隧道口小净距路段交通安全保障技术》,全面系统地阐述了公路路线设计中关键技术指标及典型问题的优化设计原理和优化设计方法,理论性、实践性都很强。我们期待专著的出版能对新建公路复杂环境路段和高速公路改扩建工程合理运用技术指标及灵活设计起到积极的促进作用,助力在加快建设交通强国中实现"一流设施"的建设目标。

2023 年 7 月

前言
FOREWORD

随着公路网的不断完善,我国高速公路建设取得了举世瞩目的成就,积累了丰富的经验。一公院(参加单位长安大学)于2018年开始针对高速公路路线及互通式立交在安全性、舒适性优化设计方面存在的典型关键技术问题,在既有研究成果的基础上开展了系统的总结性、创新性及原创性研究。经过4年多的深入调查、实验、分析与研究,取得了丰硕的成果:完成了《高速公路路线及互通式立交安全性优化设计研究》专题研究报告(含6个子课题),在国内核心期刊发表了40余篇学术论文,申请了系列专利,完成了系列专著的编著。本书系统总结了我国高速公路互通式立交设计中关键技术指标及相关规定的典型问题和焦点问题,以安全性研究成果为基础,以舒适性高质量建设为目标,在设计实践总结和科学研究成果的基础上,系统阐述了互通式立交设计中关键技术指标及相关规定的典型问题优化设计原理和优化设计方法。

我国高速公路里程于2022年底达到17.73万km,位居世界第一。我国《公路路线设计规范》中路线技术指标及相关规定的历次修订,除了配套专项研究成果起到了主要支撑作用外,还参考了《日本高速公路设计要领》和美国《公路与城市道路几何设计》中的相关规定。因此,我国公路路线主要技术指标及相关规定与美国、日本较为一致。但在实际运用中也发现存在如下几个方面的典型问题和焦点问题:①互通式立交出口识别视距界定范围不够明确,且规定值偏大,难以指导出口附近路段主线平纵面线形指标的合理运用,简单套用受条件限制时可采用1.25倍的停车视距又偏小,不加以限速控制,难以保障出口附近路段的交通安全;②互通式立交出口前的2km、1km和500m出口预告标志与分流区内侧车道的分流车辆换道轨迹不匹配，缺少提升出口分流区交通安全的标志标线等设施的设置规定；③主线平纵面线形指标对新建工程和改扩建工程中复杂环境路段的方案布设及工程造价影响较大，因缺乏安全性与灵活性应用的基本原理，设计人员和管理者难以根据具体情况灵活处置，容易造成工程造价增加较多或既有工程废弃较多；④部分安全保障措施只作定性规定，缺乏可操作性，造成设计中难以掌握，对互通式立交选址、方案布设及工程造价影响非常大；⑤对复杂型互通式立交方案布设及工程造价影响较大的一些规定，缺少与匝道交通量及交织区最小交织长度相关联的具体选用原则和技术要求，设计人员在实际应用时难以合理把握；⑥部分规定，规范与细则不一致，包括有些指标前后之间的规定也不一致，造成运用时难以取舍，或应用指标时不得不"就高不就低"，造成工程规模增大较多。

规范中的上述问题是我国高速公路跨越式发展中存在的一些关键技术难点，针对这些问题我国学者一直不遗余力地进行调查分析与研究，相应研究成果为不同时期的建设项目提供了非常有价值的技术支撑，为我国高速公路高质量建设与发展奠定了科学基础。本书配套课题"高速公路路线及互通式立交安全性优化设计研究"，重点针对高速公路路线及互通式立交中技术指标及相关规定在实际运用中存在难以灵活运用的典型问题，从已建高速公路交通数据调查和交通事故多发诱因着手研究，旨在为公路路线及互通式立交安全性设计方面提出较为可靠的理论基础与实践应用方法，为建设高质量的公路奠定理论基础。期待本书能为高度城镇化地区互通式立交群、小交通量复杂型互通式立交和高速公路改扩建工程中的互通式立交合理运用技术指标及灵活设计提供技术支撑，为提升互通式立交出入口交通安全提供智慧交通设计原理与方法。

本书配套科研项目的主要创新性及原创性成果如下：

(1) 研究构建了主线分合流区车辆换道距离、互通式立交出入口识别视距、互通式立交出入口间距、互通式立交出入口与隧道口最小净距等关键指标的理论计算模型。

(2) 提出了高速公路出入口识别视距、主线侧和匝道相邻出入口间距值、互通式立交间及与其他设施的最小净距值、分合流区换道导航启动区间、换道区间、匝道横断面宽度取值及加宽值等关键技术指标。

(3)形成了互通式立交出入口距离控制指标、导航启动区间与换道区间指标、互通式立交分合流区车道交通数字化主动管控系统、主线出入口与隧道口小净距路段交通安全保障技术等方法和指标体系。

(4)对互通式立交部分关键指标规定原理不清晰的问题进行了释义,为灵活运用规范设计指标提供了重要的理论支撑,也为《公路路线设计规范》(JTG D20—2017)中的互通式立交部分的修订提供了重要参考依据。

本书为我国互通式立交设计中存在的典型关键技术难点的重要研究成果,其中包括互通式立交分合流区车道交通数字化主动管控原理与方法。全书分3篇共9章。第1篇主要介绍主线分合流区车辆换道模型与关键参数,并全面科学地阐述了互通式立交主线分合流区关键技术指标的确定原理,建立了相应的关键技术指标,其中部分指标填补了规范的空白,部分指标得到了优化,从而完善了互通式立交设计指标体系,为互通式立交优化设计提供了科学依据。第2篇重点介绍主线分合流区车道交通数字化主动管控系统与交通安全综合保障技术的基本原理,为多车道高速公路智慧交通的组织管理提供了标准化、规范化设计方案,对提升互通式立交出入口路段的通行效率和运营安全具有重要的参考价值。第3篇主要对《公路路线设计规范》(JTG D20—2017)与《公路立体交叉设计细则》(JTG/T D21—2014)中相关规定的原理进行了深入解读,解释关键技术指标的来源,同时基于实践经验的总结性、创新性、原创性研究成果,阐述了灵活运用互通式立交设计指标的方法。本书也列举了较多典型工程案例剖析,供同行借鉴、参考。

本书由李涛、富志鹏、林宣财、潘兵宏(长安大学)、张江洪编著,由吴明先、吴善根主审。参加本书撰写的人员还有:黄治炉、刘禹同(长安大学)、王松、白皓晨、任春宁、李瑞杰、孔令臣、郑秉乾、靖勃、余大洲、王贵山、柳银芳、罗京、吴涛、刘智、刘建斌、林频频、韩立军、张婷、付元坤、宋帅、王旭鹏等。在本书编著过程中,赵永国、汪晶、赵力国、杨晓冬、任海峰、陈彬、石剑兴等专家提供了指导和帮助,提出的宝贵意见与建议对提升专著质量起到显著的作用。本书的出版得到了一公院科技创新基金项目的资助,人民交通出版社股份有限公司对本书的出版给予了大力支持,在此一并表示感谢。

本书的主要内容属于对智慧交通设计和工程设计依据的总结性、创新性及原创性研究成果,对指导互通式立交设计实践、实现公路灵活设计、促进我国高速公路高质量发展具有较高价值,对指导互通式立交分合流区车道级智慧交通设计实践、提升出入口交通安全也具有较高实用价值。由于编著者水平有限,书中难免有错误与不妥之处,恳请批评指正。来函请寄中交第一公路勘察设计研究院有限公司(陕西省西安市高新区科技二路63号,邮编:710075,联系电话:029-88322888,邮箱:linxc8616@163.com)。

编著者

2023 年 7 月

目录
CONTENTS

第1篇 互通式立交分合流区关键设计指标的原理与应用

第1章 主线分合流区换道距离与识别视距 ... 3
1.1 主线分合流区与出口识别位置的界定 ... 4
1.2 车辆换道一次总距离与换道距离计算参数 ... 11
1.3 主线分合流区不同车道车辆的最小换道距离 ... 17
1.4 主线出入口识别视距与平、竖曲线最小半径 ... 23

第2章 主线同侧相邻出入口最小间距设计指标 ... 45
2.1 主线同侧分合流最小间距 ... 46
2.2 辅助车道与集散车道交织区最小长度 ... 54
2.3 主线出入口与隧道口之间最小净距 ... 75

第3章 互通式立交优化设计指标体系及关键技术指标 ... 89
3.1 互通式立交优化设计技术指标体系 ... 90

3.2 互通式立交优化设计关键技术指标 ················· 93
3.3 主线分合流区车道交通数字化主动管控关键技术指标 ················· 96

第2篇
互通式立交出入口智慧交通主动管控原理与方法

第4章 主线分合流区车道交通数字化主动管控系统　101
4.1 主线分合流区交通安全综合保障基本框架 ················· 102
4.2 主线分合流区车道交通数字化主动管控系统 ················· 109
4.3 主线出入口与隧道口小净距路段车道交通数字化主动管控系统 ················· 117

第5章 主线分合流区路段交通安全综合保障措施　129
5.1 主线分合流区路段交通安全综合保障措施 ················· 130
5.2 主线出入口与隧道口小净距路段提升交通安全的保障措施 ················· 137

第3篇
互通式立交相关规定和指标的理解与优化设计

第6章 互通式立交总体规划设计　149
6.1 互通式立交总体设计控制要素 ················· 150
6.2 互通式立交规划设计要领 ················· 155
6.3 互通式立交总体设计 ················· 166

第7章 互通式立交平纵面与横断面优化设计　169
7.1 互通式立交主线、匝道平纵面线形设计 ················· 170
7.2 互通式立交匝道横断面设计 ················· 183

7.3 互通式立交内的平面交叉设计 ……………………………………………… 211

7.4 互通式立交范围内的停车视距与保证措施 ……………………………… 220

第8章 互通式立交分合流连接部优化设计　231

8.1 主线侧变速车道连接部设计 …………………………………………… 232

8.2 主线及匝道分合流连接部设计 ………………………………………… 248

8.3 辅助车道与集散车道设计 ……………………………………………… 261

第9章 互通式立交方案优化设计　271

9.1 互通式立交常用形式及适应条件 ……………………………………… 272

9.2 单喇叭形及变形互通式立交灵活性设计 ……………………………… 292

9.3 变形苜蓿叶形互通式立交方案优化设计 ……………………………… 302

9.4 复合式互通式立交方案优化设计 ……………………………………… 316

9.5 主线出入口与隧道口小净距路段互通式立交方案优化设计 ………… 326

参考文献　345

第 1 篇 —— PART 1 ——

互通式立交分合流区关键设计指标的原理与应用

第 1 章
CHAPTER 1 》

主线分合流区换道距离与识别视距

> **本章导读**
>
> 在互通式立交出口前,若内侧车道的驶出车辆未能及时换道至最外侧车道,在出口附近一旦出现强行换道或紧急制动减速等行为,极易诱发交通事故。在互通式立交入口汇入区前后,若主线直行车辆未能及时避让匝道驶入主线或驶入主线后换道调整进入内侧车道的小客车,在入口附近容易发生交通事故。本章重点研究主线分合流区不同车道的车辆换道设计模型及其关键参数,为主线连续分合流最小间距设计指标的确定提供理论依据,并依据换道原理提出出入口识别视距及对应临界圆曲线半径指标,为制定互通式立交出入口范围内的主线技术标准提供科学依据,也为主线分合流区交通数字化主动管控提供科学原理。

1.1 主线分合流区与出口识别位置的界定

1.1.1 主线出入口分合流区的基本概念

1) 分流区基本概念

高速公路最内侧车道的车辆换道至最外侧车道全过程所需要的距离称为换道区间最小净距,位于互通式立交出口前驶出车辆的换道区间可称为互通式立交出口分流区。以双向四车道高速公路为例,正常路段互通式立交出口前分流区最小净距(换道区间)由标志视认距离 L_1、判断决策距离 L_2、换道等待距离 L_3、换道行驶距离 L_4 和安全富余距离 L_5 组成,其计算模式如图 1-1-1a)所示。隧道出口至互通式立交出口小净距路段间分流区最小净距还需考虑隧道出口洞外明适应距离 L_0,如图 1-1-1b)所示。

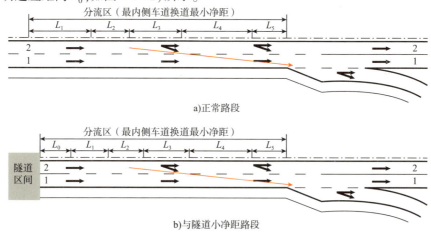

图 1-1-1 互通式立交主线出口分流区示意图

2) 匝道入口合流汇入区、合流避让区与合流调整区基本概念

高速公路互通式立交加速车道及三角渐变段区间为匝道入口与主线合流区间,该区间称为匝道入口合流汇入区(简称合流汇入区)。在合流汇入区前,当主线最外侧车道上的车辆发现并看清匝道入口位置及驶入加速车道的车辆时,为了避免因速度差可能造成的碰撞事故,小客车驾驶人一般采取向内侧车道换道行驶方式避让合流车辆,货车驾驶人则一般采取减速方式避让。合流汇入区前主线最外侧车道车辆为了避让匝道入口合流车辆所需要的换道避让区间称为匝道入口合流换道避让区(简称合流避让区)。在合流汇入区之后,从匝道进入主线的小客车需要换道至内侧车道,其换道过程将对内侧车道交通安全产生影响,该换道过程所需要的区间称为匝道入口合流换道调整区(简称合流调整区)。匝道入口合流汇入区、合流避让区和合流调整区统称为匝道入口合流影响区。正常路段互通式立交主线合流避让区与合流调整区最小净距均由标志视认距离 L_1、判断决策距离 L_2、换道等待距离 L_3、换道行驶距离 L_4 组成,其计算模式如图 1-1-2a)所示。隧道出口至互通式立交入口之间或互通式立交入口至隧道入口小净距路段间,最小净距分别还需考虑隧道出口洞外明适应距离 L_0 或隧道入口洞外暗适应距离 L_{10},如图 1-1-2b)所示。在隧道出口后,若驾驶人已在隧道内完成标志视认,或在隧道入口前能直接看到隧道洞口时,最小净距可不考虑标志视认距离。

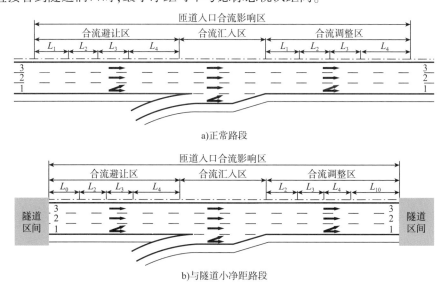

图 1-1-2 互通式立交匝道入口合流影响区示意图

1.1.2 互通式立交出入口变速车道基本概念

根据匝道车道数,互通式立交出入口分为单车道出入口和双车道出入口两种形式;根据车道数平衡要求,分为有辅助车道与无辅助车道两种情况;根据变速车道的设置形式,又分为平行式和直接式两种。

1) 主线出口减速车道

出口减速车道包括直接式减速车道和平行式减速车道两种形式(图 1-1-3),其中直接式减速车道是以一定的渐变率平顺地与主线形成有效衔接的外侧附加车道,其线形符合驾驶人行车轨迹,以流出角驶离主线的车辆无须再进行方向回正。平行式减速车道是按一定渐变率与主线分离达到一个车道宽度(渐变段)后与主线保持平行的外侧附加车道,在分流鼻端附近采用曲线与匝道相接。平行式减速车道利于驾驶人识别,但分流车辆的行驶轨迹为S形,通常被认为舒适性较差。因此《公路路线设计规范》(JTG D20—2017)(以下简称2017年版《路线规范》)规定主线出口减速车道为单车道时宜采用直接式,为双车道时应采用直接式。

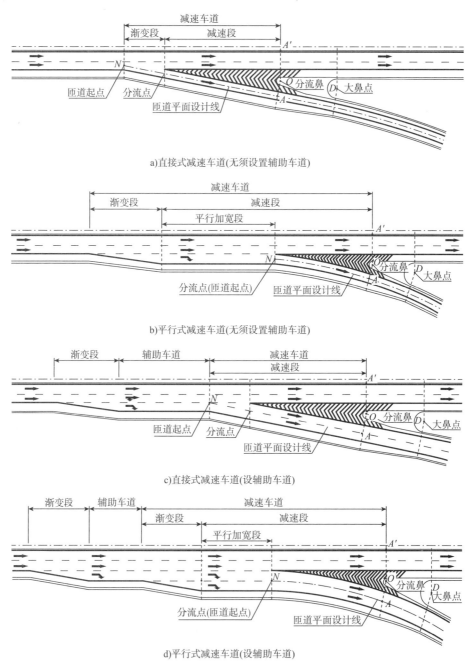

图1-1-3 互通式立交主线出口减速车道形式示意图

2) 主线入口加速车道

入口加速车道在设置形式上也分直接式与平行式两种(图1-1-4)。其中,平行式加速车道能给合流车辆汇入主线提供足够的空间以等待可插入间隙,同时其转折明显的过渡段还可起到一定"提示"作用。直接式加速车道则在符合合流车辆运行轨迹的前提下以一定的安全驶入角度均匀渐变地通过"过渡车道"完成与主线的连接。2017年版《路线规范》规定加速车道为单车道时宜采用平行式;当为双车道时,因加速车道较长,采用直接式也可为合流车辆提供足够寻找可插入间隙的空间,故应采用直接式。

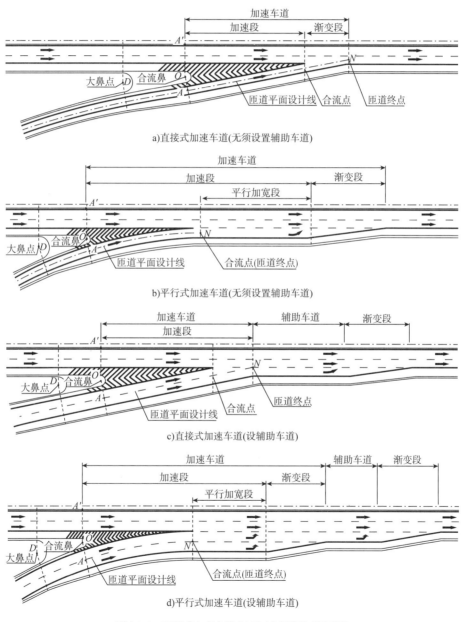

图1-1-4 互通式立交主线入口加速车道形式示意图

1.1.3 减速车道出口识别位置调查分析

车辆驾驶人在规定的出口识别视距范围内能否及时、准确地识别减速车道出口位置并及时换道至外侧车道,对主线分流区交通安全影响较大。为探究出口识别视距终点(出口位置)的合理位置,采用问卷调查、驾驶人实车视野分析与模拟驾驶舱内驾驶人视点分析三者相结合的方式,分析识别视距终点的位置。

1) 基于问卷调查的驾驶人注视点分析及范围界定

为更准确地定义互通式立交出口识别视距终点位置,探究驾驶人在出口处注视点的位置,首先对部分驾驶人进行了高速公路分流区路段出口识别视距注视点问卷调查。调查结果如图 1-1-5 所示。

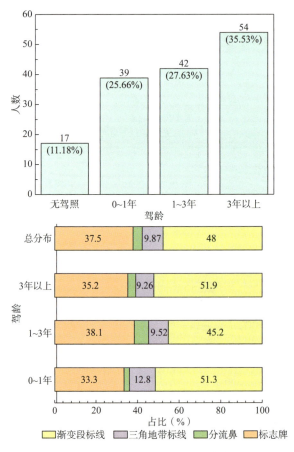

图 1-1-5　各驾龄对应人数与注视区域分析图

通过对调查问卷结果的筛选分析,可以发现多数驾驶人选择以识别渐变段标线为注视点,其次为出口标志牌,选择分流鼻与三角地带标线的人数较少。

2) 基于实际视野的驾驶人注视点分析

为保证识别视距注视点位置的准确性,采用百度地图实景驾驶资料搜集了陕西省西安市内若干实车驾驶时的驾驶人视野,如图 1-1-6 所示。

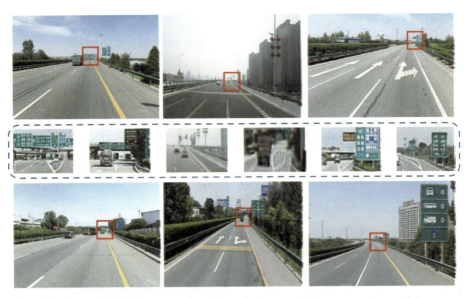

图 1-1-6　互通式立交出口实车驾驶人识别道路环境情况

通过观察与分析发现,在规定的识别视距距离内,驾驶人首先看到的应为减速车道三角渐变段起点,但需要有明显的出口交通标志牌或渐变段标线,或者有护栏颜色的改变。由于分流鼻与三角地带导流标线在出口的前方,分流鼻端距离出口位置较远,而导流标线在路面上,驾驶人在出口前的一定距离识别分流鼻与三角地带导流标线非常困难。该观察与分析结论与问卷调查结果相吻合。

3) 基于驾驶模拟的驾驶人注视点分析

在进行问卷调查和实际视野观察分析的同时,还采用了基于 UC-WIN/ROAD 软件与 Forum 驾驶模拟仿真平台(图 1-1-7)的出口路段实际道路交通环境仿真建模,并招募若干社会驾驶人进行出口路段的仿真驾驶实验。通过 SMI ETGTM 眼镜式眼动仪与 BeGaze 分析软件(图 1-1-7)搜集了驾驶人在出口处的注视区域,探索驾驶人的注视点位置。

a) SMI ETGTM 眼镜式眼动仪

b) Forum 驾驶模拟仿真平台　　　　c) BeGaze 分析软件

图 1-1-7　驾驶人模拟实验仪器和设备

通过 BeGaze 分析软件对实验数据进行处理,分别提取了驾驶人在直接式与平行式变速车道出口分流区内开始换道时的视野情况,以分析驾驶人在出口处的识别视距的注视点位置。为看清注视点位置,利用 BeGaze 的 Semantic Gaze Mapping 功能确定注视点位置并放大。图 1-1-8a)中小圈为驾驶人注视点位置,图 1-1-8b)中大圆圈为放大后的驾驶人注视点区域,其中十字标为注视点中心位置。

a)驾驶人注视点位置　　　　　　　　　　　　b)注视点区域放大图

图 1-1-8　驾驶人注视点位置与注视点区域放大图

根据注视区域位置点的统计划分,可以发现驾驶人在平行式与直接式减速车道出口的注视点位置总体上差异不大,其中大约 50% 的驾驶人习惯将注视点置于渐变段标线,35% 左右的驾驶人将注视点置于出口标志牌处。

4)驾驶人注视点分析结论

综上所述,问卷调查、驾驶人实车视野分析与模拟驾驶舱内驾驶人视点分析在结果上基本表现一致。考虑《公路立体立交设计细则》(JTG/T D21—2014)(以下简称《立交细则》)中将识别视距的识别对象规定为路面标线,结合超过半数驾驶人将识别视距的注视点置于渐变段防撞护栏或标线这一实验调查分析结果,故将识别视距的注视点(识别视距终点)确定为出口减速车道渐变段起点位置(图 1-1-9)。

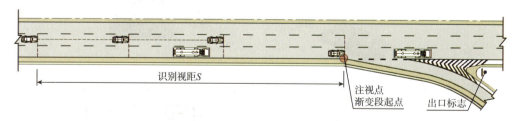

图 1-1-9　互通式立交出口识别视距注视点位置

根据以上分析,互通式立交出口识别视距的视认对象为减速车道渐变段起点处的出口标志牌或路面标线,采用的视高为 1.2m,物高取值原则上应为路面标线厚度 0.005m;若渐变段起点的护栏板采用特殊颜色,则物高可以考虑采用护栏高度,约为 0.6m。

1.2 车辆换道一次总距离与换道距离计算参数

1.2.1 车辆换道一次总距离与换道影响因素分析

1) 换道一次的总距离

车辆在单次换道全过程中,驾驶人首先需等待目标车道出现可插入间隙,当可插入间隙出现后,再实施车辆换道的操作。驾驶人在等待可插入间隙的同时,还会有意识地判断出现间隙的可插入性,并在后续的换道过程中同步进行对车速与车头位置的微调操作。因此,无须再单独考虑判断可插入间隙时间和调整车速及车位所需时间。故车辆实施换道的总行驶距离应由等待可插入间隙的距离 L_3、实施车辆换道的距离 L_4 两部分组成,如图 1-2-1 所示。车辆变换一个车道以下简称换道一次,变换两个车道简称换道两次,变换三个车道简称换道三次。

a) 右换道　　　　　　　　　　　　b) 左换道

图 1-2-1　车辆换道一次的总距离

L_3-车辆换道等待距离(m); L_4-车辆换道一次的行驶距离(m); L_{34}-车辆换道一次的换道总距离(m)

2) 车辆换道主要影响因素

(1) 主线车道数

主线车道数对分合流区最小换道距离影响最大。随着车道数的增加,最内侧车道上的车辆需经多次换道才能横移至最外侧车道;反之,最外侧车道内的车辆也需经多次换道才能横移至最内侧车道。不同车道上的车辆换道到最外侧车道所需要的换道次数不同,换道次数对最小换道距离影响最大。为满足驾驶人安全顺利完成换道操作,基于数字化车道行车安全主动管控的最小净距应满足换道需求。

① 出口车辆换道最不利情况。

主线车道数对车辆换道的距离影响最大,不同主线车道数条件下,最不利情况下车辆换道次数不同。当驶出车辆位于多车道主线的最内侧车道时,需要多次变换车道才能横移至最外侧车道,方能安全平稳驶出。

a. 主线单向双车道:车辆换道最不利情况为主线内侧车道的车辆换道一次至最外侧车道。

b. 主线单向三车道:车辆换道最不利情况为最内侧车道的车辆换道两次至最外侧车道,其次为中间车道的车辆换道一次至最外侧车道。

c. 主线单向四车道:车辆换道最不利情况为最内侧车道的车辆换道三次至最外侧车道,其次为中间车道的车辆换道两次或一次至最外侧车道。

②入口车辆换道最不利情况。

a. 主线单向双车道：当车辆从加速车道的末端驶入后，车辆换道的最不利情况为小客车从主线最外侧车道换道一次至内侧车道。

b. 主线单向三车道：当车辆从加速车道的末端驶入后，车辆换道的最不利情况为小客车从主线最外侧车道连续换道两次至主线最内侧车道，其次为换道一次至中间车道。

c. 主线单向四车道：当车辆从加速车道的末端驶入后，车辆换道的最不利情况为小客车从主线最外侧车道连续换道三次至主线最内侧车道，其次为换道两次或一次至中间车道。

(2)基本路段车辆运行速度或限速值

运行速度对车辆行驶过程中的标志视认距离、判断决策距离、换道等待与执行距离都有较大的影响，因此运行速度是影响车辆换道净距的重要参数。在以往最小换道距离的研究中，多数学者采用设计速度直接计算换道净距。而在实际中，高速公路不同车道的限速对运行速度的影响非常大，同时《公路限速标志设计规范》（JTG/T 3381-01—2020）（以下简称《限速规范》）中提出了基本限速值可能高于设计速度而提速的要求，因此在同一设计速度下，部分路段限速可能高于设计速度，故主线上的车辆运行速度应基于不同基本限速值情况分别考虑。

(3)车辆类型

不同类型车辆的动力性能和轮廓尺寸均不相同，导致其运行速度存在较大差异，且不同车型在换道时驾驶人心理紧张程度也不相同，因此不同类型车辆的最小换道距离也有所不同。我国高速公路采取分车道分车型的交通管理方式，基于大型车主要在最外侧车道以相对较低速度行驶的实际情况，本书以小客车为主导车型研究最小换道距离。

1.2.2 换道距离计算参数

1)换道等待时间

当车辆准备换道时，通常会在原车道上维持其行驶速度并等待目标车道上出现可插入间隙。根据对高速公路车辆车头时距分布特性的调查研究，在相应服务水平下，采用三阶移位爱尔朗分布模型作为互通式立交主线分流区车道车头时距分布模型较符合实际，并可将其用以研究车辆换道时的等待可插入间隙时间。服从三阶移位爱尔朗分布的车头时距概率密度为：

$$f(t) = 13.5\lambda^3(t-\tau)\mathrm{e}^{-3\lambda(t-\tau)} \tag{1-2-1}$$

式中：t——时间(s)；

τ——目标车道上车头时距的最小值(s)，$\tau = t_s + t_r + (3.6l/v_0)$，其中 t_s 为车辆协调制动的时间，取 0.4s；t_r 为反应时间，取 1.0s；l 为车身长度，小客车取 6m；v_0 为车辆等待可插入间隙时的运行速度(km/h)，取原车道运行速度；

λ——相邻车道单位时间内车辆平均达到率(pcu/s)，$\lambda = Q/3600$，Q 为相应服务水平下主线单车道最大服务交通量[pcu/(h·ln)]。

三阶移位爱尔朗分布中车头时距大于或等于 t 的概率为：

$$P(H \geq t_c) = [4.5\lambda^2(t_c-\tau)^2 + 3\lambda(t_c-\tau) + 1]\mathrm{e}^{-3\lambda(t_c-\tau)} \tag{1-2-2}$$

式中：H——车头时距(s)；

t_c——车辆可插入的临界最小时距(s)，按照日本道路协会《道路构造令的解说和运用》（以下简称《道路构造令》）中车辆1.0m/s的横移率取值。

车辆在等到一个可插入间隙之前，必然需要拒绝 n 个不可插入间隙。根据概率统计理论，车辆等待目标车道可插入间隙的平均时间为：

$$t_w = \frac{2(1+\lambda\tau) - [9\lambda^3 t_c^3 + 9(1-2\lambda\tau)\lambda^2 t_c^2 + 3(3\lambda^2\tau^2 - 4\lambda\tau + 2)\lambda t_c + 3\lambda^2\tau^2 - 4\lambda\tau + 2]e^{-3\lambda(t_c-\tau)}}{2\lambda[4.5\lambda^2(t_c-\tau)^2 + 3\lambda(t_c-\tau) + 1]e^{-3\lambda(t_c-\tau)}}$$

(1-2-3)

式中：t_w——等待可插入间隙时间(s)，简称等待时间。

根据式(1-2-3)及各参数的取值，计算不同服务水平下等待可插入间隙时间，结果见表1-2-1。

模型参数值及等待时间计算表　　　　表1-2-1

行驶速度(km/h)		120	115	110	105	100	95	90	85	80	75	70	65	60
一级服务水平	Q	750	745	740	735	730	722.5	715	707.5	700	690	680	670	660
	λ	0.208	0.207	0.206	0.204	0.203	0.201	0.199	0.197	0.194	0.192	0.189	0.186	0.183
	t_c	3.75	3.75	3.75	3.75	3.75	3.75	3.75	3.75	3.75	3.75	3.75	3.50	3.50
	t_w	1.580	1.588	1.596	1.606	1.616	1.627	1.640	1.654	1.670	1.688	1.709	1.732	1.760
二级服务水平	Q	1200	1188	1175	1163	1150	1138	1125	1113	1100	1088	1075	1063	1050
	λ	0.333	0.330	0.326	0.323	0.319	0.316	0.313	0.309	0.306	0.302	0.299	0.295	0.292
	t_c	3.75	3.75	3.75	3.75	3.75	3.75	3.75	3.75	3.75	3.75	3.75	3.50	3.50
	t_w	1.756	1.699	1.642	1.606	1.616	1.627	1.640	1.654	1.670	1.688	1.709	1.732	1.760
三级服务水平	Q	1650	1638	1625	1613	1600	1575	1550	1525	1500	1463	1425	1388	1350
	λ	0.458	0.455	0.451	0.448	0.444	0.438	0.431	0.424	0.417	0.406	0.396	0.385	0.375
	t_c	3.75	3.75	3.75	3.75	3.75	3.75	3.75	3.75	3.75	3.75	3.75	3.50	3.50
	t_w	3.906	3.797	3.687	3.578	3.467	3.289	3.114	2.942	2.773	2.552	2.339	1.732	1.560
四级服务水平	Q	1980	1948	1915	1883	1850	1838	1825	1813	1800	1775	1750	1725	1650
	λ	0.550	0.541	0.532	0.523	0.514	0.510	0.507	0.503	0.500	0.490	0.479	0.469	0.458
	t_c	3.75	3.75	3.75	3.75	3.75	3.75	3.75	3.75	3.75	3.75	3.75	3.50	3.50
	t_w	6.434	6.082	5.743	5.417	5.102	4.943	4.783	4.619	4.451	4.122	3.803	2.365	2.157

2）换道等待距离

根据以上分析，车辆在等待目标车道可插入间隙时所行驶的距离为：

$$L_3 = \frac{v_0}{3.6} \times t_w \tag{1-2-4}$$

式中：v_0——车辆等待可插入间隙时的行驶速度(km/h)，取原车道运行速度；

L_3——车辆等待可插入间隙时行驶的距离(m)。

将参数代入式(1-2-4)，可解算出不同服务水平下车辆左、右换道的单次换道等待距离，解算结果如表1-2-2所示。

单次换道等待距离(m)　　　　　　　　　　表1-2-2

运行速度(km/h)	120	110	100	90	80	70	60
二级服务水平	59	50	45	41	37	33	26
三级服务水平	130	113	96	78	62	45	29
四级服务水平	214	175	142	120	99	74	36

3)标志视认距离

驾驶人在驶出主线的过程中,首先需要在看到出口预告标志、出口标志等标志后认读标志信息,随后进行决策判断,为后续其他操作做准备。在此期间,车辆将维持运行速度继续前行。

标志视认距离是指驾驶人驶出互通式立交出口前,发现前方标志并读取标志信息时行驶的距离。计算公式如下:

$$L_1 = \frac{v_{85}}{3.6}t_1 + \sqrt{\frac{H^2 + (B/2)^2}{\tan(\theta/2)}} \qquad (1-2-5)$$

式中:L_1——标志视认距离(m);

v_{85}——车辆在主线基本路段的实际运行速度(km/h),建议值见表1-2-3;

t_1——驾驶人视认反应时间(s),即驾驶人阅读完标志上内容所需要的时间,该时间取决于标志牌上的语言种类和字数,计算得到t_1取3.3s,计算公式如下:

$$t_1 = t_1' \omega_1 \omega_2 \qquad (1-2-6)$$

t_1'——驾驶人阅读完一定拉丁文所需要的时间(s),取值见表1-2-4,一般情况下标志中的地名总共不超过10个字,因此取1.5s;

ω_1——语言种类修正系数,参照表1-2-5,取2;

ω_2——汉字复杂性修正系数,取值见表1-2-6,多数汉字笔画在10~15画,故取1.1;

H——标志牌与车辆的视线高差(m),小客车视线高度取1.2m,大货车视线高度取2m,标志牌的高度取7.5m;

θ——驾驶人视野界限(°),根据相关研究结果,驾驶人在认读标志时人眼视线移动的理想角度为5°;

B——驾驶人视点至单臂指路标志中间的距离(m),取10.5m。

基本路段不同限速值对应各车道的运行速度建议值(km/h)　　　表1-2-3

车道类型	设计速度(km/h)	限速值(km/h)	第一车道(最内侧)		第二车道		第三车道		第四车道	
			小车	大车	小车	大车	小车	大车	小车	大车
单向四车道	120	120	120	—	115	—	110	90	100	85
	100	100	100	—	95	—	90	85	85	80
		110	110	—	105	—	100	90	90	80
		120	120	—	115	—	110	90	100	85
	80	80	80	—	80	—	80	70	80	70
		90	90	—	85	—	85	80	80	75

续上表

车道类型	设计速度（km/h）	限速值（km/h）	第一车道(最内侧) 小车	第一车道(最内侧) 大车	第二车道 小车	第二车道 大车	第三车道 小车	第三车道 大车	第四车道 小车	第四车道 大车
单向四车道	80	100	100	—	95	—	90	85	85	80
		110	110	—	105	—	100	90	90	80
		120	120	—	115	—	110	90	100	85
单向三车道	120	120	120	—	110	90	100	85	—	—
	100	100	100	—	90	85	85	80	—	—
		110	110	—	100	90	90	80	—	—
		120	120	—	110	90	100	85	—	—
	80	80	80	—	80	70	80	70	—	—
		90	90	—	85	80	80	75	—	—
		100	100	—	90	85	85	80	—	—
		110	110	—	100	90	90	80	—	—
		120	120	—	110	90	100	85	—	—
单向双车道	120	120	120	—	100	90	—	—	—	—
	100	100	100	85	85	80	—	—	—	—
		110	110	90	90	80	—	—	—	—
		120	120	—	100	85	—	—	—	—
	80	80	80	70	80	70	—	—	—	—
		90	90	80	85	75	—	—	—	—
		100	100	85	90	80	—	—	—	—
		110	110	90	95	85	—	—	—	—
		120	120	—	100	90	—	—	—	—

注：车道运行速度较为接近车道限速值。

驾驶人阅读完一定拉丁文所需要的时间　　表 1-2-4

字数（个）	5	10	15	20	25
t'_1(s)	1.3	1.5	1.9	2.5	3.2

语言种类修正系数　　表 1-2-5

文字种类	汉字(9画)	平假名	片假名	拉丁字母
ω_1	2	1.3	1.2	1.0

汉字复杂性修正系数　　表 1-2-6

汉字笔画	10 画以下	10~15 画	15 画以上
ω_2	1.0	1.1	1.2

根据式(1-2-5)，将参数值代入计算，并取相应限速条件下各车型、车道计算结果中的最大值，可得分流区出口标志视认距离（表 1-2-7）。

分流区分流车辆驾驶人出口标志视认距离　　　　　表1-2-7

基本路段运行速度(km/h)	120	110	100	90	80
标志视认距离(m)	149	140	131	122	113

4)判断决策距离

驾驶人在获取标志牌中的信息之后,需要对前方路况进行判断,并对下一步驾驶操作进行决策。此阶段所需的时间为车辆判断决策时间,车辆行驶的距离为判断决策距离。国外相关研究结果指出,驾驶人对前方道路信息是否有预期决定了驾驶人反应判断时间的长短,并建立了决策信息容量与反应时间之间的关系曲线(图1-2-2)。通常在驾驶人认读标志时,对前方道路信息已有预期,故根据国外研究结果得出判断决策所需的时间为:

$$t_2 = 1.237554e^{0.258913x} \tag{1-2-7}$$

式中:t_2——对前方道路有预期时驾驶人的判断决策时间(s);

x——决策信息容量(bit),1bit 表示从2个相同概率的信息中选择1个信息的处理量。

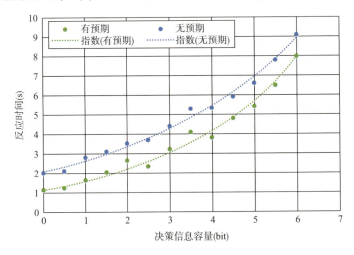

图1-2-2　反应时间模型

根据式(1-2-7)计算得到驾驶人在对前方路况有预期时所需的反应时间,见表1-2-8。

有预期的情况下信息容量与反应时间关系　　　　　表1-2-8

信息容量(bit)	1.0	1.5	2.0	3.0	4.0
反应时间(s)	1.603	1.825	2.077	2.691	3.489

由于互通式立交分流区前设有出口预告标志,分流车辆驾驶人看到出口标志时对前方出口存在已有预期,故在继续行驶过程中仅需要对是否换道驶出进行决策,信息容量为1bit,因此反应决策时间取1.6s。同理,合流区前主线车辆在匝道入口前的左换道反应决策时间也可取1.6s。

驾驶人判断决策距离计算公式如下:

$$L_2 = \frac{v_{85}}{3.6}t_2 \tag{1-2-8}$$

式中:L_2——判断决策距离(m)。

根据式(1-2-8)可计算出右、左换道过程中驾驶人判断决策距离,见表1-2-9。

互通式立交分合流区(右换道、左换道)判断决策距离　　表1-2-9

不同车道限速值(km/h)	120	110	100	90	80	70	60
判断决策距离(m)	53	49	44	40	36	31	27

注:换道行驶速度取基本路段的运行速度或限速值。

1.3 主线分合流区不同车道车辆的最小换道距离

1.3.1 换道一次的换道距离

1) 舒适换道一次的行驶距离

(1) 舒适换道一次的行驶距离计算模型

为建立拟合精度高、表达简单且适配于不同车型、不同换道类型和不同场景下舒适性换道行为的换道轨迹模型,探索换道行为规律性,在国内外相关换道模型研究的基础上,提出采用双曲正切函数换道轨迹模型。该换道轨迹模型符合驾驶人以舒适状态换道过程中的车辆轨迹特性,故简称为舒适换道,其表达式为:

$$y(t) = \frac{\gamma}{2}\tanh\left[\frac{\tau}{L_4/v_d}\cdot\left(t - \frac{L_4}{2v_d}\right)\right] + \delta \quad (1\text{-}3\text{-}1)$$

$$\gamma = \begin{cases} |y_0| + |y_T| & [\text{左换道(LLC)}] \\ -|y_0| + |y_T| & [\text{右换道(RLC)}] \end{cases} \quad (1\text{-}3\text{-}2)$$

$$\delta = \frac{y_0 + y_T}{2} \quad (1\text{-}3\text{-}3)$$

式中:$y(t)$——换道过程中车辆任意时刻 t 横向行驶的宽度(m),即目标车道距离原车道的相对横向距离;

y_0、y_T——车辆换道轨迹起、终点车辆相对于车道线横向位置(m);

γ——换道宽度(m),可取车道宽度,根据2017年版《路线规范》规定,高速公路车道宽度为3.75m;

τ——紧急系数的最小值,出口分流区路段取3.1,入口合流区路段取3.2;

L_4——车辆完成换道所行驶的距离(m);

v_d——换道过程中车辆实际行驶速度(m/s),取车辆在原车道上行驶时的实际运行速度,可参照表1-2-3取值;

δ——换道轨迹中心位置相对于车道线位置的实际横向偏差(m)。

对式(1-3-1)进行二阶求导得到车辆换道时的横向加速度,同时为保证驾驶人行驶的舒适性,横向加速度(二阶导数)应不大于驾驶人舒适条件下的最大横向加速度。最终推导得到车辆换道所需最小行驶距离,见式(1-3-4)。

$$L_4 \geq L_{4\min} = \tau_{\min} \cdot v_d \sqrt{\frac{\gamma}{a_{\max}}} \qquad (1\text{-}3\text{-}4)$$

式中：$a_{\max}$——车辆最大横向加速度，取值见表1-3-1；

其余符号意义同前。

车辆行驶时最大横向加速度取值（m/s²）　　　　表1-3-1

运行速度（km/h）	120	115	110	105	100	95	90
$a_{\max}$（m/s²）	0.65	0.70	0.75	0.80	0.85	0.85	0.90
运行速度（km/h）	85	80	75	70	65	60	—
$a_{\max}$（m/s²）	0.90	0.95	1.00	1.00	1.05	1.05	—

（2）车辆舒适换道一次的行驶距离

互通式立交出口分流区车辆舒适换道情形主要为内侧车道上有分流驶出需求的车辆需要向外侧车道换道，即右换道；互通式立交匝道入口合流影响区车辆舒适换道的情形主要为合流调整区内驶入主线的小客车（大型车一般维持在最外侧车道行驶）在换道允许时会考虑换道至内侧车道，即左换道。将相关参数代入式（1-3-4），可求解出互通式立交出口分流区内分流车辆右换道一次的换道距离（表1-3-2），以及匝道入口合流影响区内车辆左换道一次的换道距离（表1-3-3）。

车辆舒适右换道一次的行驶距离（m）　　　　表1-3-2

内侧车道限速值（km/h）	120	110	100	90	80	70	60
行驶距离（m）	248	212	181	158	137	117	98

车辆舒适左换道一次的行驶距离（m）　　　　表1-3-3

外侧车道限速值（km/h）	120	110	100	90	80
行驶距离（m）	256	219	187	163	141

2）安全换道一次的行驶距离

驾驶人在分流区行驶过程中，当发现并识别出口位置后或在导航提示下，开始从次外侧车道（内侧）换道至最外侧车道的操作过程属于紧迫性状态，所需要的换道距离短于舒适换道距离，一般以横移速度1m/s为计算依据。计算模型中考虑车辆以主线相应车道的运行速度匀速行驶，换道一次的横向移动距离为单个车道宽度3.75m，即换道时间取为3.75s，则车辆安全换道一次所需行驶距离计算式为：

$$L_4 = \frac{v}{3.6} \times t \qquad (1\text{-}3\text{-}5)$$

式中：L_4——车辆换道所需行驶距离（m）；

v——主线车辆运行速度（km/h）；

t——车辆换道所需时间（s），取3.75s。

在合流影响区中的合流避让区，主线最外侧车道上行驶的车辆为了避让前方匝道入口汇入车辆而选择向内侧车道换道时，换道过程也属于紧迫性换道；在合流调整区存在时（与隧道口净距较小时），有些车辆也会在紧迫性状态下换道，其车辆安全换道计算模型同式（1-3-5）。

主线出口分流区与入口合流影响区内车辆安全换道一次行驶距离的计算结果见表1-3-4。

车辆安全换道一次的行驶距离(m) 表1-3-4

外侧车道限速值(km/h)	120	110	100	90	80	70	60
行驶距离(m)	125	115	104	94	83	73	63

3) 换道一次的换道距离

(1) 舒适换道一次的换道距离

互通式立交出口分流区车辆舒适换道一次的换道总距离计算结果见表1-3-5。互通式立交匝道入口合流影响区的调整区内,有条件时车辆一般采用的舒适换道距离计算结果见表1-3-6。

互通式立交出口分流区车辆右换道一次的舒适换道距离 表1-3-5

	换道初始行驶速度(km/h)	120	110	100	90	80	70	60
单次换道距离(m)	二级服务水平	307	262	226	199	174	150	124
	三级服务水平	378	324	277	236	198	162	127
	四级服务水平	463	387	323	278	236	191	134

注:换道行驶速度取基本路段的运行速度或限速值。

互通式立交匝道入口合流调整区车辆左换道一次的舒适换道距离 表1-3-6

	换道初始行驶速度(km/h)	120	110	100	90	80
单次换道距离(m)	二级服务水平	315	269	232	204	178
	三级服务水平	386	331	283	241	203
	四级服务水平	471	394	328	283	240

注:换道行驶速度取基本路段的运行速度或限速值。

(2) 安全换道一次的换道距离

互通式立交出口分流区及匝道入口合流影响区车辆安全换道一次的换道距离计算结果见表1-3-7。

互通式立交出口分流区及匝道入口合流影响区车辆换道一次的安全换道距离 表1-3-7

	换道初始行驶速度(km/h)	120	110	100	90	80	70	60
单次换道距离(m)	二级服务水平	184	165	149	135	120	106	89
	三级服务水平	255	228	200	172	145	118	92
	四级服务水平	339	290	246	214	182	147	99

注:换道行驶速度取基本路段的运行速度或限速值。

1.3.2 主线分流区不同车道车辆(内侧)最小换道距离

1) 最小换道距离计算模型

基于驾驶人微观行为,主线分流区最小换道距离计算模型需考虑标志视认距离L_1、判断

决策距离 L_2、车辆换道等待距离 L_3 和换道行驶距离 L_4，右换道计算模型如图 1-3-1 所示。设置辅助车道时，还应考虑辅助车道的影响。由于车辆换道可以在辅助车道长度范围内进行，最小换道距离应取换道距离与辅助车道长度两者的较大值。

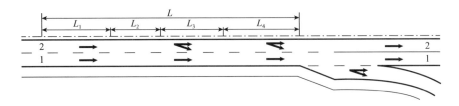

图 1-3-1 主线分流区最小换道距离计算模型示意图

L_1-标志视认距离(m); L_2-判断决策距离(m); L_3-车辆换道等待距离(m); L_4-车辆换道一次的换道行驶距离(m)，次外侧车道换道至最外侧车道时采用安全换道行驶距离，内侧车道向次外侧车道换道时采用舒适换道行驶距离；L-主线分流区最小换道距离(m)

2）最小换道距离

根据最小换道距离计算模型和主要影响因素，位于不同车道位置并具有不同换道次数需求的车辆最小换道距离计算结果见表 1-3-8。其中当车辆连续两次或三次换道时，不再重复考虑标志视认距离和判断决策距离。

主线分流区不同车道(内侧)的最小换道距离计算值(m)   表 1-3-8

不同车道限速值(km/h)	最小换道距离考虑因素及距离					最小净距计算值(m)		
	标志视认距离(m)	判断决策距离(m)	换道等待距离(m)	换道行驶距离(m)		车辆换道次数		
				舒适换道	安全换道	3	2	1
二级服务水平								
120	149	53	59	248	125	1000	693	386
110	140	49	50	212	115	878	616	354
100	131	44	45	181	104	776	550	324
90	122	40	41	158	94	695	496	296
80	113	36	37	137	83	616	442	268
70	103	31	33	117	73	540	390	240
60	94	27	29	98	63	467	340	213
三级服务水平								
120	149	53	130	248	125	1215	837	457
110	140	49	113	212	115	1065	741	416
100	131	44	96	181	104	932	654	375
90	122	40	78	158	94	805	569	333
80	113	36	62	137	83	690	491	294
70	103	31	45	117	73	577	415	253
60	94	27	29	98	63	467	340	213

续上表

不同车道限速值 (km/h)	最小换道距离考虑因素及距离					最小净距计算值(m)		
	标志视认距离(m)	判断决策距离(m)	换道等待距离(m)	换道行驶距离(m)		车辆换道次数		
				舒适换道	安全换道	3	2	1
四级服务水平								
120	149	53	214	248	125	1468	1005	543
110	140	49	175	212	115	1253	866	479
100	131	44	142	181	104	1066	744	421
90	122	40	120	158	94	931	653	375
80	113	36	99	137	83	801	566	330
70	103	31	74	117	73	663	472	281
60	94	27	36	98	63	486	353	222

1.3.3 合流影响区中的合流避让区与合流调整区最小换道距离

1) 合流避让区和合流调整区最小换道距离计算模型

在匝道入口主线合流影响区内,合流换道避让区和合流换道调整区内位于最外侧车道的小客车有左换道需求,且二者最小换道距离计算模型相同,即采用最外侧车道的车辆左换道至次外侧车道的最小换道距离计算模型。基于驾驶人微观行为分析,在合流换道避让区和合流换道调整区内,驾驶人首先需发现并看清匝道入口标志或车辆,并进一步进行换道决策与操作。因此最小换道距离计算模型应由反应距离 L_1(取反应时间 1.5 s)、判断决策距离 L_2、车辆换道等待距离 L_3 和换道行驶距离(安全换道或舒适换道)L_4 组成,如图 1-3-2、图 1-3-3 所示。

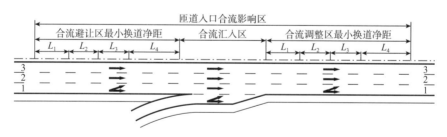

图 1-3-2 匝道入口合流影响区及最小换道距离示意图

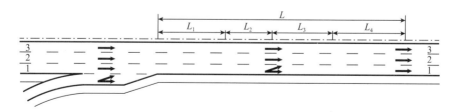

图 1-3-3 主线合流影响区中的合流调整区以舒适换道方式换道时最小净距示意图

2) 合流避让区和合流调整区以安全换道方式换道时最小换道距离

根据最小换道距离计算模型和主要影响因素,合流换道调整区(合流换道避让区)车辆以安全换道方式换道时最小换道距离见表 1-3-9。

合流换道调整区(合流换道避让区)安全换道最小换道距离计算值　　表 1-3-9

次外侧车道限速值(km/h)		120	110	100	90	80
反应距离(m)		50	46	42	38	33
判断决策距离(m)		53	49	44	40	36
换道等待距离(m)	二级服务水平	59	50	45	41	37
	三级服务水平	130	113	96	78	62
	四级服务水平	214	175	142	120	99
安全换道行驶距离(m)		125	115	104	94	83
最小换道距离(m)	二级服务水平	287	260	235	213	189
	三级服务水平	358	323	286	250	214
	四级服务水平	442	385	332	292	251

3) 主线合流影响区中的合流调整区以舒适换道方式换道时最小换道距离

根据最小换道距离计算模型和主要影响因素,合流影响区中的合流换道调整区车辆以舒适换道方式换道时最小换道距离见表 1-3-10。

主线合流影响区中的合流调整区舒适换道最小换道距离计算值(m)　　表 1-3-10

最外侧车道限速值(km/h)		120	110	100	90	80
反应距离(m)		50	46	42	38	33
判断决策距离(m)		53	49	44	40	36
等待换道距离(m)	二级服务水平	59	50	45	41	37
	三级服务水平	130	113	96	78	62
	四级服务水平	214	175	142	120	99
舒适换道行驶距离(m)		256	219	187	163	141
最小换道距离(m)	二级服务水平	418	364	318	282	247
	三级服务水平	489	427	369	319	272
	四级服务水平	573	489	415	361	309

1.3.4 辅助车道对分合流区最小换道距离确定的影响

互通式立交双车道匝道出入口一般需要设置辅助车道,由于车辆换道可以在辅助车道长度范围内进行,因此分合流区车辆最小换道距离应取计算值与辅助车道长度(含渐变段长度)相比较后的较大值。2017 年版《路线规范》规定的互通式立交出入口辅助车道长度及渐变段长度见表 1-3-11,条件受限时可采用最小值。

辅助车道长度与渐变段长度　　　　　表 1-3-11

设计速度 (km/h)	辅助车道长度(m)			渐变段长度(m)		总长度(m)		
	出口		入口	出口	入口	出口		入口
	一般值	最小值				一般值	最小值	
120	580	300	400	90	180	670	390	580
100	510	250	350	80	160	590	330	510
80	440	200	300	70	140	510	270	440

注:《立交细则》未规定出口辅助车道长度一般值,仅规定了最小值,且与2017年版《路线规范》相同。

1.4 主线出入口识别视距与平、竖曲线最小半径

1.4.1 识别视距的定义

1) 对识别视距规定的理解

《公路工程技术标准》(JTG B01—2014)(以下简称2014年版《标准》)中附录B针对识别视距规定:识别视距是指车辆以一定速度行驶中,驾驶人自看清前方分流、合流、交叉、渠化等各种行车条件变化时的导流设施、标志、标线,做出制动减速、变换车道等操作,至变化点前使车辆达到必要的行驶状态所需要的最短行驶距离。2014年版《标准》对不同设计速度条件下识别视距指标的规定见表1-4-1,并注明括号中为行车环境复杂、路侧出入口提示信息较多时应采取的视距值。根据2014年版《标准》对识别视距的规定,其规定值应为主线出口识别视距,并以导流设施、标志、标线作为识别目标点(注视点)。

主线不同设计速度对应的识别视距　　　　　表 1-4-1

设计速度(km/h)	120	100	80	60
识别视距(m)	350(460)	290(380)	230(300)	170(240)

根据高速公路内侧车道车辆换道至外侧车道的换道最小距离研究结论,当行驶速度为80~120km/h时,车辆舒适性换道一次的换道总距离为198~378m,出口横移安全性换道一次的换道总距离为145~255m(不含标志视认距离与判断决策距离)。结合出口识别视距的识别目标点为出口减速车道三角渐变段起点的结论,则表1-4-1中的识别视距仅满足车辆一次换道要求,即仅能满足次外侧车道上车辆换道至最外侧车道。

当识别目标为出口预告标志牌时,在单向四车道高速公路主线最内侧车道上行驶的驾驶人看清前方2km出口预告标志后,在2km距离内可连续完成三次换道,并平稳地行驶到最外侧车道;在单向三车道高速公路主线最内侧车道上行驶的驾驶人看清前方1km出口预告标志后,在1km距离内可连续完成两次换道,并平稳地行驶到最外侧车道;同时由于变换一次车道的换道距离小于500m,驾驶人看清500m出口预告标志后,在500m距离内也能平稳地从次外侧车道换道行驶至最外侧车道。但实际上2km、1km、500m的距离均大于相应车道换道至最外侧车道所需的最短行驶距离,特别在设计速度为80km/h条件下,富余量偏大较多(出口预

告标志与设计速度没有关联),与识别视距规定的内涵不符,故出口预告标志牌至出口距离不能称为识别视距,而应称为出口预告距离。

对表 1-4-1 中识别视距规定值进行分析后可知,该值应为驾驶人能直接看到出口位置的视距,识别目标点(注视点)应为分岔口鼻端交通设施或导流区标线或渐变段起点位置,即该规定值为次外侧车道上的车辆驾驶人自发现并看清出口位置(三角段起点),直至完成从次外侧车道向最外侧车道换道过程所需的换道区间最短距离。当高速公路主线为单向三车道和四车道时,车辆从最内侧车道(第三车道或第四车道)换道至最外侧车道所需的换道区间最短距离远大于表 1-4-1 的规定值,同时也超出驾驶人眼睛可视距离。此时,内侧车道识别视距应以出口预告标志为识别目标,出口预告标志至出口的距离宜以车辆由内侧车道换道至最外侧车道所需换道区间的最短距离为基准(即分流区起始点至渐变段起点的距离)。为了有利于区分,结合行业对出口识别视距已有的习惯用词,本书将次外侧车道识别视距称为出口识别视距,同时提出将内侧车道识别视距统一称为出口预告距离,并将以减速车道三角段起点为基准点的最内侧车道最小换道距离区间范围统称为分流区。

2)识别视距与识别目标(注视点)相关规定存在的不足

2017 年版《路线规范》中规定各级公路的互通式立交、服务区、停车区等各类出口路段应满足识别视距要求,规定值与 2014 年版《标准》一致(表 1-4-1)。此外还规定受地形、地质等条件限制路段,识别视距可采用 1.25 倍的停车视距,但应采取必要的限速控制和管理措施。但 2017 年版《路线规范》对识别视距没有定义,并缺少识别视距范围的平纵几何设计技术指标要求,这使得较多设计人员认为识别视距是针对所有车道的规定,并认为识别目标(注视点)为分流鼻端导流设施(防撞墩)位置,仅有较少设计者认为识别目标为导流区标线起点或减速车道渐变段起点位置。在设计时对识别视距的识别目标选择不同,会进一步导致识别视距所影响覆盖的区间(分流区)不同。此外,在采用表 1-4-1 规定值对识别视距范围内平纵曲线半径最小值进行核查时,发现满足 2014 年版《标准》中的识别视距规定值时所需要的圆曲线最小半径明显大于互通式立交范围内圆曲线最小半径规定值,最终导致不少设计人员在设计中对识别视距进行核查后,不得不执行 2017 年版《路线规范》中"受地形、地质等条件限制路段,识别视距可采用 1.25 倍的停车视距"的规定,因为 1.25 倍停车视距明显小于 2014 年版《标准》中的规定值,但"应采取必要的限速控制和管理措施"的规定往往又被忽略。

《立交细则》中规定不同设计速度对应的识别视距为表 1-4-1 中括号内外两个值的区间范围,但就具体如何取值未提出条件限制。此外《立交细则》还规定"当条件受限时,识别视距不应小于 1.25 倍的停车视距"。《立交细则》在条文说明中对识别视距解释为"驾驶人从发现并识别前方障碍物或方向改变到避让障碍物或调整操作所需要的距离",该解释中对识别目标的界定较含糊。

2017 年版《路线规范》和《立交细则》对合流区均没有提出识别视距的概念及相应规定,而是用三角通视区的规定替代,即划定了"在主线侧距合流鼻端 100m,在匝道侧距合流鼻端 60m 应保持通视"的合流鼻端前通视三角区范围。但该规定并没有考虑主线设计速度对三角区通视距离的影响,因此建议相关标准规范增加合流区主线入口识别视距的规定。

综上所述,十分有必要对主线分流区出口识别视距和主线合流区入口识别视距进行准确定义,界定其范围并确定识别视距的基本原理。一方面,将有助于加深设计人员对互通式立交主线出入口识别视距及其设计应用问题的理解;另一方面,对识别视距范围内人车行为与交通运行特性的研究也将为分合流区标志标线等安全保障设施的设置,以及交通数字化主动管控运营场景下精准地对车辆进行车道级主动诱导提供机理层次的依据与指导,具有较大的现实意义。

3)主线侧出入口识别视距的界定

(1)主线分流区出口识别视距的界定

互通式立交出口路段识别视距按车辆所处车道及其换道需求,分为车辆位于最外侧车道、车辆位于次外侧车道、车辆位于次外侧车道以内的车道三种情况。现对三种情况分别分析如下:

①车辆位于最外侧车道。

行驶在最外侧车道上的分流车辆无须进行换道,只需要决策是否驶出(反应距离),然后进入减速车道并驶入出口匝道。故其识别视距仅包括反应判断距离 S_1(图1-4-1)。此外,即使车辆进入减速车道三角渐变段起点位置之后再做决策,仍具备时间与空间驶入减速车道,因此此类场景下无须再进行识别视距的界定。

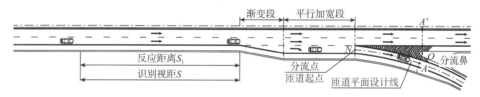

图1-4-1　车辆位于最外侧车道时的出口识别视距

②车辆位于次外侧车道。

行驶在次外侧车道上的分流车辆,需要先换道至最外侧车道,再经三角渐变段驶入减速车道,随后驶入出口匝道。故此时识别视距应包括反应判断距离 S_1 和一次换道总距离 S_2(含车辆等待距离),如图1-4-2所示。该识别视距为可视距离,即在驾驶人肉眼可视范围之内。可视范围内的视距对分流车辆驶出主线的决策影响最大,因此应对次外侧车道的识别视距进行界定。

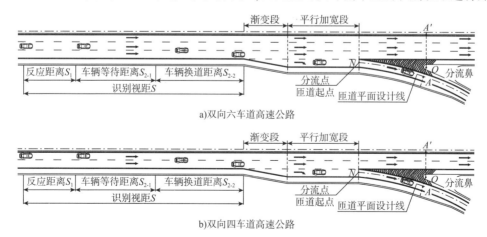

a)双向六车道高速公路

b)双向四车道高速公路

图1-4-2　车辆位于次外侧车道时的出口识别视距

③车辆位于次外侧车道以内的车道。

当主线单向车道数大于 2 时,行驶在内侧车道的分流车辆至少需经过两次换道才能驶入最外侧车道,随后通过减速车道驶入出口匝道。根据前文研究结果,两次换道所需距离已经超过人眼所能识别的最大距离,故此时应以出口预告标志距离作为分流车辆驾驶人识别、判断与决策的依据,即主线车道数大于 2 时,对内侧车道分流车辆无须进行识别视距的界定。根据 2017 年版《路线规范》的规定,内侧车道的驾驶人应通过 2km、1km 出口预告标志视认后,提前向次外侧或者最外侧车道换道,为安全驶出做好准备。本书建议以内侧车道换道至最外侧车道所需要的区间换道距离作为导航车道级诱导提示启动位置的设定依据,使车道级行车安全诱导管控达到"精准、高效、可控"的预期目标,同时,必要时可在分流区起始点位置增设出口预告标志。

(2) 主线合流区入口识别视距的界定

互通式立交主线侧入口识别视距是指行驶在主线最外侧车道上的车辆驾驶人,从发现并识别入口鼻端位置开始直至行驶到入口鼻端位置所需要的换道或减速避让匝道汇入车辆的行驶过程的最短距离。该通视距离对主线最外侧车道上的车辆行车安全影响较大,应对其进行识别视距的界定。在互通式立交主线侧入口前,最外侧车道直行车辆驾驶人看到匝道上即将汇入主线的车辆后,首先需做出反应与判断,随后为避让匝道驶入车辆,需进行减速或换道操作。因此,主线侧入口识别视距应包括识别反应距离 S_1、换道距离或制动减速距离 S_2(图 1-4-3)。

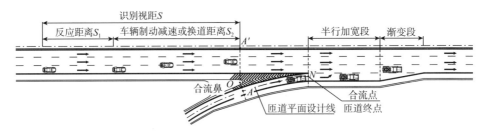

图 1-4-3 互通式立交主线侧入口识别视距

4) 主线侧出入口识别视距的定义

(1) 主线分流区出口识别视距的定义

综上分析,主线次外侧车道的出口识别视距可定义为:车辆在次外侧车道以一定速度行驶时,驾驶人从发现并识别前方出口位置(渐变段起点)开始到驶出车辆完成向最外侧车道换道所需的最短行驶距离。

(2) 主线合流区入口识别视距的定义

从匝道汇入主线的车辆自合流鼻端开始至加速车道渐变段终点之间的路段(即合流汇入区),是影响主线最外侧车道车辆行车安全的重要路段。根据前文研究结论,主线最外侧车道运行速度或限速值不同时,最外侧车道车辆向内侧车道换道所需要的最小净距不同,因此合流区主线侧入口识别视距应考虑运行速度的影响。故可将合流区主线侧入口识别视距定义为:主线车辆在最外侧车道以一定速度行驶时,从驾驶人发现并识别前方匝道入口合流鼻端位置开始,到合流鼻端位置前,车辆完成向内侧车道换道或减速行驶避让匝道汇入车辆所需要的最短行驶距离。

1.4.2 主线侧出入口识别视距计算模型及计算值与建议值

1) 主线侧（次外侧车道）出口识别视距

行驶在次外侧车道上的分流车辆，其识别视距的组成包括反应距离 S_1 和换道距离 S_2（含换道等待距离）。

(1) 反应距离 S_1

当行驶在次外侧车道上的分流车辆驾驶人看到出口标志牌或渐变段起点路面标线后，首先将进行是否驶出的反应与决策。由于驾驶人通过出口预告标志已提前获悉前方出口的存在并有所准备，故参照 AASHTO（美国各州公路与运输官员协会）规范中关于识别视距发觉时间的取值，驾驶人看清标线的反应时间如表1-4-2所示，从安全角度出发，反应时间可统一取 2.0s。

反应时间与速度的关系　　　　　　　　　　　　　表1-4-2

设计速度(km/h)	120	100	80	60
反应时间(s)	2.0	2.0	1.5	1.5

在驾驶人的反应时间内，车辆以原始速度匀速行驶的距离称为反应距离 S_1，采用式(1-4-1)进行计算：

$$S_1 = \frac{v}{3.6} \times t_1 \qquad (1-4-1)$$

式中：S_1——反应距离(m)；

　　　v——车辆运行速度(km/h)；

　　　t_1——反应时间(s)，取 2.0s。

根据调查研究结果，高速公路次外侧车道车辆运行速度见表1-4-3。

高速公路次外侧车道运行速度建议值(km/h)　　　　表1-4-3

最高限速值(km/h)	单向四车道		单向三车道		单向双车道	
	小车	大车	小车	大车	小车	大车
120	110	90	110	90	120	—
110	100	90	100	90	110	90
100	90	80	90	80	100	80
90	90	80	90	80	90	80
80	80	70	80	70	80	70

根据次外侧车道小客车运行速度，依据式(1-4-1)可得反应距离 S_1，见表1-4-4。

次外侧车道车辆出口反应距离　　　　　　　　　　表1-4-4

次外侧车道运行速度(km/h)	120	110	100	90	80	70
反应距离 S_1(m)	67	61	56	50	44	39

(2) 换道距离 S_2

当次外侧车道上驾驶人做出驶出主线的决策后，需进行一次向最外侧车道换道的过程，该过程应包括寻找最外侧车道可插入间隙与操控车辆换道两个阶段。故完整的换道距离也应包含两个阶段:①驾驶人寻找最外侧车道可插入间隙时行驶的距离(等待距离 S_{2-1});②驾驶人在操控车辆换道至最外侧车道过程中行驶的距离(换道行驶距离 S_{2-2})。

①等待距离 S_{2-1}。

根据前文中的换道计算过程,当车辆从次外侧车道向外侧车道换道时,车辆等待可插入间隙时所行驶的距离见表1-4-5(表中仅列出了三级服务水平的情况)。

车辆由次外侧车道向最外侧车道换道时的等待距离 表1-4-5

次外侧车道运行速度(km/h)	120	110	100	90	80	70
等待距离 S_{2-1}(m)	130	113	96	78	62	45

②换道行驶距离 S_{2-2}。

根据前文中的分析,分流区内次外侧车道车辆向最外侧车道换道应按车辆安全性换道类型考虑,换道行驶距离按式(1-4-2)计算,计算结果如表1-4-6所示。

$$S_{2-2} = \frac{v}{3.6} \times t_{2-2} \qquad (1-4-2)$$

式中:S_{2-2}——车辆换道行驶距离(m);

v——车辆运行速度(km/h);

t_{2-2}——换道时间(s),取车辆横移速度1m/s,即车辆换道时间为3.75s。

次外侧车道向最外侧车道换道行驶距离 表1-4-6

次外侧车道运行速度(km/h)	120	110	100	90	80	70
换道行驶距离 S_{2-2}(m)	125	115	104	94	83	73

(3)主线侧出口识别视距计算值与建议值

根据上述分析,一般情况下,出口识别视距由反应距离、等待距离和换道行驶距离组成(一般值);条件受限时,反应时间可含在等待插入过程中,即识别视距最小值由等待距离、换道行驶距离组成。计算得到次外侧车道车辆出口识别视距,见表1-4-7。

次外侧车道出口识别视距计算值和建议值(取整10m) 表1-4-7

次外侧车道运行速度(km/h)		120	110	100	90	80	70
反应距离 S_1(m)		67	61	56	50	44	39
等待距离 S_{2-1}(m)		130	113	96	78	62	45
换道行驶距离 S_{2-2}(m)		125	115	104	94	83	73
识别视距计算值	最小值(m)	255	227	200	172	145	118
	一般值(m)	322	288	256	222	189	157
识别视距建议值	最小值(m)	260	230	200	170	150	120
	一般值(m)	320	290	260	220	190	160
2017年版《路线规范》识别视距	设计速度(km/h)	120		100		80	
	一般值(m)	350		290		230	
	信息复杂值(m)	460		380		300	
	受条件限制时,可采用1.25倍的停车视距,但应采取必要的限速控制和管理措施						

2）主线侧（最外侧车道）入口识别视距

主线侧最外侧车道入口识别视距包括识别反应距离、换道距离或制动减速距离。

（1）反应距离

当主线车辆行驶至匝道入口合流区前，驾驶人会观察入口方向匝道上的车辆行驶情况，并依据观察结果做出相应判断，此过程中车辆行驶的距离为驾驶人的反应距离。反应时间内车辆的行驶距离采用式(1-4-3)计算。

$$l_1 = \frac{vt_1}{3.6} \tag{1-4-3}$$

式中：l_1——反应距离(m)；

v——最外侧车道运行速度或车道限速值(km/h)；

t_1——反应时间(s)，为观察时间与决策时间之和，反应时间按舒适状态取2.5s。

根据调查研究结果，最外侧车道运行速度或限速值可参照表1-4-8取值。

最外侧车道运行速度或限速值建议值(km/h)　　　　表1-4-8

最高限速值	单向四车道		单向三车道		单向双车道	
(km/h)	小车	大车	小车	大车	小车	大车
120	100	80	100	80	100	80
110	90	80	90	80	90	80
100	80	70	80	70	80	70
90	80	70	80	70	80	70
80	80	70	80	70	80	70

根据式(1-4-3)可计算得到最外侧车道车辆驾驶人的反应距离（表1-4-9）。

最外侧车道车辆驾驶人的反应距离　　　　表1-4-9

最外侧车道限速值(km/h)	100	90	80	70	60
总反应时间(s)	2.5	2.5	2.5	2.5	2.5
反应距离 l_1 (m)	69	63	56	49	42

（2）入口识别视距计算值与建议值

研究表明，在合流鼻端30m之后，匝道车辆提前强行并入主线的比例达到14.04%，因此为了保障交通安全，从降低主线最外侧车道上的直行车辆行驶速度是有效降低追尾或碰撞事故风险的最不利角度考虑，入口汇入主线的车辆最低速度取匝道的设计速度(40km/h)。从合流鼻之前所提供的主线车辆安全合流的最短距离考虑，驾驶人可选择换道或减速行驶中的一种驾驶行为，其所需要的行驶总距离为入口识别视距。根据研究计算结果，车辆减速行驶距离较换道距离相差不大，最小识别视距宜取反应距离与减速距离或换道距离（较大者）之和。主线最外侧车道车辆减速距离可取表1-4-10中的计算值。合流区路段最外侧车道入口识别视距建议值见表 1-4-10。

合流区路段入口识别视距计算值和建议值（主线侧） 表 1-4-10

主线设计速度(km/h)		120	100	80	60
基本路段最外侧车道运行速度或限速值(km/h)		100	90	80	70
反应距离(m)		69	63	56	49
主线车辆减速距离(m)	匝道入口速度(km/h) 80	46	24	4	0
	60	78	56	36	19
	40	101	79	59	41
车辆换道距离(m)		104	94	83	73
入口识别视距(m)	计算值	173	157	139	122
	建议值	**170**	**160**	**140**	**120**
规范规定互通区合流鼻端通视三角区长度(m)	主线侧	100			
	匝道侧	60			

根据计算结果，主线侧入口识别视距与主线及匝道入口运行速度或限速值均有关，且随主线与匝道之间车辆速度差的增大而显著增大。根据高速公路最低限速，匝道入口车辆运行速度一般大于 40km/h，从有利于安全角度考虑，车辆减速距离应取匝道入口速度为 40km/h 的最不利情况的计算值，并与车辆换道距离进行比较，最终取较大者纳入计算并作为主线侧入口识别视距建议值。最终计算结果建议值均大于 2017 年版《路线规范》或《立交细则》中入口三角区通视长度主线侧为 100m 的规定值。

1.4.3 基于出入口识别视距的主线分合流区圆曲线最小半径

1) 车道上驾驶人视点位置

（1）不同车道上的车辆驾驶人视点位置

视点位置直接关系到横净距大小，对圆曲线临界最小半径的视距验算影响较大。2017 年版《路线规范》规定驾驶人视点位置应为行车道中线。孟云龙、赵永平、王晓楠等学者通过调查研究，认为行驶时车体位于行车道中线，驾驶人视点位置应在距离车道左侧边缘线 1.2m 处。2017 年版《路线规范》规定值与现有研究结论之间存在较大差距。根据《公路路线优化设计原理与方法》第 2 篇第 9 章的研究结论（图 1-4-4），驾驶人视点位置为车身横向位置 D_1 与车座横向位置 D_2 之和，驾驶人视点位置取值如表 1-4-11 所示。小客车驾驶人视点位置的均值为 1.5m，第一车道（最内侧车道）85% 位小客车驾驶人的视点位置为 1.2m，其他车道为 1.1m。大型车驾驶人视点位置第四车道（最外侧车道）的均值为 1.2m，中间车道均值为 1.4m；第四车道 85% 位驾驶人视点位置为 1.5m，中间车道为 1.1m。

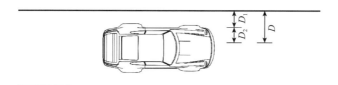

图 1-4-4　视点位置处理示意图

不同车道驾驶人视点位置取值　　　　　　　　表 1-4-11

分车道代表车型		第一车道	中间车道			第四车道	
		小客车	小客车	中型车	大型车	小客车	大型车
车身横向位置 D_1(m)	均值	1.00	0.97	0.88	0.76	1.00	0.63
	85%位	0.65	0.62	0.57	0.54	0.65	0.89
车座横向位置 D_2(m)		0.50	0.50	0.55	0.60	0.50	0.60
驾驶人视点位置 D(m)	均值	1.5	1.5	1.5	1.4	1.5	1.2
	85%位	1.2	1.1	1.1	1.1	1.1	1.5

(2) 驾驶人视点位置建议值

从表中可知,受中央分隔带防眩设施的"墙壁效应"影响,85%位小客车驾驶人视点位置第一车道要略大于第二车道。识别视距是指位于次外侧车道的分流车辆驾驶人在发现并看清出口位置后向最外侧车道换道所需的判断、决策及换道总距离。当视点位置用于计算横净距、检验识别视距是否满足要求时,从最不利角度考虑,左偏圆曲线宜采用第一车道驾驶人视点位置的85%位,即小客车取1.2m(图1-4-5);右偏圆曲线宜采用驾驶人视点位置均值,小客车取1.5m(图1-4-6)。考虑货车行驶速度低于小客车或设计速度,且货车一般在最外侧车道上行驶,因此本书不考虑对货车进行识别视距检验,仅对小客车识别视距进行验算。

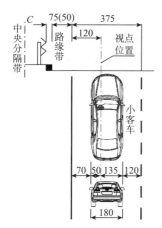

图 1-4-5　内侧车道驾驶人视点位置示意图
(尺寸单位:cm)

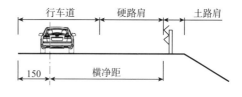

图 1-4-6　外侧车道驾驶人视点位置示意图
(尺寸单位:cm)

(3) 与横净距相关的计算参数

对于横断面上各宽度组成设计参数,可根据2017年版《路线规范》中的相应规定取值(表1-4-12)。出口识别视距采用表1-4-7中的建议值,入口识别视距采用表1-4-10中的建议值。

2017 年版《路线规范》中高速公路横断面常见参数值　　　　表 1-4-12

设计速度 (km/h)	中央分隔带宽(m)	路缘带宽(m)	C 值(m)	分流鼻偏置值(m)	分/合流鼻半径(m)	右侧硬路肩宽(m) 一般值	右侧硬路肩宽(m) 最小值	行车道宽(m)
120	3.0	0.75	0.50	3.5	0.6	3(2.5)	1.5	3.75
100	3.0	0.75	0.25	3.0	0.6	3(2.5)	1.5	3.75
80	2.0	0.50	0.25	3.0	0.6	3(2.5)	1.5	3.75

注：括号内的参数值为交通组成以小客车为主时的采用值。

2) 满足出口识别视距的圆曲线最小半径

(1) 互通式立交出口位于左偏圆曲线路段时的圆曲线最小半径计算模型

当分流区出口匝道位于主线左偏圆曲线路段时，对于在次外侧车道行驶并即将驶离主线的车辆，若主线圆曲线半径过小，中央分隔带的防眩设施或护栏将会遮挡驾驶人视线，导致识别视距不足，使驾驶人无法看到出口渐变段起点附近的标线或其他设施，以致影响其对出口位置的识别，进而影响驾驶人驶出主线车道的决策与换道操作。

从最不利情况考虑，假设分流区处于圆曲线后半段，则驶出车辆在次外侧车道上行驶的视点轨迹线和驶出时的行驶轨迹（即识别视距曲线 S_1) 如图 1-4-7 所示。图中 SP 为驾驶人眼睛位置（视点），TP 为驾驶人注视点（位于出口减速车道渐变段起点），据此可将互通式立交出口路段的左偏圆曲线半径计算模型简化为图 1-4-7 所示的几何模型。

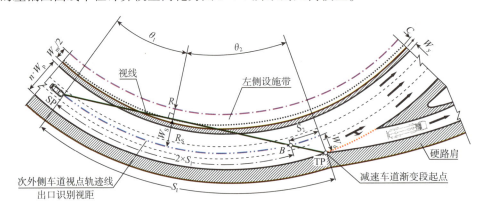

图 1-4-7　互通式立交出口左偏圆曲线最小半径计算示意图

在图 1-4-7 所示几何关系中，假定驶出车辆轨迹线（即识别视距 S_1) 全程行车道上无其他车辆和遮挡驾驶人视线的障碍物出现在路面范围内，且注视点位置保持不变，则可得到主线左偏时中线圆曲线最小半径的计算公式 [式(1-4-4)]。

$$\begin{cases} W_S = R_S[1-\cos(S_1/R_S)]W_S + W_d = (R_S + W_d)\left(1-\cos\dfrac{S_1-S_1}{R_S}\right) \\ W_S = D_S + (n-2) \cdot W_p + W_y + C \\ W_d = 2W_p - D_S \\ R = R_S - W_S - W_m/2 + C \end{cases} \quad (1\text{-}4\text{-}4)$$

式中：S_1——互通式立交出口识别视距长度(m)，推荐值见表1-4-7；
W_s——视点轨迹线的横净距(m)；
W_d——注视点与视点轨迹线之间的横向距离(m)；
R_s——视点轨迹线的曲线半径(m)；
W_y——主线左侧路缘带宽度(m)，按表1-4-12进行取值；
n——高速公路主线单向车道数；
W_p——行车道宽度(m)；
D_s——左偏曲线上的横向视点位置，即次外侧车道驾驶人视点距离行车道左边缘线的距离(m)；
W_m——中央分隔带宽(m)；
C——中央分隔带内的侧向安全宽度(m)，按表1-4-12取值。

(2)互通式立交出口位于右偏圆曲线路段时的圆曲线最小半径计算模型

当出口匝道位于主线右偏圆曲线路段时，若圆曲线的半径较小，出口路段的右侧护栏、挖方边坡、路侧植被等可能遮挡驶出车辆驾驶人的视线，导致出口识别视距不足。

考虑最不利情况，当分流区位于圆曲线上时，驶离主线的车辆在次外侧车道上行驶时的视点轨迹线和驶出时的行驶轨迹线(即识别视距曲线 S_1)如图1-4-8所示。图中SP与TP分别为驾驶人的视点位置和注视点位置，注视点位于减速车道渐变段起点，据此可将分流区的主线右偏圆曲线最小半径简化为图1-4-8所示的几何模型。

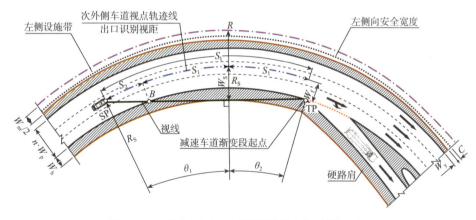

图1-4-8 互通式立交出口右偏圆曲线最小半径计算示意图

在图1-4-8简化模型示意图中，假定驶出车辆轨迹线(即识别视距 S_1)全程行车道上无其他车辆和障碍物遮挡驾驶人视线，且注视点位置保持不变，根据图中所示的几何关系，可得到主线右偏时中线圆曲线最小半径计算公式[式(1-4-5)]。

$$\begin{cases} W_S = R_S - (R_S - W_f)\cos(S_1/R_S) \\ W_S = 2W_p - D_S + W_h = W_f + W_h \\ W_S = R_S - R_S \cdot \cos\dfrac{S_2 + S_1}{R_S} \\ R = R_S + D_S + (n-2) \cdot W_p + W_y + W_m/2 \end{cases} \quad (1\text{-}4\text{-}5)$$

式中：W_f——注视点与视点轨迹线之间的横向距离(m)；

　　　D_S——右偏曲线上的横向视点位置，即次外侧车道驾驶人视点距离行车道左边缘线的距离(m)；

　　　W_h——主线右侧硬路肩宽度(m)；

　　　其余符号意义同前。

(3) 出口识别视距区间路段圆曲线最小半径

将前文中已确定的相关参数代入前述互通式立交出入口路段圆曲线最小半径计算模型中求解。根据式(1-4-4)、式(1-4-5)，结合表1-4-7中识别视距建议值，可计算得到出口识别视距对应的左偏、右偏圆曲线最小半径见表1-4-13(取整10m)。

出口识别视距路段圆曲线最小半径值　　　　　表1-4-13

主线设计速度(km/h)		120			100			80		
基本路段次外侧车道运行速度或限速值(km/h)		120	110		100	90		80	70	
识别视距(m)	最小值	260	230		200	170		150	120	
	一般值	320	290		260	220		190	160	
单向行车道数		2	3	4	2	3	4	2	3	4
左偏圆曲线最小半径(m)	最小值	1650	730	500	1040	410	280	620	210	140
	一般值	2500	1150	800	1750	680	470	990	370	250
右偏圆曲线最小半径(m)	硬路肩宽3.0m 最小值	1500	1180		880	640		500	320	
	硬路肩宽3.0m 一般值	2270	1880		1500	1080		790	570	
	硬路肩宽2.5m 最小值	1670	1310		980	710		550	360	
	硬路肩宽2.5m 一般值	2530	2080		1660	1190		880	630	
	硬路肩宽1.5m 最小值	2150	1680		1270	920		710	460	
	硬路肩宽1.5m 一般值	3260	2680		2140	1530		1140	810	
2017年版《路线规范》互通式立交区规定值(m)	极限值	1500			1000			700		
	一般值	2000			1500			1100		

注：当满足出口识别视距的圆曲线最小半径计算值小于2017年版《路线规范》中互通式立交区的规定值时，原则上应采用2017年版《路线规范》的规定值。研究成果可供2017年版《路线规范》修订时参考。

3) 满足入口识别视距的圆曲线最小半径

(1) 互通式立交入口位于左偏圆曲线路段时的圆曲线最小半径计算模型

当合流区位于主线左偏圆曲线路段时，若主线圆曲线的半径过小，中央分隔带的防眩设施或护栏可能遮挡入口路段主线最外侧直行车道的驾驶人视线，导致入口识别视距不足。

考虑最不利情况，假设合流区处于圆曲线，则合流车辆在主线最外侧车道上行驶时的视点轨迹线(即合流视距曲线 S_M)如图1-4-9中的蓝色点画线所示。图中SP为主线驾驶人视点位置，TP为驾驶人的注视点，注视点位于入口合流鼻端，据此可将互通式立交入口路段的左偏圆曲线半径计算模型简化为图1-4-9所示的几何模型。

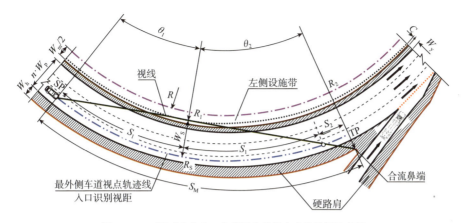

图 1-4-9 互通式立交入口左偏圆曲线最小半径计算示意图

图 1-4-9 简化模型示意图中,假定主线最外侧车辆轨迹线(即合流视距 S_M)的全程路面上无其他车辆和障碍物遮挡驾驶人视线,且注视点位置保持不变。根据图 1-4-9 所示的几何关系,可得到主线右偏时中线圆曲线最小半径计算公式[式(1-4-6)]。

$$\begin{cases} R_1 = R + W_m/2 - C \\ R_2 = R + W_m/2 + W_y + n \cdot W_p + W_h + R_d \\ R_S = R + W_m/2 + W_y + (n-1) \cdot W_p + D_S' \\ \cos\theta_1 = R_1/R_S \\ \cos\theta_2 = R_1/R_2 \\ R_S(\theta_1 + \theta_2) = S_M \end{cases} \quad (1\text{-}4\text{-}6)$$

式中:S_M——入口识别视距,$S_M = 2S_1 + S_2$,按表 1-4-10 取值;

D_S'——最外侧行车道上驾驶人的横向视点位置(m);

θ_1——弧长 S_1 所对应的圆心角(rad);

θ_2——弧长 $S_1 + S_2$ 所对应的圆心角(rad);

R_d——合流鼻的圆心半径(m),按最不利的单车道合流鼻半径取 0.6m;

其余符号意义同前。

(2)互通式立交入口位于右偏圆曲线路段时的圆曲线最小半径计算模型

当合流区位于主线右偏圆曲线路段时,若主线的圆曲线半径过小,主线右侧护栏、植被等可能遮挡入口路段最外侧直行车道的驾驶人视线,导致合流视距不足。

基于上文关于驾驶人视线影响因素的分析,以及互通式立交入口路段左偏圆曲线最小半径计算方法和相关模型的建立,可同理得到互通式立交入口路段右偏圆曲线最小半径的几何计算模型(图 1-4-10),计算公式见式(1-4-7)。

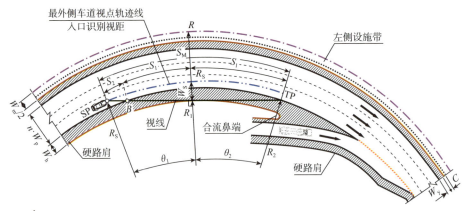

图 1-4-10 互通式立交入口右偏圆曲线最小半径计算示意图

$$\begin{cases} R_1 = R - W_m/2 - W_y - n \cdot W_p - W_h \\ R_2 = R - W_m/2 - W_y - n \cdot W_p \\ R_S = R - W_m/2 - W_y - (n-1) \cdot W_p - D_S' \\ \cos\theta_1 = R_1/R_S \\ \cos\theta_2 = R_1/R_2 \\ R_S(\theta_1 + \theta_2) = S_M \end{cases} \quad (1\text{-}4\text{-}7)$$

式中：θ_1——弧长 $S_1 + S_2$ 所对应的圆心角(rad)；

θ_2——弧长 S_1 所对应的圆心角(rad)；

其余符号意义同前。

(3) 入口识别视距区间路段圆曲线最小半径

根据式(1-4-6)、式(1-4-7)，结合表 1-4-10 中合流区入口识别视距建议值(最小值)与横向净距(规范值)，得到满足合流区入口识别视距的主线合流路段左偏、右偏圆曲线最小半径。计算结果如表 1-4-14 所示(取整 10m)，除了硬路肩宽度为 1.5m 的情况外，圆曲线最小半径均小于 2017 年版《路线规范》中互通式立交区圆曲线最小半径规定值的极限值。合流影响区路段满足入口识别视距的主线圆曲线最小半径值见表 1-4-14。

入口识别视距路段圆曲线最小半径值　　　表 1-4-14

主线设计速度(km/h)		120			100			80		
基本路段最外侧车道运行速度或限速值(km/h)		100			90			80		
入口识别视距(m)	最小值	170			160			140		
单向车道数		2	3	4	2	3	4	2	3	4
左偏圆曲线最小半径(m)	最小值	410	280	210	360	250	180	280	190	140
右偏圆曲线最小半径(m)	硬路肩宽度 3.0m	860			760			580		
	硬路肩宽度 2.5m	980			870			660		
	硬路肩宽度 1.5m	1370			1200			930		

续上表

主线设计速度(km/h)			120	100	80
2017年版《路线规范》规定值(m)	互通式立交区	极限值	1500	1000	700
		一般值	2000	1500	1100
	基本路段	一般值	1000	700	400

注：当满足入口识别视距的圆曲线最小半径计算值小于2017年版《路线规范》中互通式立交区的规定值时，原则上应采用2017年版《路线规范》中互通式立交区的规定值。

1.4.4 基于识别视距的竖曲线最小半径

1) 主线凸形竖曲线最小半径

(1) 凸形竖曲线应满足的要求

若出入口位于小半径凸形竖曲线后半段(图1-4-11)，受变坡点对视线的遮挡，驾驶人可能无法及时识别出口减速车道渐变段起点的地面标线或合流鼻端汇入车辆的情况，以致影响行车安全。

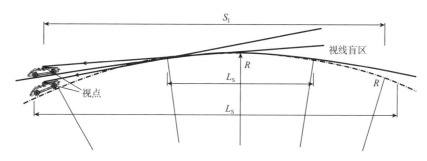

图1-4-11 识别视距与凸形竖曲线长度之间的关系

以驾驶人能看到互通式立交出口渐变段起点处为控制标准，按照竖曲线长度 L_S 和识别视距 S_I 之间的大小关系可分"$L_S < S_I$"和"$L_S \geq S_I$"两种情况。显然后者对驾驶人视线的影响更为不利，故仅研究"$L_S \geq S_I$"的情况。

(2) 基于出口识别视距的凸形竖曲线半径计算

图1-4-12为出口路段驾驶人在视点高度(h)沿切线看到渐变段起点地面标线时的临界情形。

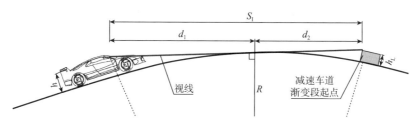

图1-4-12 出口路段凸形竖曲线半径计算示意图

根据图1-4-12所示几何关系，可得：

$$\begin{cases} d_1^2 = (R+h)^2 - R^2 \\ d_2^2 = (R+h_L)^2 - R^2 \end{cases} \quad (1\text{-}4\text{-}8)$$

则识别视距与凸形竖曲线半径的关系化简后如下式:

$$S_1 = \sqrt{h^2 + 2Rh} + \sqrt{h_L^2 + 2Rh_L} \quad (1\text{-}4\text{-}9)$$

式中:R——凸形竖曲线半径(m);

h——目高(m),取小客车驾驶人视点高度,$h=1.2$m;

h_L——物高(m),需保证驾驶人视认到渐变段起点标线的上层表面,出口路面为醒目起见一般施划凸起热熔型标线,其厚度稍大于普通路段,通常为 3.0~7.0mm,可取 $h_L=0.005$m;

S_1——识别视距(m),$S_1 \approx d_1 + d_2$,取值见表 1-4-7。

由式(1-4-9)计算得到满足出口识别视距的小净距路段凸形竖曲线最小半径值(取整 100m),见表 1-4-15。

出口识别视距路段凸形竖曲线最小半径值　　　　表 1-4-15

基本路段次外侧车道运行速度或限速值(km/h)		120	110	100	90	80	70
出口识别视距(m)	最小值	260	230	200	170	150	120
	一般值	320	290	260	220	190	160
凸形竖曲线最小半径(m)(物高 0.005m)	最小值	24900	19500	14700	10600	8300	5300
	一般值	37700	30900	24900	17800	13300	9400
2017 年版《路线规范》互通式立交区规定值	极限值	23000	—	15000	—	6000	—
	一般值	45000	—	25000	—	12000	—
《立交细则》识别视距区间规定值(m)		29000	—	17000	—	8000	—

注:当满足出口识别视距的圆曲线最小半径计算值小于 2017 年版《路线规范》中互通式立交区的规定值时,应采用 2017 年版《路线规范》的规定值。研究成果可供 2017 年版《路线规范》修订时参考。

(3)基于入口识别视距的凸形竖曲线半径计算模型及建议值

图 1-4-13 为驾驶人在其视点高度(h)沿切线看到合流鼻端时的临界情形。

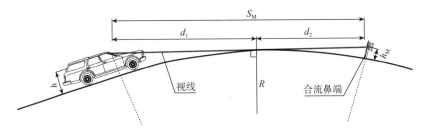

图 1-4-13　入口路段凸形竖曲线半径计算示意图

根据图 1-4-13 所示几何关系,得:

$$S_M = \sqrt{h^2 + 2Rh} + \sqrt{h_M^2 + 2Rh_M} \quad (1\text{-}4\text{-}10)$$

式中：h_M——目标物高度(m)，为保证驾驶人辨清目标，能看清合流鼻附近障碍物，高度取0.1m。

S_M——合流视距(m)，其值参见表1-4-10中的建议值。

根据式(1-4-10)，将相关参数代入后可得到不同车道限速值对应的互通式立交入口合流路段凸形竖曲线最小半径值，见表1-4-16。

入口识别视距路段凸形竖曲线最小半径值(m)　　　表1-4-16

设计速度(km/h)		120	100	80
主线最外侧车道运行速度或限速值(km/h)		100	90	80
入口识别视距(m)		170	160	140
凸形竖曲线最小半径(m)		10600	9400	7200
2017年版《路线规范》中基本路段的规定值(m)	一般值	17000	10000	4500
	极限值	11000	6500	3000

注：当满足入口识别视距的圆曲线最小半径计算值小于2017年版《路线规范》中基本路段的规定值时，原则上应采用2017年版《路线规范》基本路段规定值的一般值。研究成果可供2017年版《路线规范》修订时参考。

从表1-4-16可知，合流路段对凸形竖曲线半径的要求低于分流路段，主要是由于入口和出口所需满足的视距条件不同，合流区入口识别视距较分流区出口识别视距小得多。从出入口附近路段运行速度与交通安全性分析，分流区的要求也高于合流区。

2) 主线凹形竖曲线最小半径

(1) 凹形竖曲线应满足的要求

当互通式立交出入口范围内存在凹形竖曲线路段时，若出入口位于小半径凹形竖曲线变坡点之后，对驾驶人来说，一是需要考虑受车前照灯照射角度或射距的限制而不能保证夜间足够的照明距离，二是无法保证跨线桥下具有足够的行车视距，如图1-4-14所示。这两种情况均可能导致驾驶人无法及时发现出口减速车道渐变段起点或合流鼻附近路面的障碍物，以致影响其后续相应操作和行车安全。

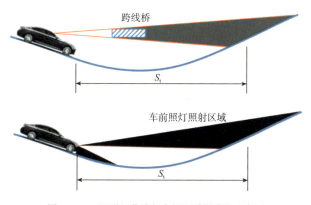

图1-4-14　凹形竖曲线行车视距受限路段示意图

(2)基于出口识别视距的凹形竖曲线半径

①满足夜间行车前照灯照射距离要求。

图 1-4-15 为当车前照灯以最大有效散射角发出的一束光线恰好照射到渐变段起点地面标线时的临界情况。

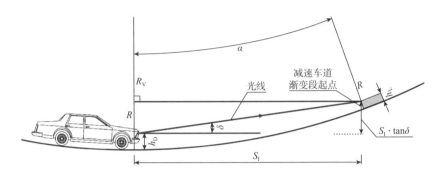

图 1-4-15 满足识别视距要求的车前照灯照射距离与凹形竖曲线关系计算示意图

注:车前照灯水平散射角为 8°~15°,经相关计算与论证,在一个识别视距长度范围内,足以保证次外侧车道上的灯光照射到出口渐变段起点位置。

根据图 1-4-15 所示几何关系,得:

$$\begin{cases} R_V/(R - h_L) = \cos(S_I/R) \\ h_D + S_I \tan\delta + R_V = R \end{cases} \quad (1\text{-}4\text{-}11)$$

式中:S_I——识别视距(m),参见表 1-4-7 的推荐值;

R——凹形竖曲线半径(m);

h_D——车前照灯高度(m),取 $h_D = 0.75$m;

h_L——目标物高度(m),即分流渐变段起点地面标线厚度,取 0.005m;

δ——车前照灯光束仰角(°),考虑有效照度随扩散角的增大而急剧衰减,综合文献等取 $\delta = 1.5°$。

根据式(1-4-11),将识别视距建议值等已知参数代入,可得到不同设计速度下满足夜间行车前照灯照射距离要求的互通式立交出口路段凹形竖曲线最小半径(取整 100m),见表 1-4-17。

识别视距路段凹形竖曲线最小半径值(满足前照灯照射距离要求)　　表 1-4-17

设计速度(km/h)		120		100		80	
次外侧车道运行速度(km/h)		120	110	100	90	80	70
出口识别视距(m)	最小值	260	230	200	170	150	120
	一般值	320	290	260	220	190	160
凹形竖曲线最小半径(m)	最小值	4500	3900	3400	2800	2400	1900
	一般值	5600	5040	4500	3700	3200	2600

②满足跨线桥下识别视距要求。

图 1-4-16 为当驾驶人在视点高度位置(h)紧贴桥底切线看到渐变段起点地面标线时的临界情形。

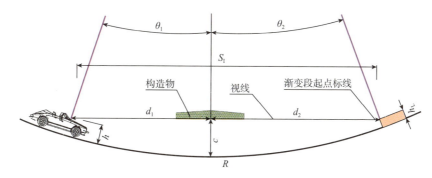

图 1-4-16 满足跨线桥下识别视距要求的凹形竖曲线半径计算示意图

根据图 1-4-16 所示的几何关系可得到以下公式：

$$\begin{cases} d_1^2 = (R-h)^2 - (R-c)^2 \\ d_2^2 = (R-h_L)^2 - (R-c)^2 \\ S_1 = d_1 + d_2 \end{cases} \quad (1\text{-}4\text{-}12)$$

式中：S_1——识别视距(m)，$S_1 \approx d_1 + d_2$，取值参见表 1-4-7；

h——驾驶人视点高度(m)，小客车为 1.2m，大型车为 2.0m；

h_L——目标物高度(m)，即地面标线位置，取 0.005m；

c——跨线构造物的桥下设计净空高度(m)，高速公路取 5.0m。

综合以上公式得到跨线桥下识别视距与凹形竖曲线半径的关系式，见式(1-4-13)。

$$S_1 = \sqrt{(R-h)^2 - (R-c)^2} + \sqrt{(R-h_L)^2 - (R-c)^2} \quad (1\text{-}4\text{-}13)$$

将相关参数代入式(1-4-13)，可计算得到不同设计速度下满足跨线桥下识别视距要求的互通式立交出口路段凹形竖曲线最小半径，见表 1-4-18。

出口识别视距路段凹形竖曲线最小半径值（满足跨线桥下出口识别视距要求） 表 1-4-18

设计速度(km/h)		120		100		80	
次外侧车道运行速度(km/h)		120	110	100	90	80	70
出口识别视距(m)	最小值	260	230	200	170	150	120
	一般值	320	290	260	220	190	160
凹形竖曲线最小半径(m)	最小值	2000	1500	1200	900	700	400
	一般值	3000	2400	2000	1400	1100	800

为了能同时满足在凹形竖曲线路段行车时的夜间车前照灯射距和跨线桥下视距要求，取两者的较大值作为最终建议值，得到不同设计速度下满足识别视距要求的主线分流区路段凹形竖曲线最小半径(取整 100m)，见表 1-4-19。通过对比表 1-4-17、表 1-4-18、表 1-4-19 可以分析得出，满足夜间行车前照灯照射距离要比满足跨线构造物下出口识别视距对凹形竖曲线半径的要求更高。表 1-4-19 中凹形竖曲线计算值中的最小值小于基本路段规定值的一般值，凹

形竖曲线计算值中的一般值也小于2017年版《路线规范》中互通式立交区规定值的极限值。因此在应用时应综合考虑,原则上应采用2017年版《路线规范》中互通式立交区规定值的极限值。

出口识别视距路段凹形竖曲线最小半径值　　　　　　　表1-4-19

设计速度(km/h)		120		100		80	
次外侧车道运行速度(km/h)		120	110	100	90	80	70
凹形竖曲线最小半径(m)	最小值	4500	3900	3400	2800	2400	1900
	一般值	5600	5040	4500	3700	3200	2600
2017年版《路线规范》规定值(m)	互通式立交区 一般值	16000		12000		8000	
	互通式立交区 极限值	12000		8000		4000	
	基本路段 一般值	6000		4500		3000	

注:由于满足出口识别视距的竖曲线最小半径计算值均小于2017年版《路线规范》中互通式立交区规定值的极限值,原则上可采用2017年版《路线规范》中互通式立交区规定值的极限值。

(3) 基于入口识别视距的凹形竖曲线半径

①满足夜间行车前照灯照射距离要求。

图1-4-17为当车前照灯以最大有效散射角发出的一束光线恰好照射到合流鼻端时的临界情形。车前照灯水平散射角为8°~15°,经相关计算与论证,认为在一个合流视距长度的范围内,足以保证最外侧车道的灯光照射到合流鼻端位置。

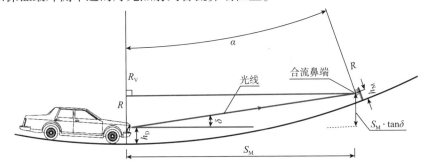

图1-4-17　满足合流视距要求的车前照灯照射距离与凹形竖曲线关系计算示意图

根据图1-4-17所示几何关系,得:

$$R_V/(R - h_M) = \cos(S_M/R) \qquad (1\text{-}4\text{-}14)$$

式中:S_M——合流视距(m),推荐值可参见表1-4-10;

　　　R——凹形竖曲线半径(m);

　　　h_M——目标物高度(m),为保证驾驶人辨清目标,至少取合流鼻端护栏的半高位置,即0.6m;

　　　其余符号意义同前。

将合流视距值等各相关参数代入式(1-4-14),可计算得到不同设计速度下满足夜间行车前照灯照射距离要求的主线合流区路段凹形竖曲线最小半径(取整100m),见表1-4-20。

入口识别视距路段凹形竖曲线最小半径值（满足前照灯照射距离要求）　　表 1-4-20

主线最外侧车道运行速度或限速值(km/h)	100	90	80
入口识别视距(m)	170	160	140
凹形竖曲线最小半径(m)	2800	2600	2200

②满足跨线桥下合流视距要求。

图 1-4-18 为驾驶人在视点高度位置(h)紧贴桥底切线看到合流鼻端时的临界情形。

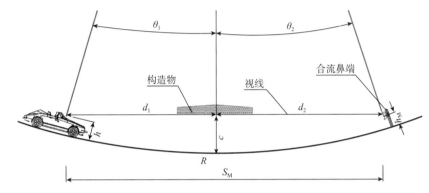

图 1-4-18　满足跨线桥下合流视距要求的凹形竖曲线半径计算示意图

根据图 1-4-18 中几何关系可得到以下公式：

$$\begin{cases} d_1^2 = (R-h)^2 - (R-c)^2 \\ d_2^2 = (R-h_M)^2 - (R-c)^2 \\ S_M = d_1 + d_2 \end{cases} \quad (1-4-15)$$

综合以上公式可得到跨线桥下合流视距与凹形竖曲线半径的关系式，见式(1-4-16)。

$$S_M = \sqrt{(R-h)^2 - (R-c)^2} + \sqrt{(R-h_M)^2 - (R-c)^2} \quad (1-4-16)$$

式中：S_M——合流视距(m)，取值参见表 1-4-10；

　　h_M——物高(m)，依前所述，取合流鼻端护栏半高位置，即 0.6m。

根据式(1-4-16)，结合入口识别视距，可计算得到不同设计速度下满足跨线桥下视距要求的互通式立交入口路段凹形竖曲线最小半径（取整 100m），见表 1-4-21。

入口识别视距路段凹形竖曲线最小半径值（满足跨线桥下视距要求）　　表 1-4-21

主线最外侧车道运行速度或限速值(km/h)	100	90	80
入口识别视距(m)	170	160	140
凹形竖曲线最小半径(m)	900	800	600

为能同时满足在凹形竖曲线路段行车时的夜间车前照灯照射距离和跨线桥下视距要求，应取两者的较大值作为最终值，得到不同设计速度对应的互通式立交入口路段凹形竖曲线最小半径值。计算发现所需的竖曲线最小半径均比 2017 年版《路线规范》基本路段规定值的一般值小。因此，可以 2017 年版《路线规范》中基本路段凹形竖曲线最小半径规定值的一般值作为建议值，互通式立交区的规定值应作为建议值的参考指标（表 1-4-22），但原则上建议采用 2017 年版《路线规范》互通式立交区规定值的极限值。

入口识别视距路段凹形竖曲线最小半径值   表 1-4-22

主线设计速度(km/h)			120	100	80
凹形竖曲线最小半径计算值(m)			2800	2600	2200
2017年版《路线规范》规定值(m)	基本路段	一般值	6000	4500	3000
		极限值	4000	3000	2000
	互通式立交区	一般值	16000	12000	8000
		极限值	12000	8000	4000

注:由于满足入口识别视距的竖曲线最小半径计算值均小于2017年版《路线规范》中基本路段规定值的一般值,故原则上可采用2017年版《路线规范》中基本路段规定值的一般值,有条件时宜采用2017年版《路线规范》中互通式立交区规定值的极限值。

第 2 章
CHAPTER 2 》》

主线同侧相邻出入口最小间距设计指标

> **本章导读**
>
> 本章第 2.1 节依据第 1 章的主线分合流区车辆换道设计模型及关键参数等研究成果,提出主线连续分合流最小间距设计指标;第 2.2 节根据美国《道路通行能力手册》中 HCM2000 法的交织区长度计算方法,提出辅助车道与集散车道中不同的服务水平、交织区运行速度和匝道交通量下交织区最小交织长度设计指标;根据已建高速公路现场调研表明:基于 HCM2000 法的交织区长度计算方法所得的交织区最小长度设计指标基本符合我国交通现状;第 2.3 节根据隧道洞口明暗适应距离的研究成果,提出主线出入口与隧道口之间最小净距设计指标。本章填补与完善了我国规范中交织区最小长度的规定,完善了主线连续分合流最小间距、主线出入口与隧道口小净距路段最小净距的规定,为建立互通式立交优化设计指标体系奠定了理论基础。

2.1 主线同侧分合流最小间距

2.1.1 主线同侧分合流基本概念、布置形式与相关规定

1) 主线(匝道)分合流及连续分合流基本概念

根据车流轨迹线的流向变化方式,互通式立交主线(匝道)出入口可分为分流、合流两种。分流是指同一行驶方向的车流向两个不同方向分离行驶的过程。合流是指两个行驶方向的车流以较小的角度向同一方向汇合行驶的过程。根据主线(匝道)相邻出入口车流轨迹线的流向变化组合,又可分为连续分流、连续合流、合分流、分合流(含先右后左和先左后右)等四种组合形式。合分流区中两个方向行驶的车流在汇合过程中,不同车道上的车辆需要分别互换车道,车流轨迹线发生交织,并在完成交织后分离行驶,车辆从汇合至分离行驶全过程的路段称为交织路段。

2) 在主线(匝道)上连续分合流布置形式

匝道或高速公路主线左右侧以分离式路基设置时,连续分合流布置形式可分为同侧、异侧和主线与匝道连续分合流三种方式,进一步又可细分为右侧连续分流、连续合流、分合流和合分流,左侧连续分流、连续合流、分合流和合分流,先右后左和先左后右组合等四类 20 种,如表 2-1-1 所示。当主线为整体式路基时则不存在异侧的情况。从有利于交通安全考虑,高速公路主线上宜采用右侧分合流的布置形式,其中合分流区存在交织区。

在主线(匝道)上连续出入口形式 表2-1-1

组合形式	同侧		异侧		主线-匝道连续分合流	
	右侧	左侧	先右后左	先左后右	右侧	左侧
连续分流	 DD-1	 DD-2	 DD-3	 DD-4	 DD-5	 DD-6
连续合流	 MM-1	 MM-2	 MM-3	 MM-4	 MM-1b	 MM-2b
分合流	 DM-1	 DM-2	 DM-3	 DM-4		
合分流	 MD-1	 MD-2	 MD-3	 MD-4		

3) 主线(匝道)连续分合流常用形式

从有利于交通安全考虑,高速公路主线(匝道)连续分合流布置形式一般设置在右侧同侧,常用形式共六种,如表2-1-2所示。各国标准规范对六种常用形式的分合流端之间的距离进行了不同的规定。

互通式立交主线相邻出入口常用形式 表2-1-2

主线同侧连续合流或分流 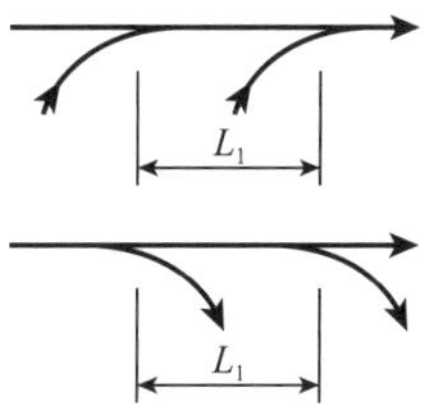	主线与匝道连续合流或分流 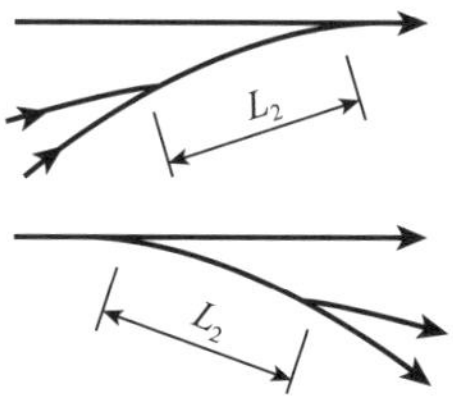	主线同侧连续分合流 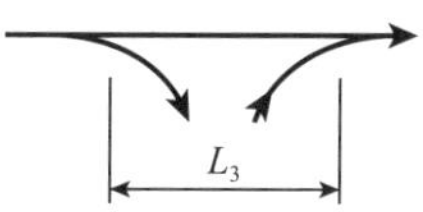	主线同侧连续合分流 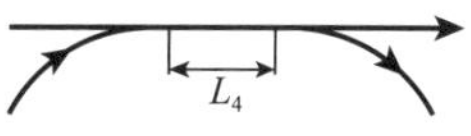
L_1	L_2	L_3	L_4
L_1	L_2		

4) 国内外相关规定

(1) 美国相关规定

美国各州公路及运输工作者协会出版的 *A Policy on Geometric Design of Highways and Streets*(以下简称《绿皮书》)中规定了互通式立交范围内的相邻匝道分合流端的端部间距,如表2-1-3所示。

美国高速公路相邻分合流端部最小间距(m)　　　　表 2-1-3

主线侧连续出口或入口		主线与匝道连续合流或分流		主线同侧连续分合流		主线同侧连续合分流			
L_1		L_2		L_3		L_4			
						枢纽型至服务型互通式立交		服务型至服务型互通式立交	
高速公路	集散道路	枢纽互通式立交	服务互通式立交	高速公路	集散道路	高速公路	集散道路	高速公路	集散道路
300	240	240	180	150	120	600	480	480	300

《绿皮书》中指出，在市区高速公路上，两个或多个匝道端部常出现紧密连接的情况，为了提供足够的交织段长度，并同时满足标志设置所需的距离，连续匝道端部之间应提供合理的间距。连续匝道端部之间的距离，应根据所涉及的互通式立交类型，成对匝道出、入口的功能和可能的交织段进行确定。

（2）我国相关规定

2017 年版《路线规范》对连续分合流主线间距的规定如表 2-1-4 所示。但该规定没有明确间距的起止点位置，且规定值相比美国规定值较大。

2017 年版《路线规范》高速公路相邻出、入口最小间距　　　　表 2-1-4

	主线设计速度(km/h)		120	100	80
最小间距 (m)	L_1	一般值	400	350	310
		最小值	350	300	260
	L_2	枢纽互通式立交最小值	240	210	190
		一般互通式立交	180	160	150
	L_3	一般值	200	150	150
		最小值	150	150	120
	L_4	不应小于	600		

《立交细则》对连续分合流主线间距的规定如表 2-1-5 所示。其区间长度范围明确了起止点位置为分流或合流鼻端。从其规定值与 2017 年版《路线规范》比较的结果来看，缺少了对相邻出口与入口组合 L_3 的规定，且相邻合流鼻端间距 L_2、相邻入口与出口组合 L_4 规定不相同，与规范值相比较大，其他规定均相同。

《立交细则》高速公路相邻出、入口最小间距　　　　表 2-1-5

	主线设计速度(km/h)	120	100	80	60	50	40	与规范比较
最小间距 (m)	L_1 一般值	400	350	310	270	—	—	相同
	最小值	350	300	260	220	—	—	
	L_2 相邻分流鼻端	240	210	190	190			
	相邻合流鼻端	—	—	210	160	140	120	不同，较大
	L_3 一般值							缺

续上表

主线设计速度（km/h）			120	100	80	60	50	40	与规范比较
最小间距（m）	L_4	一般值	1200	1100	1000	800	—	—	不同，大得多
		最小值	1000	900	800	700	—	—	

5) 主线同侧连续分合流最小间距的界定范围

针对主线连续分合流最小间距的长度范围，2017 年版《路线规范》中未对其进行明确的界定，《立交细则》中则规定该长度范围为分流鼻端之间的距离（图 2-1-1），与美国《绿皮书》规定的界定范围基本一致。在交通规则中，车辆被禁止跨越加减速车道与主线之间的导流标线三角区域。以主线连续分流最小间距计算模型为例（图 2-1-2），对次外侧车道或内侧车道上的分流车辆，在导流区起始点位置可作为认读或识别前方出口（第二出口）的起点位置，直至分流车辆在到达减速车道渐变段前的距离，即为连续分流最小间距。由于两个出口的减速车道形式、流出角度、主线及匝道线形等指标不可能完全相同，故导流区的长度也不相同；当第二出口的导流区长度大于第一出口时，以出口楔形端部之间的距离作为主线连续分流的最小间距存在不满足换道距离要求的情况；本书以主线第一出口导流区起点与第二出口减速车道渐变段起点之间距离为基准（图 2-1-2），其他连续分合流之间的最小间距界定与连续分流之间的最小间距的计算方式基本相同。本书规定的主线同侧分合流间距的范围与潘兵宏所著《道路交叉设计理论与方法》中的范围一致。由于不同的出口或入口形式、不同的主线及匝道平面线形指标，所确定的出口或入口三角导流线长度均不相同；因此，出口连续分流的最小间距应为第一出口三角导流线起点至第二出口的减速车道三角段起点（基准点）之间的距离；连续合流的最小间距应为第一入口加速车道三角段终点至第二入口的三角导流线终点（基准点）之间的距离。

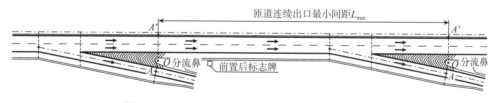

图 2-1-1 《立交细则》主线同侧连续出口最小间距示意图

2.1.2 主线同侧连续分流最小间距

通过对主线分流车辆的微观行驶过程分析可知，最小间距应包含出口标志认读过程中的行驶距离、判断决策行驶距离、等待换道可插入间隙与执行换道过程中的行驶距离。其中标志认读与判断决策过程仅需一次，而等待换道可插入间隙和与执行换道行驶的次数与主线车道数有关（图 2-1-2）。当主线单向车道数为双车道时，主线连续分流区间之间最小换道距离一般值，由出口标志视认距离 L_1、判断决策距离 L_2、换道等待距离 L_3、换道行驶距离 L_4 组成；第二出口分流车辆，在第一出口前已预知出口位置，且主线连续分流区间一般通视条件良好，次外侧车道驾驶人能提前看见减速车道渐变段前的出口标志或渐变段起点位置，此时可不考虑出口标志视认距离，并作为主线连续分流区间最小净距极限值，即由判断决策距离 L_2、换道等

待距离 L_3、换道行驶距离 L_4 组成。当主线车道数大于 2 时，内侧车道上的分流车辆应在第一出口前换道至次外侧车道上，否则所需要的分流换道距离比较长，难以采用连续分流方式设置出口。本书主线侧连续分流最小间距以主线次外侧车道分流车辆换道至最外侧车道的换道距离计算结果为建议值，当主线车道数大于 2 时，应通过建立车道交通数字化主动管控系统，在第一出口前将主线内侧车道上的分流车辆主动引导至次外侧车道上。

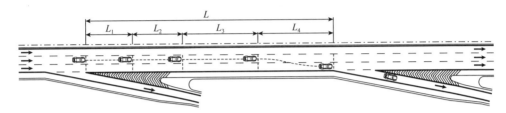

图 2-1-2　主线同侧连续分流最小间距模型

换道计算参数采用本章第 2.1 节或第 2.2 节中的标志视认距离、等待换道距离和换道行驶距离的计算方法和计算结果。计算参数和计算结果如表 2-1-6。

主线同侧连续分流最小间距　　　　　　　　　　　　表 2-1-6

设计速度或车道限速值(km/h)		120	100	80
标志视认距离(m)		149	131	113
判断决策距离(m)		53	44	36
等待换道距离(m)		130	96	62
安全换道行驶距离(m)		125	104	83
连续分流最小间距(m)	一般值	460	380	300
	最小值	310	250	180
2017 年版《路线规范》规定值(m)	一般值	400	350	310
	最小值	350	300	260

注：1. 当连续分流区间通视条件较好，且交通量较小时，可采用最小值。
　　2. 原则上车道运行速度以各车道的限速值为准。

2.1.3　主线同侧连续合流最小间距

通过对主线同侧连续合流之间的车辆行驶特点分析可知，当第二入口有车辆即将汇入时，主线外侧直行车道上的车辆为了保持正常行驶速度，一般期望向左侧的内侧车道换道，避免因前方匝道汇入主线的车辆速度较低而减速，保持车速换道行驶也有益于保证主线直行车道的通行能力。主线同侧连续合流最小间距计算模型如图 2-1-3 所示，由反应距离 L_1、判断决策距离 L_2、等待换道距离 L_3 和换道行驶距离 L_4 组成。反应距离一般以反应时间取 2.5s 作为计算依据，判断决策距离 L_2、等待换道距离 L_3 和换道行驶距离 L_4 采用第 1 章中相应的计算方法和计算结果。主线侧连续合流区最小间距计算结果见表 2-1-7；同时基于上述分析可以推断，主线同侧连续合流最小间距与主线车道数无关。

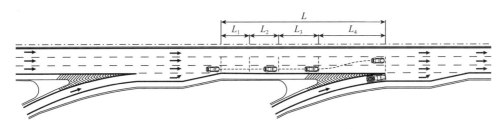

图 2-1-3 主线同侧连续合流最小间距计算模型

主线同侧连续合流最小间距 表 2-1-7

次外侧车道运行速度或限速值(km/h)		120	100	80	60
反应距离(m)		83	69	56	42
判断决策距离		53	44	36	27
等待换道距离(m)		130	96	62	29
换道行驶距离(m)		125	104	83	63
连续合流最小间距最小值(m)		390	320	240	160
2017 年版《路线规范》规定值(m)	一般值	400	350	310	—
	最小值	350	300	260	—
《立交细则》规定值(m)	一般值	400	350	310	270
	最小值	350	300	260	220

注:原则上车道运行速度以次外侧车道的限速值为准。

2.1.4 主线同侧相邻分合流最小间距

主线同侧相邻出口与入口组合的连续分合流之间,靠近匝道入口导流区终点前的车辆行驶特点与主线连续合流之间的特点几乎相同。因此,最小间距计算模型及计算结果也应相同,最小间距应指主线出口匝道的分流鼻点与入口合流三角导流区终点(基准点)之间距离,最小间距计算模型由反应时间距离 L_1、判断决策距离 L_2、等待换道距离 L_3 和换道行驶距离 L_4 组成,如图2-1-4所示。代入各项参数后最终计算结果见表2-1-8。表中同时列出 2017 年版《路线规范》中对主线侧相邻匝道出、入口间距指标的规定,而《立交细则》中对该间距没有规定。同时,2017 年版《路线规范》与《立交细则》均对在匝道入口的合流鼻端前提出三角通视区视距的要求,即主线侧主线距合流鼻端应大于100m,匝道侧距合流鼻端应大于60m。

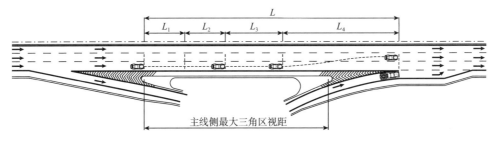

图 2-1-4 主线同侧相邻出口与入口最小间距示意图

主线同侧相邻出口与入口最小间距　　　　　　　　　　表2-1-8

次外侧车道运行速度或限速值(km/h)		120	100	80	60
相邻出口与入口最小间距最小值(m)		390	320	240	160
主线设计速度		120	100		80
2017年版《路线规范》规定值(m)	一般值	200	150		150
	极限值	150	150		120

2.1.5 主线至匝道连续分流最小间距

主线至匝道连续分流是指从主线分流后,在较短距离内在匝道上再出现一次分流的场景(图2-1-5)。为保证在两次分流之间驾驶人安全操作和车辆安全运行的需要,前一分流区的分流鼻与后续相邻分流区的分流点之间必须保证足够的距离,这一距离称为主线至匝道连续分流间距。

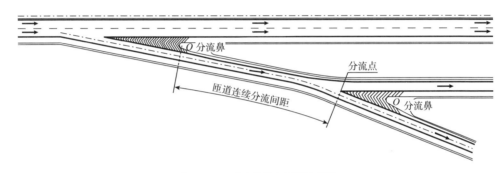

图2-1-5　匝道连续分流间距示意图

主线至匝道连续分流间距,应满足第二次分流前驾驶人在发现分岔标识反应时间(t_1)、判断决策时间(t_2)和车辆侧移变换车道时间(t_3)三个阶段内所需要的距离。主线至匝道连续分流最小间距(L)可按式(2-1-1)计算:

$$L = \frac{v}{3.6} \times (t_1 + t_2 + t_3) \tag{2-1-1}$$

式中:L——主线至匝道连续分流最小间距(m);

　　　v——匝道侧楔形端部车辆行驶速度(km/h),与主线设计速度有关。

式中v、t_1、t_2、t_3取值见表2-1-9,代入式(2-1-1)后得到主线至匝道连续分流最小间距计算值及建议值见表2-1-9。

主线至匝道连续分流最小间距　　　　　　　　　　表2-1-9

主线设计速度(km/h)	120	100	80	60
匝道侧分流鼻端车辆速度(km/h)	70	65	60	50
发现匝道分岔标识或位置反应时间(s)	2.5	2.5	2.0	2.0
判断决策时间(s)	1.6	1.6	1.6	1.6
车辆侧移所需时间(s)	3	3	3	3

续上表

主线设计速度(km/h)		120	100	80	60
连续分流最小间距(m)	计算值	138	128	110	92
	最小值	140	130	110	90
2017年版《路线规范》规定值(m)	枢纽互通	240	210	190	—
	一般互通	180	160	150	—
《立交细则》规定值(m)		240	210	190	170

注：表中最小间距为分流鼻端至匝道分岔点的距离，故小于2017年版《路线规范》或《立交细则》规定值。

我国2017年版《路线规范》和美国的AASHTO规定中，主线至匝道连续分流间距的取值相同，均与主线设计速度有关，而与匝道设计速度无关，且取值范围的界定均不够明确。实际上，主线至匝道连续分流间距与匝道设计速度有直接关系，而与主线设计速度为间接关系。因此《立交细则》针对主线至匝道连续分流最小间距提出与主线分流鼻端之后的匝道行驶速度相关联的规定，并明确界定最小间距范围为主线与匝道相邻分流鼻端之间的距离，本书与《立交细则》相比较，主要区别在于界定范围上，因此《立交细则》中的规定值大于本书表2-1-9中的最小值。

2.1.6 匝道至主线连续合流最小间距

匝道至主线连续合流指在两条匝道在合流为一条匝道后，汇入主线并与主线合流（图2-1-6）。匝道至主线连续合流间距是指第一合流点与相邻合流鼻之间的距离，匝道至主线连续合流间距应满足车辆在匝道上的安全合流和合流之后对前方的判断决策距离要求。车辆安全合流过程的距离可取3s行程距离，发现主线合流鼻端位置的反应过程的距离可取2.5s~2.0s行程距离，匝道至主线连续合流最小间距计算结果见表2-1-10。

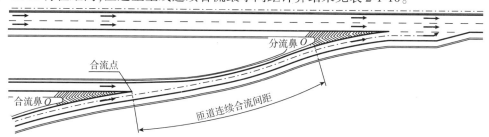

图2-1-6 匝道连续合流间距示意图

匝道至主线连续合流最小间距 表2-1-10

匝道设计速度(km/h)		80	70	60	50	40	35	30
安全合流过程所需时间(s)		3	3	3	3	3	3	3
发现主线合流鼻端位置反应时间(s)		2.5	2.5	2.5	2	2	2	2
连续合流最小间距(m)	计算值	122	107	92	69	56	49	42
	最小值	170	150	130	100	80	70	60
《立交细则》规定值(m)		210	180	160	140	120	110	100
主线设计速度(km/h)		120			100		80	
2017年版《路线规范》规定值(m)	枢纽互通	240			210		190	
	一般互通	180			160		150	

2017年版《路线规范》中,匝道至主线连续合流最小间距与连续分流间距取值相同,与主线设计速度有关,与匝道设计速度无关。《立交细则》对匝道至主线连续分流最小间距仅从匝道合流过程的几何构造考虑,与主线设计速度无关,与匝道设计速度有关。本书从匝道安全合流及发现主线合流鼻端位置过程的行驶视距考虑,提出最小间距要求,由于取值范围的界定与《立交细则》规定不相同,因此,《立交细则》中的规定值大于表2-1-10中的最小值。

2.2 辅助车道与集散车道交织区最小长度

2.2.1 互通式立交之间同侧相邻合分流最小间距

互通式立交之间同侧相邻合分流最小间距是指相邻互通式立交(含服务设施)之间的最小间距。合理确定互通式立交(含服务设施)最小间距,旨在提升路网功能作用、提高路网通行效率、保障交通安全与顺畅,并获得最好的经济效益和社会效益。互通式立交最小间距取决于确保分流车辆或合流车辆处于安全、平稳或舒适的状态下完成换道过程所需要的最小距离;换道过程受交通标志、标线及导航提示等诱导车辆行驶的管理设施影响较大。

互通式立交之间,互通式立交与服务区、停车区之间的最小间距,由匝道入口合流换道调整区总长度和分流区最内侧车道车辆换道至最外侧车道的换道总长度组成,如图2-2-1所示。匝道入口合流换道调整区最外侧车道向次内车道换道总距离,按舒适性换道类型可采用表1-3-10中的计算值,按安全换道类型可采用表1-3-9中的计算值;分流区内侧不同车道换道至最外侧车道换道总距离可采用表1-3-8计算值。

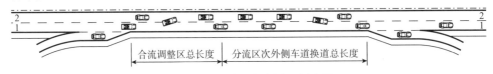

图2-2-1 互通式立交最小间距示意图

在互通式立交(服务区)之间的最小净距的计算中,其一般值为合流影响区中的合流调整区舒适换道距离与分合流区的换道总距离之和,极限值为合流影响区中的合流调整区安全换道距离与分合流区的安全换道总距离之和,计算结果如表2-2-1所示。当互通式立交(服务区)之间最小净距小于表2-2-1的规定值时,上一互通式立交加速车道终点与下一互通式立交减速车道起点之间的距离应采用辅助车道连接,使两座互通式立交构成复合式互通式立交。

互通式立交(服务区)最小间距建议值　　表2-2-1

不同车道运行速度或限速值(km/h)		120	110	100	90	80
匝道入口合流调整区最外侧车道向次内车道换道总距离(m)	舒适换道	489	427	369	319	272
	安全换道	358	323	286	250	214
分流区内侧不同车道换道至最外侧车道换道总距离(m)	第四车道	1215	1065	932	805	690
	第三车道	837	741	654	569	491
	第二车道	457	416	375	333	294

续上表

	不同车道运行速度或限速值（km/h）		120	110	100	90	80
互通式立交 （服务区） 最小间距 （m）	主线单向四车道	一般值	1700	1490	1300	1130	960
		最小值	1570	1390	1220	1060	900
	主线单向三车道	一般值	1330	1170	1020	890	760
		最小值	1200	1060	940	820	710
	主线单向双车道	一般值	950	840	740	650	570
		最小值	820	740	660	580	510
2017年版《路线规范》		一般值	不宜小于4km				
		最小值	条件受限时不应小于1000m				
			小于1000m时，应按复合式立交方式设置				
《立交细则》	设计速度（km/h）		120	100	80	60	
	互通式立交 之间最小 净距（m）	主线单向四车道	1200	1100	1000	900	
		主线单向三车道	1000	900	800	700	
		主线单向双车道	800	700	650	600	
	互通式立交与 服务区、停车 区之间最小 净距（m）	主线单向四车道	1100	1000	900	800	
		主线单向三车道	900	850	800	700	
		主线单向双车道	700	650	600	600	

2.2.2 互通式立交辅助车道与集散车道交织区长度计算方法

1）交织区交通运行特性

（1）复合式互通式立交辅助车道与集散车道

相邻两座互通式立交间距较小时，自前一入口驶入的合流车辆与后一出口驶出的分流车辆，分别有在两座互通的连接段上向内侧与向外侧换道的需求，进而产生交织行为，在连接段上产生交织区并影响主线交通流的通畅运行。《立交细则》指出相邻两座互通式立交净距小于要求（表2-2-2）时，应根据相邻立交之间距离大小，采用辅助车道、集散车道或匝道相连方式构成复合式立交。采用辅助车道相连时，辅助车道设置于主线最外侧，也称为附加车道。当交织交通量较小时，辅助车道与主线之间可设置路缘带，与主线车道融为整体（图2-2-2），为主线分流车辆提供出入主线时调整车速、车距、变换车道的空间条件；同时辅助车道上车辆进入主线车道过程对主线直行车辆有干扰；当交织交通量较大时，为了减少或避免对主线直行车辆的干扰，辅助车道与主线之间可设置分隔带（实线标线），使辅助车道具有集散车道的功能与作用。

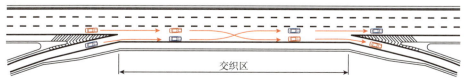

图2-2-2 辅助车道相连的交织区示意图

相邻互通式立交的最小净距要求　　　　　　　　表 2-2-2

设计速度(km/h)	120	100	80	60
主线单向双车道	800	700	650	600
主线单向三车道	1000	900	800	700
主线单向四车道	1200	1100	1000	900

辅助车道与主线相邻,在辅助车道上合流、交织与分流过程的运行速度相对较高,所需要的交织长度较长。采用集散车道相连时,集散车道与主线完全分离(图 2-2-3),合分流车辆在集散车道上交织,交织区运行速度较低,所需要的交织区最小长度较短。当相邻互通式立交间距小于辅助车道所需的交织区最小长度要求时,应采用集散车道或采用具有集散车道功能的辅助车道;当间距仍不能满足集散车道上出入口匝道交通流的交织需求时,则复合式立交应采用匝道连接的方式,此种连接方式实质上就是将其处理为多岔互通式立交,此时驾驶人面临的交通环境将更为复杂,易造成交通混乱,并且主线、匝道之间的跨线构造物数量也将急剧增加,工程造价大幅提高。

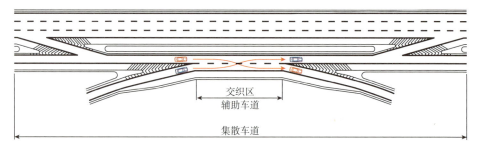

图 2-2-3　集散车道相连的交织区示意图

(2)全苜蓿叶形互通式立交辅助车道与集散车道

全苜蓿叶形互通式立交连续出入口之间采用辅助车道或集散车道时,其中前一入口驶入的合流车辆与后一出口驶出的分流车辆,在辅助车道或集散车道上存在向内侧与向外侧换道的需求,进而产生交织行为,在辅助车道段上产生交织区可能影响主线交通流的通畅运行。

《立交细则》明确规定集散车道或匝道上交织区的最小长度应根据交通量及其分布或交织区的构造形式等,经通行能力验算后确定。综上所述,在复合式或全苜蓿叶形互通式立交设计中,其核心问题为:通过明确净距是否能够满足主线辅助车道交通流或集散车道上的匝道交通流的交织需求,进而选择合理的连接形式。

2) 交织区特性与分析方法

交织区指位于同一行驶方向不同车道的两股或多股交通流,沿相当长度的路段,不借助交通控制设施相交而过的区域。当主线侧入口匝道或主线合流后紧接出口匝道或主线分流,并在二者间设辅助车道贯通连接时,均构成交织区。

交织区长度(L_w)指相邻前一合流点至后一分流点间距离,决定了交织区内车辆换道的自由或受制约程度,是交织区内交通运行质量的重要控制因素。交织区长度受到交织区类型、交通量与交织比、交织速度等因素影响,并以通行能力与服务水平作为衡量其长度是否满足车流顺畅交织运行要求的重要指标。

目前,主流计算交织段长度的方法有 2000 版美国《道路通行能力手册》(HCM 手册)中交织区通行能力分析方法(HCM2000 法)、2010 版美国《道路通行能力手册》中交织区通行能力分析方法(HCM2010 法)和 2017 版中国《公路通行能力手册》中交织区通行能力分析方法(CHCM 法)三种。

其中,由于 HCM2010 法对非交织车流运行速度计算存在重复折减,致使非交织车流运行速度过低,交织车流运行速度大于非交织车流运行速度,与实测运行特性不相符。因此,本文决定采用 HCM2000 法与 CHCM 法相结合的方法,即先采取 HCM2000 法计算最小交织区长度,检验其是否满足设计服务水平要求;然后采用 CHCM 法进行核验,检查负荷度(v/C)及交织区平均速度与基准自由流速度差(Δv)是否满达到服务水平,若能满足,则需缩小交织段长度至得到满足服务水平要求下的临界最小长度;若不能满足,则将长度值不断放大至符合要求,进而得到交织段最小长度。所采用交织区通行能力分析方法如图 2-2-4、图 2-2-5 所示。

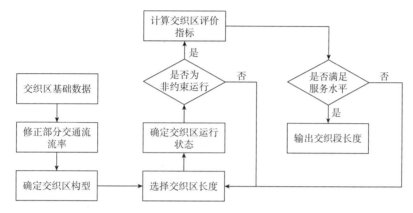

图 2-2-4　HCM2000 法交织区分析方法流程图

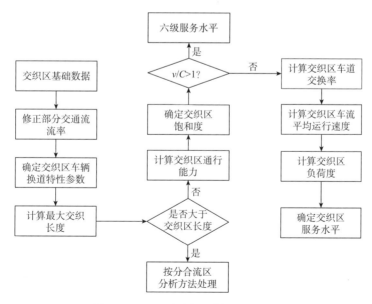

图 2-2-5　CHCM 法交织区分析方法流程图

3) 基于 HCM2000 法的交织区长度计算方法

HCM2000 法采用试算法来计算交织段长度,根据设定的交通量、交织构造类型、交织段长度等参数,计算交织段的服务水平,将计算结果与期望的服务水平对比,直到满足希望达到的服务水平。

(1) 确定交织区基本参数

$$\begin{cases} Q_W = Q_{RF} \times N_1 + Q_{FR} \times N_2 \\ Q_{NW} = Q - Q_W \\ VR = Q_W/Q \\ R = Q_{W1}/Q_W \end{cases} \quad (2\text{-}2\text{-}1)$$

式中:Q_W——交织区内交织流率(pcu/h);
$\quad\quad Q_{RF}$——匝道驶入主线的流率(pcu/h);
$\quad\quad Q_{FR}$——主线驶入匝道的流率(pcu/h);
$\quad\quad N_1$——交织区进口车道数;
$\quad\quad N_2$——交织区出口车道数;
$\quad\quad Q_{NW}$——交织区内非交织流率(pcu/h);
$\quad\quad VR$——交织区流量比;
$\quad\quad R$——交织比;
$\quad\quad Q_{W1}$——交织流率中较小者。

(2) 换算交织区各方向高峰流率

$$Q_i = \frac{q_i}{PHF_{15} \times f_{HV} \times f_P} \quad (2\text{-}2\text{-}2)$$

式中:Q_i——车流 i(i = FF、FR、RF 或 RR)高峰小时流率(pcu/h);
$\quad\quad q_i$——车流 i 预测小时流量(veh/h);
$\quad\quad PHF_{15}$——15min 高峰小时系数,查询资料,全国平均值为 0.911;
$\quad\quad f_{HV}$——交通组成修正系数,交通流量换算成小客车当量时取 1;
$\quad\quad f_P$——驾驶人总体特征修正系数,一般取值为 1;
$\quad\quad i$——包括匝道至匝道、匝道至主线、主线至主线、主线至匝道车流。

当以年平均日交通量(AADT)计算时,按下式将年平均日交通量换算为设计小时交通量进行分析。

$$DDHV = AADT \times K \times D \quad (2\text{-}2\text{-}3)$$

式中:$DDHV$——预测的单方向设计小时交通量(pcu/h);
$\quad\quad AADT$——年平均日交通量(pcu/h);
$\quad\quad K$——设计小时交通量系数;
$\quad\quad D$——方向不均匀系数,其取值可根据当地交通量实测资料确定,或者取 0.5,即按两个方向交通量无明显差异进行处理。

(3) 确定交织区构型

交织区构型可根据每次交织所需变换车道情况分为 3 类,其定义如下:

A 型:两个交织方向的所有车流均需完成 1 次换道;

B 型:其中一个方向的交织车流换道 1 次,而另一方向交织车流则无须换道;
C 型:其中一个方向的交织车流无须换道,而另一方向交织车流需换道 2 次或 2 次以上。
(4)确定交织区运行状态
①计算交织强度系数。

$$W_i = \frac{a(1+\mathrm{VR})^b \left(\frac{Q}{N}\right)^c}{(3.28L)^d} \tag{2-2-4}$$

式中:W_i——交织车流(当 i = w 时)或非交织车流(当 i = nw 时)的交织强度系数;
　　　L——交织段长度(m);
　　　N——交织区车道数;
a、b、c、d——交织强度系数计算常量,按表 2-2-3 取值。

交织强度系数计算常量 表 2-2-3

约束类型	交织车流交织强度系数(W_w)计算常量				非交织车流交织强度系数(W_{nw})计算常量			
	a	b	c	d	a	b	c	d
A 型交织区								
非约束型	0.15	2.2	0.97	0.80	0.0035	4.0	1.3	0.75
约束型	0.35	2.2	0.97	0.80	0.0020	4.0	1.3	0.75
B 型交织区								
非约束型	0.08	2.2	0.70	0.50	0.0020	6.0	1.0	0.50
约束型	0.15	2.2	0.70	0.50	0.0010	6.0	1.0	0.50
C 型交织区								
非约束型	0.08	2.2	0.80	0.60	0.0020	6.0	1.1	0.60
约束型	0.14	2.2	0.80	0.60	0.0010	6.0	1.1	0.60

②计算交织区车辆运行速度。

在计算交织区内交织与非交织车辆运行速度前,应首先对交织区前基本路段的基准自由流速度 v_{FF} 进行计算:

$$v_{FF} = v_{BFF} + \Delta v_w + \Delta v_N \tag{2-2-5}$$

式中:v_{BFF}——基本路段的基准自由流速度(km/h);
　　　Δv_w——车道和路侧宽度对基准自由流速度的修正值(km/h),按表 2-2-4 取值;
　　　Δv_N——车道数对基准自由流速度的修正值(km/h),按表 2-2-5 取值。

车道宽度和路侧宽度对基准自由流速度的修正值 表 2-2-4

宽度(m)		基准自由流速度修正值 Δv_w(km/h)
车道	3.25	-5.0
	3.5	-3.0
	3.75	0.0
左侧路缘带	0.25	-3.0
	0.50	-1.0
	0.75	0.0

续上表

宽度(m)		基准自由流速度修正值 Δv_W (km/h)
右侧硬路肩	≤0.75	-5.0
	1.00	-3.0
	1.50	-1.0
	≥2.50	0.0

车道数对基准自由流速度的修正值　　　　　　　　　　表 2-2-5

车道数(单向)	基准自由流速度修正值 Δv_N (km/h)
≥4	0
3	-4.0
2	-8.0

随后即可计算交织车辆运行速度和非交织车辆运行速度：

$$v_i = 24 + \left(\frac{v_{FF} - 16}{1 + W_i}\right) \quad (2\text{-}2\text{-}6)$$

式中：v_i——交织车流(当 i = w 时)或非交织车流(当 i = nw 时)的车辆运行速度(km/h)。

③确定运行状态。

由表 2-2-6 所提供的计算公式可计算非约束运行所需车道数 N_w。通过比较 N_w 和 $N_{w,max}$ 的大小，即可判断交织区运行状态。当 $N_w \leq N_{w,max}$ 时，交织区运行处于非约束状态；当 $N_w \geq N_{w,max}$ 时，交织区的运行为约束运行状态。其中，N_w 指交织车辆为达到非约束运行状态所必须使用的交织车道数；而 $N_{w,max}$ 指对于特定的交织构造型式为交织车辆所能提供的最大交织运行车道数。

车道数对基准自由流速度的修正值　　　　　　　　　　表 2-2-6

交织区构型	非约束型运行所需的车道数 N_w	$N_{w,max}$
A 型	$(1.21N \cdot VR^{0.571} L^{0.234})/v_w^{0.438}$	1.4
B 型	$N[0.085 + 0.703VR + (71.57/L) - 0.0112(v_{nw} - v_w)]$	3.5
C 型	$N[0.761 + 0.047VR - 0.00036 - 0.0031(v_{nw} - v_w)]$	3.0

(5)计算交织区运行速度

获取交织和非交织车流速度及其运行状态后，即可计算交织区内所有车辆的区间平均速度：

$$v = Q / \left(\frac{Q_W}{v_w} + \frac{Q_{NW}}{v_{nw}}\right) \quad (2\text{-}2\text{-}7)$$

(6)计算交织区车流密度与服务水平

$$K = \left(\frac{Q/N}{v}\right) \quad (2\text{-}2\text{-}8)$$

式中：K——交织区平均车流密度[pcu/(km·ln)]。

交织区服务水平的划分以车流密度为标准，具体划分情况如下表 2-2-7 所示。根据计算的车流密度 K，即可确定交织区的服务水平等级。

高速公路交织区服务水平标准　　　　　　　表 2-2-7

服务水平	车流密度[pcu/(km·ln)]	服务水平	车流密度[pcu/(km·ln)]
一级	≤7	四级	>18~25
二级	>7~12	五级	>25~35
三级	>12~18	六级	>35

4) 基于 CHCM 法的交织区长度验证

CHCM 法同样采用试算法来计算交织段长度。根据设定的交通量、交织车道数、交织段长度等参数，计算交织区通行能力、车道变换率、交织速度和非交织速度，进而确定交织段的服务水平，将计算结果与期望的服务水平对比，若设定的交织段长度不满足服务水平要求，则调整交织段长度至希望达到的服务水平为止。

①据实际条件确定自由流速度 V_{FF}、交织区长度 L_s、交织区车道数 N、车道宽度、交织区构型等。

②确定交织车流流率 Q_W、非交织车流流率 Q_{NW}、交织区总流率 Q、交织流量比 VR、汇出流量比 DR 等参数。

③计算交织区内车流最小换道次数 LC_{min}。

$$LC_{min} = (LC_{FR} \times Q_{FR}) + (LC_{RF} \times Q_{RF}) \qquad (2\text{-}2\text{-}9)$$

式中：LC_{FR}——交织区内主线交织车辆完成交织过程的最小换道次数；

LC_{RF}——交织区内匝道交织车辆完成交织过程的最小换道次数。

④计算交织区最大交织长度。

交织区影响范围定义为交织区最大长度 L_{max}，当 $L_w \leq L_{max}$ 时，路段通行能力分析应按交织区进行；当 $L_w > L_{max}$ 时，路段通行能力分析应按分流区或合流区分别进行。

$$L_{max} = 1746 \times (1 + VR)^{1.6} - 477 \times N_{wl} \qquad (2\text{-}2\text{-}10)$$

式中：N_{wl}——交织区车流在经 0 次和 1 次换道完成交织过程所占用交织区的车道数。

⑤交织区通行能力与饱和度计算。

$$C_{IWL} = C_0 - 495.6 \times \ln(1 + VR) - \ln(1 + DR) + 0.05 \times L - 60.38 \times N \qquad (2\text{-}2\text{-}11)$$

$$C_W = C_{IWL} \times N \qquad (2\text{-}2\text{-}12)$$

$$v/C = Q/C_W \qquad (2\text{-}2\text{-}13)$$

式中：C_{IWL}——交织区一条车道基准通行能力[pcu/(h·ln)]；

C_0——相同自由流车速下，基本路段一条车道的基准通行能力[pcu/(h·ln)]；

C_W——交织区通行能力(pcu/h)；

DR——汇出流量比，DR = Q_{FR}/Q_W。

当 $v/C > 1$ 时，交织区处于六级服务水平，即交织区满负荷运行，停止计算；若 $v/C \leq 1$，则进入下一步分析。

⑥计算交织区车道变换率。

$$I_{nw} = \frac{L \times \text{ID} \times Q_{NW}}{3048} \qquad (2\text{-}2\text{-}14)$$

$$LC_w = LC_{min} + 0.706 \times [(L-90)^{0.5} \times N^2 \times (1+\text{ID})^{0.8}] \qquad (2\text{-}2\text{-}15)$$

$$LC_{nw} = \begin{cases} 0.206 \times Q_{NW} + 1.778 \times L - 192.6 \times N & (I_{nw} \leq 1300) \\ 2135 - 0.223 \times (Q_{NW} - 2000) & (I_{nw} \geq 1950) \\ LC_{nw1} + (LC_{nw2} - LC_{nw1}) \times [(I_{nw} - 1300) \div 650] & (1300 < I_{nw} < 1950) \end{cases}$$

$$(2\text{-}2\text{-}16)$$

$$LC_{ALL} = IC_w + IC_{nw} \qquad (2\text{-}2\text{-}17)$$

式中:I_{nw}——非交织车辆换道判别指数;

　　LC_w——交织车辆换道次数;

　　LC_{nw}——非交织车辆换道次数;

　　LC_{ALL}——交织区车辆换道总次数;

　　ID——立体交叉口密度,以分析交织区为中心,前后10km内立交桥的个数除以10,本章计算取1。

⑦计算交织区车辆平均运行速度。

$$W_I = 0.78 \times \left(\frac{LC_{ALL}}{L}\right)^{0.229} \qquad (2\text{-}2\text{-}18)$$

$$v_w = 24 + \frac{v_{FF} - 24}{1 + W_I} \qquad (2\text{-}2\text{-}19)$$

$$v_{nw} = v_{FF} - 0.0562 \times \frac{LC_{min}}{N_{wl}} - 0.0176 \times \frac{Q}{N} \qquad (2\text{-}2\text{-}20)$$

$$v = (Q_W + Q_{NW}) \Big/ \left(\frac{Q_W}{v_w} + \frac{Q_{NW}}{v_{nw}}\right) \qquad (2\text{-}2\text{-}21)$$

式中:W_I——交织强度。

⑧确定交织区服务水平。

在 CHCM 法中,交织区的服务水平以 v/C 值作为主要评价指标确定服务水平等级,小客车实际行驶速度与基准自由流速度的差值作为次要评价指标,将一级至五级服务水平每级细分为三种状态,各级服务水平对应的指标规定如表2-2-8。匝道交织区设计服务水平宜与匝道基本路段设计服务水平相一致,且不应低于四级。

交织区服务水平分级　　　　表2-2-8

服务水平等级		分级指标	
		主要指标	次要指标
		v/C	小客车实际行驶速度与基准自由流速度差(km/h)
一级	1	$v/C \leq 0.35$	≤10
	2		(10,20]
	3		>20

续上表

服务水平等级		分级指标	
		主要指标 v/C	次要指标 小客车实际行驶速度与基准自由流速度差(km/h)
二级	1	$0.35 < v/C \leq 0.55$	≤20
	2		(20,30]
	3		>30
三级	1	$0.55 < v/C \leq 0.75$	≤20
	2		(20,30]
	3		>30
四级	1	$0.75 < v/C \leq 0.90$	≤20
	2		(20,35]
	3		>35
五级	1	$0.90 < v/C \leq 1.00$	≤30
	2		(30,40]
	3		>40
六级		$v/C > 1.00$	—

2.2.3 设辅助车道时主线同侧合分流(交织区)最小间距

当主线同侧入-出口间设置辅助车道时,该区域构成交织区。在交织区的相当长路段上且没有交通控制设施的情况下,两股或多股交通流会相互交叉穿行,即在该区域存在紧张而频繁的车道变换,使得交织区内的交通流严重紊乱。其中,交织区长度对车辆换道过程所用时间和空间起着制约作用。因此,通过对交织区长度进行研究,确定的主线同侧匝道入、出口间距,保证该区间的车辆正常运行。

交织区交通运行的影响因素包括人、车、路和交通环境等,通过对主线同侧匝道合分流条件下交织区的几何构造及交通流运行状况进行考虑,分析满足设计服务水平所需的交织区平均车流密度,计算得出交织区长度,进而确定主线同侧匝道入-出口最小间距。

1) 交织区长度计算基本依据

(1) 交织区长度界定

主线同侧入-出口间交织区长度指从合流点(合流三角区主线最外侧车道外边缘距离匝道合流车道内边缘一个路缘带0.5m的一点)至分流点(分流三角区主线最外侧车道外边缘距离匝道分流车道内边缘一个路缘带0.5m的一点)间的长度。交织区长度对交织区内车辆车道变换强度有着重要影响。当其他条件相同时,交织区长度越长,交织车辆拥有越多的运行时间及空间进行车道变换,有助于降低车辆换道强度和车流紊乱程度,提升交织区通行能力,改善交织区车流运行状况。

按照变速车道的车道数,复合式立交同侧入、出口可划分为单入单出、单入双出、双入单出和双入双出四种设置形式。其交织区长度示意图如图2-2-6所示。

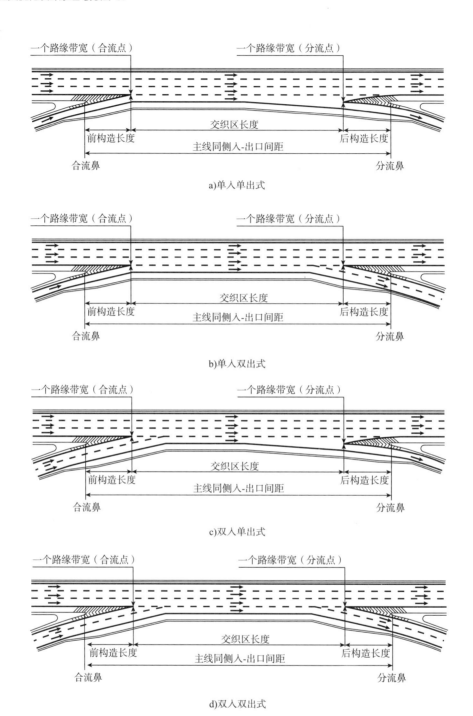

图 2-2-6 主线同侧入-出口交织区示意图

同时,车辆交织影响范围与交织车流比例有密切的函数关系,如果交织影响范围大于交织区物理距离,说明在该路段内交织行为显著,可按交织区来计算。《立交细则》中规定了互通式立交间最小净距(表 2-2-2),即相邻互通式立交净距大于相应最小净距值时无须设置辅助车道,因此交织区长度不应超过该值。

(2)交织区长度计算关键参数分析

①交织区构型。

高速公路主线均为多车道,如果内侧车道在进入交织区后才开始向外侧车道换道,然后进入交织区,显然所需要的车道累积换道距离非常长。因此,本章节仅研究主线最外侧车道与辅助车道之间的交通流中分合流或合分流过程的交通组织及交织区通行能力与交织区最小长度的关系。对如何保障主线内侧车道的分流车辆在交织区前换道至最外侧车道等问题,详见第 3 章第 3.3 节相关内容。基于此,在复合式立交主线同侧入-出口单入单出式交织区内,应考虑前一入口合流车辆与后一出口分流车辆各变换 1 次车道,即交织区为 A 型构型,如图 2-2-7a)所示;当主线同侧入-出口为单入双出形式时,所有合流车辆均需变换 1 次车道,而分流车辆可以换道至辅助车道后驶离主线,也可不换道直接通过匝道内侧车道驶离主线;同样,当主线同侧入-出口为双入单出式时,所有分流车辆均需变换 1 次车道,而合流车辆换道次数可为 0 或 1;因此,在此两种形式的主线同侧入-出口路段,交织区同时存在 A 型与 B 型[图 2-2-7b)]两种构型。当主线同侧入-出口为双入双出式时,合流与分流车辆最大换道次数均为 1,最小换道次数均为 0,因此,也同时存在 A 型与 B 型交织。考虑较为不利的情况,四种形式的主线同侧入-出口交织区均应按照 A 型构型考虑。

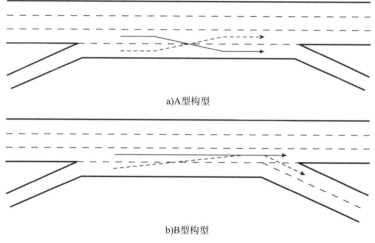

a)A型构型

b)B型构型

图 2-2-7 交织区构型示意图

②交织区交通流率。

交织区交通流由交织交通流与非交织交通流构成,如图 2-2-8 所示。其中,非交织交通流 Q_{FF} 即为主线直行交通流,而辅助车道上不存在直行交通流,故 Q_{RR} 为 0;Q_{RF} 与 Q_{FR} 分别为入口匝道上合流汇入主线与主线上分流驶入出口匝道的交通流。

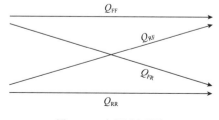

图 2-2-8 交织区交通流

我国现行技术标准要求高速公路主线在设计年限内应满足三级服务水平要求,匝道路段服务水平可降低一级,即四级服务水平。但实际上,相当一部分高速公路主线路段与匝道路段在建成通车多年后,交通量仍远远未达到设计服务水平所对应的最大服务交通量,且常年仍将处于二级以上服务水平。因此,为向设计人员提供更为灵活的设计参考,本文考虑以主线运行速度、交织交通量为分类条件,提出相应场景所需交织区最小长度。

2)交织区长度

(1)交织区计算参数的确定

计算交织区长度应首先确定基本计算参数,即确定 Q_{FF}、Q_{FR}、Q_{RF} 和 Q_{RR}。《公路通行能力手册》中指出了高速公路基本路段单条车道的基准通行能力,如表 2-2-9 所示,基于此,结合 2017 年版《路线规范》中规定的高速公路服务水平分级标准,即可明确不同设计速度路段在各级服务水平下的服务交通量;同时,《立交细则》中规定了匝道在设计服务水平采用四级时的通行能力,如表 2-2-10 所示。因而在确定交织交通流率时,以主线各级服务水平所对应的最大服务交通量为主线交通量,按匝道常见交通量条件,并参照表 2-2-10 中的匝道设计通行能力情况,作一定条件划分,Q_{FF}、Q_{FR}、Q_{RF} 即可进行相应取值;而辅助车道上不存在直行车流,故 $Q_{RR}=0$。

高速公路基本路段单条车道的最大服务交通量　　　　表 2-2-9

主线设计速度(km/h)		120	100	80
运行速度(自由流速度)(km/h)		100	80	60
车道基准通行能力(pcu/h)		2100	1800	1500
车道最大服务交通量(pcu/h)	三级服务水平	1575	1350	1125
	四级服务水平	1890	1620	1350

匝道基本路段的设计通行能力(四级服务水平)　　　　表 2-2-10

匝道设计速度(km/h)		80	70	60	50	40	35	30
设计通行能力(pcu/h)	单车道	1500	1400	1300	1200	1000	900	800
	双车道	2900	2600	2300	2000	1700	1500	1300

基于 2.2.2 中 1)的分析,四种形式的主线同侧匝道入-出口交织区均按 A 型构型考虑,因此所有合流车辆和分流车辆均需变换 1 次车道,即 $LC_{FR}=1$,$LC_{RF}=1$,$N_{wl}=2$。

2017 年版《路线规范》中规定,条件受限的互通式立交匝道、分合流,以及交织区段设计服务水平可降低一级,即需满足四级服务水平要求。根据 2.2.1 中 3)提供的 HCM2000 计算方法,即可反算不同运行速度、主线与匝道服务水平或交通量条件下,所需的最小交织区长度。根据 2.2.1 中 4)提供的 CHCM 计算方法,即可验证最终计算结果。其中,交织区四、五级服务水平临界密度取 25pcu/(km·ln)。

在计算结果中,交织区最小长度还应满足车辆 1 次换道的最小长度需求;参照日本《道路构造令》中车辆换道 1m/s 横移率,可得主线车辆在不同自由流速度下 1 次换道最小长度如表 2-2-11 所示。

车辆换道 1 次最小长度(换道宽度 3.75m)(取整 10m)　　　　　表 2-2-11

自由流速度(km/h)	100	90	80	70	60	50
换道长度(m)	100	90	80	70	60	50

(2)交织区长度

不同运行速度、主线服务水平与匝道交通量条件下,主线同侧入-出口辅助车道交织区长度见表 2-2-12、表 2-2-13(取整 10m)。

主线同侧入-出口辅助车道交织区最小长度(m)(主线三级服务水平)　　　表 2-2-12

运行速度(自由流速度)(km/h)	入口匝道交通量(pcu/h)	出口匝道交通量(pcu/h)							
		2000	1800	1600	1400	1200	1000	800	600	400
100	2000	/	/	/	/	/	/	/	1050
	1800	/	/	/	/	1080	980	870	770
	1600	/	/	/	1000	910	820	730	640	560
	1400	1000	920	840	760	680	610	540	470	400
	1200	770	700	640	570	510	450	390	330	280
	1000	590	530	480	430	370	320	280	240	200
	800	450	400	350	310	270	230	190	160	130
	600	330	290	260	220	190	160	130	110	90
	400	240	210	180	150	130	110	90	80	80
80	2000	/	/	/	/	/	/	/	950	850
	1800	/	/	/	/	960	870	780	690	610
	1600	1000	930	860	790	710	640	570	500	430
	1400	760	700	640	580	520	460	410	350	300
	1200	570	530	480	430	380	330	290	240	200
	1000	430	390	350	310	270	230	200	170	140
	800	310	280	250	220	190	160	130	110	90
	600	220	200	170	150	120	100	80	80	80
	400	150	130	110	100	80	80	80	80	80
60	2000	/	/	/	/	/	/	/	830	740
	1800	/	/	/	870	800	720	650	580	510
	1600	790	740	690	630	570	520	460	400	350
	1400	580	540	500	450	410	370	320	270	230
	1200	420	380	340	310	270	240	210	180	150
	1000	300	270	240	210	180	160	140	120	100
	800	200	180	160	140	120	100	80	70	60
	600	130	120	110	90	80	60	60	60	60
	400	80	70	60	60	60	60	60	60	60

注:"/"为交织区长度过长,与加减速车道长度之和超过相邻互通最小净距。

主线同侧入-出口辅助车道交织区最小长度(m)(主线四级服务水平)　　　表 2-2-13

运行速度(自由流速度)(km/h)	入口匝道交通量(pcu/h)	出口匝道交通量(pcu/h)							
		2000	1800	1600	1400	1200	1000	800	600	400
100	2000	/	/	/	/	/	/	/	/
	1800	/	/	/	/	/	/	/	/
	1600	/	/	/	/	/	/	/	1000
	1400	/	/	/	/	1050	930	820	710
	1200	/	/	1080	980	870	770	680	590	500
	1000	1000	910	820	730	640	560	480	420	350
	800	760	680	610	540	470	400	340	290	240
	600	570	510	450	390	340	290	240	200	160
	400	430	370	320	280	240	200	160	130	100
80	2000	/	/	/	/	/	/	/	/
	1800	/	/	/	/	/	/	/	/
	1600	/	/	/	/	/	1050	920	810
	1400	/	/	/	1060	950	850	750	650	560
	1200	1050	960	870	780	690	610	530	460	390
	1000	790	710	640	570	500	430	370	310	260
	800	580	520	470	410	350	300	260	210	170
	600	430	380	330	290	250	210	170	140	110
	400	310	270	230	200	170	140	110	90	80
60	2000	/	/	/	/	/	/	/	/
	1800	/	/	/	/	/	/	/	/
	1600	/	/	/	/	/	/	820	710
	1400	/	/	/	/	830	740	650	560	480
	1200	880	810	730	660	580	510	450	380	320
	1000	640	580	520	460	400	350	300	250	210
	800	460	410	360	320	280	240	200	160	130
	600	320	290	250	210	180	150	120	100	80
	400	220	190	160	130	110	90	70	60	60

注:"/"为交织区长度过长,与加减速车道长度之和超过相邻互通最小净距。

(3)计算结果分析

根据以上交织区长度计算结果,可得出以下结论:

①高速公路主线同侧入-出口辅助车道交织区长度与运行速度(自由流速度)、主线服务水平、入口与出口匝道交通量均相关。

②交织区长度受主线服务水平的影响较大。当主线服务水平达四级时,交织区长度要求较三级时大幅增加。同时,随匝道交通量增长,交织区长度逐渐超过《立交细则》规定的相邻互通式立交最小净距要求,此时设置辅助车道将不能支持车辆在主线上的顺利交织,应考虑采

用集散车道连接的方式。

③交织区长度受到入口匝道合流交通量的影响大于出口匝道分流交通量的影响。

④同一条件下,交织区长度随运行速度(自由流)降低而减小,但减小幅度相对较小,即自由流速度变化对交织区长度影响的敏感性小于交通量变化。从车辆微观行为角度分析,主要原因为:尽管在较低的运行速度下,车辆执行换道所需距离更短;但运行速度较低时,车辆间速度差较小,车辆在换道时寻找目标车道可插入间隙所需的时间会更长。

2.2.4 设集集车道时主线同侧合分流区(交织区)最小间距

1) 交织区计算模型

集散车道同侧相邻入-出口是指集散车道上外侧先合流后分流的现象,其最小间距为入口匝道合流鼻端和出口匝道分流鼻端之间的距离,如图 2-2-9 所示。

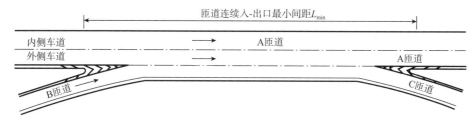

图 2-2-9　集散车道同侧连续入-出口最小间距示意图

复合式互通式立交采用辅助车道连接不能满足其交织区最小长度要求时,可考虑采用集散车道连接。即使主线同侧相邻入-出口中的入口匝道交通流经集散车道驶入主线,而主线上的分流交通量则先驶入集散车道后,驶入出口匝道。因此,集散车道同侧相邻入-出口路段同样存在交织区。

集散车道连续合、分流的现象同样较为复杂,主要体现在该形式下匝道上的车辆除分合流外,多了一种交织的交通现象。车辆在交织区需完成相互之间的换道行为,彼此之间影响较大。除了交织区内相互影响外,不需要交织的车辆可能会在立交范围上游或交织区变换车道,驶入非交织区,导致非交织运行车辆也受到不同程度的影响,从而使运行速度降低,造成整个区域成为交通事故的多发地段。由此可见,交织区很容易成为交通系统运行的黑点。

对于集散车道连续入-出口路段,既要保证外侧车辆相互换道时的运行安全,同时还应减少对内侧非交织区车辆的干扰。车辆间发生车道交换的区域应在入口匝道合流三角区之后、出口匝道分流三角区之前,因此匝道连续入、出口最小间距由分、合流三角区及交织区三个部分组成,如图 2-2-10 所示。

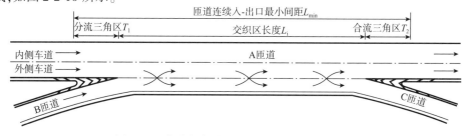

图 2-2-10　集散车道同侧连续入-出口最小间距组成图

2) 交织区计算参数

集散车道交织区计算参数与辅助车道交织区类似,包括集散车道上自由流速度,集散车道与入、出口匝道交通量,以及交织区构型。

设置集散车道的原因之一是减少主线流入流出交通流对主线直行交通流的影响,集散车道通过加、减速车道与主线连接,因此车辆在进出主线时可以充分加速或减速,这就保证了车辆在集散车道上行驶时可以采用较低的运行速度。相关研究表明,主线与集散车道设计速度差值通常大于 20km/h。同时,参考《立交细则》第 10.7.1 条的规定,集散车道可采用匝道设计速度及相关指标。综上,集散车道上自由流速度可取 80~50km/h。同时参考《公路通行能力手册》中所指出的匝道基准通行能力,可取不同服务水平下集散车道的最大服务交通量,如表 2-2-14 所示。入、出口匝道上的交通量条件则可参照辅助车道交织区计算中的取值方法与依据,进行一定条件划分。

集散车道单条车道的最大服务交通量　　　　表 2-2-14

运行速度(自由流速度)(km/h)		80	70	60	50
基准通行能力(pcu/h)		1800	1600	1400	1200
最大服务交通量 (pcu/h)	二级服务水平	990	880	770	660
	三级服务水平	1350	1200	1050	900
	四级服务水平	1620	1440	1260	1080

在交织区构型方面,集散车道同侧入-出口交织区构型与辅助车道上交织区构型类似,四类入-出口匝道形式组合均按为 A 型交织区考虑。

3) 交织区长度

集散车道交织区长度仍按照 HCM2000 计算理论进行计算,并按 CHCM 计算理论进行验证。在计算结果中,交织区最小长度还应满足车辆 1 次换道的最小长度需求;参照日本《道路构造令》中车辆换道 1m/s 横移率,可得不同自由流速度下集散车道上车辆 1 次换道最小长度如表 2-2-15 所示。最终各类条件下四类集散车道入-出口形式交织区最小长度如表 2-2-16、表 2-2-17 所示。

车辆换道 1 次最小长度(换道宽度 3.5m)(取整 10m)　　　　表 2-2-15

自由流速度(km/h)	80	70	60	50
换道长度(m)	80	70	60	50

集散车道同侧入-出口交织区最小长度(m)(三级服务水平)　　　　表 2-2-16

运行速度(自由流 速度)(km/h)	入口匝道交通量 (pcu/h)	出口匝道交通量(pcu/h)							
		2000	1800	1600	1400	1200	1000	800	600	400
80	2000	/	/	/	/	/	/	1060	950	850
	1800	/	/	/	1050	960	870	780	690	610
	1600	1000	930	860	790	710	640	570	500	430
	1400	760	700	640	580	520	460	410	350	300
	1200	570	530	480	430	380	330	290	240	200
	1000	430	390	350	310	270	230	200	170	140

续上表

运行速度(自由流速度)(km/h)	入口匝道交通量(pcu/h)	出口匝道交通量(pcu/h)								
		2000	1800	1600	1400	1200	1000	800	600	400
80	800	310	280	250	220	190	160	130	110	90
	600	220	200	170	150	120	100	80	80	80
	400	150	130	110	100	80	80	80	80	80
70	2000	/	/	/	/	/	940	840	750	
	1800	/	/	/	920	840	760	680	610	530
	1600	850	800	740	680	620	550	490	430	370
	1400	640	590	550	500	450	400	350	300	250
	1200	470	430	400	360	320	280	240	200	170
	1000	340	310	280	250	220	190	160	130	110
	800	240	220	200	170	150	130	100	80	70
	600	170	150	130	110	90	80	70	70	70
	400	110	100	80	70	70	70	70	70	70
60	2000	/	/	/	/	/	960	870	770	680
	1800	/	/	900	820	750	680	610	540	480
	1600	740	700	640	590	540	480	430	370	320
	1400	540	490	450	410	370	330	290	250	210
	1200	390	350	320	290	260	220	190	160	130
	1000	280	250	230	200	170	150	130	110	90
	800	190	170	150	130	110	90	80	70	60
	600	130	110	90	80	70	60	60	60	60
	400	70	70	60	60	60	60	60	60	60
50	2000	—	—	/	950	890	820	750	670	600
	1800	—	—	740	690	640	580	520	470	410
	1600	—	—	530	490	450	410	360	320	270
	1400	—	—	370	340	310	280	240	210	180
	1200	—	—	260	230	210	180	160	130	110
	1000	—	—	170	150	130	120	100	80	60
	800	—	—	100	90	80	70	60	50	50
	600	—	—	60	50	50	50	50	50	50
	400	—	—	50	50	50	50	50	50	50

注:1. "—"为出口匝道交通量超过相应服务水平下双车道集散车道最大服务交通量。
2. "/"为交织区长度过长,与分、合流三角区长度之和超过相邻互通最小净距。

集散车道同侧入-出口交织区最小长度(m)(四级服务水平) 表 2-2-17

运行速度(自由流速度)(km/h)	入口匝道交通量(pcu/h)	出口匝道交通量(pcu/h)							
		2000	1800	1600	1400	1200	1000	800	600	400
80	2000	/	/	/	/	/	/	/	/	/
	1800	/	/	/	/	/	/	/	/	/
	1600	/	/	/	/	/	/	1050	920	810
	1400	/	/	/	1060	950	850	750	650	560
	1200	1050	960	870	780	690	610	530	460	390
	1000	790	710	640	570	500	430	370	310	260
	800	580	520	470	410	350	300	260	210	170
	600	430	380	330	290	250	210	170	140	110
	400	310	270	230	200	170	140	110	90	80
70	2000	/	/	/	/	/	/	/	/	/
	1800	/	/	/	/	/	/	/	/	/
	1600	/	/	/	/	/	/	930	820	720
	1400	/	/	/	940	840	750	660	580	500
	1200	920	840	760	680	610	530	460	400	330
	1000	680	620	550	490	430	370	320	270	220
	800	500	450	400	350	300	250	210	170	140
	600	360	320	280	240	200	170	140	110	90
	400	250	220	190	160	130	110	90	70	70
60	2000	/	/	/	/	/	/	/	/	/
	1800	/	/	/	/	/	/	/	/	920
	1600	/	/	/	/	/	930	830	730	630
	1400	/	/	910	820	740	660	580	500	430
	1200	780	720	650	590	520	460	400	340	280
	1000	570	520	470	410	360	310	270	220	180
	800	410	370	330	290	250	210	170	140	110
	600	290	250	220	190	160	130	110	90	70
	400	190	170	150	120	100	80	70	60	60
50	2000	/	/	/	/	/	/	/	/	/
	1800	/	/	/	/	/	/	/	920	810
	1600	/	/	/	/	900	810	720	630	550
	1400	900	840	770	700	630	560	490	430	360
	1200	650	600	550	490	440	380	330	280	230
	1000	460	420	380	340	300	260	220	180	150
	800	320	290	260	230	200	170	140	110	90
	600	220	190	170	145	120	100	80	60	50
	400	140	120	110	90	70	60	50	50	50

注:"/"为交织区长度过长,与分、合流三角区长度之和超过相邻互通最小净距。

2.2.5 日本相关规定及交织区最小长度比较

1) 日本交织区最小长度相关规定

《日本高速公路设计要领》仅对交织区间长度进行规定,而未规定连续分合流最小间距要求,但对出入口交通量提出了要求。

(1) 交织区间基本概念

在同一方向流动的两个以上的交通流,在以很小角度交叉的地点上,一个交通流在一定的距离内横穿另一个交通流,其进行交织的区间称为交织区间(图2-2-11);区间长度以楔形端部之间的距离为基准。

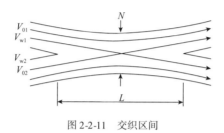

图 2-2-11 交织区间

但实际上日本规范对交织区间的定义并不准确,区间长度计算的基准点也不够合理。

(2) 交织区间长度的确定

交织区间长度应根据其交织的全交织交通量和交通流性质决定,如图2-2-12和表2-2-18所示。交织段区间长度一般在150~760m之间。

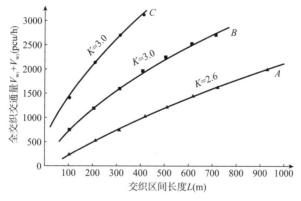

图 2-2-12 交织区间长度与全交织交通量的关系

注:图中 K 为交织影响系数。

交织区间的交通流 表 2-2-18

曲线名	交通流特性
A	近似于无交织的自由交通状态,交通流受交织影响微小。如车道数适当,行驶速度可达70~80km/h
B	处于稳定流状态,较在自由交通状态所受到的其他车辆的影响大,但行驶速度可保持在60~70km/h
C	仍处于稳定流状态,但驾驶人选择车速时受到限制,行驶速度为45~55km/h

主线车道间的交织,一般采用曲线 B,但在地形等条件允许时,则宜采用曲线 A;临近主线的集散车道上的交织,采用曲线 B,不得已时采用曲线 C;被交叉公路一侧的交织,采用曲线 C。

(3)交织段车道数的确定

交织段需要的车道数 N 由式(2-2-22)计算确定:

$$N = (V_{w1} + KV_{w2} + V_{01} + V_{02})/C \tag{2-2-22}$$

式中:V_{w1}——较大的交织交通量(pcu/h);

V_{w2}——较小的交织交通量(pcu/h);

K——交织影响系数($1.0 \leq K \leq 3.0$);

V_{01}、V_{02}——其他非交织交通量(pcu/h);

C——每车道的交通容量。

2)本书研究成果与日本交织区最小长度的比较

根据日本相关标准规范规定,交织段区间长度一般为 150~760m,与本书基于 HCM2000 法的交织区交织长度计算方法计算得到的结论基本一致。本书没有提出交织区车道数的确定方法,主要因为本书交织区最小长度计算方法是依据车道通行能力与匝道交通量确定的,即交织区车道数可由匝道交通量确定。

2.2.6 已建互通式立交交织区长度及交通流现状调查分析

某高速公路枢纽互通式立交采用三环式变形苜蓿叶形互通式立交,根据现场无人机视频录像调查、分析,环形匝道设计小时交通量已超过 600pcu/h,主线交通量也较大。如图 2-2-13 所示,三幅视频截图间隔为 12s,其中跨线桥下高速公路主线交通量和环形匝道交通量相比跨线桥上较大。跨线桥上高速公路主线有一辆六轴大型货车通过双环式交织区进入环形匝道,跨线桥下有中型货车通过双环式交织区进入环形匝道。本项目自建成通车以来,该互通式立交交织区路段交通运行平稳。

a)视频截图一

图 2-2-13

b) 视频截图二

c) 视频截图三

图 2-2-13　三环式苜蓿叶形互通式立交交织区间实景图

根据 2017 年版《路线规范》规定,复合式互通式立交交织区长度不小于 600m,因此,设置辅助车道的其辅助车道中的交织区长度远大于三环式变形苜蓿叶形中的交织区长度。根据现场调查,当高速公路服务水平不低于三级情况下,复合式互通式立交辅助车道中的交织区路段交通运行平稳;当高速公路服务水平降到三级以下时,交织区长度应按四级服务水平控制(表 2-2-13)。

上述三环式苜蓿叶形互通式立交交织区交通量调查分析表明:基于 HCM2000 法计算得到的交织区最小交织长度(表 2-2-12、表 2-2-13)基本符合我国交通现状,研究成果可作为设计依据。

我国高速公路环形匝道设计小时交通量小于 600pcu/h 的情况非常多,经济欠发达地区的匝道设计小时交通量小于 300pcu/h 也较多。因此,上述研究成果具有广泛应用价值。

2.3　主线出入口与隧道口之间最小净距

2.3.1　小净距路段最小净距基本条件

1) 主线出入口与隧道口小净距路段及最小净距的定义

根据 2017 年版《路线规范》中相关规定与条文说明,结合《立交细则》中的解释,本书对互通式立交出入口与隧道口小净距路段定义为:互通式立交主线出入口与隧道口之间的净距小于1000m的路段。

本书对互通式立交主线出入口与隧道口之间最小净距的定义为:在一定交通组织条件下(如交通标志标线、导航语音提示等)能保障车辆完成所需的合理操作(如换道、加速与减速)和行驶,并保证路段相应的服务水平和通行能力条件下,互通式立交出入口与隧道洞口之间所需要的最短距离。

2) 小净距路段最小净距需满足的基本条件

互通式立交主线出入口与隧道洞口小净距共有四种组合路段,根据相应路段车辆的驾驶行为、交通组织管理方式,提出小净距路段四种组合类型及其最小净距需满足的基本条件,如表2-3-1所示。其中最小净距理想值应满足出入口预告标志的设置要求,保证主线侧出口前分流车辆在分流区平稳、舒顺地换道驶出减速车道,保证主线直行车辆在匝道入口前换道至内侧车道,或平稳减速使其避免与匝道入口驶入主线的车辆发生碰撞、追尾等事故。

小净距路段不同组合类型的最小净距需满足的基本条件　　表2-3-1

间距组合类型（简称）	车辆所在车道	所需要的区间距离	最小净距基本条件（选项）				主要考虑因素
			理想值	一般值	最小值	极限值	
隧出+互出	主线不同车道	明适应距离	☒	☒	☒		最外侧车道不需要换道,内侧车道换道至最外侧车道是交通组织管理的关键技术
		标志视认距离		☒	□	□	
		判断决策距离	满足相应的2km、1km和500m出口预告标志设置	☒	☒	□	
		满足最内侧车道		☒	☒	□	
		满足次外侧车道		☒	☒	□	
		满足最外侧车道		□	□	☒	
互入+隧入	主线最外侧车道	暗适应距离		☒	☒	☒	主要考虑从匝道驶入主线的小客车是否需要向次外侧车道换道的问题
		标志视认距离	满足最外侧车道换道至内侧车道	☒	□	□	
		判断决策距离		☒	☒	□	
		车辆换道距离		☒	□	□	
		车辆减速距离		□	☒	□	
隧出+互入	主线最外侧车道	明适应距离		☒			主要考虑最外侧车道车辆与匝道驶入车辆避免追尾情况
		标志视认距离	满足最外侧车道换道至内侧车道	☒			
		判断决策距离		☒			
		车辆换道距离		□			
		车辆减速距离		☒			
互出+隧入	主线不同车道	暗适应距离		☒			各车道车辆与正常路段的驾驶行为基本一致
		标志视认距离	满足车辆减速平稳进入隧道的要求	☒			
		判断决策距离		☒			
		减速距离		☒			

2.3.2 与隧道小净距路段最小净距计算参数

1) 明、暗适应距离

驾驶人在进、出隧道洞口时,由于隧道洞口内外光线发生变化,当产生"黑洞"或"白洞"效应时,驾驶人在进隧道或出隧道前会出现视觉信息获得障碍,需要一定的时间才能恢复到正常视力的状态。车辆在明、暗适应过程为匀速行驶,驾驶人的明、暗适应距离计算公式如下:

$$L_1 = \frac{v_x}{3.6} t_1 \tag{2-3-1}$$

式中:L_1——明、暗适应距离(m);

v_x——隧道出口路段的运行速度,根据表2-3-2取值(km/h);

t_1——明、暗适应时间(s)。

根据《公路路线优化设计原理与方法》第2篇第7章中相关结论,得出隧道洞口内外明、暗适应时间与距离,如表2-3-3所示。

基于限速值的隧道出入口运行速度建议值　　　　表2-3-2

不同车道限速值(km/h)	基本路段	120			100			80		
	隧道路段	100	110	120	80	90	100	60	70	80
不同车型运行速度(km/h)	小车	100	110	120	80	90	100	60	70	80
	大车	80	90	—	70	80	90	60	65	70

隧道明、暗适应时间与距离　　　　表2-3-3

隧道路段不同车道运行速度或限速值(km/h)		120	110	100	90	80	70	60
洞外	暗适应时间(s)	2.0	2.0	2.0	2.0	2.0	2.0	2.0
	暗适应距离(m)	67	61	56	50	44	39	33
洞内	暗适应时间(s)	1.6	1.6	1.7	1.7	1.8	2.0	2.1
	暗适应距离(m)	53	48	47	43	40	39	35
洞外	明适应时间(s)	1.6	1.7	1.7	1.7	1.8	1.8	1.9
	明适应距离(m)	53	52	47	43	40	35	32
洞内	明适应时间(s)	2.0	2.0	2.0	2.0	2.0	2.0	2.0
	明适应距离(m)	67	61	56	50	44	39	33

注:明适应距离用隧道路段运行速度或限速值计算;暗适应距离用基本路段运行速度计算。

2) 隧道出口后至匝道入口前的车辆减速距离

隧道出口后车辆需要减速的情形主要是隧道出口与主线侧匝道入口的组合情况,此时最外侧车道的部分驾驶人受左侧车道车辆行驶限制,无法向内侧车道变道,而前方存在匝道入口汇入的低速车辆,因而在直行过程中需要适当减速,避免与汇入车辆发生追尾碰撞。主线车辆与匝道汇入车辆不发生碰撞的条件为:主线上的车辆需在匝道车辆汇入之前减速至匝道车辆的汇入速度。研究表明,匝道在汇流鼻端后30m内强行汇入车辆的比例高达14%;匝道入口车辆经过约30m的短暂加速后,汇入速度高于匝道设计速度,从安全角度考虑宜取匝道入口速度作为计算依据。根据包括制动力上升阶段的汽车制动模型分析,此过程的减速行驶时间包括踩下踏板时产生的制动力上升时间,并由踩下制动踏板的速度决定,一般取0.2s。减速过程中车辆行驶的距离为:

$$L_4 = \frac{v_{85}}{3.6}t + \frac{v_{85}^2 - v_Z^2}{25.92a} \quad (2\text{-}3\text{-}2)$$

式中:L_4——减速距离(m);

v_{85}——隧道出口车辆运行速度或限速值,根据表2-3-2取值(km/h);

v_Z——匝道入口的设计速度(km/h),为最不利情况;

t——制动力上升时间(s),取0.2s;

a——制动减速度(m/s²)。

为避免与汇入车辆碰撞,制动减速度一般可以取得大一些。美国相关研究在对45名驾驶人3000次制动试验中,发现90%的驾驶人在潮湿路面上选择最快制动时,产生的制动减速度一般为3.4m/s²,甚至更大,而该制动减速度值不到小客车最大减速度的50%。

因外侧车道大型车速度较低,宜取小客车的速度进行计算,根据式(2-3-2)计算得到车辆驶出隧道口后的减速距离(表2-3-4)。

隧道出口后车辆减速距离(m)　　　　　　　　　　　　　　　　表2-3-4

不同车道限速值(km/h)	基本路段	120			100			80		
	隧道路段	100	110	120	80	90	100	60	70	80
匝道设计速度(km/h)	80	46	71	97	4	24	46	0	0	4
	70	63	88	114	21	41	63	0	4	21
	60	78	103	129	36	56	78	3	19	36
	50	91	115	142	49	69	91	16	31	49
	40	101	125	152	59	79	101	26	41	59
	30	109	133	160	67	87	109	34	49	67

注:以隧道路段的运行速度或限速值为计算依据。

3)隧道入口前车辆减速距离

在隧道入口前,驾驶人在看到前方隧道及隧道内限速的标志之后,因隧道内的限速值一般比正常路段速度低,车辆需要适当减速至隧道限速,这段距离称隧道入口前车辆减速距离。根据姚晶等人的研究,此时的减速度应考虑行驶舒适性要求,减速度一般较小。隧道入口前小客车的减速度可取1.0m/s²,大型车的减速度可取0.5m/s²,车辆的减速距离计算公式为:

$$L_2 = \frac{v_x^2 - v_{85}^2}{25.92a} \quad (2\text{-}3\text{-}3)$$

式中:L_2——隧道入口前车辆减速距离(m);

v_x——正常路段运行速度或限速值,根据表2-3-2取值(km/h);

v_{85}——隧道路段运行速度或限速值(km/h),取隧道入口的实际运行速度;

a——车辆的减速度(m/s²),大型车取0.5m/s²,小客车取1.0m/s²。

根据式(2-3-3),代入相关参数值计算,得到隧道入口前车辆的减速距离(表2-3-5)。

隧道入口前车辆减速距离   表 2-3-5

次外侧车道运行速度或限速值（km/h）	基本路段								
	120			100			80		
隧道路段	100	110	120	80	90	100	60	70	80
车辆减速距离(m)	170	89	0	139	73	0	108	58	0

注：以正常路段的运行速度或限速值为计算依据。

2.3.3 隧道出口至主线出口（隧出＋互出）最小净距

1）隧出＋互出路段车辆行驶特征分析

（1）隧道出口与互通式立交出口最小净距大于 1km

最小净距满足设置 1km 和 500m 出口预告标志时的车辆行驶特征为：驾驶人通过 2km 出口预告标志的视认对出口大致位置有了预期，车辆在驶出隧道洞口时，驾驶人需经历一段明适应过程使视力恢复正常，随后车辆会根据主线线形，在不超速情况下（隧道限速较低时），加速至正常路段限制速度。

当位于内侧车道或次外侧车道上的车辆驾驶人观察到 1km 出口预告标志后，通过标志视认、判断决策、导航提示，开始择机换道到次外侧车道或最外侧车道；当观察到 500m 出口预告标志后，在次外侧车道以内的车辆驾驶人通过标志视认、判断决策、导航提示，立即择机换道到最外侧车道；而对于一直保持在最外侧车道上的驶出车辆，驾驶人观察到出口预告标志后将继续正常行驶；在次外侧车道上的车辆，驾驶人观察到出口标志或减速车道渐变段位置时开始换道驶出。同时，出口识别视距还应满足换道距离要求；如果出口识别视距不满足换道距离要求，待次外侧车道上的车辆驾驶人观察到出口标志或减速车道渐变段位置时才开始换道驶出，容易发生碰撞、追尾等交通事故。在最外侧车道上的车辆，驾驶人观察到出口标志或减速车道渐变段位置时，开始驶出主线，进入减速车道。

（2）隧道出口与互通式立交出口最小净距为 500m 至 1km

隧道出口至互通式立交出口最小净距小于 1km 时，根据 2017 年版《路线规范》规定应在隧道入口前或隧道内设置 2km、1km 预告标志。此时车辆行驶特征为：隧道内不允许换道时，车辆原则上应在隧道入口前提前换道到最外侧车道；隧道内允许换道时，当驾驶人在隧道内观察到 2km、1km 出口预告标志时，通过标志视认、判断决策、导航提示，在内侧车道或次外侧车道上的车辆，开始择机换道到次外侧车道或最外侧车道。车辆在驶出隧道洞口时，驾驶人的视觉要经历明适应过程，驾驶人的视力恢复正常状态，并观察到 500m 出口预告标志后，在次外侧车道上的车辆驾驶人通过标志视认、判断决策、导航提示，立即择机换道到最外侧车道；对一直在最外侧车道上的车辆，驾驶人观察到出口预告标志后将继续正常行驶。当驾驶人观察到出口标志或减速车道渐变段位置时，开始驶出主线，进入减速车道。如果隧道洞口与互通式立交出口最小净距不满足换道距离要求，在内侧车道或次外侧车道上的车辆在换道到最外侧车道的过程中将存在交通安全隐患。

（3）隧道出口与互通式立交出口最小净距小于 500m

隧道出口至互通式立交出口最小净距小于 500m 时，根据 2017 年版《路线规范》规定应在隧道入口前或隧道内设置2km、1km、500m预告标志。此时车辆行驶特征为：隧道内不允许换道时，车辆应在隧道入口前提前换道到最外侧车道；隧道内允许换道时，当驾驶人在隧道内观察到2km、1km出口预告标志时，通过标志视认、判断决策、导航提示，在内侧车道或次外侧车道上的车辆，开始择机换道到次外侧车道或最外侧车道；当驾驶人在观察到500m出口预告标志后，通过标志视认、判断决策、导航提示，在次外侧车道上的车辆，立即择机换道到最外侧车道；一直在最外侧车道上的车辆，驾驶人观察到500m出口预告标志后将继续正常行驶。车辆在驶出隧道洞口时，驾驶人的视觉经历明适应和视力恢复正常状态的过程后，在次外侧车道上的部分车辆，立即择机换道到最外侧车道；在最外侧车道上的车辆，驾驶人观察到出口标志或减速车道渐变段位置时，开始驶出主线，进入减速车道。

2）隧出+互出路段最小净距计算模型

当减速车道为单车道时，隧道出口至互通式立交出口的最小净距是指隧道洞口至减速车道渐变段起点之间的距离；当减速车道为双车道时，最小净距是指隧道洞口至减速车道分流点之间的距离。当小净距路段满足设置出口预告标志时，最小净距一般值的计算模型应考虑洞外明适应距离、标志视认距离、判断决策距离和车辆换道距离；当小净距路段不满足设置相应的出口预告标志时，根据2017年版《路线规范》规定，需在隧道内设置出口预告标志，标志视认与信息读取在隧道内完成，因此最小净距最小值的计算模型仅考虑洞外明适应距离、判断决策距离和车辆换道距离（图2-3-1）；最外侧车道一般值仅考虑明适应距离；车辆换道距离包括等待插入距离和换道行驶距离两部分，并建议次外侧车道换道至最外侧车道的换道行驶距离采用车辆横移换道（安全性换道）距离，内侧车道换道至次外侧车道的换道行驶距离采用双曲正切函数换道（舒适性换道）距离。设置辅助车道时，还应考虑辅助车道的影响，即取换道距离与辅助车道长度两者的较大值。

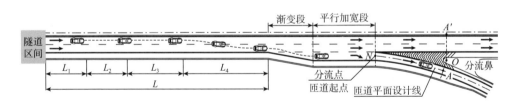

图2-3-1　隧出+互出最小净距计算模型示意图

L_1-明适应距离(m)；L_2-标志视认距离(m)；L_3-判断决策距离(m)；L_4-车辆换道距离(m)；L-隧道出口至主线侧出口净距(m)

如果需要驶离主线的车辆在隧道出口前已换道到最外侧车道，即进入隧道前已换道到最外侧车道或隧道内允许换道。由于不需要换道，明适应距离相比减速车道渐变段长度又较短，在车辆已换道至最外侧车道的前提下，即使最小净距为零，也不影响车辆安全驶离主线车道，进入减速车道，并驶入匝道。

3）隧出+互出路段最小净距

根据最小净距计算模型和主要考虑因素，不同换道次数（不同车道位置）的最小净距计算结果见表2-3-6。

隧出 + 互出最小净距计算值(m)　　表 2-3-6

基本路段最高限速值(km/h)	隧道路段不同车道限速值(km/h)	最小净距考虑因素及距离(m)						最小净距计算值(m)		
		明适应距离	标志视认距离	判断决策距离	换道等待距离	换道行驶距离		车辆换道次数		
						舒适换道	安全换道	3	2	1
二级服务水平										
120	120	53	149	53	59	248	125	1053	746	439
	110	52	140	49	50	212	115	930	668	406
100	100	47	131	44	45	181	104	823	597	371
	90	43	122	40	41	158	94	738	539	339
80	80	40	113	36	37	137	83	656	482	308
	70	35	103	31	33	117	73	575	425	275
	60	32	94	27	29	98	63	499	372	245
三级服务水平										
120	120	53	149	53	130	248	125	1268	890	511
	110	52	140	49	113	212	115	1117	793	468
100	100	47	131	44	97	181	104	979	701	423
	90	43	122	40	78	158	94	848	612	376
80	80	40	113	36	62	137	83	730	531	333
	70	35	103	31	45	117	73	612	450	288
	60	32	94	27	29	98	63	499	372	245
四级服务水平										
120	120	53	149	53	214	248	125	1521	1058	596
	110	52	140	49	175	212	115	1306	918	531
100	100	47	131	44	142	181	104	1113	791	468
	90	43	122	40	120	158	94	974	696	418
80	80	40	113	36	99	137	83	841	606	370
	70	35	103	31	74	117	73	698	507	316
	60	32	94	27	36	98	63	518	385	251

对以上计算结果整理后取整(按 10m 取整),并以三级服务水平作为小净距路段隧道出口至互通式立交出口最小净距建议值,如表 2-3-7 所示。

隧出 + 互出最小净距一般值和最小值的建议值(m)(三级服务水平)　　表 2-3-7

不同车道的设计速度或限速值(km/h)		120	110	100	90	80	70	60
最内侧车道(第四车道)(八车道高速公路)	一般值	1270	1120	980	850	730	610	500
	最小值	1120	980	850	730	620	510	410

续上表

不同车道的设计速度或限速值(km/h)		120	110	100	90	80	70	60
次内侧车道(第三车道)(六车道高速公路)	一般值	890	800	700	610	530	450	370
	最小值	740	655	570	490	420	350	280
次外侧车道(第二车道)(四车道高速公路)	一般值	510	470	430	380	340	290	250
	最小值	360	330	290	260	220	190	150
最外侧车道(第一车道)	一般值	60	50	50	50	40	40	30
	最小值	0	0	0	0	0	0	0

2017 年版《路线规范》推荐值为 1000m

《立交细则》推荐值

设计速度(km/h)	单向四车道	单向三车道	单向双车道
120	1000	700	500
100	800	600	400
80	600	450	300
60	500	350	250

注:一般值为明适应距离、标志视认距离、判断决策距离和换道距离之和;最小值为标志视认在隧道内已完成,最小净距仅考虑明适应距离、标志视认距离、判断决策距离和换道距离;最外侧车道一般值为明适应距离。

2.3.4 主线侧匝道入口至隧道入口(互入+隧入)最小净距

1)互入+隧入路段车辆行驶特征分析

互通式立交主线侧入口至隧道入口的净距为互通式立交入口后加速车道终点至前方隧道洞门之间的距离。目前多数隧道内禁止变道,因此有条件时,互通式立交入口至隧道口之间的净距应满足驶入主线的小客车在进入隧道前向内侧车道换道行驶的要求;但在实际中,难以满足驶入主线的小客车向最内侧车道换道行驶要求的情况较多。本书研究最小净距将分为满足换道要求与不满足换道要求的两种情况考虑。

①净距满足换道要求。

净距满足换道要求时,减速车道的终点距离隧道口相对较远,驾驶人在驶入主线主车道时不会特别注意隧道洞口位置,即便能够观察到也不会影响正常的驾驶行为。

②净距不满足换道要求。

难以满足换道要求时,一般情况下,驾驶人在驶入主线车道前的加速车道上便可观察到隧道的存在,因此车辆在加速车道上不会过多提速,此时无须考虑进入隧道前的减速距离。

2)互入+隧入路段最小净距计算模型

(1)满足向内侧车道换道要求的计算模型

由于在隧道内行驶的车辆原则上禁止变道,因此有条件时,主线侧入口至隧道口之间净距应满足驶入主线的小客车向内侧车道换道行驶要求。理想值包含标志视认距离、判断决策距离、车辆换道距离、车辆减速距离和洞外暗适应距离(图 2-3-2),运行速度应以正常路段次外侧车道的限速值为基本依据。最小净距计算时,车辆减速过程按贯穿于换道全过程中考虑。

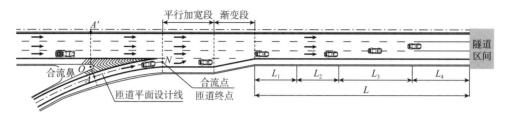

图 2-3-2　入口至隧道入口小净距路段最小净距示意图(隧道入口前允许换道)

L_1-标志视认距离(m);L_2-判断决策距离(m);L_3-车辆换道距离(m);L_4-暗适应距离(m)(洞外部分);L-主线入口至隧道入口净距(m)(允许换道)

(2)不满足向内侧车道换道要求的计算模型

当入口至隧道口之间净距难以满足驶入主线的小客车向内侧车道换道行驶要求时,从交通安全考虑,应禁止车辆在进入隧道前向内侧车道换道。最小净距仅考虑判断决策距离和暗适应距离,运行速度以隧道路段最外侧车道的限速值为依据,如图 2-3-3 所示。

图 2-3-3　入口至隧道入口小净距路段最小净距示意图(隧道入口前不允许换道)

L_1-判断决策距离(m);L_2-暗适应距离(m)(洞外部分);L-主线侧入口至隧道入口净距(m)(不允许换道)

3)互入 + 隧入路段最小净距

(1)满足向内侧车道换道要求

根据最小净距计算模型和主要考虑因素,互通式立交入口与隧道入口区间的小净距路段最小净距不宜按理想值控制。由于车辆进入主线时即可看到隧道洞口,标志视认距离可不考虑;即最小净距考虑判断决策距离、换道等待距离、换道行驶距离和暗适应距离(洞外部分)。计算结果见表 2-3-8。

互入 + 隧入最小净距计算表(一)　　　　　　　表 2-3-8

满足小客车向内侧车道换道要求的最小净距							
运行速度或限速值(km/h)	120	110	100	90	80	70	60
判断决策距离(m)	90	83	75	68	60	53	45
换道等待距离(m)	二级服务水平	59	50	45	41	37	33	29
	三级服务水平	130	113	96	78	62	45	29
	四级服务水平	214	175	142	120	99	74	36
换道行驶距离(m)	125	115	104	94	83	73	63
洞外暗适应距离(m)	67	61	56	50	44	39	33

续上表

最小净距(m)	二级服务水平	341	309	280	253	224	198	170
	三级服务水平	412	372	331	290	249	210	170
	四级服务水平	496	434	377	332	286	239	177

注:最小值为判断决策距离、换道等待距离、换道行驶距离和暗适应距离之和。

(2)不满足向内侧车道换道要求

条件受限,难以满足车辆换道要求时,最小净距主要考虑判断决策距离和洞外暗适应距离。当地形特别困难且不得已时,最小净距可为 0m 这时判断决策距离与洞外暗适应距离在加速车道与渐变段内完成。计算结果见表 2-3-9。

互入 + 隧入最小净距计算表(二) 表 2-3-9

不满足小客车向内侧车道换道要求的最小净距								
最外侧车道运行速度或限速值(km/h)		120	110	100	90	80	70	60
判断决策距离(m)		53	49	44	40	36	31	27
洞外暗适应距离(m)		67	61	56	50	44	39	33
最小净距(m)	一般值	120	110	100	90	80	70	60
	最小值	0	0	0	0	0	0	0

(3)最小净距建议值

互通式立交入口至隧道入口(互入 + 隧入)最小净距建议值推荐采用三级服务水平时的计算值,见表 2-3-10(取为整 10m)。表中允许向内侧(次外侧)车道换道的车道限速值宜以基本路段限速为准;不允许向内侧(次外侧)车道换道的车辆运行速度或限速值宜以隧道限速为准;由于加速车道渐变段长度大于隧道洞外暗适应长度,条件受限时最小净距可为 0m;原则上小客车向内侧(次外侧)车道换道仅考虑 1 次;允许向内侧(次外侧)车道换道时,除了隧道洞口前、后暗适应距离范围应设置禁止变道的标线外,其他路段应设置车道导向箭头标线引导小客车向内侧车道换道。

互入 + 隧入最小净距建议值 表 2-3-10

最外侧车道运行速度或限速值(km/h)		120	110	100	90	80	70	60
满足向内侧车道换道要求的最小净距								
最小净距(m)		410	370	330	290	250	210	170
不满足向内侧车道换道要求的最小净距								
最小净距(m)	一般值	120	110	100	90	80	70	60
	极限值	0	0	0	0	0	0	0
2017 年版《路线规范》推荐值		120		100		80		
《立交细则》推荐值		125		100		80		

2.3.5 隧道出口至主线侧匝道入口(隧出+互入)最小净距研究

1) 隧出+互入路段车辆行驶特征分析

隧道出口至互通式立交入口的净距为隧道出口洞门与前方主线加速车道合流鼻之间的距离(图2-3-4)。驾驶人从隧道内驶出后,首先需经历一段明适应的距离,待驾驶人视觉恢复到正常状态之后,会看到合流鼻端匝道入口汇入车辆,并进行减速或换道行驶的决策。

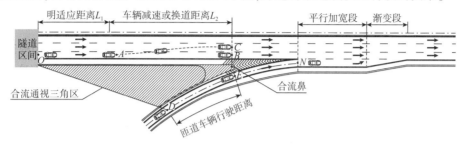

图2-3-4 主线隧道出口与匝道入口三角通视区驾驶人操作行为示意图

在互通式立交入口前主线最外侧车道的车辆,由于受到匝道入口汇入车辆的影响而将产生以下驾驶行为(图2-3-4):

①若驾驶人对该车道的满意度下降,则会在 A 点做出换道的驾驶行为,寻求向内侧车道寻找合适的插入间隙,之后完成整个换道行为,到达 C 点。AC 段距离即向左变换车道的行驶距离。

②若驾驶人未选择换道,而采取减速措施,在 A 点需要适当减速,在 B 点减速至与匝道入口汇入车辆基本相同的速度,避免车辆追尾。AB 段则为车辆减速距离。

互通式合流区主线最外侧车道与匝道之间应满足主线侧识别视距要求或三角区通视条件的要求(图2-3-4)。从满足多数车辆安全行驶的距离考虑,隧道口至入口之间净距,在有条件时宜既满足换道要求也满足车辆减速要求,以便驾驶人自由选择换道或进行减速行驶,避让行驶速度较低的匝道入口汇入车辆。

2) 隧出+互入路段最小净距计算模型

在地形条件困难的情况下,尤其是在山区,隧道出口与互通式立交入口的净距往往难以满足要求。由于小净距路段最外侧车道一般能直接看到互通式立交入口位置,可不考虑车辆加速距离和标志视认距离,同时在避让前方车辆时可采用换道避让,也可采用减速避让,故车辆换道距离不考虑换道等待距离。隧道出口至互通式立交入口的最小净距为明适应距离、判断决策距离、车辆换道距离或减速距离之和(图2-3-5)。

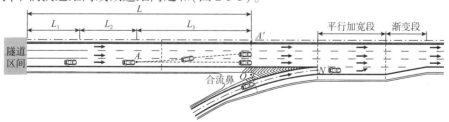

图2-3-5 隧道出口至主线侧入口小净距路段最小净距示意图

L_1-明适应距离(m)(洞外部分);L_2-判断决策距离(m);L_3-车辆减速距离或换道距离(m);L-隧道出口与主线侧入口净距(m)

3) 隧出+互入路段最小净距

根据最小净距计算模型和主要考虑因素,结合高速公路最低限速因素,车辆减速距离以匝道入口速度40km/h的最不利情况为计算依据,最小净距建议值采用车辆换道避让或减速避让中较大者,计算结果如表2-3-11所示,表中建议值最终结果取整10m。

隧出+互入最小净距计算值和建议值　　表2-3-11

最外侧车道运行速度或限速值(km/h)		120	110	100	90	80	70	60
洞外明适应距离(m)		53	52	47	43	40	35	32
判断决策距离(m)		53	49	45	40	36	31	27
换道行驶距离(m)		125	115	104	94	83	73	63
主线车辆减速距离(m)	匝道入口速度(km/h) 80	97	71	46	24	4	0	0
	70	114	88	63	41	21	4	0
	60	129	103	78	56	36	19	3
	50	142	115	91	69	49	31	16
	40	152	125	101	79	59	41	26
主线最外侧车道车辆换道避让前方入口车辆需要的最小净距(m)								
最小净距计算值		231	216	196	177	159	139	122
主线最外侧车道车辆减速避让前方入口车辆需要的最小净距(m)								
最小净距计算值	匝道入口速度(km/h) 80	203	172	138	107	80	66	59
	70	220	189	155	124	97	70	59
	60	235	204	170	139	112	85	62
	50	248	216	183	152	125	97	75
	40	258	226	193	162	135	107	85
最小净距建议值(m)								
最小净距建议值		260	230	200	180	160	140	120
2017年版《路线规范》和《立交细则》规定:通视三角区应满足车辆相互通视的要求,如右图,没有考虑主线设计速度的影响(不含隧道出口的明适应距离)								

注:最外侧车道的运行速度或限速值宜采用隧道路段。

2.3.6 主线出口至隧道入口(互出+隧入)最小净距

1) 互出+隧入距路段车辆行驶特征分析

互通式立交出口至隧道入口(互出+隧入)之间的净距为出口分流鼻至隧道洞口之间的距离。在主线最外侧车道上正常直行的车辆,在行驶时会受到互通式立交出口流出车辆影响,但影响较小;在主线内侧车道基本不受到影响。主线最外侧车辆在互通式立交出口分流鼻之后将进入正常行驶状态,驾驶人通过读取隧道洞口位置、隧道长度、限速等信息后,在隧道口前完成减速、开灯操作。由于主线最外侧车道上的车辆在小净距路段通行时与其他正常路段的隧道洞口前的行驶状态和驾驶行为完全相同,因此2017年版《路线规范》未规定互通式立交出口至隧道入口间最小距离。

2)互出+隧入路段最小净距计算模型

因隧道处于互通式立交出口下游,最小净距计算主要需考虑从主线分流驶出少部分车辆之后,仍处于主线最外侧车道上的车辆。这些车辆首先需要对前方的相关标志进行读取(隧道信息标志、隧道限速标志),其次根据隧道的限速值做出减速、开灯决策,然后进隧道。最小净距为标志视认距离、判断决策距离、车辆减速距离和暗适应距离之和(图2-3-6)。

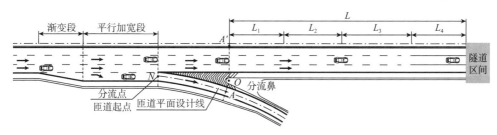

图 2-3-6　主线出口至隧道入口小净距路段最小净距示意图

L_1-标志视认距离(m),小净距路段驾驶人首先看到的是隧道洞口,可取 0m;L_2-判断决策距离(m);L_3-车辆减速距离(m);L_4-暗适应距离(m)(洞外部分);L-主线侧出口至隧道入口净距(m)

3)互出+隧入路段最小净距

根据最小净距计算模型和主要考虑因素,互通式立交出口至隧道入口最小净距一般值宜考虑判断决策距离、进隧道前减速距离和暗适应距离(洞外部分),结果见表2-3-12。

互出+隧入最小净距计算值和建议值(m)　　表 2-3-12

不同车道限速值 (km/h)	基本路段	120			100			80		
	隧道路段	100	110	120	80	90	100	60	70	80
判断决策距离(m)		53	53	53	45	45	45	36	36	36
车辆减速距离(m)		170	89	0	139	73	0	108	58	0
洞外暗适应距离(m)		56	61	67	44	50	56	33	39	44
最小净距 (m)	计算值	279	203	120	228	168	101	177	133	80
	建议值	280	200	120	230	170	100	180	130	80
2017年版《路线规范》规定值		没有规定								
《立交细则》规定值		没有规定								

第 3 章
CHAPTER 3

互通式立交优化设计指标体系及关键技术指标

> **本章导读**
>
> 互通式立交优化设计指标体系由主线出入口关键指标、主线分合流交通安全保障关键技术指标和匝道平纵横断面技术指标三大指标体系组成。其中主线出入口关键指标包括:出入口识别视距及相对应的临界平竖曲线半径指标、主线侧连续分合流最小间距、连续合流与分流路段的交织区最小长度等技术指标要求;主线分合流交通安全保障关键指标包括:主线分流车辆或匝道合流车辆在出入口的分合流过程中对主线交通流的影响范围、不同车道所需要的换道距离、主线侧连续分合流最小间距、连续合流与分流路段主线间距等技术指标。本书第1章与第2章重点研究了主线出入口关键指标的设计原理,并提出相应的技术指标;本章重点对前面的研究成果、与2017年版《路线规范》及《立交细则》的关系等进行了梳理,并建立了互通式立交优化设计技术指标体系及关键技术指标。

3.1 互通式立交优化设计技术指标体系

3.1.1 2017年版《路线规范》与《立交细则》相关规定分析

1) 2017年版《路线规范》与《立交细则》相关规定存在的不足

2017年版《路线规范》与《立交细则》存在的主要不足在于二者的规定中有较多不一致之处;其次,部分规定有待进一步完善。主要问题如下:

(1)主线平纵面线形设计指标应用范围的规定。

①在主线平纵面线形设计指标上,2017年版《路线规范》提出了更高指标的要求,但与主线连接部安全性缺乏关联;《立交细则》仅针对变速车道安全风险较大路段对平纵线形提出了更高的要求,其中最大纵坡仅考虑了加、减速车道不利方向,并提出更高要求,与2017年版《路线规范》相关规定不一致。

②在实际工程实践中,由于出口识别视距往往难以满足2014年版《标准》中规定值的要求,在2017年版《路线规范》中针对出口识别视距又提出了"受地形、地质等条件限制路段,识别视距可采用1.25倍的停车视距"的规定;较多设计者套用了该条规定,但有些项目又未进行必要的限速控制和管理措施,造成较多的出口识别视距不足的情况。

(2)匝道平纵面线形相关规定。

2017年版《路线规范》与《立交细则》在匝道平纵面线形方面的相关规定上基本一致。

(3)互通式立交(服务区)之间最小净距的规定。

2017年版《路线规范》规定互通式立交(服务区)最小净距值为1000m,《立交细则》则根据主线设计速度与车道数进一步进行划分,并提出相应的最小净距设计指标。

(4)互通式立交与隧道洞口之间最小净距的规定。

2017年版《路线规范》规定互通式立交与隧道洞口最小净距值为1000m,《立交细则》根据主线设计速度与车道数提出小于1000m的最小净距设计指标。

(5)主线侧连续分合流最小间距的规定。

2017年版《路线规范》规定了主线侧连续分流、连续合流、连续分流与合流、主线至匝道连续分流和匝道至主线连续合流等,但未明确规定以上连续分合流路段的区间长度范围。《立交细则》规定值与2017年版《路线规范》相比较,一方面缺少了对相邻出口与入口组合L_3的规定;另一方面,相邻合流鼻端间距L_2、相邻入口与出口组合L_4规定相比规范值较大。

(6)复合式互通式立交相连方式与交织区最小长度的规定。

①2017年版《路线规范》中未明确规定复合式互通式立交的相连方式,《立交细则》则规定了辅助车道贯通、集散车道连接、匝道连接三种相连方式。

②2017年版《路线规范》规定复合式互通式立交交织区最小长度为600m,但与设计速度、交织交通量缺少关联;2017年版《路线规范》缺少集散车道中交织区最小长度的具体规定,使复合式互通式立交以集散车道相连时,难以判断设置困难状态。

③《立交细则》明确规定集散车道或匝道上交织区的最小长度应根据交通量及其分布或交织区的构造形式等,经通行能力验算后确定。但缺少具体的方法或交织区最小长度的具体规定,使复合式互通式立交以辅助车道或集散车道相连时,方案的合理性难以确定。

(7)苜蓿叶形互通式立交的规定。

①2017年版《路线规范》规定环形匝道设计通行能力为800~1000pcu/h;《立交细则》规定同侧双环式之间交织交通量应小于600pcu/h,同时规定高速公路全苜蓿叶形互通式立交应设置集散车道。

②2017年版《路线规范》与《立交细则》均缺少苜蓿叶形互通式立交同侧环形匝道之间的交织区最小长度的规定。

(8)出口形式采用单一方式的规定。

《立交细则》规定连续出口宜采用单一的出口形式;当分流交通量主次分明时,次交通流应采用一致的分流方向。而2017年版《路线规范》没有这些规定。

2)2017年版《路线规范》与《立交细则》相关规定不一致的原因分析

在互通式立交关键技术指标及相关规定方面,2017年版《路线规范》与《立交细则》中存在较多规定不一致的问题,其根源在于二者对互通式立交出入口交通安全性的研究深度与认知不一致。2017年版《路线规范》与《立交细则》中互通式立交主要技术指标及相关规定概略比较见表3-1-1。本书设计指标来自中交一公院科创基金支持的"高速公路路线及互通式立交安全性优化设计研究"中的重大研究成果。

互通式立交主线技术指标及相关规定概略比较表　　　　表 3-1-1

主要技术指标		2017年版《路线规范》	《立交细则》	本书指标	备注
主线平纵面技术指标及规定区间	互通式立交区范围 平面半径	☑	☐	☐	2017年版《路线规范》规定值为互通式立交区范围,《立交细则》为变速车道范围
	互通式立交区范围 竖曲线半径	☑	☑	☐	
	互通式立交区范围 最大纵坡	☑	☐	☐	
	加减速车道起止点范围 平面半径	☐	☑	☐	《立交细则》最大纵坡规定为不利方向规定值
	加减速车道起止点范围 最大纵坡	☐	☑	☑	
	主线侧分流区范围	☐	☐	☑	本书提出识别视距区间的平竖曲线半径指标
	匝道合流影响区范围	☐	☐	☑	
互通式立交间距	互通式立交间距	☑	☑	☑	一般值相同
	互通式立交之间最小净距	☑	☑	☑	规定值不同
复合式互通式立交	入口-出口最小净距	☐	☑	☑	本书填补、完善了交织区最小长度设计指标
	辅助车道交织区最小长度	☑	☑	☑	
	集散车道交织区最小长度	☐	☐	☑	
主线分流区不同车道换道距离		☐	☐	☑	本书创新成果,为标志标线、交通管控等提供依据
匝道入口主线合流影响区换道距离		☐	☐	☑	
主线侧出入口与隧道口最小净距	最小净距	☑	☑	☑	规定值不同
	小于最小净距时措施	☐	☑	☑	本书完善了安全保障措施
主线侧连续出入口最小净距	主线侧连续出口	☑	☑	☑	①规定值不同;②《立交细则》要求符合出入口一致性原则;③最小净距为车道交通数字化主动管控系统提供关键场景数据
	主线侧连续入口	☑	☑	☑	
	主线至匝道连续出口	☑	☑	☑	
	匝道至主线连续入口	☑	☑	☑	
	主线侧出口-入口	☑	☑	☑	
	主线侧入口-出口	☐	☑	☑	
停车视距	主线停车视距	☑	☑	☑	规定值相同
	平竖曲线临界最小半径	☐	☐	☑	本书增加的设计指标
识别视距	分流区出口识别视距	☑	☑	☑	本书提出新的规定值
	合流区主线侧入口识别视距	☐	☐	☑	本书增加的设计指标
	平竖曲线临界最小半径	☐	☐	☑	

注:☑表示具有该项指标,☐表示没有该项指标。

3.1.2　互通式立交优化设计技术指标体系

本书第 1 章重点阐述了主线分合流区车辆换道模型及其关键参数,并依据换道原理提出出入口路段识别视距指标及其对应的临界圆曲线半径指标。第 2 章侧重研究主线连续分合流最小间距设计指标、互通式立交出入口与隧道口之间小净距路段最小净距设计指标;同时,根据基于 HCM2000 法的交织区长度计算方法,提出不同服务水平、交织区运行速度和匝道交通量条件下辅助车道与集散车道中交织区最小长度设计指标;已建高速公路现场调研表明:基于HCM2000法的交织区长度计算方法所得的交织区最小长度设计指标,基本契合我国交通运行特性现状。

这些研究成果全面系统地阐述了互通式立交主线分合流区关键技术指标提出的原理,有些指标填补了规范的空白,有些指标得到了优化,并与2017年版《路线规范》中的其他设计指标共同构建了完善的互通式立交优化设计指标体系。

互通式立交优化设计指标体系由主线出入口(影响主线交通流的出口分流路段与入口合流路段)关键指标、主线分合流交通安全保障关键技术指标和匝道平纵横断面技术指标等三大部分组成。主线出入口关键指标包括:出入口识别视距及相对应的临界平竖曲线半径指标、停车视距及相对应的临界平竖曲线半径指标、主线侧连续分合流最小间距、连续合流与分流路段的交织区最小长度、辅助车道长度等技术要求。主线分合流交通安全保障关键指标包括:主线分流车辆或匝道合流车辆在出入口的分合流过程中对主线交通流的影响范围、不同车道所需要的换道距离、主线侧连续分合流最小间距、连续合流与分流路段主线间距等技术指标。匝道平纵横断面主要技术指标包括:匝道平纵面线形设计指标、匝道宽度及横断面组成、路面超高与加宽设置、匝道停车视距及安全保障措施等。

3.2 互通式立交优化设计关键技术指标

3.2.1 互通式立交(服务区)之间最小净距

互通式立交(服务区)最小间距由匝道入口合流换道调整区总长度和分流区最内侧车道车辆换道至最外侧车道的换道总长度组成,互通式立交之间、互通式立交与服务区或停车区之间的最小间距见表3-2-1。当互通式立交(服务区)的间距大于表3-2-1规定值时,可按独立的两座互通式立交分别设计。

互通式立交(服务区)之间最小净距　　　　表3-2-1

	设计速度或限速值(km/h)		120	110	100	90	80
互通式立交(服务区)最小间距推荐值	八车道高速公路(m)	一般值	1700	1490	1300	1125	960
		最小值	1570	1390	1220	1055	900
	六车道高速公路(m)	一般值	1330	1170	1020	890	760
		最小值	1200	1060	940	820	710
	四车道高速公路(m)	一般值	950	840	740	650	570
		最小值	820	740	660	580	510
	设计速度(km/h)		120		100	80	60
《立交细则》互通式立交最小净距	四车道高速公路(m)		800		700	650	600
	六车道高速公路(m)		1000		900	800	700
	八车道高速公路(m)		1200	1100	1000	900	

3.2.2 主线侧连续分合流最小间距

主线连续分流最小间距以主线第一出口导流区起点至第二出口减速车道渐变段起点之间距离为基准；主线连续合流最小间距以主线第一入口加速车道渐变段终点至第二出口导流区终点之间距离为基准；主线至匝道连续分流最小间距以主线出口楔形端部至匝道分流导流区起点之间距离为基准；匝道至主线连续合流最小间距以匝道合流导流区终点至主线入口楔形端部之间距离为基准；主线同侧相邻出口与入口最小间距以主线出口楔形端部至相邻入口导流区终点之间距离为基准。主线侧连续分合流最小间距设计指标见表3-2-2。

主线侧连续分合流最小间距　　　　表3-2-2

	主线(匝道)设计速度(km/h)		120	100	80	70	60	50	40	35	30
L_1	连续分合流最小间距推荐值(m)	分流 一般值	460	380	300	—	—	—	—	—	—
		分流 最小值	310	250	180	—	—	—	—	—	—
		合流 最小值	390	320	240	—	160	—	—	—	—
	2017年版《路线规范》连续分合流最小净距(m)	一般值	400	350	310						
		最小值	350	300	260						
L_2	主线至匝道连续分流(m)	推荐值	140	130	110	—	90	—	—	—	—
		2017年版《路线规范》和《立交细则》	240	210	190						
	匝道至主线连续合流(m)	推荐值	—	—	170	150	130	100	80	70	60
		2017年版《路线规范》	240	210	190						
		《立交细则》	—	—	210	180	160	140	120	110	100
L_3	相邻出口与入口(m)	推荐值	390	320	240	—	160	—	—	—	—
		2017年版《路线规范》 一般值	200	150	150						
		最小值	150	150	120						

3.2.3 互通式立交交织区最小长度

（1）当采用辅助车道连接方式时，在主线三级服务水平、交织区不同的运行速度与匝道不同的交通量条件下，主线同侧入-出口辅助车道交织区最小长度见表3-2-3。

主线同侧入-出口辅助车道交织区最小长度(m)（主线三级服务水平）　　　　表3-2-3

运行速度(自由流速度)(km/h)	入口匝道交通量(pcu/h)	出口匝道交通量(pcu/h)					
		1600	1200	1000	800	600	400
100	1600		910	820	730	640	560
	1200	640	510	450	390	330	280
	1000	480	370	320	280	240	200
	800	350	270	230	190	160	130
	600	260	190	160	130	110	90
	400	180	130	110	90	80	80

续上表

运行速度(自由流速度)(km/h)	入口匝道交通量(pcu/h)	出口匝道交通量(pcu/h)					
		1600	1200	1000	800	600	400
80	1600	860	710	640	570	500	430
	1200	480	380	330	290	240	200
	1000	350	270	230	200	170	140
	800	250	190	160	130	110	90
	600	170	120	100	80	80	80
	400	110	80	80	80	80	80
60	1600	690	570	520	460	400	350
	1200	340	270	240	210	180	150
	1000	240	180	160	140	120	100
	800	160	120	100	80	70	60
	600	110	80	60	60	60	60
	400	60	60	60	60	60	60

（2）当采用集散车道连接方式时，在集散车道三级服务水平、交织区不同的运行速度与匝道不同的交通量条件下，同侧入-出口集散车道交织区最小长度见表3-2-4。

集散车道同侧入-出口交织区最小长度(m)（集散车道三级服务水平） 表3-2-4

运行速度(自由流速度)(km/h)	入口匝道交通量(pcu/h)	出口匝道交通量(pcu/h)					
		1600	1200	1000	800	600	400
80	1600	860	710	640	570	500	430
	1200	480	380	330	290	240	200
	1000	350	270	230	200	170	140
	800	250	190	160	130	110	90
	600	170	120	100	80	80	80
	400	110	80	80	80	80	80
70	1600	740	620	550	490	430	370
	1200	400	320	280	240	200	170
	1000	280	220	190	160	130	110
	800	200	150	130	100	80	70
	600	130	90	80	70	70	70
	400	80	70	70	70	70	70
60	1600	640	540	480	430	370	320
	1200	320	260	220	190	160	130
	1000	230	170	150	130	110	90
	800	150	110	90	80	70	60
	600	90	70	60	60	60	60
	400	60	60	60	60	60	60

续上表

运行速度(自由流速度)(km/h)	入口匝道交通量(pcu/h)	出口匝道交通量(pcu/h)					
		1600	1200	1000	800	600	400
50	1600	530	450	410	360	320	270
	1200	260	210	180	160	130	110
	1000	170	130	120	100	80	60
	800	100	80	70	60	50	50
	600	60	50	50	50	50	50
	400	50	50	50	50	50	50

3.2.4 主线出口识别视距与入口识别视距

临近出口位置,分流车辆在次外侧车道上以一定速度行驶时,驾驶人从发现并识别前方出口位置(渐变段起点)开始,到出口位置前车辆换道至最外侧车道所需的最短行驶距离,即为主线次外侧车道的出口识别视距。

主线车辆在最外侧车道以一定速度行驶时,驾驶人从发现并识别前方匝道入口合流鼻端位置开始,到合流鼻端位置前车辆完成向内侧车道换道或减速行驶所需要的最短行驶距离,即为合流区主线侧入口识别视距。

本书分别提出了出口识别视距与入口识别视距设计指标,见建议值见表3-2-5。

出入口识别视距建议值 表3-2-5

次外侧车道运行速度(km/h)		120	110	100	90	80	70
出口识别视距建议值	最小值(m)	260	230	200	170	150	120
	一般值(m)	320	290	260	220	190	160
2017年版《路线规范》识别视距	设计速度(km/h)	120		100		80	
	一般值(m)	350		290		230	
	信息复杂值(m)	460		380		300	
	受条件限制时,可采用1.25倍的停车视距,但应进行必要的限速控制和管理措施						
主线设计速度(km/h)		120		100		80	
最外侧车道运行速度或限速值(km/h)		100	90		80		70
入口识别视距建议值(m)		170	160		140		120
2017年版《路线规范》规定互通区合流鼻端通视三角区长度(m)	主线侧	100					
	匝道侧	60					

3.3 主线分合流区车道交通数字化主动管控关键技术指标

3.3.1 主线分合流区车道交通数字化主动管控主要技术指标

主线分合流区范围的车道交通数字化主动管控系统主要技术指标包括:分流区不同车道所需要的换道距离、合流影响区换道距离、主线侧连续分合流间距、辅助车道长度等技术指标。

在此基础上,可进一步建立车辆导航启动区间、导航提示区间、换道启动区间和限制换道区间(实线标线)等关键技术指标体系(表 3-3-1)。

主线分合流区范围车道交通数字化主动管控主要技术指标　　　　　表 3-3-1

主要技术指标		2017 年版《路线规范》	《立交细则》	本书指标
互通式立交(服务区)最小间距		☑	☑	☑
主线侧出入口与隧道口之间最小净距		☑	☑	☑
辅助车道长度		☑	☑	☑
主线侧连续出入口最小净距	主线侧连续出口	☑	☑	☑
	主线侧连续入口	☑	☑	☑
	主线至匝道连续出口	☑	☑	☑
	匝道至主线连续入口	☑	☑	☑
	主线侧出口-入口	☑	□	☑
	主线侧入口-出口	☑	□	☑
识别视距	分流区出口识别视距	☑	☑	☑
	合流区主线侧入口识别视距	□	□	☑
分合流区场景数据	不同车道最小换道距离	□	□	☑
	导航启动区间	□	□	☑
	导航提示区间	□	□	☑
	换道启动区间	□	□	☑
	限制换道区间	□	□	☑

注:☑表示具有该项的指标,□表示没有该项指标。

3.3.2　主线分合流区车道交通数字化主动管控关键技术指标

(1)主线分流区不同车道(内侧)最小换道距离

高速公路内侧不同车道不同换道次数的最小净距见表 3-3-2。其中车辆连续 2 次或 3 次换道时,不再重复考虑标志视认距离和判断决策距离。

主线分流区内侧不同车道的最小换道距离　　　　　表 3-3-2

不同车道限速值(km/h)	最小净距考虑因素及距离(m)					最小净距计算值(m)		
	标志视认距离	判断决策距离	换道等待距离	换道行驶距离		车辆换道次数		
				舒适换道	安全换道	3	2	1
120	149	53	130	248	125	1215	837	457
110	140	49	113	212	115	1065	741	416
100	131	44	96	181	104	932	654	375
90	122	40	78	158	94	805	569	333
80	113	36	62	137	83	690	491	294
70	103	31	45	117	73	577	415	253
60	94	27	29	98	63	467	340	213

不同车道最小换道距离为不同车道的出口预告标志、导向箭头标线、导航提示等交通主动管控设施的设计提供了理论依据、设置机理和设置方法。分车道研究了内侧车道最小换道距离,是针对2017年版《路线规范》中缺少互通式立交出口前分流区相关规定的情况做出的重要补充,为完善互通式立交主线分流区的车道交通数字化主动管控提供了理论依据、设置机理和设计方法。

(2)主线合流影响区最外侧车道车辆左换道至次外侧车道的最小换道距离

互通式立交匝道入口主线合流影响区最外侧车道车辆左换道至次外侧车道所需的最小换道距离(表3-3-3),为入口标志、导向箭头标线、导航提示等交通数字化主动管控系统的设置提供了理论依据;是对2017年版《路线规范》所缺少的互通式立交匝道合流影响区相关规定的重要补充,为车道交通数字化主动管控提供了理论依据。

主线合流影响区(避让区与调整区)小客车换道最小换道距离　　表3-3-3

次外侧车道限速值(km/h)		120	110	100	90	80
最小换道距离(m)	主线合流影响区(避让区与调整区)安全换道行驶距离(m)					
	三级服务水平	360	320	290	250	210
	主线合流影响区(调整区)舒适换道行驶距离(m)					
	三级服务水平	490	430	370	320	270

(3)主线分合流区车道交通数字化主动管控区间关键技术指标

主线分合流区车道交通数字化主动管控区间关键技术指标见表3-3-4。当分流区处于下坡路段时,需考虑安全富余距离,具体规定见表3-3-4中的建议值。

主线分合流区车道交通数字化主动管控区间关键技术指标　　表3-3-4

区间名称		计算式	区间长度(m)							备注
			设计速度或运行速度(km/h)							
			120	110	100	90	80	70	60	
减速车道	单车道	$S=$ 减速车道长度 + 三角段车道	245		215		190			
	双车道		315		270		240			
单次换道总距离	舒适换道	$S_{换}=L_4+L_{51}$	378	325	278	236	198	162	127	
	安全换道	$S_{换}=L_4+L_{52}$	255	228	201	172	145	118	92	
出口识别视距	一般值	$S_出$	320	290	260	220	190	160		
	最小值		260	230	200	170	150	120		
入口识别视距		$S_入$			170	160	140	120		
导航启动区间		$L_7=L_2+L_3$	202	189	175	162	149	135	122	
换道启动区间		$L_8=L_3+L_4$	183	162	141	118	98	76	56	
安全富余距离	纵坡 $i\leq-1\%$	L_6	0							分流区考虑
	纵坡 $i\leq-2\%$		10							
	纵坡 $i\leq-3\%$		15							
	纵坡 $i>-3\%$		20							
禁止变道区间	第四车道	$L_{51}+L_4+L_{52}-L_6+S$	748		597		472			暂取 $L_6=0$
	第三车道	$L_{52}-L_6+S$	370		319		273			
	第二车道	$S/2$	123		108		95			

注:不同车道设计速度可采用车道限速或运行速度。

第 2 篇
PART 2

互通式立交出入口智慧交通主动管控原理与方法

第 4 章
CHAPTER 4 》》

主线分合流区车道交通数字化主动管控系统

> **本章导读**
>
> 本章共分3节,主要依据第1章的主线分合流车辆换道设计原理与出入口识别视距技术要求、第2章的连续分合流最小间距设计指标,提出了主线分合流区交通安全综合保障基本框架;并在此基础上耦合人车行为特性与交通流运行机理,分别建立了主线分合流区、主线连续分合流区及互通式立交出入口与隧道口小净距路段车道交通数字化主动管控系统,为智慧高速公路建设与提升互通式立交出入口交通安全奠定了理论依据。

4.1 主线分合流区交通安全综合保障基本框架

4.1.1 高速公路主线分合流区交通安全性分析

1) 主线分合流区交通运行状态与行车安全性分析

(1) 主线分合流区(含连续分合流)路段

①互通式立交出口分流区路段。

据统计,互通式立交出口分流区是互通式立交区域交通事故占比最多的区间路段,并且曾多次发生过重大交通事故。本文对互通式立交出口前分流区交通运行状态与行车安全性分析如下:

a. 外侧车道直行车辆受内侧车道分流车辆在分流区内变换车道的影响,出口路段的交通流运行状态与交通组织比基本路段更加复杂;由于存在直行与向外侧车道换道车辆之间的相互影响,使互通式立交分流区内的交通流线出现交叉,进而形成交通系统中的冲突"瓶颈"区域,容易造成交通拥挤运行状态,并面临较高的交通事故风险。

b. 分流车辆驾驶人所选择的换道区间有所不同,部分驾驶人在看清2km出口预告标志后,便开始向外侧车道换道,而部分驾驶人则在看清1km或500m出口预告标志后才开始向外侧车道换道。在2km分流区路段中,不断有车辆从内侧车道向外侧车道换道行驶,随着减速换道的车辆不断增加,与直行车辆发生冲突的概率也不断增大,迫使较多直行车辆减速行驶,造成车辆之间的行驶速度差增大,容易出现拥堵,甚至发生交通事故。

c. 部分驾驶人在看清了出口位置后开始向外侧车道换道,某些情况下,由于距离出口过近,少数驾驶人会强行换道,进而导致较高的交通事故风险。强行换道是造成分流区路段交通事故多发的主要原因。

d. 如果出口识别视距不足,容易导致驾驶人难以准确识别出口位置,影响其判断决策,导致强行换道或紧急减速等不当操作行为,诱发交通事故。

②互通式立交匝道合流影响区(换道避让区与换道调整区)路段。

互通式立交匝道合流影响区分为匝道入口合流汇入区、主线车辆换道避让匝道汇入车辆路段的合流换道避让区、匝道小客车汇入主线后换道至内侧快车道路段的合流换道调整区。互通式立交合流影响区交通事故相对出口分流区要少得多,且多为剐蹭、追尾等轻微事故。但随着交通量的增加和服务水平的降低,匝道合流影响区开始时常出现交通拥堵现象。对合流汇入区前的合流换道避让区和合流汇入区后的合流换道调整区内的交通运行状态与行车安全性分析如下:

a. 匝道车辆进入加速车道后,对主线最外侧车辆行车安全性影响较大。主线最外侧车辆需防备少数车辆突然从加速车道低速变道进入主线,以免发生碰撞事故。

b. 在匝道入口前,最外侧车道车辆为避让汇入车辆,小客车一般采取换道至次内侧车道的措施,避免与汇入主线最外侧车道的车辆因速度差过大发生碰撞事故。

c. 主线直行车辆的驾驶人在高速行驶过程中对互通式立交入口位置识别不清,未能及时发现即将驶入的车辆,直到接近合流鼻端才采取紧急制动措施,容易因制动不及时而与汇入车辆发生碰撞。

d. 主线直行车辆在避让汇入车辆的过程中,若采取紧急换道措施,易与左后方内侧车道上来不及做出反应的直行车辆发生追尾或碰撞等事故。同样地,匝道车辆在汇入主线后,小客车一般会进一步换道至内侧快车道,若采取紧急变道措施,易与左后方内侧车道上来不及做出反应的车辆发生追尾或碰撞等事故。

e. 主线交通流处于较饱满状态时,在与匝道车辆合流过程中较容易发生剐蹭事故,引起路段交通拥堵。

(2)互通式立交与隧道小净距路段

①隧道洞口明暗适应对交通运行状态与行车安全性的影响。

隧道洞口内外通常存在较大的光照强度差异,对交通运行状态与行车安全性有影响。从隧道洞口内外光线反差及"黑洞""白洞"现象分析,进入隧道口后由于交通环境发生突变,且隧道内的环境更差,容易在隧道入口内一定距离的路段发生交通事故;车辆驶出隧道洞口后,由于隧道外交通环境明显优于隧道内,故在隧道出口附近发生交通事故的概率较低。明暗适应对交通运行与行车安全的影响程度取决于隧道口内的照明设计效果和运营期照明控制。当隧道内及隧道洞口照明效果符合相关规范规定时,原则上隧道段可不降低限制速度。

②互通式立交与隧道小净距路段最小净距对区间交通运行状态与行车安全性影响分析。

如果隧道口与互通式立交出入口距离过近,驾驶人受到明暗适应现象的影响,对标志识别、出入口位置识别、判断决策等行为的时间紧迫,易使驾驶人在互通式立交出入口之前来不及减速,或错过最佳的换道时机而强行换道,干扰互通式立交出入口路段交通流的正常运行状态,严重时易发生碰撞、追尾等事故。

2)分合流区常规交通安全管理设施设置现状与行车安全性分析

(1)主线分合流区(含连续分合流)路段

①互通式立交主线出口分流区路段。

a. 交通标志标线:出口标志设置不够醒目,出口位置识别难度大;车道导向箭头和限制变道标线设置不合理或缺失,导航提示不及时或过早,都会影响驾驶人对出口位置的判断和驾驶行为的决策。

b.车道限速管理:分流区路段车道限速管理直接影响车辆行驶速度的控制,车道限速不合理将会影响车辆减速、换道过程的安全性。

c.车道客货分离管理:不同车型的车辆行驶速度差异大,货车行驶速度明显低于小客车,多车道高速公路应分车道分车型管理,减小同车道车辆运行速度差,提升交通安全性。

d.出口识别视距:现行规范对分流区及识别视距缺乏定义,识别视距规定中对识别目标的概念定义较为模糊;分流区缺少相关技术指标的规定,缺少出口识别视距的标志。分流区识别视距不足时将影响驾驶人对出口位置的识别判断,不利于交通安全。

e.出口预告标志:出口预告标志对位于内侧车道的分流车辆换道影响较大。现行规范未区分设计标准(不同设计速度、不同车道数)而统一规定设置2km、1km、500m三种出口预告标志,过于单一。同时,在出口基准点前的最后10s关键行程中缺少出口指路标志,影响分流车辆的判断与决策。2017年12月1日实施的《国家公路网交通标志调整工作技术指南》提出"在距互通式立交的前基准点300m、200m、100m处可根据实际需要设置出口300m、200m、100m出口预告标志",结合本书配套研究结论,很有必要在出口前连续设置3处短距离出口预告标志,该措施将产生重要的重复效应,有利于提升互通式立交出口的交通安全性。

②互通式立交匝道合流影响区路段。

a.交通标志:应避免设置过多入口标志,防止影响驾驶人对信息的阅读、判断,影响驾驶人的正常驾驶操作;往往缺少限制换道至内侧车道的提示标志,容易出现随意换道。

b.交通标线:缺少车道导向箭头和限制变道的标线,或设置位置不合理,影响驾驶行为。

c.合流区视距(入口识别视距):缺少合流影响区中的避让区识别标志,合流区主线入口位置的识别视距不良,将影响主线直行车辆的驾驶人观察汇入车辆的状况。

(2)互通式立交与隧道小净距路段

①隧道出口附近路段。

以下标志标线、隧道照明等设置对驾驶行为影响较大:

a.隧道内标志:应设置必要的标志;采用反光标志往往效果较好。

b.隧道洞口前后标线:隧道洞口前后明适应范围内应设置禁止换道的实线标线。

c.隧道洞口照明:出口较高的照度能有效缩短明适应距离,减轻驾驶人心理紧张程度。

d.隧道洞口遮阳:被太阳直接照射的洞口宜考虑设置遮阳设施,避免出现"白洞效应"。

②隧道入口附近路段。

以下标志标线、隧道照明等设置对交通运行状态影响较大:

a.隧道内标志:隧道入口附近应尽量减少标志设置,避免影响驾驶人的专注程度。

b.隧道洞口前后标线:隧道洞口前后暗适应范围内应设置禁止换道的实线标线。

c.隧道洞口照明:入口较高的照度能有效缩短暗适应距离,减轻驾驶人心理紧张程度。

4.1.2 主线分合流区路段交通组织与管理现状分析

1)车道与车型的限速管理

通过对高速公路采取不同车道与不同车型的限速管理措施,能有效提高车道通行能力,提升车道交通安全性。

(1) 车道车型分类管理

①单向四车道:原则上内侧 2 个车道为小客车道(专用道),次外车道为混合交通车道,外侧车道以大型车行驶为主(专用道)。

②单向三车道:原则上最内侧车道为小客车道(专用道),中间车道为混合交通车道,外侧车道以大型车行驶为主(专用道)。

③单向双车道:原则上内侧车道以小客车行驶为主,外侧车道以大型车行驶为主。

(2) 车道限速管理

单向四车道高速公路设计速度一般为 120km/h;单向三车道高速公路设计速度一般为 120km/h 或 100km/h;单向双车道高速公路设计速度一般为 100km/h 或 80km/h。车道限速管理方案如下:

①单向四车道:各车道限速值从最内侧车道向外分别为 120km/h、120/110km/h、100/90km/h 或 80km/h(货车),最外侧车道为 80km/h(货车)。

②单向三车道:各车道限速值从最内侧车道向外分别为 120/100km/h、100km/h 或 80km/h(货车)。

③单向双车道:内侧车道限速值为 100/80km/h,外侧车道为 80/60km/h(货车)。

2) 互通式立交主线分流区交通组织管理存在的主要问题

①现行相关规范缺少对互通式立交出口前分流区的定义,缺少分流区技术指标的要求,也缺少针对分流区的专项交通组织管控设计方案指导和规范化的分流区交通组织专项规定或技术要求。

②根据《公路交通标志和标线设置规范》(JTG D82—2009)(以下简称《标志和标线规范》)规定,互通式立交主线出口基准点前应设置 2km、1km、500m 出口预告标志,但出口预告标志设置位置与内侧车道车辆换道所需距离缺少关联;不同的设计速度或运行速度条件下的出口预告距离采用固定值,车辆到达出口位置的行程时间相差较大,明显存在时效性和可控性不足等问题,并缺少最后 10s 行程的关键出口预告标志。

③主线出口前的分流区路段缺少路面车道导向箭头标线,包括必要的限制换道的实线标线;部分项目设置时缺乏设置位置及区间的交通运行机理层面的理论支持。

④缺少语音导航提示系统的规划设计和规范化的技术规定,也缺少车道交通数字化场景数据的理论支持,且出口预告标志与车辆换道合理起始位置相关性差。

3) 互通式立交主线合流区交通组织管理存在的主要问题

①现行相关规范缺少对互通式立交匝道入口合流汇入区及合流汇入区前后路段交通运行分析及合流影响区相应定义,缺少针对合流区的专项交通组织管控设计,也缺少合流影响区交通组织规范化的专项规定或技术要求。

②根据《标志和标线规范》规定,在互通式立交主线入口的后基准点附近,应设置高速公路命名编号标志,但除此外没有其他标志。缺少主线合流影响区中的换道避让指引标志。

③主线合流影响区中的换道避让区路段缺少路面车道导向箭头标线,设置时缺乏设置位置及区间的理论支持。

④缺少语音导航提示系统的规划设计,也缺乏规范化的技术规定和车道交通数字化场景数据的理论支持。

4) 交通组织管理措施对主线分合流区路段行车安全的影响

根据互通式立交出口附近交通事故多发诱因调查分析(图4-1-1),多数事故是因车辆没有及时换道至最外侧车道,在互通式立交出口附近强行换道、紧急制动或停滞等原因造成的。少数车辆未能提前换道至最外侧车道的原因与分流区交通组织管理的时效性、准确性、可控性存在不足有较大关系;合流影响区中的合流汇入区、合流换道避让区、合流换道调整区路段交通事故相对分流区出口路段少得多,但合流影响区路段对通行能力影响较大,科学的交通组织与管理对提升互通式立交分合流区的通行能力、降低交通事故风险将会起到关键作用。因此,本书提出主线分流区、合流影响区(合流换道避让区、入口合流汇入区、合流换道调整区)概念,并根据分流车辆或合流车辆所在车道位置、分流驶出或合流驶入所需换道最小净距等交通控制参数,提出基于数字化的交通组织管理的车道交通数字化主动管控系统(车道行车安全诱导主动管控系统),旨在提升高速公路不同车道的分流车辆或合流车辆在车道行车安全诱导管控过程的时效性、准确性、可控性,从而提升互通式立交主线分合流区的交通安全性,提高主线的通行能力。

图4-1-1 互通式立交出口交通事故网络视频截图

5) 主线分合流区交通组织管理相关规定有待完善

(1) 主线分合流区运行安全保障措施设置的必要性

①在互通式立交出口之前(分流区),驶离主线的车辆在减速车道渐变段起点前未能换道至最外侧车道而强行变换车道的行为,对交通安全影响较大。为了保障内侧车道分流车辆在互通式立交出口前平稳、安全地换道至最外侧车道,在互通式立交出口前的分流区路段需要设

置完善的交通组织管理设施,如出口预告标志、流出导向标线、禁止变道标线、必要的语音导航系统等。

②在互通式立交入口前后(合流影响区),主线最外侧车道上的车辆在避让驶入主线的车辆时,如果换道过急或紧急制动,或驶入主线的车辆在换道进入内侧车道过程中出现强行变道等情况,对交通安全影响较大。为了保障主线最外侧车道的直行车辆交通安全,保障进入主线的车辆在互通式立交入口平稳、安全进入主线车道,并保障小客车进一步平稳、安全地换道至内侧车道上,在互通式立交入口前后(合流影响区)路段也需要设置完善的交通组织管理设施,如入口标志、向内侧车道换道的导向标线、必要的语音导航系统等。

③互通式立交出入口与隧道口小净距路段,受隧道长度、隧道洞口明暗适应等因素的影响,交通环境更加复杂,分合流区路段设置完善的交通组织管理设施尤为重要。

(2)相关规范的规定有待补充完善

2017年版《路线规范》和《立交细则》对主线分合流区均缺少对"交通组织、管理和运行安全的保障措施"的专项要求;对互通式立交出入口与隧道小净距路段,2017年版《路线规范》和《立交细则》虽然均明确规定"应提出完善的交通组织、管理和运行安全保障措施",但缺少可操作性的规定,难以指导实际工程设计。互通式立交分流区设置2km、1km、500m出口远距预告标志的规定,过于单一,难以适应不同设计标准(不同设计速度、不同车道数)的高速公路互通式立交主线分流区交通组织管理"精准、高效、可控"的需求。

互通式立交主线出入口交通事故多发的原因较多,但少数车辆在减速车道渐变段起点前未能平稳地换道至最外侧车道或驶入主线的小客车未能及时换道至内侧车道而强行换道是主要原因之一。因此,对互通式立交出入口与隧道口小净距路段除了应研究隧道不利环境对交通安全的影响,更要研究互通式立交分合流区车道交通组织管理对行车安全的影响,并提出提升交通安全的对策措施。

4.1.3 基于车道交通数字化主动管控的交通安全综合保障基本框架

1)主线分合流区车道交通数字化主动管控系统的支撑条件

首先应基于对互通式立交分合流区交通流特征、车辆换道行驶轨迹、交通标志标线设置和语音导航提示功能等关键技术的掌握,建立互通式立交分合流区不同车道车辆分合流换道理论模型,提出基于不同车道换道要求的车道区间最小净距指标,为数字化、智慧化高速公路交通组织管理提供科学的关键场景数据,为基于数字化交通组织管理的分合流区车道行车安全诱导主动管控系统等研究奠定科学基础。

(1)主线分合流区交通数字化场景数据的主要研究成果

高速公路分合流区数字化交通组织管理的关键场景数据应基本符合交通流现状。以下主要研究成果可作为支撑数字化交通组织管理的设计依据:

①符合多车道高速公路换道过程的换道轨迹图及换道计算模型。
②合理的车头时距及换道插入等待时间计算模型。
③隧道洞口明暗适应时间及对行车安全影响的研究。
④分合流区不同车道车辆换道总距离及与隧道小净距路段最小净距。
⑤分合流区主线出入口识别视距及对交通安全影响的研究。

本章将进一步研究语音导航启动区间与换道启动区间及长度等场景数据。

(2)主线分合流区交通数字化场景数据的建立

本书研究提出的主线分合流区及与隧道小净距路段数字化关键场景数据,为我国智慧化高速公路交通组织主动控制系统提供了可控、精准、高效、可靠的关键场景数据。

①研究建立了符合主线分合流区及与隧道小净距路段最小净距要求的场景数据,主要包括分流区不同车道的换道总距离、语音导航启动区间及长度、换道启动区间及长度;合流换道避让区主线最外侧车道车辆向内侧车道换道的距离、换道启动区间及长度;合流影响区中匝道入口后进入主线车辆向内侧车道换道调整的行驶距离、换道启动区间及长度;隧道洞口明暗适应的影响长度;互通式立交路段辅助车道的影响范围等。

②影响主线分合流区与隧道小净距路段最小净距的隧道出入口位置、隧道长度等场景数据,需结合项目具体情况进一步收集。此外,我国已有学者开展隧道内能否允许车辆换道的研究,特别是中长隧道、特长隧道,这些研究成果对场景数据影响较大,需及时跟踪与应用。

③高速公路车道与车型限速管理的场景数据,需结合项目具体路段情况进一步收集。

2)主线分合流区数字化交通组织主动管控基本体系

随着我国公路网的逐渐完善,高速公路建设更加注重高质量发展,数字化、智慧化高速公路已成为建设交通强国、高质量发展的重要抓手。本书通过基础设施交通组织管理数字化研究,可为云计算、大数据、人工智能等信息技术提供可靠的场景数据;为互通式立交出入口及与隧道洞口之间的主线车道交通主动管控与行车安全诱导管控(导航系统)的建立提供理论支持;实现在高速公路分合流区主线出入口路段为驾驶人提供精准、高效、及时的可靠、可控的决策信息,为高速公路使用者提供高质量服务,为高速公路管理者提供智慧化管理平台;实现路网运行更安全、公众出行更便捷、交通管理更科学、公路运营更绿色。

主线分合流区及与隧道口小净距路段数字化交通组织管控的基本体系,由现场车道行车安全诱导管理设施、车道交通数字化主动控制系统(导航系统)、车辆自动化控制系统等组成。

主线分合流区及与隧道口小净距路段数字化关键场景数据,为以下车道行车安全诱导管控措施的精准设置提供了理论依据:

①为主线分合流区及与隧道口小净距路段主线出入口、隧道出入口前后的交通标志、标线等交通诱导设施的精准设置提供了可靠依据,使标志、标线等诱导设施起到更加高效、及时地交通诱导作用。

②为车道交通数字化主动控制系统(导航系统)提供精准的数字化场景数据,使导航系统能为高速公路使用者提供精准、高效、及时可靠、可控的决策信息,为交通安全出行提供科学决策能力。

③为车辆自动化控制系统(无人驾驶)提供精准的数字化场景数据。

互通式立交主线分合流区车道交通数字化主动管控系统的设施设置(包括语音导航系统),均具备标准化、规范化推广应用的条件。

3)互通式立交主线分合流区交通安全综合保障技术

基于车道交通数字化主动管控系统的高速公路分合流区及与隧道口小净距路段交通安全

综合保障技术，主要包括四个方面的内容（图4-1-2），具体内容如下：

①主线分合流区及与隧道口小净距路段关键技术指标与安全保障措施（对标准规范的重要补充）：

　　a. 主线分合流区及与隧道口小净距路段最小净距与换道启动区间关键技术（原创性成果）。
　　b. 互通式立交出入口识别视距及其相应临界平竖曲线半径（创新性成果）。
　　c. 互通式立交出入口变速车道形式的合理采用（总结性成果）。
　　d. 基于横向行驶稳定性要求的分流区安全保障措施（总结性成果）。

②基于数字化交通组织管理的车道交通数字化主动管控系统（原创性成果）。

③基于车道交通数字化主动管控系统的交通安全保障措施（总结性成果）。

④提升交通安全保障的建议措施（总结性成果）。

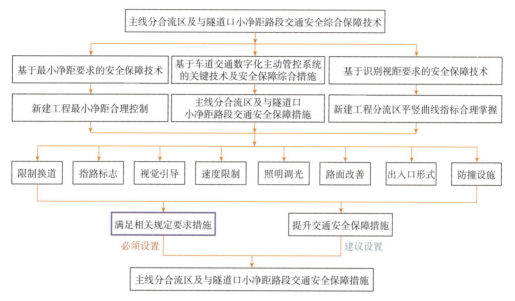

图 4-1-2　互通式立交分合流区及与隧道口小净距路段交通安全综合保障技术体系

4.2 主线分合流区车道交通数字化主动管控系统

4.2.1 主线分流区交通数字化主动管控系统的关键技术

1) 交通主动管控系统总体设置方案

基于数字化交通组织管理的分流区路段车道行车安全诱导主动管控系统（以下简称分流区车道交通数字化主动管控系统），是以高速公路内侧不同车道换道至最外侧车道所需要的最小换道净距为理论基础，以规范中标志标线设置相关规定为依据，并结合精准的语音导航系统，提出互通式立交主线分流区路段车道交通数字化主动管控总体设置方案，如图4-2-1 所示（以八车道高速公路为例）。该管控系统基本框架由导航启动区间、换道启动区间、路面导向箭头标线、限制变道标线(实线),以及 2km、1km、500m 出口预告标志(远距离)与 300m、200m、100m 出口预告标志(近距离)和出口标志等组成,主要设计思路及主动管控措施如下:

a. 互通式立交主线出口前的分流区交通组织应与内侧车道的车辆换道过程基本相符。

b. 在换道启动区间设置路面车道导向箭头标线,在②位置(图 4-2-1)增设与导航启动区间相呼应的分流区起始点出口预告标志。标志距离以最内侧车道换道最小净距为准,即在导航提示启动时,车辆驾驶人应同时能看到出口预告标志。

c. 在互通式立交出口前,在①位置(图 4-2-1)设出口标志(即 0m 出口标志),作为出口识别视距的识别目标点(即前基准点),为驶离高速公路的车辆及时提供明显的出口标识。

d. 在出口的减速车道附近设置限制换道的实线标线,设置位置如图 4-2-1 所示。

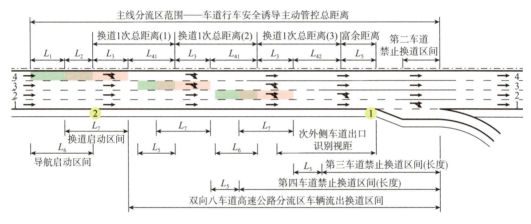

图 4-2-1 主线分流区车道交通数字化主动管控系统总体设置方案

e. 在导航启动区间启动导航语音提示功能,充分发挥导航系统精准、高效、可控的作用。导航语音提示内容应进行规范化、标准化设置。

f. 原则上应设置 2km、1km、500m 出口预告标志,如果分流区起始点出口预告标志设置位置与 2km 或 1km 或 500m 出口预告标志相接近,宜以 2km 或 1km 或 500m 出口预告标志为准。

g. 在出口识别视距范围开始设置 300m、200m、100m 出口预告标志和出口标志,强化出口位置的识别。

2)主线分流区路段出口预告标志规划设计

根据相关规范规定,互通式立交在主线出口基准点前需设置 2km、1km、500m 出口预告标志。根据主线分流区交通主动管控总体设置方案,分流区路段宜在规范规定的基础上,在②位置增设 1 处分流区起始点出口预告标志(图 4-2-1)。对于增设的出口预告标志,当双向四车道高速公路设计速度为 120km/h、双向六车道高速公路设计速度为 80km/h 时,内侧车道分流区起始点出口标志与 500m 出口预告标志相接近;当双向八车道高速公路设计速度为 120km/h 时,内侧车道分流区起始点出口标志与 1km 出口预告标志相接近;此时宜采用 500m 或 1km 出口预告标志,即无须再增设分流区起始点出口预告标志。对于六车道以上高速公路,分流区起始点出口预告标志宜采用门架式。

根据《国家公路网交通标志调整工作技术指南》的规定，本书建议主线分流区出口路段在出口前的基准点前增设距离为 300m、200m、100m 出口预告标志，标志牌结构及尺寸设置如图 4-2-2 所示。

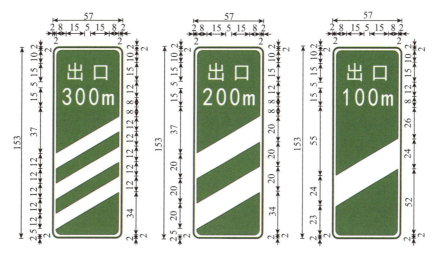

图 4-2-2　300m、200m、100m 出口预告标志牌结构及尺寸（尺寸单位：cm）

3）导航启动区间、换道启动区间与导向箭头标线规范化规划设计

根据不同车道换道区间最小净距，结合相关规范规定，并根据出口识别视距设计原理，提出了车道导航启动区间和换道启动区间的概念。导航启动区间至启动导航语音提示的区段位置，在第一次导航语音提示时，驾驶人能发现并看清前方分流区起始点出口预告标志；在出口预告标志视认、判读和导航语音提示确认过程中，车辆进入换道启动区间，该区间路面应设置车道导向箭头标线，车辆在车道导向箭头标线的引导下，进入换道插入等待区间，寻找换道合适时期开始从内侧车道向次外侧车道或最外侧车道换道行驶，完成换道全过程。八车道高速公路导航语音提示 3 次，六车道高速公路导航语音提示 2 次，四车道高速公路导航语音提示 1 次，导航启动语音提示区间技术要求见表 4-2-1。

分流区车道最小净距、导航启动区间、换道启动区间及换道行驶时间　　　　表 4-2-1

	不同车道的设计速度或限速值（km/h）		120	100	80
第四车道	最小净距（m）分流区起点出口标志	一般值	1215	930	690
	导航启动区间（m）	一般值	1215～1015	930～755	690～540
	换道启动区间（m）		1068～885	802～661	577～479
	换道行驶时间（s）		32.0～26.5	28.9～23.4	26.0～21.6
第三车道	最小净距（m）分流区起点出口标志	一般值	840	655	490
	导航启动区间（m）	一般值	840～635	655～480	490～340
	换道启动区间（m）		688～505	522～381	377～279
	换道行驶时间（s）		20.6～15.2	18.8～13.7	17.0～12.6

续上表

	不同车道的设计速度或限速值(km/h)		120	100	80
第二车道	最小净距(m) 分流区起点出口标志	一般值	460	375	295
	导航启动区间(m)	一般值	460~260	375~200	295~145
	换道启动区间(m)		308~125	247~106	182~84
	换道行驶时间(s)		9.2~3.8	8.9~3.8	8.2~3.8

注：表中车道最小净距服务水平为三级；内侧车道最小净距为距出口前基准点的距离。

基于数字化交通组织管理的车道交通数字化主动管控系统，主要通过导航精准管控系统，辅以出口预告标志、路面车道导向箭头标线的精确设置，提升车道行车安全诱导管控时效性、准确性、可控性，从而缩短分流区主线分流车辆对主线交通流的影响范围；通过提升交通主动管控服务水平，有效保障交通安全。分流区路段的导航启动区间与换道启动区间技术要求可按表4-2-1的区间规定值进行标准化、规范化规划设计，从而实现车道交通数字化主动管控系统的标准化、规范化规划设计。

4) 主线分流区路段车道交通数字化主动管控关键技术指标

根据分流区换道最小净距计算模型，四车道高速公路主线分流区路段换道最小净距，由出口标志视认距离L_1、判断决策距离L_2、换道等待距离L_3、换道行驶距离L_{42}和富余距离L_5组成；当为六车道高速公路时，由出口标志视认距离L_1、判断决策距离L_2、2次换道等待距离L_3、2次换道行驶距离（分别为L_{41}和L_{42}）和富余距离L_5组成；当为八车道高速公路时，由出口标志视认距离L_1、判断决策距离L_2、3次换道等待距离L_3、3次换道行驶距离（分别为2个L_{41}和1个L_{42}）和富余距离L_5组成；富余距离L_5取值可依据主线分流区的下坡坡度确定，上坡可不考虑。

主线分流区路段满足不同车道换道距离要求的区间最小净距、导航启动区间、换道启动区间及换道行驶时间等关键技术指标见表4-2-1。

4.2.2 主线合流影响区路段车道交通数字化主动管控关键技术

1) 主线合流影响区路段车道交通数字化主动管控系统总体设置方案

基于数字化交通组织管理的合流影响区路段车道行车安全诱导主动管控系统（以下简称主线合流影响区路段车道交通数字化主动管控系统），是以高速公路最外侧车道上的车辆换道至次外侧（内侧）车道或减速避让匝道入口进入主线的车辆所需要的最小换道净距或减速距离为理论依据，以规范中标志标线设置相关规定为依据，并结合精准的语音导航系统，所提出的互通式立交主线合流影响区路段车道交通数字化主动管控总体设置方案，如图4-2-3所示（以八车道高速公路为例）。主动管控系统基本框架由导航启动区间、换道启动区间、路面导向箭头标线和入口标志等组成，主要设计思路及主动管控措施如下：

(1) 主线合流影响区中的合流避让区

在主线合流影响区中的合流避让区，最外侧车道上的小客车需要向内侧车道换道（大型车以最小幅度的减速避让为主），最小净距以匝道入口的楔形端部为前基准点。

在主线合流避让区的①位置(图4-2-3)设置匝道入口标志,在向内侧车道换道起始点位置设置路面车道导向箭头标线。

在导航启动区间开启导航语音提示时,驾驶人应同时能发现并看清①位置的匝道入口标志和前方车辆从匝道入口进入主线的行驶情况,随后在换道启动区间做出换道行驶或减速避让的驾驶决策;小客车一般会采取换道避让方式,货车会采取减速避让方式。

单向车道数超过2个车道时,原则上导航语音提示内容为"小客车请走内侧车道,货车请减速慢行"。

(2) 主线合流影响区中的合流调整区

a. 从匝道驶入主线最外侧车道的车辆中,小客车会考虑向内侧车道换道至快车道上行驶;车辆向内侧车道换道过程的最小净距,以匝道入口的加速车道三角段终点为后基准点。

b. 在主线合流调整区的②位置(图4-2-3)设置指示高速公路名称与编号的标志,在向内侧车道换道起始点位置设置路面车道导向箭头标线。

c. 在导航启动区间开启导航语音提示。单向双车道可不设置导航语音提示,单侧三车道及以上的高速公路,导航提示内容为"小客车请走内侧车道"。

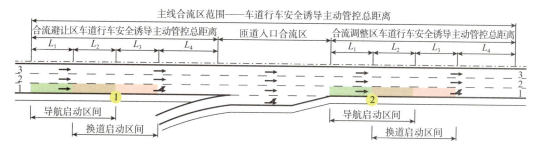

图4-2-3 主线合流影响区路段交通数字化主动管控系统总体设置方案

2) 主线合流影响区路段车道交通数字化主动管控关键技术指标

互通式立交匝道驶入主线的车辆在匝道入口合流汇入过程中,主线直行车辆与匝道入口车辆可能发生交通冲突;当主线最外侧车道的车辆发现匝道驶入主线的车辆时,最外侧车道上的小客车一般会采用向内侧车道换道方式避让,货车由于行驶速度较低,一般采取适当减速方式避让即可;合流避让区的最小安全换道避让净距由主线最外侧车辆发现并看清匝道入口标志或车辆时的反应距离 L_1(取反应时间1.5s)、判断决策距离 L_2、换道等待距离 L_3、安全换道行驶距离 L_4 或车辆减速距离 L_{34} 组成。由于最外侧车道上的货车车速较低,适当减速即能避免与匝道驶入车辆发生碰撞,相应的,所需要的减速距离较短,与小客车向内侧车道换道行驶所需要的安全避让距离相比短较多,因此,在合流避让区最小净距计算中应以换道避让为准。

互通式立交匝道驶入主线的车辆在汇入主线最外侧车道后,小客车一般会考虑进一步换道调整进入次外侧车道;当发现前方行驶速度较低的货车时,可能需要采用所需换道距离较短的安全换道方式进行,此时最小换道距离计算模型和计算结果与合流避让区计算模型和计算结果完全相同;当前方没有行驶速度较低的大型车时,驾驶人一般会采用舒适换道方式进行,即最小换道距离计算模型中安全换道行驶距离改为舒适换道行驶距离,其他考虑因素及行驶距离相同。

主线合流影响区路段满足最外侧车道上车辆向次外侧车道(内侧)换道,或减速避让匝道入口进入主线的车辆所需距离要求的最小净距、导航启动区间、换道启动区间等技术要求见表4-2-2。

匝道合流影响区最小净距、导航启动区间、换道启动区间及换道行驶时间   表4-2-2

	主线设计速度或次外侧车道限速值(km/h)		120	100	80
第二车道	最小净距(m)	一般值	360	285	215
	导航启动区间(m)	一般值	360~255	285~200	215~145
	换道启动区间(m)		310~125	245~105	180~85
	换道行驶时间(s)		9.2~3.8	8.8~3.8	8.1~3.8

注:表中最小净距服务水平为三级;最小净距为距出口前基准点的距离。

4.2.3 主线连续分合流区路段车道交通数字化主动管控关键技术

1) 主线连续分流区路段

(1) 主线连续分流区路段车道交通数字化主动管控系统总体设置方案

主线连续分流区路段交通数字化主动管控系统总体设置方案如图4-2-4所示(以八车道高速公路为例)。其中,在第一出口驶出的车辆,在第一分流区车道交通数字化主动管控系统与单一的主线出口相同;当第二出口与第一出口分流区之间的最小净距大于最内侧车道换道至最外侧车道所需的最小换道距离时,可认为是独立的两处出口;当连续分流之间的净距小于最内侧车道(主线车道数≥3)换道至最外侧车道所需的最小换道距离时,在第二出口驶出的车辆应在第一出口的分流区范围内,通过车道交通数字化主动管控系统的引领(导航语音提示与标志标线引导),在第一出口前换道至次外侧车道或最外侧车道上,即在第一出口与第二出口驶出的所有车辆在第一分流区路段都应保持基本一致的换道操作;当车辆驶入第二出口分流区后,通过车道交通数字化主动管控系统的导航语音提示与标志标线引导,再换道至最外侧车道,然后驶出主线进入减速车道(图4-2-5);减速车道建议采用平行式。

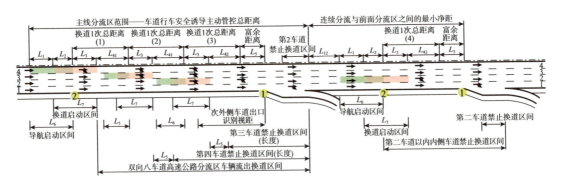

图4-2-4 主线连续分流路段车道交通数字化主动管控系统总体设置方案

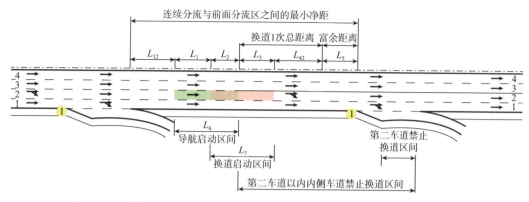

图4-2-5 主线连续分流区中第二分流区仅限次外侧车道分流的最小净距总体设置方案

根据上述总体设置方案,主线连续分流路段最小净距由出口标志视认距离 L_1、判断决策距离 L_2、换道等待距离 L_3、换道行驶距离 L_4 和富余距离 L_5 组成,富余距离 L_5 取值可依据主线分流区的下坡坡度确定;图中 L_{12} 为连续分流区之间的可能富余距离,不应计入车道交通数字化主动管控的最小净距中,富余距离越长,越有利于分流车辆的平稳驶出。

(2)主线连续分流区路段出口预告标志与标线规划设计

a. 第一出口的分流区路段标志与标线设置与单一出口的分流区路段相同。

b. 在第二出口的前基准点①位置(图4-2-5)前增设300m、200m、100m出口预告标志,强化驾驶人对出口位置的识别。最小净距小于300m时可不设。

c. 限制变道的标线设置区间如图4-2-4、图4-2-5所示。

(3)导航启动区间、换道启动区间与导向箭头标线规范化规划设计

a. 在第一出口前的分流区路段导航启动区间、换道启动区间与路面导向箭头标线规划设计与单一出口相同。

b. 进入第二出口分流区路段,在换道启动区间设置路面车道导向箭头标线。

c. 在第二出口前,在①位置(图4-2-5)设出口标志(即0m出口预告标志),为驶离高速公路的车辆提供明显的出口标识。

d. 在导航启动区间开启导航语音提示功能,导航提示内容应标准化、规范化。

(4)主线连续分流区路段车道交通数字化主动管控关键技术指标

根据最小净距计算模型,主线连续分流区之间最小净距由出口标志视认距离 L_1、判断决策距离 L_2、换道等待距离 L_3、换道行驶距离 L_{42} 和富余距离 L_5 组成。主线分流区路段和连续分流区路段最小净距、导航启动区间、换道启动区间及换道行驶时间等技术要求见表4-2-1。

2)主线连续合流区路段

(1)主线连续合流区路段车道交通数字化主动管控系统总体设置方案

主线合流影响区路段交通数字化主动管控重点为考虑最外侧车道上的车辆换道至次外侧(内侧)车道或适当减速避让匝道入口汇入车辆,因此,主线连续合流路段中的2处合流影响区路段车道交通数字化主动管控系统总体设置方案与单一入口完全相同,如图4-2-6、图4-2-7所示(以六车道高速公路为例)。管控系统中的导航启动区间、换道启动区间、路面车道导向箭头标线和入口标志等组成的具体设置方案详见4.2.2。

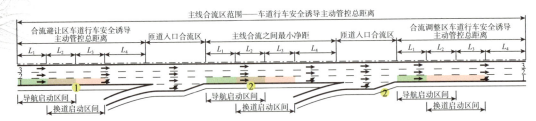

图 4-2-6　主线连续合流路段交通数字化主动管控系统总体设置方案

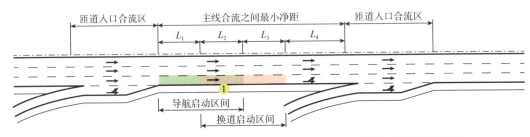

图 4-2-7　主线连续合流第二合流影响区路段车道交通数字化主动管控系统总体设置方案

(2) 主线连续合流区路段交通主动管控技术要求

根据最小净距计算模型,主线连续合流影响区最小净距由主线最外侧车辆发现并看清标志或匝道入口车辆时的反应距离 L_1、判断决策距离 L_2、换道等待距离 L_3、换道行驶距离 L_4 或车辆减速距离 L_{34} 组成。主线连续合流路段合流影响区最小净距、导航启动区间、换道启动区间等关键技术指标见表 4-2-2。

3) 主线相邻出口与入口组合路段

由于主线相邻出口与入口组合路段中主线分流车辆在匝道入口之前已驶出,在分流区终点(楔形端部)之前的车道交通数字化主动管控系统总体设置方案与单一的分流区路段相同,主线合流影响区路段车道交通数字化主动管控系统总体设置方案也与单一的合流影响区路段相同。因此,出口分流区终点与匝道入口合流避让区终点之间(楔形端部之间)最小净距,应由发现并看清标志或匝道入口车辆时的反应距离 L_1、判断决策距离 L_2、换道等待距离 L_3、换道行驶距离 L_4 组成。主线相邻出口与入口组合路段车道交通数字化主动管控系统总体设置方案如图 4-2-8 所示,主线相邻出口与入口组合路段最小净距、导航启动区间、换道启动区间等关键技术指标分别见表 4-2-1、表 4-2-2。

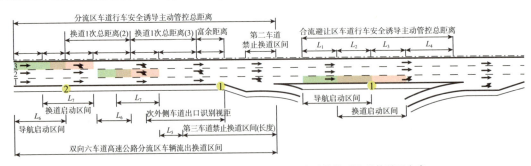

图 4-2-8　主线合流区路段车道交通数字化主动管控系统总体设置方案

4）主线相邻入口与出口组合路段

主线相邻入口与出口组合路段最小净距满足表 2-2-1 要求时，入口与出口路段可按独立的两座互通式立交出入口设置车道交通数字化主动管控系统。当最小净距小于表 2-2-1 规定值时，主线相邻入口与出口组合路段为交织区路段，交织区路段长度需满足最小交织长度要求。主线合流影响区中的合流避让区路段车道交通数字化主动管控系统总体设置方案与单一的合流影响区中的避让区路段相同，但在合流影响区中的合流调整区与主线分流区形成整体，宜取消合流调整区的车道交通数字化主动管控系统的设置。同时，当匝道入口之后的加速车道三角段终点与出口匝道之前的减速车道三角段起点之间最小净距，满足单一的出口分流区最小净距要求时，车道交通数字化主动管控系统总体设置方案与单一的出口分流区路段相同（图 4-2-9）；当不能满足单一的出口分流区最小净距要求时，应在合流影响区中的避让区车道交通数字化主动管控系统中设置导航语音提示与标志标线，诱导内侧车道（车道数≥3）的分流车辆提前换道至次外侧车道或最外侧车道上，此时入口与出口之间最小净距仅需满足单次换道的车道交通数字化主动管控总距离要求，即最小净距由标志视认距离 L_1、判断决策距离 L_2、换道等待距离 L_3、换道行驶距离 L_4 或富余距离 L_5 组成（图 4-2-9）。主线相邻入口与出口组合路段最小净距、导航启动区间、换道启动区间等技术要求见表 4-2-2、表 4-2-1。

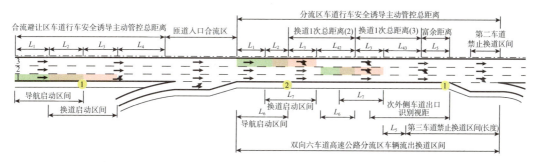

图 4-2-9　主线相邻入口与出口组合路段车道交通数字化主动管控系统总体设置方案（无辅助车道）

4.2.4　互通式立交（服务区）之间路段车道交通数字化主动管控关键技术

互通式立交、服务区、停车区之间小净距路段大于主线合流区最小净距与分流区最小净距之和，即远大于单一的分流区路段的最小净距。因此，互通式立交、服务区、停车区之间小净距路段车道交通主动管控系统总体设置方案及其技术指标要求，与图 4-2-9 总体设置方案相同。

4.3　主线出入口与隧道口小净距路段车道交通数字化主动管控系统

4.3.1　隧道出口至主线出口小净距路段车道交通数字化主动管控总体设置方案

1）小净距路段净距满足最内侧车道区间换道要求时

（1）当净距满足最小净距一般值要求时

隧道出口至主线出口之间（简称隧出 + 互出）小净距路段，当最内侧车道最小净距满足一般值规定要求时,小净距路段与正常路段互通式立交分流区交通主动管控总体设置方案相同(图4-3-1),车道交通数字化主动管控系统的具体设置方案详见本章第4.2节主线分流区路段。

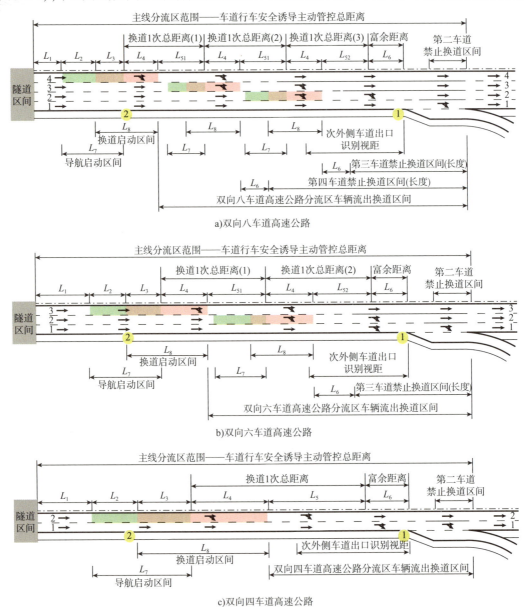

图4-3-1 小净距路段车道交通数字化主动管控总体设置方案(一)

(2)当净距满足最小净距最小值要求时

小净距路段净距仅满足最小净距最小值要求时,根据最小净距计算模型,驾驶人对标志的视认与信息读取过程应在隧道内完成,因此,应在隧道出口设置出口预告标志;但六车道以上高速公路应在换道等待距离区间②位置(图4-3-2)再设置1处出口预告标志,车道交通设置主动管控总体设置方案如图4-3-2所示(以六车道高速公路为例),其他交通主动管控措施设置与满足最小净距一般值要求时相同。

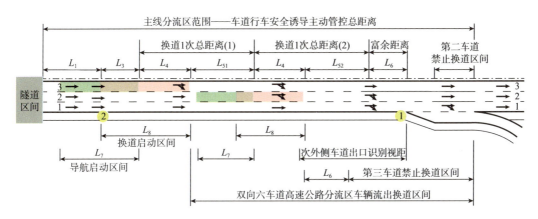

图 4-3-2　小净距路段车道交通数字化主动管控总体设置方案(二)

(3) 净距满足最内侧车道区间换道要求时的关键技术指标

互通式立交出入口与隧道口小净距路段主线分流区满足不同车道换道距离要求的区间最小净距(一般值、最小值)、导航启动区间、换道启动区间及换道行驶时间等关键技术指标见表 4-3-1。

分流区最小净距、导航启动区间、换道启动区间及换道行驶时间　　表 4-3-1

	不同车道的设计速度或限速值(km/h)		120	100	80
第四车道	最小净距(m) 分流区起点出口标志	一般值	1270	980	730
		最小值	1120	845	620
	导航启动区间(m)	一般值	1217~1015	930~760	690~540
		最小值	1120~1015	845~758	620~540
	换道启动区间(m)		1068~885	802~661	577~479
	换道行驶时间(s)		32.0~26.5	28.9~23.4	26.0~21.6
第三车道	最小净距(m) 分流区起点出口标志	一般值	890	700	530
		最小值	740	570	420
	导航启动区间(m)	一般值	784~635	655~480	490~340
		最小值	740~635	570~478	420~340
	换道启动区间(m)		688~505	522~381	377~279
	换道行驶时间(s)		20.6~15.2	18.8~13.7	17.0~12.6
第二车道	最小净距(m) 分流区起点出口标志	一般值	510	425	335
		最小值	360	290	220
	导航启动区间(m)	一般值	457~255	378~203	295~146
		最小值	360~255	290~203	220~146
	换道启动区间(m)		308~125	247~106	182~84
	换道行驶时间(s)		9.2~3.8	8.9~3.8	8.2~3.8

注：表中建议值服务水平为三级；内侧车道最小净距为距出口前基准点的距离。分流区间最小净距含明适应距离。

2) 小净距路段净距不满足次外侧车道区间换道要求时

(1) 总体设置方案

当净距小于次外侧车道最小净距最小值规定时,即隧道出口至互通式立交出口之间的距离不满足内侧所有车道(含次外侧车道)换道要求时:①当互通式立交出口前为中短隧道时,内侧车道的导航启动区间、换道启动区间和换道区间的车道管控设施应设置在隧道入口前,主线分流车辆应在隧道入口前换道至最外侧车道,如图4-3-3a)、图4-3-3b)、图4-3-3c)、图4-3-3d)所示。同时,从表3-3-4可知,出口换道行驶距离小于减速车道和三角段总长度的一半,车辆驶出隧道并通过明适应段后开始换道,在减速车道终点前能换道至最外侧车道;考虑隧道内设有出口预告标志,标志视认与信息读取已在隧道内完成,因此,车辆驶出隧道并通过明适应段后开始变道是可行的,即可允许次外侧车道车辆在减速车道与三角段区间的前半段换道至最外侧车道,该区间标线设置为允许换道的虚线,为在隧道前尚未换道至外侧车道的车辆提供驶离高速公路的机会,包括隧道洞口紧接减速车道三角段起点的情况(最小净距为0m),如图4-3-3d)所示;但不鼓励在该区域换道驶出行为,故不应设置变道驶出的车道箭头导向标线。对六车道、八车道高速公路内侧车道(不含次外侧车道),在隧道出口之后,不应再允许换道至次外侧车道,更不允许强行变道并驶离高速公路,如图4-3-3b)、图4-3-3c)所示。②当互通式立交出口前是长隧道时,建议进一步研究允许在隧道内变道的可能,如图4-3-3e)所示,隧道内分流区车道交通主动管控措施仅供参考。

(2) 标志设置方案

隧道出口距离减速车道三角渐变段起点(识别目标)的长度宜大于出口识别视距与明适应距离之和。当隧道出口与减速车道三角渐变段起点(识别目标)的距离小于出口识别视距+明适应距离时,原本设置在①位置(图4-3-3)的出口标志应移至隧道内④位置(图4-3-3),同时在③位置(图4-3-3)设置隧道入口标志、限速标志、限制变道标志、开灯标志,隧道全长及暗适应区间设置禁止变道标线[图4-3-3a)、图4-3-3b)];在②位置(图4-3-3)设置××m出口预告标志,具体数字结合隧道长度确定;当隧道长度大于500m时,在隧道内需要增设500m或1km、500m出口预告标志,在④位置设置出口预告标志(距离为实际长度);当在②位置设置的出口预告标志与出口远距预告标志出现重复或相近时,应采用出口1km或500m预告标志,同时在出口基准点前增设300m、200m、100m出口预告标志。

(3) 标线其他设施设置方案

①在禁止车辆换道区间设置行车道实线标线(限制换道)。

②在换道启动区间设置车道箭头导向标线。

③驾驶人在发现并看清出口预告标志,同时得到导航语音提示后,车辆在换道启动区间开始准备向外侧车道换道。

④换道启动区间也可考虑采用彩色路面或其他特殊标识。

⑤从有利于远处视认出口位置考虑(识别目标),可考虑在减速车道三角段起点前开始的一定距离路侧防撞护栏涂以醒目的颜色,强化出口位置的辨认。

(4) 导航语音提示内容

八车道高速公路:第一次为"前方××m为××(地名)出口,离开高速公路的车辆,进隧道前请走最外侧车道,距隧道还有××m,行驶时间约××s";第二次为"离开高速公路的车辆,进隧道前请走最外侧车道";第三次为"离开高速公路的车辆,进隧道前请走最外侧车道"。

六车道高速公路:第一次为"前方××m为××(地名)出口,离开高速公路的车辆,进隧道前请走最外侧车道,距隧道还有××m,行驶时间约××s";第二次为"离开高速公路的车辆,进隧道前请走最外侧车道"。

四车道高速公路:"前方××m为××(地名),离开高速公路的车辆,进隧道前请走外侧车道,距隧道还有××m,行驶时间约××s"。

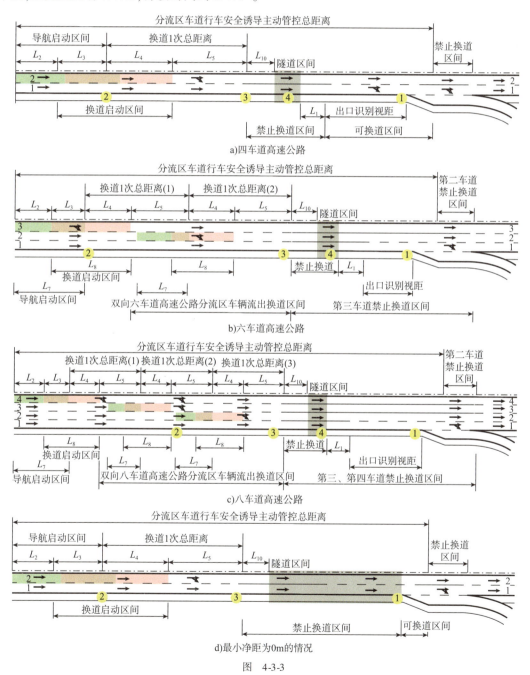

图 4-3-3

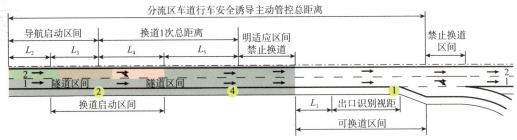

e)互通式立交前为长隧道时允许变道示意图

图 4-3-3 小净距路段车道交通数字化主动管控总体设置方案(三)

3)小净距路段净距满足次外侧车道区间换道要求时

(1)当净距满足次外侧车道最小净距最小值要求时

当六车道、八车道高速公路小净距路段净距满足次外侧车道换道要求(最小值)时,次外侧车道在隧道出口之后,除了出口预告标志应移至隧道内④位置(图4-3-4)外,其他可按小净距路段分流区车道具体数字化主动管控方案设置;内侧车道换道区间距离不满足要求时,对应的车道交通数字化主动管控应前置至隧道入口前;分流区车道交通数字化主动管控设置方案如图4-3-4所示,其他车道交通数字化主动管控措施设置可参照前述设置。长隧道需要进一步研究允许在隧道内换道的可能。

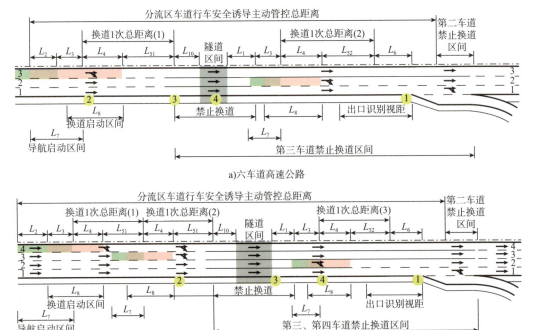

图 4-3-4 小净距路段车道交通数字化主动管控总体设置方案(四)

(2)当净距满足次外侧车道最小净距一般值要求时

当六车道、八车道高速公路小净距路段净距满足次外侧车道换道要求(一般值)时,次外侧车道在隧道出口之后,按小净距路段分流区车道交通数字化主动管控方案设置。内侧车道换道区间距离不满足要求时,对应的车道交通数字化主动管控设置应前置至隧道进口前;分流区车道交通数字化主动管控设置方案如图4-3-5所示(以六车道高速公路为例),其他交通管控措施设置参照前述设置。长隧道需进一步研究在隧道内换道的可能性。

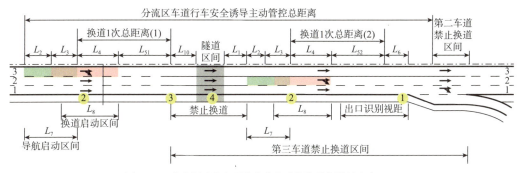

图4-3-5　小净距路段交通数字化主动管控总体设置方案(五)

(3)净距满足次外侧车道和次内侧车道区间换道要求时

八车道高速公路小净距路段净距满足次外侧车道和次内侧车道区间换道要求时,满足一般值与最小值情况时的主要区别在于出口预告标志的设置。当满足一般值要求时,隧道洞口前不需要设置出口预告标志,只需在正常②位置设置出口预告标志[图4-3-6a)];当仅满足最小值要求时,除在隧道出口前④位置设置1处出口预告标志外,还需在隧道外换道等待区间中间②位置再设置1处出口预告标志[图4-3-6b)]。分流区车道交通数字化主动管控设置方案如图4-3-6所示,其他交通管控措施设置参照前述设置。长隧道需要进一步研究允许在隧道内换道的可能。

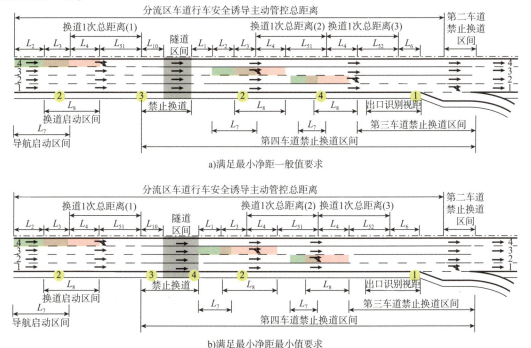

图4-3-6　小净距路段交通数字化主动管控总体设置方案(六)

4.3.2 隧道出口至主线入口小净距路段车道交通数字化主动管控总体设置方案

1)最外侧车道向内侧车道换道或车辆减速避让区间最小净距

隧道出口与互通式立交入口间(简称隧出+互入)小净距路段,存在主线直行车辆与匝道入口车辆发生交通冲突的可能。当主线最外侧车道的车辆发现匝道驶入主线的车辆时,小客车一般会采用向内侧车道换道方式避让,货车一般采取适当减速方式避让;避让区间最小净距由隧道洞口明适应距离 L_1、判断决策距离 L_3、换道行驶距离 L_5 或车辆减速距离 L_7、安全富余距离 L_6 组成,如图4-3-7所示。不考虑纵坡影响时,隧出+互入车辆避让区间最小净距见表2-3-11。

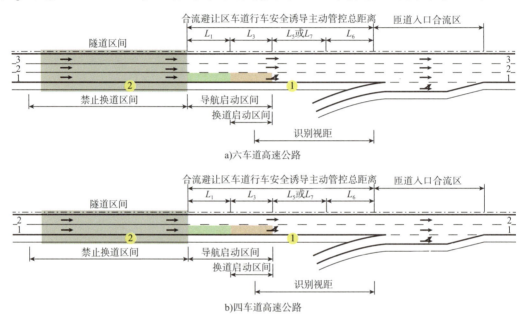

图4-3-7 小净距路段车道交通数字化主动管控总体设置方案(七)

2)合流影响区中的避让区车道交通数字化主动管控设置方案

根据高速公路主线平纵面技术指标的规定值和入口匝道布设方案验算结果,隧出+互入区间最小净距及入口识别视距基本能满足要求,因此,不再考虑不满足最小净距要求的情况。合流影响区中的避让区(隧出+互入)最外侧车道的车道交通数字化主动管控设置方案如图4-3-7所示,车道管控主要措施包括:

a.在楔形端部①位置(图4-3-7)设置入口标志;在隧入+互入区间设置向内侧车道换道的车道导向箭头标线。

b.在隧道内的②位置(图4-3-7)设置互通式立交入口预告标志。

c.在导航启动区开启导航语音提示,驾驶人应同时发现并看清①位置的入口标志、前方车辆从匝道入口进入主线的行驶情况,随后在换道启动区间做出换道行驶或减速避让的驾驶决策。

d.导航语音提示内容:"前方××m为××(地名)互通式立交入口,小客车请走内侧车道,货车请减速慢行"。

4.3.3 主线入口至隧道入口小净距路段车道交通数字化主动管控总体设置方案

1) 区间(互入+隧入)最小净距技术要求

主线入口至隧道入口之间(简称互入+隧入)小净距路段,在隧道之前满足最外侧车道向内侧车道舒适换道要求的区间最小净距为理想值,其由标志视认距离 L_2、判断决策距离 L_3、换道等待距离 L_4、换道行驶距离 L_5、车辆减速距离 L_7 和暗适应距离 L_{10} 组成,如图4-3-8所示。由于小净距路段驾驶人通常能直接看清隧道洞口,且车辆进入主线后看到隧道限速标志时不会加速行驶,因此,小净距路段可不考虑标志视认距离、车辆减速距离,区间(互入+隧入)最小净距见表2-3-10。

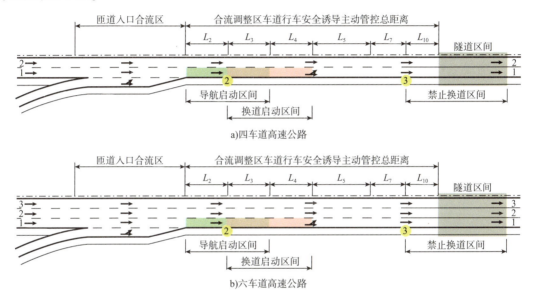

图4-3-8 小净距路段车道交通数字化主动管控总体设置方案(八)

不满足最外侧车道小客车向内侧车道换道要求的区间最小净距,为判断决策距离 L_3 与暗适应距离 L_{10} 之和,如图4-3-8所示,区间最小净距见表2-3-10。

2) 区间(互入+隧入)交通主动管控总体设置方案

隧道内一般限制车辆换道行驶,有条件时区间(互入+隧入)最小净距应满足最外侧车道向内侧车道换道的要求;但受地形条件的限制,存在区间最小净距难以满足最外侧车道的小客车向内侧车道换道行驶要求的情况,因此,应根据满足向内侧车道换道要求、不满足换道要求但大于一般值和小于一般值三种情况,分别提出区间车道交通数字化主动管控设置方案。

(1)满足向内侧车道换道要求的情况

这种情况下车道主动管控主要措施包括:

a. 在②位置(图4-3-8)设置互通入口标志。

b. 在隧道前的③位置(图4-3-8)设置隧道入口标志、隧道限速标志、隧道内限制换道标志、开车灯标志。

c. 在导航启动区间之后设置向内侧车道换道的车道箭头导向标线,隧道及暗适应段设置限制换道的实线标线。

d. 在导航启动区间开启导航语音提示,同时驾驶人可看到隧道洞口、隧道前③位置(图4-3-8)的标志,然后在换道启动区间做出向内侧车道换道行驶的驾驶决策。

e. 导航语音提示内容:"前方××m为××隧道,隧道内禁止变道,小客车请走内侧车道"。

(2)不满足向内侧车道换道要求但大于一般值的情况

这种情况下车道主动管控主要措施包括:

a. 在②位置(图4-3-9)设置互通入口标志。

b. 在隧道前的③位置(图4-3-9)设置隧道入口标志、隧道限速标志、隧道内限制换道标志、开车灯标志。

c. 隧道内及暗适应段+判断决策距离的一半区间设置限制换道的实线标线。

d. 在导航启动区间开启导航语音提示,在判断决策距离一半位置之前不限制向内侧车道换道,但也不提示可以换道。

e. 导航语音提示内容:"前方××m为××隧道,请勿随意变道"。

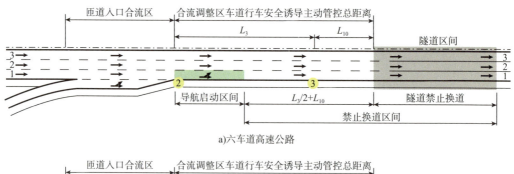

a)六车道高速公路

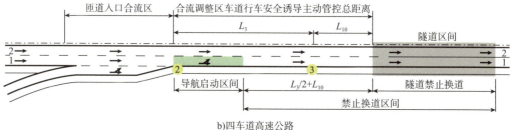

b)四车道高速公路

图4-3-9　小净距路段交通数字化主动管控总体设置方案(九)

(3)不满足向内侧车道换道要求且小于一般值(最小值为0m)的情况

这种情况下车道主动管控主要措施包括:

a. 由于区间最小净距过小,可不设置互通入口标志。

b. 在隧道前的③位置(图4-3-10)设置隧道入口标志、隧道限速标志、隧道内限制换道标志、开车灯标志。

c. 隧道内及洞外暗适应段设置限制换道的实线标线。

d. 合流影响区中的合流避让区①位置(图4-3-10)导航启动区间之后,设置向内侧车道换道的车道导向箭头标线。

e. 合流影响区中的合流避让区导航启动区间开启导航语音提示,引导小客车向内侧车道换道。导航语音提示内容:"前方××m为××隧道,隧道内禁止变道,小客车请走内侧车道"。

f. 在匝道入口合流区的三角段位置或之后设置导航启动区间,提示车辆沿最外侧车道进入隧道。导航语音提示内容:"前方××m为××隧道,请勿随意变道"。

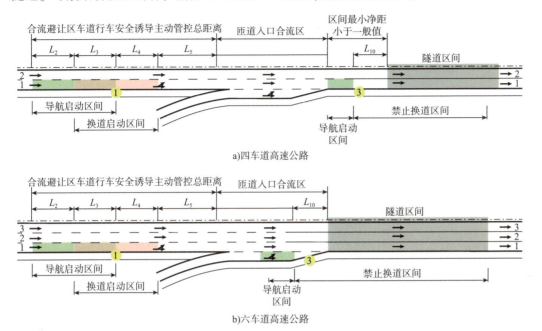

图 4-3-10 小净距路段交通数字化主动管控总体设置方案(十)

第 5 章
CHAPTER 5 》

主线分合流区路段交通安全综合保障措施

> **本章导读**
>
> 本章共分2节,重点阐述了主线分合流区路段交通安全管理设施与综合保障措施。结合第4章内容,基于分合流区车道交通数字化主动管控的交通安全综合保障技术,提出了3个部分的综合安全保障措施:车道交通数字化主动管控系统;主线分合流区交通安全综合保障措施;互通式立交出入口与隧道口小净距路段提升交通安全的保障措施。

5.1 主线分合流区路段交通安全综合保障措施

5.1.1 互通式立交出口预告标志

出口预告标志设置是互通式立交出口分流区域内交通组织引导的关键设施和保障公路安全运营的基本措施。若在出口前驾驶人能提前根据出口预告标志和导航提示,顺利换道至最外侧车道,则隧道出口与互通式立交出口之间的最小净距可以为0m。因此,出口预告标志的设置非常重要。为保障预告效果,特别是给内侧车道行驶的小客车预告出口位置,避免其错过预告信息,建议设置以最内侧车道区间换道距离为出口预告标志距离的指路标志牌,并采用门架式支撑(图5-1-1)。

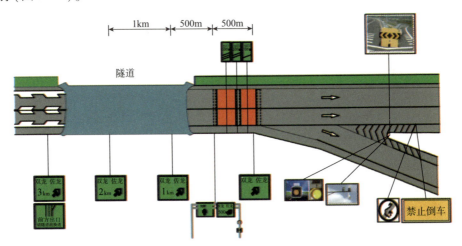

图5-1-1 中长隧道净距值大于500m且小于1km时出口预告标志示意图

1) 正常路段出口预告标志设置要求

根据《标志和标线规范》中的预告标志设置要求,应在距离互通式立交前基准点2km、1km、500m处分别设置出口远距预告标志和出口标志。本书建议增设分流区起始点(距离≈

最小净距－明适应距离－标志视认距离－判断决策距离）出口预告标志，并采用门架式；该标志若与2km或1km或500m位置相接近，应采用2km或1km或500m出口远距预告标志。出口预告标志版面上应注明地点、距离前方出口的距离，地名宜控制在两个以内，字数宜控制在6个以内；六车道、八车道高速公路500m处的远距预告标志宜采用门架式支撑，并给出直行信息，门架右侧立柱上设置匝道限速的标志。对于长隧道，还应在进入隧道前距离互通式立交前基准点3km处补充出口预告标志，以此加强出口预告，防止驾驶人忽略隧道中的出口标志而错过出口。同时根据《国家公路网交通标志调整工作技术指南》中的规定，小净距路段建议增设前基准点距离300m、200m、100m出口近距预告标志（图5-1-2），最小净距小于300m时，300m、200m、100m出口近距预告标志应延伸至隧道内设置。

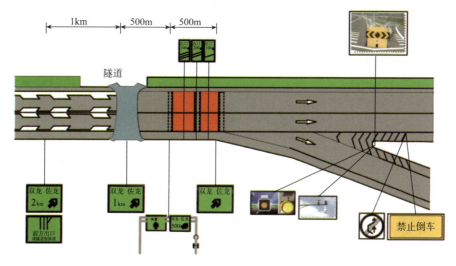

图5-1-2　短隧道净距值大于500m且小于1km时出口预告标志示意图

2）与隧道小净距路段出口预告标志设置要求

（1）与隧道净距大于或等于500m时

①净距大于500m时，若上游为中长隧道，则在隧道内设置2km、1km出口远距预告标志（图5-1-1）；若上游为短隧道，则在隧道内设置1km出口远距预告标志（图5-1-2）。隧道出口后应设置500m出口远距预告标志和出口标志；同时增设前基准点距离300m、200m、100m出口近距预告标志。

②净距接近500m时，应将500m出口远距预告标志移至隧道内，可改为530m出口远距预告标志；增设前基准点距离300m、200m、100m出口近距预告标志（图5-1-3）。

③隧道内设置出口预告标志时，应采用发光LED屏或反光标志，设置于隧道顶部或紧急停车带迎风面的顶部，并采取特殊设计或定期人工清理，保持版面的清洁。

（2）与隧道净距值小于500m时

若上游为中长隧道，隧道内应设置2km、1km、500m出口远距预告标志（图5-1-4）；若上游为短隧道，隧道内应设置500m出口预告标志（图5-1-5）。同时增设前基准点距离300m、200m、100m出口近距预告标志。

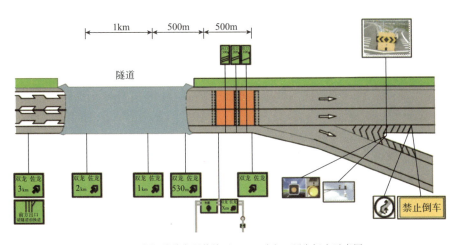

图 5-1-3　中长隧道净距值接近 500m 时出口预告标志示意图

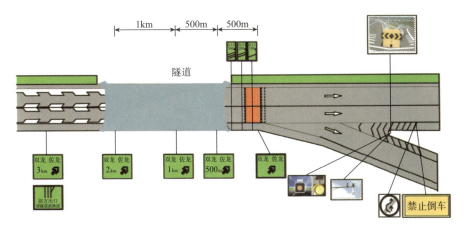

图 5-1-4　中长隧道净距值小于 500m 时出口预告标志示意图

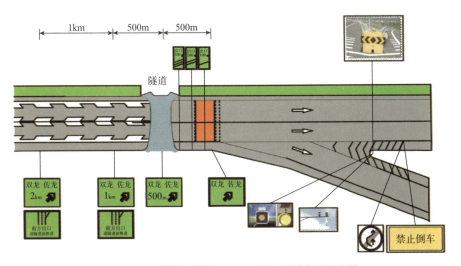

图 5-1-5　短隧道净距值小于 500m 时出口预告标志示意图

5.1.2 车道换道限制标志标线

通过对小净距路段采取一定的车道限制措施,可以避免驾驶人在净距不足时强行换道而引发的事故。通过系统地设置标志标线,引导驾驶人提前进行换道,可为驾驶人提供更多的辨识、判断和反应时间,从而提升隧道与互通式立交小净距路段行车安全性。依据本书提出的车辆位于不同车道时,基于车辆换道需求的隧道出口至互通式立交出口的最小净距建议值,内侧车道车辆所需净距远大于外侧车道所需净距。因此,当条件受限而难以满足内侧车道换道所需最小净距时,可采取车道限制措施,即在车辆驶入隧道后直至通过出口,严禁其向外侧车道换道;同时必须采取有效的预告措施、引导措施和管控措施,引导驶出主线的车辆进入隧道入口前提前换道至最外侧车道,以保障其安全驶离主线。

5.1.3 安全诱导设施

1)出入口分合流区突起路标

通过在互通式立交分合流段设置突起路标(图5-1-6),可以在夜间提高驾驶人对出入口的视认性;突起路标宜采用逆反射和自发光形式。

图 5-1-6 匝道合流安全诱导设施

2)出入口护栏颜色

对出口路段,为更有利于驾驶人辨认分流减速车道三角渐变段起点(识别目标),可将渐变段起点后一段距离内右侧护栏用涂料改成更为醒目的颜色,以区别于一般路段,增强出口位置的标示。对于入口路段,也可将合流鼻附近护栏利用涂料改成更为醒目的颜色,以引起驾驶人对右侧匝道汇入车辆识别和注意。

3)隧道内轮廓标

轮廓标作为隧道内视线诱导设施的一种,能够起到使驾驶人对前方路况正确认识的作用,尤其在照度较低的隧道环境内作用更为明显。隧道内的轮廓标主要设置在隧道侧壁上,当隧道内设置有高出路面的检修道时,可在其顶部靠近行车道方向的端部或检修道侧壁增设一列轮廓标。其中,侧壁轮廓标的设置用于标示隧道线形;检修道轮廓标用于标示检修道边缘,避免车辆与检修道刮擦。轮廓标设置要求如下(图5-1-7):

①隧道内轮廓标设置间距宜按照《公路隧道提升升级行动技术指南》要求布设,设置间距不宜小于10m,不宜大于15m,曲线段适当加密设置。侧壁与检修道轮廓标设置间距宜保持一致。

②隧道内宜采用双向反光轮廓标,轮廓标布设采用"左黄右白"设置原则。

③轮廓标可采用逆反射和自发光两种类型。

 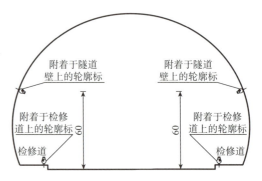

图 5-1-7　隧道内轮廓标的设置(尺寸单位:cm)

5.1.4　出口防撞设施

按照《公路交通安全设施设计规范》(JTG D81—2017)的要求,高速公路主线分流端、匝道分流端、隧道入口等位置应设置可导向防撞垫。隧道入口与外侧护栏已进行护栏过渡处理时,可不设置防撞垫。防撞垫的主要作用在于,当汽车与道路基础设施发生碰撞时,其产生的形变可一定程度吸收车辆的动能以减少碰撞对车辆、驾驶人及乘客的损害程度,并将车辆导向正确的行驶方向。在隧道出口与互通式立交出口的小净距路段,主线分流端应设置防撞设施(图 5-1-8)。

图 5-1-8　护栏端头防撞设施

5.1.5　加强主线侧出入口预告与识别

根据研究,针对互通式立交出入口与隧道口小净距路段,建议出入口变速车道宜采用平行式。目前已建高速公路入口加速车道多为平行式,而出口减速车道绝大多数采用了直接式。因此,针对已有小净距路段互通式立交出口直接式减速车道,应采取相应保障措施:

1）加强出口预告，引导驾驶人提前换道至最外侧车道

通过加强出口预告，提示驾驶人出口位置。可采取在临近渐变段起点路面增设地面出口方向文字标线、设置门架式出口预告标志、隧道内增设出口距离提示标志、导航信息提示等措施，引导驾驶人提前换道至最外侧车道。建议出口前增设300m、200m、100m出口预告标志。

2）加强减速车道渐变段起点的识别

采用直接式减速车道时，因其相对平行式不容易被驾驶人识别，故除了加强出口预告外，还应采取措施提升其辨识度，引导驾驶人注意观察出口渐变段起点。可通过采取设置系统、完善的出口预告及地点方向标志，减速车道全长范围内的路面采用反光型彩色防滑路面，设置变速车道轮廓灯（或反光突起路标），标示减速车道范围，同时加强导航信息的提示等措施，加强驾驶人对减速车道渐变段起点的识别。

5.1.6 隧道入口预告标志

1）互通式立交入口与隧道入口净距大于车辆向内侧车道换道的条件

当净距大于向内侧车道换道的条件时，应在隧道入口前方设置包含隧道内禁止换道标志标线、限速标志、开灯标志等，保障小客车驾驶人在进入隧道前完成换道操作，提升交通安全性与通行能力。

2）互通式立交入口与隧道入口净距不满足车辆向内侧车道换道的条件

由于净距过短，应在加速车道渐变段内的路外侧设置"保持外侧车道进入隧道，严禁变道"和"减速进入隧道"的提示性标志；在标线上加强严禁变道的标线设置，引导小车减速进入隧道。当为中长隧道时，建议考虑小车在隧道内允许换道的标志标线设置。

5.1.7 隧道入口前限速标志

从最小净距的理论模型可知，运行速度对保障小净距路段安全通畅行驶的影响最大，为了控制小净距路段内车辆的行驶速度，避免其超速行驶，在小净距路段应采取相应速度控制措施，提醒和约束驾驶人按照合适的安全速度行驶。其中限速标志是一种禁令标志，其规定车辆行驶速度不应超过限速值（图5-1-9），同时提醒驾驶人超速行驶将面临较高事故风险。

图5-1-9　限速标志与解除限速标志

限速标志应提前设置，以便提醒驾驶人提前减速，并预留足够的减速所需距离。对隧道内路段进行限速时，通常需将限速标志提前设置于隧道入口前一段距离（图5-1-10）；对隧道出口及连

接段进行限速时,通常需将限速标志设置于隧道内部,以保证车辆按照规定速度驶出隧道。

图 5-1-10　隧道入口前和隧道内限速标志

由于驾驶人对于标志的视认、判断需要一定的时间,限速标志不宜直接设置在隧道入口,否则易发生追尾或碰撞等事故。因此,需要留有一定距离以满足驾驶人完成以上操作的需求。根据长安大学倪娜的研究,不同隧道限制速度的情况下限速标志前置距离见表 5-1-1。

不同隧道限制速度情况下限速标志前置距离　　表 5-1-1

隧道限制速度(km/h)	最大前置距离(m)	最小前置距离(m)
80	330	160
60	265	110

5.1.8　隧道洞口照明设施

隧道照明直接影响隧道运营安全与节能环保,可靠先进的照明控制是确保隧道安全运营及节能的重要手段。为了使隧道内的照明亮度更加符合驾驶人视觉适应特性,并且减少由于驾驶人在隧道口视觉经历明暗适应而造成的交通事故,应加强隧道出入口处的照明(图 5-1-11),并根据洞外照度进行动态调控,从一定程度上还能节约能耗。

图 5-1-11　隧道洞口照明

现有隧道照明控制系统研究主要集中于自动控制和智能控制两个方面,传统的人工控制方式已基本被市场淘汰,建议隧道照明系统采用自动控制方式。自动控制方式指根据实时监测的洞外亮度、车流量和车速等信息,按照事先设计的调光逻辑对洞内亮度进行动态调整。近年来隧道照明控制系统逐渐由自动控制向智能控制发展,智能控制方式通常利用神经网络、人工智能等算法,通过大量的数据采集,并经过模拟、调试建立准确、高效的控制系统,根据隧道实时照明需求进行动态调光,实现按需照明、节约能源的目的。控制的核心是根据洞外的照度,合理调整洞口的灯光照度,减少洞内外的照度差,减少驾驶人明暗适应的时间,提高进洞和出洞时驾驶人视觉适应能力,进而降低进出隧道时的行车风险。

5.1.9 基于横向行驶稳定性要求的分流区安全保障提升措施

互通式立交分流区平纵面技术指标应满足本书的技术要求;同时,调研发现,当互通式立交出口前分流区路段的纵坡与超高均较大时,交通安全风险较大,故从车辆横向行驶稳定性要求考虑,提出此类路段应采取表5-1-2的措施,以降低互通式立交出口及分流区路段的行车安全风险。

分流区路段提升交通安全保障对策　　表5-1-2

基于车辆横向行驶稳定要求的分流区安全保障对策						
平纵面技术指标			分流区路段安全保障措施			
平纵类型		指标要求	变速车道形式	路面颜色	标志	标线
左偏曲线	组合一	超高≥2%	应采用平行式	彩色防滑路面	限制速度严禁超速	减速标线
		纵坡>-2%				
	组合二	超高<2%	建议采用平行式	一般路面	限制速度	正常标线
		纵坡≤-2%				
右偏曲线	组合一	超高≥3%	应采用平行式	彩色防滑路面	限制速度严禁超速	减速标线
		纵坡>-2%				
	组合二	超高<3%	建议采用平行式	一般路面	限制速度	正常标线
		纵坡≤-2%				

5.2 主线出入口与隧道口小净距路段提升交通安全的保障措施

5.2.1 遮阳设施及其他照明设施

1) 遮阳棚

遮阳棚是指顶部封闭的构筑物,其作用机理是利用顶棚材料为透明或半透明透光材料对自然光进行遮挡,以此降低隧道出入口洞外的照度,同时保障棚内的照度环境较为明亮(图5-2-1)。遮阳棚的优点在于不仅能够保持棚内亮度的良好均匀度,且其封闭的棚式结构又可以起到挡雨、挡雪的作用,可以避免隧道出入口路面上出现积雪、结冰等现象。遮阳棚的缺点在于由于遮阳棚对遮阳的要求较高，因此，对材料有特殊要求。此外，遮阳棚还有容易积累落叶、道路扬尘，难以清洁，以及后期清洁不佳时易影响遮光能力的缺点。

图 5-2-1　遮阳棚

2) 遮光棚

遮光棚又称遮光棚格（图 5-2-2），与遮阳棚不同，遮光棚的顶部为敞开式形状，其作用原理为利用遮光棚的镂空部分使部分自然光可以直射在路面上，部分阳光则被遮挡。其优点为对材料要求低，成本需求低，修筑难度低，维护运营的要求也较低。缺点为由于栅格间为镂空状态，允许阳光直射，路面容易出现照度不均匀带来的"斑马效应"。除此之外，其也不能起到遮挡雨、雪及落叶的作用。

图 5-2-2　遮光棚

3) 通透式棚洞

通透式棚洞（图 5-2-3）是将隧道本身与遮光构筑物相结合，利用隧道的侧壁部分，修筑成镂空式结构，通过对侧向入光的减光处理，达到隧道内外光环境的过渡。这种处理不但能够减小对山体、植被的影响，同时还能够给隧道带来良好的通风及照明效果。但是其受自然条件的影响较大，较为依赖自然光，因此，无法大范围推广使用。另外，由于通透式棚洞本身与隧道相结合，其受地形条件影响较大，多应用于傍山偏压隧道，在设计中应考虑结构稳定性。

图 5-2-3　通透式棚洞

5.2.2　彩色防滑路面

彩色防滑路面(图 5-2-4)能够通过其不同的色彩和质感强调道路的分区,增加不同道路的可辨别性,对交通进行引导和警示,并提高驾驶人的注意力,提醒驾驶人选择合适的车道和驾驶行为,能够有效地降低交通事故发生的可能性。研究认为,在道路中铺筑不同色彩的路面比树立交通标志牌更加直观、形象,更容易起到警示作用。另外,彩色防滑路面的防滑性能优于普通沥青路面和水泥路面,在同等条件下彩色防滑路面上的制动距离相比普通路面上可减少 40% 以上,能有效提高车辆行驶的横向稳定性,能够有效地减少交通事故的发生。彩色防滑路面铺筑在互通式立交出入口与隧道口小净距路段,能有效提高驾驶人的注意力,降低交通事故的发生、减少经济损失,有着重要的经济效益和社会效益。建议出口三角段起点前 300m 范围、隧道进出口(纵坡大于 1% 的下坡路段)前后各 150m 采用彩色防滑路面。

图 5-2-4　隧道出入口彩色防滑路面

5.2.3　高频边缘率标线

通过在隧道的检修道侧面设置立面高频边缘率标线,可提高驾驶人对行驶速度的感知。边缘率是指指定物体在单位时间内穿过驾驶人的数目,边缘率越大,驾驶人就会感知到行驶速度越快。由于隧道内照度较低,昏暗的条件下对视线引导设施的反光性能要求较高,因此,标线颜色为黑、黄结合更为适宜(图5-2-5)。

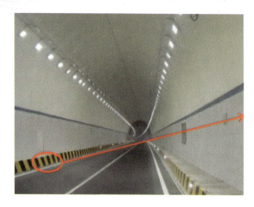

图 5-2-5　隧道内检修道侧面高频边缘率标线图

1) 间距

研究发现,随着边缘率的增大,驾驶人的速度高估效应越明显,当边缘率为 8~12Hz 时,驾驶人对速度产生高估的效果最好,能够使驾驶人主动采取减速行为,因此,选取 8~12Hz 为边缘率的设置值。高频边缘率标线的设置间距值应满足式(5-2-1):

$$0.023v \leqslant l \leqslant 0.035v \tag{5-2-1}$$

式中:l——高频边缘率标线的设置间距(m);

　　　v——设计速度(km/h)。

路面标线在驾驶人行车过程中会保存视觉暂留虚线,当标线的虚像与实像重叠时,就会减弱速度高估效应。同时根据研究,视觉暂留虚像在正常人眼中的停留时间为 0.05~0.2s,一般选取停留时间为 0.1s。则为避免虚实像的重叠降低速度的高估效应,高频边缘率标线的间距还应满足式(5-2-2):

$$l > 0.1 \times \frac{v}{3.6} = 0.028v \tag{5-2-2}$$

根据式(5-2-1)和式(5-2-2)可得高频边缘率标线的设置间距值(表5-2-1)。

高频边缘率标线设置间距值　　表 5-2-1

设计速度(km/h)	60	80	100
标线间距(m)	1.68~2.08	2.24~2.78	2.80~3.47

2) 角度

边缘率标线的角度会对驾驶人速度高估效应的感知产生很大影响。根据佐尔拉错觉产生机理(图5-2-6),标线角度为钝角时,车道的分界线会形成收缩的错觉,角度越大,收缩效应越明显。当驾驶人感到车道宽度减小时,就会主动减速。因此,在 30°、45°、135°、150°这几种角度中,减速效果的明显程度排名为:150°、135°、45°、30°。边缘率标线的合适设置角度为 150°。

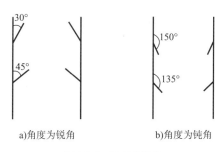

a) 角度为锐角　　　　b) 角度为钝角

图 5-2-6　佐尔拉错觉

5.2.4　减速标线

1) 纵向减速标线

(1) 设置区域

设置纵向减速标线不仅能起到降低车速、防止超速的作用,还能保障车辆在纵向减速标线之间的路段保持在正确的车道位置内行驶,防止骑线行驶的行为,保障安全行车。纵向减速标线应布置在隧道洞口外一定距离,主要在驾驶人易超速行驶的路段设置。

相关研究发现,驾驶人在隧道入口前 50～100m、隧道出口之后 0～50m 的范围内心率上升最快,即在该路段范围内驾驶人心理的紧张程度最高。因此,纵向减速标线设置在隧道入口前 50～100m 及隧道出口之后 0～50m 的范围较为合适。

(2) 设置颜色

纵向减速标线的设置颜色一般为白色或黄色,考虑到白色更有利于驾驶人的视认且相对于黄色受到外界光强的影响较小,因此,选取白色为纵向减速标线的设置颜色。

(3) 几何参数

纵向减速标线主要有鱼刺形和梳齿形。根据刘浩学对减速标线的研究,可知鱼刺形减速标线的夹角为 90°,且宽度为 30cm 时产生的减速效果最好。鱼刺形减速标线的设置位置如图 5-2-7 和图 5-2-8 所示。

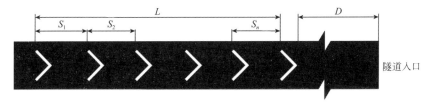

图 5-2-7　鱼刺形减速标线设置位置

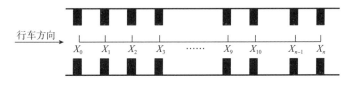

图 5-2-8　标线相对位置

假定车辆行驶在减速标线前做匀减速运动,减速标线的长度计算公式见式(5-2-3):

$$l = \frac{v_0^2 - v_t^2}{2a} \tag{5-2-3}$$

式中:v_0——车辆行驶在减速标线前的速度(km/h);

v_t——车辆驶过减速标线后的速度,$v_t = v_0 + a\dfrac{n}{f} = \dfrac{\mathrm{d}x}{\mathrm{d}t}$;

a——车辆制动减速度(m/s²),根据相关研究,可取 3.4m/s²;

n——标线数量;

f——闪频率,为标线每秒进入驾驶人视野的数目。

通过积分可得第 n 条标线的设置位置,见式(5-2-4):

$$X_n = 0.5a\left(\frac{n}{f}\right)^2 + v_0\frac{n}{f} + X_0 \tag{5-2-4}$$

则减速标线的设置间距为 $S_n = X_n - X_{n-1}$。

目前采用的鱼刺形标线的设置方向与行车方向一致,这样可能会导致驾驶人加速行驶,很大程度降低减速的作用。因此,建议将鱼刺形标线的设置方向逆向设置(图5-2-9)。

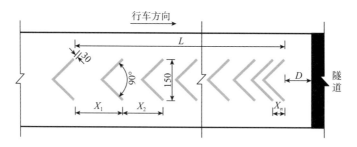

图 5-2-9　逆向鱼刺形减速标线的设置参数(尺寸单位:cm)

2)横向减速标线

横向减速标线多设置为垂直于行车道方向的多组标线,组内间距设置为 45cm,单独标线的宽度为 45cm,每组设置 1～3 条,且常做成振动标线的形式以增强减速效果(图 5-2-10)。

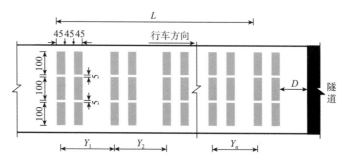

图 5-2-10　横向减速标线(尺寸单位:cm)

5.2.5 超速抓拍系统

1) 定点超速抓拍

虽然限速标志和减速标线可以对车辆的运行速度进行控制,但仍有部分驾驶人超速意愿较强。在互通式立交出入口与隧道口的小净距路段,为防止驾驶人因超速行驶而错过主线出口,保证驾驶人行车安全,在小净距路段可以设置超速抓拍系统,特别是在隧道出口与互通式立交出口小净距路段应考虑安装超速抓拍系统(图5-2-11),并在上游隧道入口前或隧道内发布超速车辆的车牌信息,警示后方车辆勿超速行驶。

图 5-2-11 超速抓拍系统

2) 区间测速

为了严格控制互通式立交与隧道口小净距路段车辆行驶速度,可根据项目安全性评价的建议在小净距路段一定范围内设置区间测速设备。

区间测速是在同一路段上布设两个相邻的监测点(图5-2-12),检测通过该两点处车辆的瞬时车速,并基于车辆通过前后两个监测点的时间计算车辆在该路段上的平均行驶速度,并取三次测速结果最大值进行判定是否超速。区间测速可以防止车辆通过监测点后重新超速行驶,有效降低测速区间范围内超速车辆比例,提高路段行车安全性。

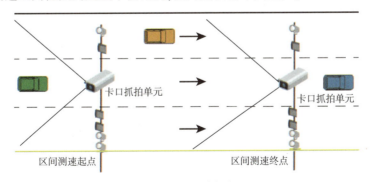

图 5-2-12 区间测速原理

在实际运营中,部分小车驾驶人为躲避监控设施的拍摄,会紧邻前方大车行驶,车辆之间的距离过小,容易造成追尾等事故的发生,为了避免这一现象的发生,建议监控设施拍摄车辆尾部牌照信息。

5.2.6 反光环

安装隧道反光环(图5-2-13)能够帮助驾驶人适应隧道内外的强光反差,特别是帮助驾驶人判断隧道前方车道走向;反光环还可以帮助驾驶人判断隧道宽度,避免车辆与检修道碰撞;此外,反光环能提高隧道内的照度,可以增强隧道立体视觉效果,减轻视觉疲劳的作用,减轻进出隧道时明暗适应导致的视觉反应迟缓的问题,缩短明暗适应时间。

图5-2-13 隧道反光环

5.2.7 隧道洞壁瓷化

在隧道内对洞壁进行瓷化涂装(图5-2-14),能有效提升隧道内的照度,使隧道内行车可视度距离提高3倍以上,并消除或降低进出隧道瞬间盲光、黑洞等不安全因素,提高行车安全性。

图5-2-14 隧道洞壁瓷化涂装

5.2.8 透水型路面

当小净距路段的合成坡度较小,或排水方向不合理,导致雨天路面排水不及时,可以考虑在洞外采用透水型路面(图5-2-15),降低路面积水情况。可能排水不畅路段包括凹形竖曲线底部、超高过渡段、超高路段（曲线内侧）、设置拦水带的路段。

图 5-2-15　透水型路面

第 3 篇
—— PART 3 ——

互通式立交相关规定和指标的理解与优化设计

第 6 章
CHAPTER 6 ≫

互通式立交总体规划设计

> **本章导读**
>
> 本章重点论述互通式立交总体设计控制要素、互通式立交规划设计要领和互通式立交总体设计的"四适原则"和总体规划原则、互通式立交安全性设计要点等。互通式立交与其他有出入口的设施或隧道之间的距离控制对互通式立交选址、方案布设与工程造价的影响非常大,最小净距确定的原理与安全保障措施详见第1篇与第2篇的相关研究成果,最小净距的合理掌握详见本篇第9章9.4节、9.5节的相关内容。

6.1 互通式立交总体设计控制要素

6.1.1 互通式立交转向预测交通量

互通式立交的总体规划设计与预测交通量有着密切的关系,节点的交通转换量是确定高速公路规模的重要指标,同时也是规划节点立交规模的重要依据,其在一定程度上影响着互通式立交的布局形态和设计方案。因此,在进行互通式立交总体规划时,应该采用定性分析和定量分析相结合的方法,充分利用交通调查数据和相关的数学方法,准确预测规划目标年的交通发生量和吸引量,并在对地方路网和各级公路网进行合理的流量分配后,结合城市路网和周围的各级公路网进行详细研究,合理安排互通式立交布局,使互通式立交的数量一方面能够容纳交通流转换,另一方面也能使这些流量在地方路网上进行合理分流或分担,避免车流的过分集中而对地方路网造成压力,以保持城市出入口畅通。

互通式立交的设计标准主要包括匝道的设计速度和匝道的车道数,其中匝道的设计速度选用应根据匝道的功能与技术等级,结合地形、工程经济、预期运行速度和沿线土地利用性质等因素综合论证确定;互通式立交匝道的车道数则主要取决于互通式立交的预测转向交通量的大小。

通过预测交通量的大小和相关规范规定的匝道通行能力指标,以及需要达到的服务水平,便可确定互通式立交匝道的车道数,进而指导互通式立交匝道的布设方式,并结合地形地物等影响条件进行适时调整,最终确定出既满足交通转换需求,又使互通式立交工程规模在可控范围之内的互通式立交方案。

6.1.2 服务水平

服务水平是衡量一定交通量时的运行条件及其为驾乘人提供的服务质量的指标,通常与行车速度、车流密度、行驶时间、驾驶自由度、交通延误程度及舒适性和方便程度等因素有关。

2014年版《标准》和2017年版《路线规范》规定公路服务水平分为六级,其中高速公路设计服务水平不应小于三级;干线一级公路设计服务水平可采用三级,集散一级公路可采用四级。

根据《立交细则》规定,互通式立交匝道、分流区、合流区、交织区和集散车道的设计服务水平可比主线低一级,但不应低于四级。互通式立交最低设计服务水平见表6-1-1。

互通式立交最低设计服务水平　　　　表6-1-1

主线	高速公路	一级公路		二级公路
		干线功能	集散功能	干线功能
	三级	三级	四级	四级
匝道、连接部、交织区、集散车道	四级	四级	四级	四级

6.1.3 匝道通行能力

1) 相关规定推荐的设计通行能力

根据《立交细则》规定,当设计服务水平采用四级时,匝道基本路段单车道和双车道的设计通行能力取值见表6-1-2。

匝道基本路段的设计通行能力　　　　表6-1-2

匝道设计速度(km/h)		80	70	60	50	40	35	30
设计通行能力(pcu/h)	单车道	1500	1400	1300	1200	1000	900	800
	双车道	2900	2600	2300	2000	1700	1500	1300
基准通行能力采用值(pcu/h)	单车道	2000	1800	1650	1500	1350	1280	1200
	双车道	3800	3400	3000	2600	2400	2200	2000

2) 设计通行能力的确定

(1) 基准通行能力

"公路通行能力研究"对匝道基本路段的设计通行能力未做规定,参照《公路通行能力手册》中所指出的各级公路通行能力,分解到各设计速度下匝道基本路段的基准通行能力(表6-1-2)。

(2) 按 v/C 值确定设计通行能力

匝道基本路段的设计通行能力,应根据基准通行能力 C、v/C 值等确定。当设计服务水平为三、四、五级时,v/C 值分别为 0.55~0.75、0.75~0.90、0.90~1.00。若分别取各级服务水平所对应 v/C 值的中值 0.65、0.825、0.95,则匝道基本路段单车道的设计通行能力计算值见表6-1-3。

匝道基本路段单车道匝道设计通行能力计算值　　　　表6-1-3

设计速度(km/h)		80	70	60	50	40	35	30
基准通行能力(pcu/h)		2000	1800	1650	1500	1350	1280	1200
设计通行能力计算值(pcu/h)	三级服务水平 $v/C=0.65$	1300	1170	1072	975	878	832	780
	四级服务水平 $v/C=0.825$	1650	1485	1361	1238	1114	1056	990
	五级服务水平 $v/C=0.95$	1900	1710	1568	1425	1282	1210	1140

根据匝道标准横断面的车道数、车道宽度和路侧宽度等,对设计速度进行折减,得到用于修正通行能力的行驶速度,然后对表6-1-3设计通行能力计算值进行修正并取整,得到匝道基

本路段单车道的设计通行能力,见表6-1-4。

匝道基本路段单车道匝道设计通行能力　　　　　　　表6-1-4

设计速度(km/h)		80	70	60	50	40	35	30
行驶速度(km/h)		72	59	49	39	29	24	19
设计通行能力计算值（pcu/h）	三级服务水平	1200	1100	1000	900	800	750	700
	四级服务水平	1500	1400	1300	1200	1000	900	800
	五级服务水平	1800	1600	1450	1300	1200	1100	1000

由表6-1-4设计通行能力值及单车道基准通行能力值,可得到实际v/C值,并利用其计算双车道匝道设计通行能力后取整,结果见表6-1-5。

匝道基本路段双车道匝道设计通行能力　　　　　　　表6-1-5

设计速度v(km/h)		80	70	60	50	40	35	30
双车道基准通行能力(pcu/h)		3800	3400	3000	2600	2400	2200	2000
v/C值	三级服务水平	0.60	0.61	0.61	0.60	0.59	0.59	0.58
	四级服务水平	0.75	0.78	0.79	0.80	0.74	0.70	0.67
	五级服务水平	0.90	0.89	0.88	0.90	0.89	0.86	0.83
双车道匝道设计通行能力（pcu/h）	三级服务水平	2200	2000	1800	1600	1400	1300	1200
	四级服务水平	2900	2600	2300	2000	1700	1500	1300
	五级服务水平	3400	3000	2600	2300	2100	1900	1700

(3) 按车流密度确定设计通行能力

匝道设计通行能力与设计服务水平下的车流密度和运行速度有关,其关系见式(6-1-1):

$$C_d = v_{85} \cdot D_d \tag{6-1-1}$$

式中:C_d——单车道匝道设计通行能力(pcu/h);

v_{85}——相对于设计服务水平的运行速度(km/h);

D_d——相对于设计服务水平的车流密度[pcu/(km·ln)]。

其中,运行速度v_{85}可根据服务水平的分级标准确定。由于现行规范中尚未规定匝道运行速度的分级标准,因此,可参照高速公路流量与速度的关系(图6-1-1),结合相关资料测算确定。

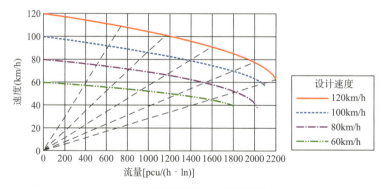

图6-1-1　高速公路流量与速度的关系

车流密度是衡量服务水平的另一项重要指标。美国规定高速公路在 C 级服务水平下,其车流密度为 24pcu/(km·ln)。根据"公路通行能力研究",在四级服务水平下,交织区和分合流区的车流密度为 18~25pcu/(km·ln)。

相比高速公路主线,匝道的运行速度较低。当采用同一服务水平和车流密度标准时,匝道车头时距将明显高于高速公路主线的车头时距,且匝道与高速公路主线运行速度相差越大,车头时距高出越多。

因此,在确定车流密度最大值时应考虑运行速度的影响,并将车头时距引入作为衡量服务水平的另一重要指标。在保证安全车头时距的前提下,随着运行速度的减小而适当增加车流密度,将有利于车辆在时空分布上趋于均匀,有利于提高匝道的运行效能。研究成果表明,安全车头时距不应小于 2.0s,当车流密度大于"公路通行能力研究"规定值时,车头时距可按不小于 3.0s 取值。车头时距的计算见式(6-1-2):

$$h_t = \frac{h_s}{v} \qquad (6\text{-}1\text{-}2)$$

式中:h_t——车头时距(s/pcu);

h_s——车头间距(m/pcu);

v——速度(m/s)。

式中 $h_s = 1000/D_d$,$v = v_{85}/3.6$,将其代入式(6-1-2),经整理后得到单车道匝道车流密度的计算式,见式(6-1-3):

$$D_d = \frac{3600}{v_{85} \cdot h_t} \qquad (6\text{-}1\text{-}3)$$

按式(6-1-1)和式(6-1-3)计算,得到四级服务水平下的单车道匝道设计通行能力(表6-1-6)。

四级服务水平下的单车道匝道设计通行能力　　　　表6-1-6

匝道设计速度(km/h)	80	70	60	50	40	35	30
运行速度 v_{85}(km/h)	60	55	51	45	36	33	28
车头时距 h_t(s/pcu)	2.4	2.6	2.8	3.1	3.7	4.0	4.6
车流密度 D_d[pcu/(km·ln)]	25	25	25	26	27	27	28
设计通行能力 C_d 计算值(pcu/h)	1500	1375	1275	1170	972	891	784
设计通行能力 C_d 取值(pcu/h)	1500	1400	1300	1200	1000	900	800

由表中结果可看出,在四级服务水平下,当匝道设计速度小于 60km/h 时,尽管车流密度大于 25pcu/(km·ln),但车头时距均大于 3s,因而交通运行仍是安全的。计算结果还表明,按车流密度计算得出的结果与按 v/C 值确定的结果相当。

6.1.4　匝道设计速度

①匝道基本路段设计速度应根据互通式立交类型和匝道形式等取值,取值范围应符合表 6-1-7 的规定。

匝道基本路段设计速度的取值范围　　　　表6-1-7

匝道类型		直连式		半直连式		环形匝道	
		标准型	变化型	内转弯式	外转弯式	标准型	变化型
一般互通式立交	设计速度（km/h）	40~60	30~40	—	40~60	30~40	30~40
	匝道形式	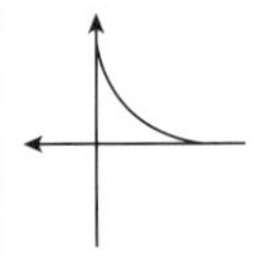	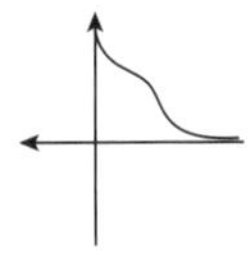		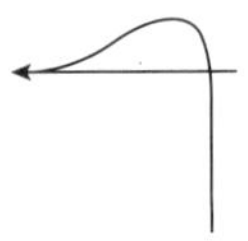	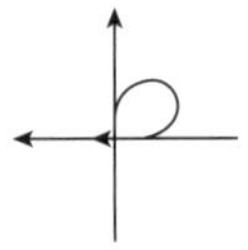	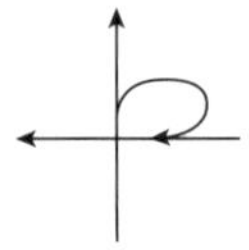
枢纽互通式立交	设计速度（km/h）	60~80	50~60	60~80	40~60	40	40
	匝道形式	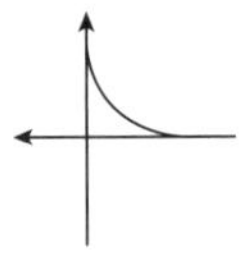	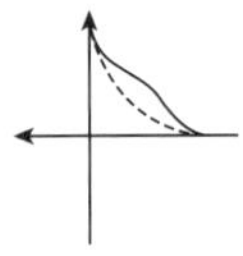	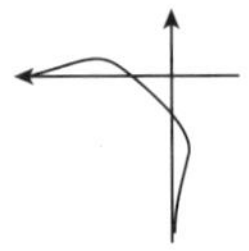	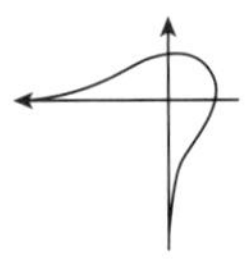	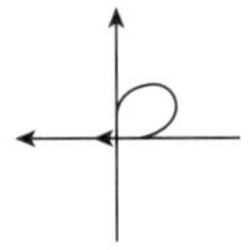	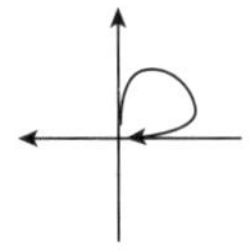

②匝道连接部等特殊路段的设计速度应结合相邻路段的运行条件确定，并应符合下列规定：

a. 出口匝道在分流鼻端附近的设计速度可参考表6-1-8所列分流鼻端通过速度取值，但不应小于匝道基本路段的设计速度。

出口匝道分流鼻端通过速度　　　　表6-1-8

主线设计速度（km/h）		120	100	80	60
分流鼻端通过速度（km/h）	一般值	70	65	60	55
	最小值	65	60	55	45

b. 入口匝道在合流鼻端附近的设计速度可采用匝道基本路段的设计速度。

6.1.5　匝道建筑界限

匝道的建筑限界应符合图6-1-2及下列规定：

①净空高度不应小于5.0m。

②顶角宽度应根据硬路肩宽度取值，当硬路肩宽度小于或等于1.0m时，顶角宽度应与硬路肩同宽；当硬路肩宽度大于1.0m时，顶角宽度应为1.0m。当仅有路缘带时，顶角宽度应为路缘带宽度。

③侧向余宽不应小于0.25m。在侧向余宽0.25m范围内，分隔带、检修道、人行道或其他固定物的高度不应大于0.25m。

④车道宽度应包含基本车道、附加车道宽度和连接部加宽部分等。

⑤隧道路段两侧硬路肩宽度应与隧道外路段的硬路肩宽度保持一致。

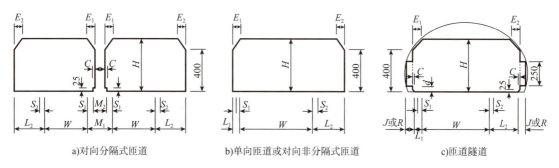

a)对向分隔式匝道　　　　b)单向匝道或对向非分隔式匝道　　　　c)匝道隧道

图 6-1-2　匝道的建筑限界(尺寸单位:cm)

H-净空高度;E_1-左侧顶角宽度;E_2-右侧顶角宽度;C-侧向余宽;W-车道宽度;S_1-左侧路缘带宽度;S_2-右侧路缘带宽度;L_1-左侧硬路肩宽度;L_2-右侧硬路肩宽度;M_1-中间带宽度;M_2-中央分隔带宽度;J-检修道宽度;R-人行道宽度;d-检修道或人行道高度

6.2 互通式立交规划设计要领

6.2.1 与区域公路网的关系

互通式立交的总体规划与公路网之间的关系,主要体现在规划道路与既有道路网交叉时的节点选择和立交选型方面,需重点注意以下要素:

(1)互通式立交规划与选型应符合高速公路网规划和路线方案总体走向

规划高速公路与既有道路交叉时互通式立交位置的选定,首先应符合高速公路网规划,在保证新建高速公路顺畅快捷及交通功能的前提下,兼顾自然条件、社会人文环境、互通式立交与地方道路网的衔接、设置间距、主线平纵指标等条件(图 6-2-1)。此外,若转向主次流交通量分化明显需采用(半)定向立交形式时,可有意识地将新建高速公路与被交路采用斜交方式,以便于互通匝道布设。

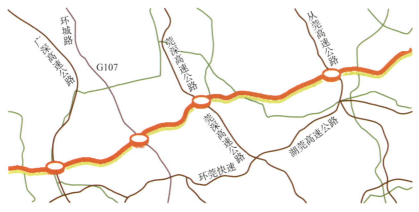

图 6-2-1　互通式立交规划设计

（2）互通式立交规划与选型应基于对已建道路的充分调查研究

对于互通式立交范围内已建道路平、纵面线形指标较低的情况，应从交通安全性和行车方向易辨别性两个角度出发，决定是否需对旧路进行改造或采取其他处理措施。

相关规范对互通式立交范围内的主线平、纵面指标提出了具体要求，其技术指标均高于一般正常路段标准，尤其是在主线的分（合）流端，应具有良好的视距及较缓的纵坡，同时尽量避免较大的横坡，其目的在于确保交通安全和便于识别行车方向（包括出入口）。但若一味追求高指标，则必然导致已建道路大范围的改建，增加工程规模和投资。在工程实践中，对于已建道路平、纵指标偏低的情况，如果是属于大于《路线规范》规定的极限值而小于一般值，且改造工程规模增加较大的情况，可通过加强交通标志与安全设施保障交通安全；如果是属于小于极限值的情况，则可根据实际情况采取如下处理措施和设计手段：

①以书面的形式报请业主或已建道路主管部门批准，对互通式立交范围内的已建道路实行改造升级后设置互通式立交。

②避开已建道路指标不足的路段，将匝道与已建道路在指标满足要求的部位提前（或滞后）分（合）流，或结合互通选型进行其他特殊设计。

③指标小于2017年版《路线规范》规定的极限值的位置，当避开了分（合）流部位时，可以尽量不改，但要保证分（合）流端平曲线曲率半径满足立交区主线最小平、纵指标要求，从而使分流鼻端具有良好的视距及较缓的纵坡、横坡，确保车辆安全运行。

（3）互通式立交规划与选型应避免对已建道路行车安全产生不利影响和干扰

为保证已建道路直行车辆行车的连续性和安全性，减少施工和运营阶段对已建道路的干扰和破坏，工程实践中可采取以下措施和设计手段：

①若无特殊限制，拟建公路和匝道宜上跨已建道路。

②尽量避免在已建道路中央分隔带设置桥墩，以确保已建道路的行车安全、减少施工干扰、同时可避免破坏中分带下埋置的通信及管线设施。

③尽量减少跨线桥对已建道路的影响，如将跨线次数少、跨线桥位置集中作为立交选型的重要考虑因素之一。

④匝道布设时应尽量减少在已建道路上设置过多的分（合）流端，可将交通量从主线分流后再进行左右转弯匝道的分配。

⑤交通量较大需对现有道路加宽增设车道的，应结合立交选型，通过设置集散车道，减小对已建公路的大范围改造；同时，应做好施工组织计划、施工期间临时交通组织和安全设施设计。

（4）应考虑互通式立交分期实施的可操作性要求

从交通量预测趋势及节约投资的角度看，互通式立交规划与选型应充分考虑分期修建方案的实施可能性和可操作性，从统筹考虑的角度出发，必须按一次设计、分期实施的原则进行。同时，为避免二期施工中再次对已建道路的运营管理与安全造成不利影响，原则上应将与已建道路搭接部分和跨线桥一次修建，具体界面一般划分至匝道与主线分（合）流端的楔形端处，或在此基础上再适当延伸。

（5）互通式立交规划与选型应考虑已建公路改建扩容的可行性

互通式立交规划与选型应对已建道路的交通量预测、发展趋势、服务水平、改扩建规划等资料进行充分收集和分析，根据资料分析结果，在工程实践中可采取以下几方面措施，确保已建公路远期改建扩容的可行性：

①对跨线桥下净宽、净高适当留有富余，一般情况下，立交范围内被交路净宽按双向四车道至八车道预留；考虑到便于路面远期养护和改造，净高宜按不小于5.5m预留。

②已建道路改建扩容时将导致楔形端内移，进而缩短匝道有效长度。因此，在分(合)流部的匝道纵坡应平缓，缓坡段长度适当加长，这样后期立交本身的改造工程量及规模将会大幅减少，同时也有利于行车安全。

③随着主线交通量的不断增长，各转向匝道承担的交通量也会随之增大，单车道匝道可能需要改造成双车道匝道。因此，对于单车道匝道跨线桥，当预计交通量有较大增长时，桥梁可考虑按双车道预留。

6.2.2 与沿线自然条件、地区经济及城镇规划发展的关系

1) 与区域地形、地物及地质条件的关系

互通式立交总体规划设计时应适应地形，避让环境敏感点，减少或避免高填、深挖路段对环境、景观的破坏。除合理运用技术指标，常规的植树、绿化以诱导视线外，还可以采用增加桥长(降低填土高度)以放缓边坡坡率、坡面修护，采用自然的防护形式及暗埋式排水设施等方法。在互通式立交总体规划设计中应处处遵循"安全、环保、舒适、和谐"的设计理念，并在"精心设计"上下功夫，使设计作品不仅可以满足车流畅通、安全这一基本功能的要求，还能使之与所处的环境相协调，甚至起到美化环境、改善生态和点缀大地风景的作用。在工程实践中，主要应处理好以下几方面的关系：

(1)应处理好与农田之间的关系

农田属不可再生资源，实行严格的农田保护是国家的基本政策，尤其在山区，耕地资源有限，农田更为珍贵，此时，互通式立交总体规划设计首要考虑因素就是最大限度地减少占用农田，在方案造价增加不高的前提下，应首选占用农田少的互通式立交方案。

随着国家对土地的征用控制越来越严格，占用农田问题引起了广大工程人员的日益重视。在设计中对占用农田路段方案往往需要进行多方案研究比选，对于占地规模较大且集中的互通式立交设计，更应对此高度重视。

(2)应处理好与拆迁建筑物之间的关系

随着全国公路网的不断密集及地区经济的不断发展，互通式立交设置的需求越来越大，而由此带来的与沿线村镇之间的干扰也越来越大，互通式立交方案的布设不可避免会对周围村镇产生影响，造成一定的拆迁。此时，互通式立交方案的设计应结合互通式立交位置和形式综合研究。首先对互通式立交位置进行充分研究，有条件的，应进行改移位置处理；在条件受限、立交位置明确的前提下，则应对互通式立交选型进行多方案比选，通过灵活布设互通式立交匝道，尽量避免拆迁或降低拆迁规模。

(3)应处理好互通式立交景观与自然环境、古迹之间的关系

由于互通式立交景观的设计是以土地的功能和形态为基础的，因此，地形条件是构成自然环境和互通式立交景观设计关系的一个重要因素。地形对互通式立交景观和互通式立交美学的影响主要体现在三个方面：①地形的构造及空间尺度特点，决定了视觉空间的形式和环境，同时也决定了立交的节奏、韵律和比例关系；②高低参差的地表，形成不同的空间视点，产生不

同的视觉效果,从而形成尺度、深度和层次不同的近景、远景与外观;③具有独特风格的地形及其与之相配合的构造物,形成每座互通式立交自身独有的个性特征,并使互通式立交千姿百态,形式多样。特别是山区地形起伏跌宕,视点位置起伏错落,形成俯视、仰视、鸟瞰等不同的视觉空间,使得互通式立交与地形、自然环境之间的协调更加生动、活泼。

此外,互通式立交规划与选型时还应处理好与沿线电力电信设施、水利设施、地方道路等之间的关系,尽量避免或降低立交工程对其他现有设施的干扰。

2) 与地区经济及城镇发展规划的关系

互通式立交的总体规划与设置与地区经济及城镇发展规划有着密切的关系,在进行互通式立交总体规划时,应综合考虑交通条件、社会条件和自然条件等,从最有利于地区经济及城镇发展需求的方面来确定。

(1) 互通式立交的总体规划应与地区社会经济发展格局和生产力布局相适应,符合经济效益的要求

高速公路网建设是为了保证和促进社会经济的发展,同样地,互通式立交总体规划也应符合社会经济的发展规划和生产力布局的要求,以充分体现高速公路为经济发展服务的价值。同时,由于互通式立交是高速公路网和城市的出入口,互通式立交附近的地区必然可以保持较好的交通便捷程度,降低运输成本,即互通式立交总体规划还可在一定程度上影响生产力布局。所以,合理的互通式立交总体规划不仅应适应和促进生产力的发展布局,而且还可以反过来引导生产力的发展。因此,互通式立交总体规划应充分考虑这种相互作用、相辅相成的关系,以确定合理的互通式立交规划与设置,符合经济效益的要求,力求经济效益最大化。

(2) 互通式立交的总体规划应与城市发展规划相适应

对高速公路通过的大中城市和主要城镇地段,高速公路一般不宜穿过城市,只能通过联络线与城市相连,路线与城市的关系应为"离而不远,近而不进"。应结合城镇远期发展规划,充分征求地方政府对建设项目的意见和建议,了解地方规划部门对路线走向及路线与城市的衔接等问题方案的意见,使路线及互通式立交的总体规划既不影响城市的发展,又能充分发挥其潜在的功能。另外,高速公路互通式立交位置的选择与出入口方便与否有着很大的关系,互通式立交既要在横向上处理好与地方路网的关系(图 6-2-2),尤其是与城市的关系,又要在纵向上保持互通式立交的间距,以及互通式立交与其他服务设施之间的关系。

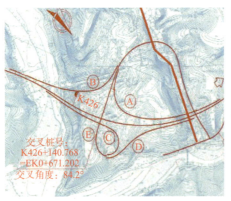
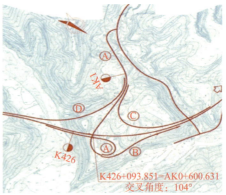

图 6-2-2　互通式立交被交叉道路的选择

3）与旅游景区、矿产资源及重要设施的关系

互通式立交除提供干线道路之间的交通转换之外，另一大功能就是为主线之外的交通源提供接入服务。因此，旅游景区、矿产资源及重要设施的分布是影响互通式立交设置的一个重要因素，也是必须要考虑的横向因素之一。互通式立交的规划设置除考虑交叉道路的功能和等级外，还应考虑主线沿线旅游景区、矿产资源及其他重要设施等交通源的分布情况。通过交通量预测等手段，可对沿线旅游景区、矿产资源及其他重要设施的交通源需求、互通式立交设置的必要性和设置规模等进行论证。经论证，当沿线旅游景区、矿产资源及其他重要设施的交通源规模较大、交通需求量大且超过一处互通式立交的通行能力时，应考虑设置两处或以上互通式立交。

(1) 与资源分布及区域路网的关系

互通式立交的位置宜避开沿线旅游景区、矿产资源及其他重要设施的核心区，应调查清楚项目区域自然资源的分布情况，并视其重要程度和相关法规采取相应措施。通过设置连接线与旅游景区、矿产资源分布区等区域相连接时，连接线应首先选择通行能力相对较大的现有道路，当有等级相对较高的新规划道路时，应优先选择规划道路。

(2) 与旅游融合的关系

在公路与旅游融合建设方面，我国一直在研究"公路主体工程+旅游""桥梁+旅游"和"服务区+旅游"等形式，打造具有知名度和影响力的旅游公路，推动公路与旅游融合高质量发展。目前，具有代表性的工程有新疆独库公路、贵州平塘特大桥、江苏阳澄湖服务区等交旅融合项目。因此，互通式立交与服务区的规划设置，应有利于推动公路与旅游融合建设的高质量发展。

①互通式立交规划设置应有利于支持红色旅游、少数民族特色村寨、风情小镇等旅游景点的发展与建设。

②服务区规划设置时，应统筹考虑交通、游憩、购物等旅游要素和旅游资源开发，推动高速公路服务区向交通、生态、旅游、消费等复合功能型服务区转型升级，建成有特色主题的服务区。

(3) "服务区+旅游"形式的服务区选址

①服务区选址宜在旅游景区、物流园区、工业园区、城市周边位置，也可与落地互通式立交合址建设。

②服务区一般布设在两侧，有利于与地方交通共享时，可采用单侧集中式设计（图6-2-3）。

图6-2-3 "服务区+旅游"形式的服务区选址示意图

③服务区所处路段与普通公路、城市道路相邻时,可考虑与地方道路共用的可能。

6.2.3 互通式立交与相邻的其他有出入口的设施或隧道之间的关系

1)最小净距相关规定与掌握原则

(1)互通式立交之间及与服务区或停车区之间的最小间距

随着交通需求的不断增加,我国高速公路网正在不断完善与加密,对交通流量起转换作用的互通式立交也越来越密集。随着高速公路总里程的增加,高速公路服务区、停车区越来越多,使互通式立交入口或服务区、停车区入口至下一互通式立交或服务区、停车区出口的间距越来越小。因此,互通式立交位置的规划和选择在路网规划中成为越来越重要的控制因素。互通式立交间距的大小不仅影响高速公路的建设规模,更对互通式立交形式的选择和互通式立交(服务区、停车区)之间相邻路段的通行能力、运营效率和交通安全等产生重大的影响。

①2017年版《路线规范》相关规定。

2017年版《路线规范》中对互通式立交之间(含互通式立交与服务区、停车区)的间距规定如下:

a.相邻互通式立交的间距不应小于4km;受地形条件或其他特殊情况限制经论证相邻互通式立交的间距需适当减小时,其上一互通式立交加速车道终点至下一互通式立交减速车道起点之间的距离不得小于1000m,且应设置完善醒目的标志标线和视线诱导标等交通安全设施。

b.相邻互通式立交的间距小于上述规定的1000m最小值,且经论证必须设置时,应将两互通式立交合并设置为复合式互通式立交。

c.互通式立交与服务区、停车区之间的距离应能满足设置出口预告标志的需要。受地形条件限制时,间距可适当减小,但上一入口终点至下一出口起点的距离不应小于1000m;小于1000m且经论证必须设置时,应按复合式立交方式处理。

②互通式立交(服务区)最小间距界定。

2017年版《路线规范》对互通式立交之间,包括互通式立交与服务区、停车区的最小间距规定非常明确,即主线同侧上一入口终点至下一出口起点之间的距离。当互通式立交间距不小于2017年版《路线规范》规定的4km时,部分项目在设计文件说明中将相邻互通式立交主线与被交线交叉位置的中心桩号之差作为互通式立交间距,即相邻互通式立交主线与被交线交叉点之间的距离(图6-2-4)。因此,互通式立交间距应包含两座互通式立交的单侧构造长度、加速车道长度、立交净距和减速车道长度。当互通式立交间距小于4km时,在设计文件的说明书中,互通式立交间距一般指主线同侧上一入口终点至下一出口起点之间的距离,即最小间距。

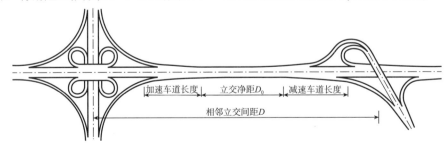

图6-2-4 互通式立交间距示意图

③《立交细则》相关规定。

随着我国路网的密集和经济的发展,在东南发达地区和大型城市周围地区,出现了大量的小间距互通式立交,难以满足 4km 的最小间距规定值。如某城市外环高速公路(图 6-2-5)路线全长 35.5km,所设 12 处互通式立交的平均间距约 3.0km,最小间距仅为 1.6km。对高度城市化地区高速公路,部分路段易出现"互通式立交群",最小间距往往难以满足 1000m 最小间距要求。《立交细则》针对《路线规范》中净距小于 1000m 时的规定,结合主线设计速度与车道数,提出了细化的设计指标,并规定当相邻互通式立交或其他设施分别独立设置时,相互之间的净距不应小于表 6-2-1 中的规定值。

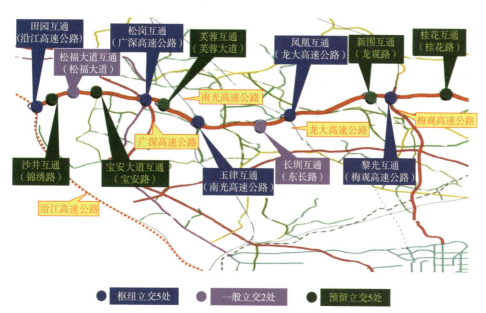

图 6-2-5 某城市外环高速公路互通式立交布置示意图

互通式立交与其他有出入口的设施或隧道之间最小净距 表 6-2-1

	主线设计速度(km/h)	120	100	80	60
互通式立交之间最小净距(m)	主线单向双车道	800	700	650	600
	主线单向三车道	1000	900	800	700
	主线单向四车道	1200	1100	1000	900
互通式立交与服务区、停车区之间最小净距(m)	主线单向双车道	700	650	600	600
	主线单向三车道	900	850	800	700
	主线单向四车道	1100	1000	900	800
隧道口与互通式立交出入口之间的最小净距(m)	隧道与前方主线出口之间的最小净距				
	主线单向双车道	500	400	300	250
	主线单向三车道	700	600	450	350
	主线单向四车道	1000	800	600	500
	主线入口与前方隧道之间的最小净距				
	不分车道数	120	100	80	60

④掌握原则。

2017年版《路线规范》规定互通式立交、互通式立交与服务区或停车区的最小间距均为1000m,该最小间距均指主线同侧上一入口终点至下一出口起点之间的距离(净距),如图6-2-6所示,因此,本书将互通式立交与服务区或停车区之间的相关问题,统一归入互通式立交之间的问题,与服务区或停车区的最小间距不再单独研究。

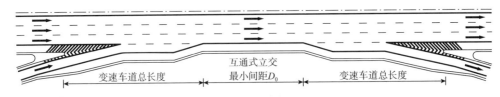

图6-2-6 互通式立交(服务区)最小间距示意图

从表6-2-1可知,《立交细则》对互通式立交与服务区或停车区之间的最小净距规定值与互通式立交之间的最小净距不相同,从最小净距计算模型分析,二者宜采用统一的规定值。

综上所述,2017年版《路线规范》与《立交细则》在互通式立交之间、互通式立交与服务区或停车区之间的最小净距相关规定上存在不一致,建议统一采用本书表3-2-1的规定值。当不能满足要求时,互通式立交之间、互通式与服务区或停车区之间的两处互通式立交(服务区或停车区)应按复合式互通式立交设置,交织区最小长度应满足表3-2-3或表3-2-4的规定。

(2)互通式立交出入口与隧道口之间的最小净距

互通式立交出入口与隧道口之间最小净距的规定,对山区高速公路立交选址、方案布设和工程造价的影响均非常大,如何合理掌握最小净距已成为关键技术难点。

①2017年版《路线规范》相关规定。

2017年版《路线规范》规定隧道出口与前方互通式立交间的距离,应能满足设置出口预告标志的需要;条件受限时,隧道出口与前方互通式立交出口起点的距离不应小于1000m,小于时应在隧道入口前或隧道内设置预告标志。互通式立交加速车道渐变段终点至前方隧道入口的距离(以m计)以不小于设计速度(以km/h计)的1倍长度为宜。

②《立交细则》相关规定。

隧道口与互通式立交出入口之间的最小净距规定不宜小于表6-2-1中的规定值,当地形特别困难,不能满足表中的净距要求而互通式立交及其他设施必须设置时,应结合运行速度控制和隧道特殊结构设计等,提出完善的交通组织、管理和运行安全保障措施,经综合分析论证后确定设计方案。

③掌握原则。

从2017年版《路线规范》和《立交细则》相关规定分析得出:最小净距原则上不宜小于表6-2-1中的规定值;同时最小净距又均可小至为0m,但必须采取相应的安全保障措施。

当隧道口与互通式立交出入口之间的净距小于表6-2-1的规定值时,建议参照本书相关章节的规定,采取交通安全综合保障措施。

(3)高速公路改扩建工程中的转换带最小净距

①相关规定。

《高速公路改扩建设计细则》(JTG/T L11—2014)规定:单侧拼宽,既有公路双向行驶改单向行驶时,主线出入口附近应设置车道转换带(图6-2-7),其位置选择要考虑线形、桥隧结构物、与互通式立交间距等因素,与主线出入口间的最小净距不宜小于2km;车道转换带长度不应小于2km;当互通式立交间距较小,不能满足设置条件时,可论证确定。

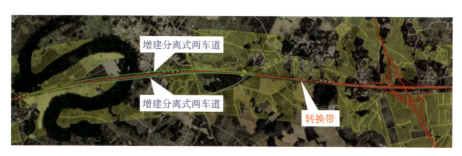

图6-2-7 双向行驶改单向行驶后与主线出入口之间的转换带示意图

②掌握原则。

改扩建工程中双向行驶改单向行驶后与主线出口之间的最小净距(转换带)相关规定,建议也采用表3-2-1的规定值。转换带长度不能满足表中的规定要求且必须设置时,建议参照本书中隧道出口至互通式立交出口之间小净距路段相关规定采取相应的交通安全保障措施,包括建立车道交通数字化主动管控系统。

主线入口与改扩建工程中单向行驶改双向行驶前之间的最小净距(转换带),应结合入口匝道交通量与主线车道数及服务水平论证确定。

2)互通式立交最大间距与U形转弯车道规划设计

U形转弯设施主要供车辆掉头使用,一般用于高速公路和一级公路等控制出入且设有中央分隔带的道路。当互通式立交间距大于30km,或在人烟稀少的西部荒漠戈壁、草原等地区大于40km时,为给错过出口的车辆和管理车辆提供掉头之便,应设置U形转弯设施。在横向道路密集时,U形转弯设施也可作为控制主线出入的一种手段。另外在一些山区地形受限较为严重的路段,互通交通量非常小,常规互通形式工程规模较大,也可考虑采用U形转弯+半互通的形式来贴合地形,从而降低整体工程规模,节约造价。

(1)U形转弯分类及设置

根据掉头车道与主线直行车道的交叉方式,U形转弯设施可分为立体交叉型和平面交叉型,其中高速公路应采用立体交叉型,具干线功能的一级公路宜采用立体交叉型,具集散功能的一级公路可采用平面交叉型。

根据掉头车道与主线的交叉关系,立体交叉型可分为下穿式和上跨式(图6-2-8)。

根据掉头车道的形状及掉头方式,平面交叉型可分为A型壶柄式和B型壶柄式(图6-2-9)。

高速公路U形转弯设施应双向成对布设,但两个U形转弯设施的位置并非必须设置在同一地点,而应根据具体设置条件确定。

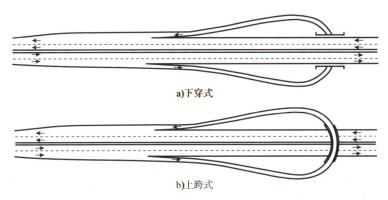

图 6-2-8　立体交叉型的 U 形转弯设施示意图

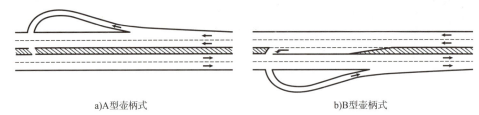

a)A 型壶柄式　　　　　　　　b)B 型壶柄式

图 6-2-9　平面交叉型的 U 形转弯设施示意图

U 形转弯设施的设置应充分利用现有跨线桥或通道,根据地形及现有构造物等条件设置立体交叉型。当有主线桥可利用时,可利用其边孔设置下穿式。

当有分离式立交上跨桥可利用时,可通过设置掉头匝道并加宽桥面宽度形成上跨式 U 形转弯设施[图 6-2-10a)];当跨被交叉道路或河沟等时,可利用跨线桥设置掉头车道,与被交叉道路或河沟之间应隔离[图 6-2-10b)]。

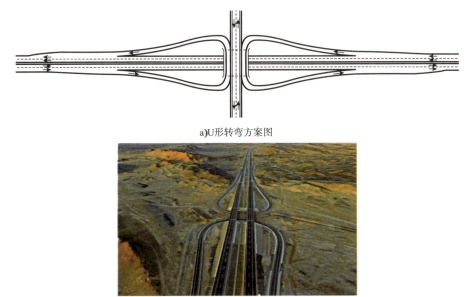

图 6-2-10　利用分离式立交上跨桥设置 U 形转弯设施示意图

当受条件限制，独立设置 U 形转弯设施困难，且服务区有条件时，可利用服务区设置 U 形转弯设施。当服务区为两侧分离式时，可利用两侧之间的联络通道加设掉头车道（图 6-2-11），通道净空应满足匝道净空限界的要求，且掉头车道与服务区联络道和贯通车道之间宜隔离。

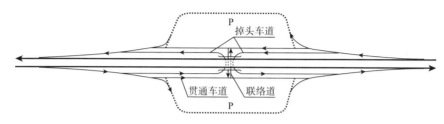

图 6-2-11　利用服务区设置 U 形转弯设施示意图

当受条件限制，独立设置 U 形转弯设施困难时，可利用收费站设置 U 形转弯设施，可在收费广场中间带开口，并设可移动式栅栏进行管理。

（2）U 形转弯设计指标

U 形转弯设施匝道仅供少量车辆使用，故通常采用较低的技术指标。但由于其与主线直接连接，存在较高速度流出和流入的情况，因此，应提供与运行速度变化相适应的线形和长度。

U 形转弯设施匝道基本路段的设计速度可采用 40km/h，当受现场条件限制时，掉头路段线形可采用平面交叉转弯车道标准，设计速度不宜低于 20km/h。U 形转弯设施匝道的平纵面线形、变速车道和鼻端等的设计应符合互通式立交匝道及连接部设计的有关规定。

U 形转弯设施匝道横断面可采用图 6-2-12 所示的类型，图中 α 为圆曲线路段的加宽值，圆曲线路段的路面加宽值可由表 6-2-2 查取。

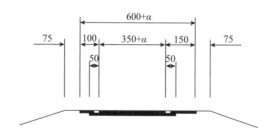

图 6-2-12　U 形转弯设施匝道横断面示意图（尺寸单位：cm）

U 形转弯设施匝道圆曲线路段路面加宽值　　表 6-2-2

U 形转弯设施匝道圆曲线半径 R(m)	15≤R<16	16≤R<18	18≤R<20	20≤R<23	23≤R<26	23≤R<30	R≥30
路面加宽值（m）	2.5	2.0	1.5	1.0	0.5	0.25	0

表 6-2-2 中的 U 形转弯设施匝道路面加宽值，可依据单辆铰接列车在曲线上行驶所需宽度，加上两侧向 0.5m 的余宽，并减去图 6-2-12 所示类型的标准路面宽度 6.0m 得到。

U 形转弯设施平面交叉部分的掉头车道，可按平面交叉转弯车道设计。

6.3 互通式立交总体设计

6.3.1 互通式立交总体设计原则

互通式立交总体设计应贯穿设计的各个阶段。互通式立交、服务区及其他设施的布置应纳入全线总体考虑，所有出入口的间距应满足主线接入控制要求。根据节点功能定位和建设条件，互通式立交总体规划应提出明确的建设目标和设计原则，鉴于交通条件、社会条件和自然条件等的多变性，每一处互通式立交的总体设计原则不可能完全一致，但仍有一些基本原则应当遵循，归纳总结互通式立交总体设计的"四适原则"如下：

(1)适当的原则

互通式立交的设置应符合路网规划的要求，以保证道路交通流的畅通。根据相交道路的性质和立交节点在道路网中的定位，选用合适的互通式立交形式和等级，不拔高不压低。轻率地提高互通式立交设计标准等级，可能造成工程规模增大，土地资源浪费。互通式立交总体设计应避免盲目追求高标准、城市地标等错误设计观念，应基于互通式立交道路交通功能的基本属性，在满足匝道交通需求的前提下，综合考虑土地资源和工程规模，兼顾立交的景观要求。

(2)适量的原则

互通式立交总体规划的基本依据是相交道路的转向交通量需求，应紧密结合远景年交通量的预测结果，保证互通式立交布设能更大程度地发挥其在路网中的重要作用。在满足设计年限交通发展需求的条件下，尽量选用工程规模小、交通性能好的互通式立交形式，同时还要采用合适的线形技术指标满足交通运行和安全的要求，避免互通式立交形式不当造成土地和资金的浪费，进而难以满足预期的交通效果。

(3)适地的原则

互通式立交总体设计一定要综合考虑各方面的影响因素，每个互通式立交都有其自身特点，设计时应因地制宜地进行。即使交通量相同，在同一个城市的不同区域，交通性质和车辆组成也会不同。例如，在城市核心区，小汽车占的比例较大，而在城市外围区，货车所占的比例较大，而小汽车和货车的性能不同，对互通式立交的技术标准和指标的要求也不同。此外，每个互通式立交的周围环境也不相同。因此，只有因地制宜地进行互通式立交总体设计，才能使互通式立交与自然空间、社会空间更加协调。

(4)适时的原则

要适时地对互通式立交各方面进行总体规划控制。所谓适时控制，就是在一定的时间节点内合理控制。对城区互通式立交，在进行土地开发时，路网应提前规划，及时控制道路红线，合理控制预留立交用地，避免将来互通式立交的用地控制产生偏大或者偏小的问题。当用地控制偏小时，将来还需要增加周围建筑拆迁量，增加投资；偏大时则浪费土地，将来多余的零星土地难以利用，损失土地价值。对山区互通式立交，要结合地方城镇发展或近远期发展预期，对互通式立交设计做好方案设计预留，节约工程造价，降低前期工程投入。

6.3.2 互通式立交总体规划设计

1) 互通式立交总体规划设计主要内容

①在工程可行性研究阶段,应提出总体设计目标、设计思想和设计原则;全面分析路网结构,明确主线、被交叉公路及节点的功能定位;根据预测交通量和建设条件,拟定节点基本类型、基本形式和建设规模等。

②在设计阶段,应在工程可行性研究成果及批复意见的基础上,进一步明确总体设计原则,分析并选定交叉位置;根据交通量分布及其组成,确定交通流线主次、匝道形式、匝道车道数及匝道连接方式。在初步设计阶段,应结合现场建设条件及各方面影响因素,比选并推荐互通式立交设计方案。

③对于交通组织和交叉形式复杂的互通式立交,在设计阶段应进行运行特征分析和交通安全性评价。

2) 互通式立交总体规划应重点考虑的因素

互通式立交总体规划设置应综合考虑路网结构、节点功能、交叉公路功能及等级、交通源的分布、自然条件和社会条件等因素,并遵循以下基本原则:

①多因素原则。应综合考虑功能、安全、环境、资源、全寿命周期成本、驾乘者的舒适和便利等因素。

②系统性原则。组成节点系统的各单元之间、节点与整体路网系统之间、节点与环境之间应相互协调。

③一致性原则。互通式立交出口形式、几何构造及信息分布等应与驾驶人期望相一致,并应与车辆行驶特征相适应。

④连续性原则。交通流运行方向、车道布置和运行速度等应具有连续性。

3) 互通式立交总体规划设置位置

①高速公路之间及其与一级公路相交处。

②高速公路、一级公路与通往县级以上城市、重要的政治或经济中心的主要公路交叉处。

③高速公路、一级公路与通往重要工矿区、港口、机场、车站和游览胜地等重要交通源的主要公路交叉处。

④具干线功能的一级公路之间相交处。

⑤当平面交叉的通行能力不足或出现频繁的交通事故时。

⑥当有地形或场地条件可利用,使设置互通式立交的综合效益大于设置平面交叉时。

4) 互通式立交设置位置选择注意问题

①互通式立交应能为主交通源提供近便的服务。

②互通式立交的位置宜避开不良地质、陡峭地形、基本农田、经济林、文物古迹、水产和矿产资源等。

③被交叉公路应有与互通式立交出入交通量相适应的通行能力。

④分配到区域路网中的互通式立交出入交通量不应使相关公路或路段的交通负荷过重。

⑤互通式立交、服务区和停车区等有接入需求的所有设施应纳入全线总体规划布置,相邻

出入口间距应满足相应规定的要求。

6.3.3 互通式立交安全性设计要点

交通运行安全调查表明,高速公路互通式立交出口附近的交通事故率最高,其次是主线汇入过程的分流鼻端附近路段,较出口附近的事故率相对低得多。因此,互通式立交安全性设计要点应包括:

①应重视出口前的分流区交通标志标线等管理设施的设置。

②应避免在主线左侧设置出入口匝道。

③当有连续出入口时,宜合并为单一的出入口,必要时可设置辅助车道或集散车道。

④应保证足够的视距,相邻分岔点之间的距离应符合规定。

⑤原则上尽量不考虑匝道平面交叉。当受现场条件限制且交叉冲突交通量小于300pcu/h时,匝道相互之间可采用平面交叉。

⑥出口环形匝道控制曲线半径以 50~60m 为宜,其他匝道控制曲线半径宜大于150m;当设计小时交通量小于600pcu/h 时可采用环形匝道。

⑦应避免线形的急剧变化;匝道末端或直线段之后应避免采用小半径曲线。

⑧被交叉道路宜上跨主线,出口端部最好在桥墩之前,或侧向净距符合要求。

第 7 章
CHAPTER 7

互通式立交平纵面与横断面优化设计

> **本章导读**
>
> 本章共四节,第一节重点论述 2017 年版《路线规范》与《立交细则》中主线平纵面线形指标规定值的应用范围不同对立交选址、方案布设造成的重大影响,并根据本书前三章的互通式立交出入口对主线交通流及交通安全性影响的研究成果,提出主线出口流出路段和入口流入路段采用不同的平纵面线形设计指标。第二节重点阐述匝道横断面设计中应考虑的两方面通行条件因素:一是越来越多符合规定的超宽、超长车辆在匝道上通行的需求;二是公路养护车辆停靠与在右侧硬路肩上低速通行的需求,并提出了单车道匝道与对向双车道匝道路基宽度的组成与宽度建议值;三是论述了既有互通式立交单车道匝道路基宽度不足路段的加宽改建原则和新建工程互通式立交匝道车道数的确定原则和方法。同时,只要单车道能满足交通需求,应尽量采用单车道匝道;确实需采用双车道匝道时,应按双车道匝道横断面组成及出入口相关规定设计,对既有双车道匝道接单车道出入口设计提出了优化方案。第三节主要介绍了互通式立交内的平面交叉设计。第四节重点论述了匝道停车视距及保证措施。

7.1 互通式立交主线、匝道平纵面线形设计

7.1.1 互通式立交主线识别视距范围的平纵面线形设计

1)2017 年版《路线规范》相关规定对立交选址、方案布设的影响

2017 年版《路线规范》规定互通式立交范围内主线线形指标应符合表 7-1-1 规定。其中,互通式立交范围是指主线两侧靠近路线起点的减速车道渐变段起点至主线两侧靠近路线终点的加速车道渐变段终点之间的主线长度范围。2017 年版《路线规范》较《公路路线设计规范》(JTG D20—2006)(以下简称 2006 年版《路线规范》)修订了 100km/h 设计速度条件下的最大纵坡极限值,即将最大纵坡极限值由原规定的 2% 改为 3%,其他规定均维持了 2006 年版《路线规范》的规定。

互通式立交范围内主线平面线形指标　　　　　表 7-1-1

主线设计速度(km/h)		120	100	80	60
圆曲线最小半径(m)	一般值	2000	1500	1100	500
	极限值	1500	1000	700	350
竖曲线最小半径(m)	凸形 一般值	45000	25000	12000	6000
	凸形 极限值	23000	15000	6000	3000
	凹形 一般值	16000	12000	8000	4000
	凹形 极限值	12000	8000	4000	2000

续上表

主线设计速度(km/h)		120	100	80	60
最大超高(%)	一般值	2	2	3	4.5(4)
	极限值	2	3	4(3.5)	5.5(4.5)

注：当主要公路以较大的下坡进入互通式立交，所接的减速车道为下坡，且后随的匝道线形指标较低时，主要公路的纵坡不得大于括号内的值。

根据统计，一般单喇叭形互通式立交范围内主线长度范围为1.2～1.5km，变形单喇叭形互通式立交为1.5～2.5km，全苜蓿叶形及变形苜蓿叶形互通式立交为2.0～2.8km，复合式互通式立交为3.8～4.8km。由于互通式立交范围内主线设计标准高于基本路段较多，且主线长度范围较长，因此在执行2017年版《路线规范》时，若条件受限制，往往会造成工程规模增加较多，甚至难以满足技术标准。

2）互通式立交范围内主线平纵面线形设计指标应用范围优化设计

（1）互通式立交范围内主线平面线形设计指标应用范围优化设计

①《立交细则》相关规定。

《立交细则》规定，互通式立交范围内，设有变速车道路段的主线圆曲线半径不应小于表7-1-1中的规定值，且应重点控制变速车道接主线曲线外侧的路段（图7-1-1）。其条文说明中所阐述主要理由为：a. 主线圆曲线最小半径的控制，实质为控制弯道外侧变速车道连接部的横坡差，以提高车辆运行的安全性。因此，主线圆曲线最小半径的控制主要针对设有变速车道的路段。b. 确定主线圆曲线最小半径的主要依据为：当设计速度大于或等于80km/h时，一般值按超高不大于3%取值，极限值按超高不大于4%取值；当设计速度小于80km/h时，一般值按超高不大于4%取值；极限值按超高不大于5%取值。

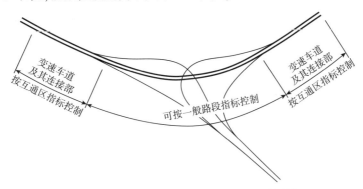

图7-1-1 互通式立交范围内主线平面线形指标控制范围

②互通式立交范围内平面线形设计指标应用范围优化设计。

在《立交细则》发布之前，部分项目的互通式立交范围内主线平面线形设计时变速车道路段采用与《立交细则》规定及基本原理较为一致的设计。如图7-1-2所示，某一级公路升级改造为高速公路的项目，不得已将互通式立交选址在主线圆曲线半径较小的路段上，即互通式立交范围内存在一段平面线形指标小于2017年版《路线规范》中的规定要求。但在互通式立交方案布设时，除环形匝道外，其他匝道与主线相衔接的变速车道路段均接在主线圆曲线两端的直线上；考虑环形匝道为入口匝道，运行速度较低，且接主线圆曲线的内侧，变速车道横坡与主线超高顺接,横坡坡差小,可以保证交通安全,因此得到了评审专家的认可。本互通式立交区范围交通运行平稳,调查未发现存在交通安全隐患。

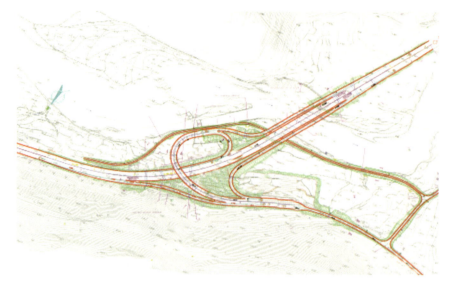

图 7-1-2　互通式立交范围内变速车道优化设计示意图

③相关规定有待完善。

《立交细则》中的相应规定为立交灵活选址、方案合理布设、减少对既有工程的改建及降低工程造价提供了设计依据。《立交细则》的规定可理解为对 2017 年版《路线规范》相关规定的细化。但是,2017 年版《路线规范》与《立交细则》中关于互通式立交范围内平面线形指标的规定均没有考虑主线侧出入口识别视距的影响。此外,2017 年版《路线规范》与《立交细则》中的识别视距规定值,至今仍然采用了《公路路线设计规范》(JTJ 011—94)(以下简称 1994 年版《路线规范》)的规定值。由于识别视距规定值较大,设计时平面圆曲线与纵断面竖曲线线形往往因难以满足规定要求,导致较多项目采用 2017 年版《路线规范》提出的"受条件限制时可采用 1.25 倍停车视距"的规定作为验算依据。但 1.25 倍停车视距作为识别视距又明显偏小,加之识别视距范围不够合理,造成部分互通式立交出口识别视距范围路段平面线形指标偏低,即识别视距不满足次外侧车道换道至最外侧车道的识别视距要求。该问题需通过修订规范中的识别视距规定值,以提升互通式立交出入口路段平面线形安全性设计。

(2)互通式立交范围内主线最大纵坡及应用范围优化设计

①《立交细则》相关规定。

《立交细则》规定,互通式立交范围内,减速车道下坡路段和加速车道上坡路段的主线纵坡不应大于表 7-1-1 的规定值;当互通式立交位于主线连续长大下坡路段底部时,减速车道下坡路段取表 7-1-1 中括号内的值。该规定值与 2017 年版《路线规范》相同,但规定范围仅为出入口主线与匝道相连接的减速车道下坡路段和加速车道上坡路段;条文说明中所阐述的主要理由为:主线最大纵坡的控制,主要为流出主线的车辆提供平稳减速的运行条件,对于流入主线的车辆则有利于平稳加速和安全合流。因此,主线最大纵坡的控制主要针对减速车道的下坡路段和加速车道的上坡路段。

② 互通式立交范围内最大纵坡及应用范围优化设计。

1994年版和2006年版《路线规范》中,设计速度为100km/h的最大纵坡一般值与极限值均为2%,与设计速度为120km/h设计标准的规定值相同。但采用100km/h设计标准的建设项目,地形地势条件一般相较采用120km/h设计标准时要复杂得多;当设计速度采用100km/h时,互通式立交范围内最大纵坡控制在2%以内往往非常困难,且往往会增加较大的工程投资,该问题也成为工程实践中特别突出的问题。早期部分项目的互通式立交范围内纵坡设计与《立交细则》规定基本一致,如《降低造价公路设计指南》(以下简称《降低造价》)中的典型示例(图7-1-3),主线设计速度为100km/h,互通式立交范围内的减速车道下坡路段和加速车道上坡路段主线纵坡为1.97%,符合最大纵坡一般值2%的规定要求;而匝道入口加速车道与出口减速车道路段纵坡则采用了3.7%,大于互通式立交范围内的最大纵坡极限值2%(1994年版《路线规范》规定值),但符合一般路段的最大纵坡为4%的规定。从图7-1-3中的纵面设计可以看出,采用3.7%纵坡路段与地势变化相吻合。如果对下坡有利于加速车道加速和上坡有利于减速车道减速的变速车道路段也按2%纵坡控制,则会增加主线展线长度约350m,加大投资。经与控制不同主线纵坡的路线方案综合比选,并与审查专家沟通后,对认为加速车道为下坡路段和减速车道为上坡路段的设计方案有利于出入口交通安全的看法达成共识,故本互通式立交范围最终推荐采用了图7-1-3的设计方案。互通式立交出入口变速车道路段交通运行平稳,交通安全有保障。

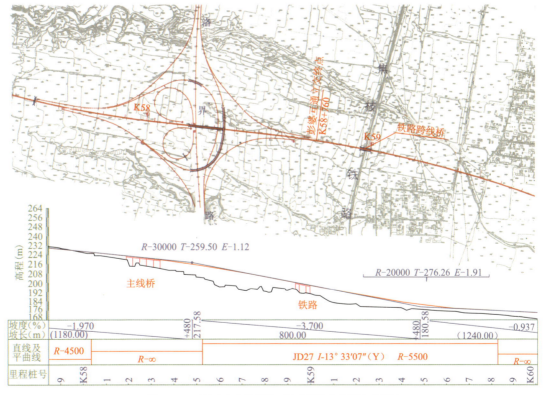

图7-1-3 互通式立交范围纵面最大纵坡优化设计示意图
注:图中R、T、E单位均为m。

因此《立交细则》的规定可理解为是对 2017 年版《路线规范》相关规定的细化,互通式立交范围内的纵坡合理控制为路线总体设计时的最优方案选择提供了灵活的设计依据。

(3)互通式立交范围内主线纵面竖曲线优化设计

①《立交细则》相关规定。

《立交细则》规定,互通式立交范围内,主线竖曲线半径不应小于表 7-1-2 的规定值。主体竖曲线控制范围如图 7-1-4 所示。《立交细则》的规定与 2017 年版《路线规范》基本一致,但指标的应用范围包括了识别视距范围;《立交细则》强调了在分流鼻端前识别视距控制路段的竖曲线线形指标,因此主线凸形竖曲线最小半径宜取表 7-1-2 中括号内的值。

互通式立交范围内主线竖曲主线半径　　　　　　　　表 7-1-2

主线设计速度(km/h)			120	100	80	60
互通式立交范围竖曲线最小半径(m)	凸形	一般值	45000	25000	12000	6000
		极限值	23000(29000)	15000(17000)	6000(8000)	3000(4000)
	凹形	一般值	16000	12000	8000	4000
		极限值	12000	8000	4000	2000
满足视觉所需要的最小竖曲线半径(m)	凸形		20000	16000	12000	9000
	凹形		12000	10000	8000	6000

图 7-1-4　互通式立交主线竖曲线控制范围示意图

②互通式立交范围内凸形竖曲线优化设计。

互通式立交范围内主线凸形竖曲线最小半径规定值较一般路段的规定值大 2~3 倍;当设计速度为 120km/h 时,凸形竖曲线一般值较满足视觉所需要的竖曲线半径(表 7-1-2)还要大 2.25 倍,极限值也大 1.15 倍;当设计速度为 100km/h 时,凸形竖曲线最小半径一般值大于满足视觉所需要的竖曲线半径的 1.56 倍;当设计速度为 80km/h 时,凸形竖曲线最小半径一般值与满足视觉所需要的竖曲线半径相同。因此,在执行 2017 年版《路线规范》中,当设计速度不小于 100km/h 且受条件限制时,较多设计者采用了规定值的极限值或接近极限值。

典型示例一:如图 7-1-5 所示,该路段主线设计速度为 120km/h,地处平原区。主线上跨被交路或上跨匝道时,为降低路基平均填土高度、减小工程规模,凸形竖曲线半径采用接近竖曲线最小半径极限值,较采用一般值能缩短桥长 100~300m,减少土石方 4 万~5 万 m³。

典型示例二:如图 7-1-6 所示,该路段主线设计速度为 100km/h,地处山区。主线在较高地势上跨被交路时,为降低工程投资,采用接近竖曲线最小半径极限值,工程量节省较明显。

上述两个典型示例中,凸形竖曲线半径均大于或等于视觉所要求的竖曲线半径值。当目高为 1.2m、物高为 0m 时,视距分别为 245m、196m;当目高为 1.2m、物高为 0.10m 时,视距分别为 316m、252m,均大于相应设计速度的停车视距规定值(分别为 210m、160m),行车安全性与舒适性均十分理想。

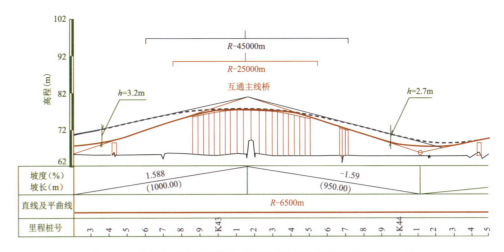

图 7-1-5　平原区互通区凸形竖曲线半径的采用示例(设计速度 120km/h)

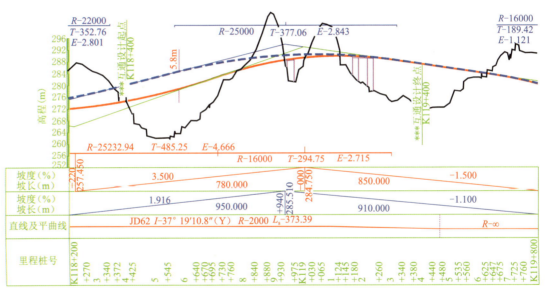

图 7-1-6　山区互通区凸形竖曲线半径的采用示例(设计速度 100km/h)
注:图中 R、T、E、L_s 单位均为 m。

③互通式立交范围内凸形竖曲线优化设计主要依据。

互通式立交范围内的凸形竖曲线最小半径规定值对应的视距计算结果如表 7-1-3 所示。表 7-1-3 中,竖曲线最小半径极限值对应物高为 0m 时的视距也大于停车视距规定值。互通式立交范围内的凸形竖曲线最小半径指标是"好中求好"的设计指标,条件受限制时,可采用最小半径极限值。同时,从表 7-1-2 可知,不仅竖曲线最小半径规定值偏大,且不同的设计速度竖曲线最小半径值相差 1.5～2.0 倍;在高速公路提速改扩建工程中,为了减小对既有工程改造范围及工程造价的影响,且满足规范"好中求好"的要求时,可考虑采用最小半径极限值。

互通式立交范围内主线凸形竖曲线主线半径对应的视距　　　表 7-1-3

主线设计速度（km/h）			120	100	80	60
2017年版《路线规范》规定的凸形竖曲线最小半径(m)		一般值	45000	25000	12000	6000
		极限值	23000	15000	6000	3000
对应的视距(m)	物高 0.1m	一般值	424	316	219	155
		极限值	303	245	155	109
	物高 0m	一般值	329	245	170	120
		极限值	235	190	120	85
	物高 0.005m	一般值	350	261	230	163
		极限值	250	202	163	114
满足视觉所需要的凸形竖曲线半径(m)			20000	16000	12000	9000
2017年版《路线规范》规定的凸形竖曲线最小半径一般值对应的视距(m)		目高 1.2m, 物高 0m	219	196	170	147
2017年版《路线规范》规定的停车视距(m)			210	160	110	75
停车视距对应的竖曲线半径(m)		物高 0m	18375	10666	5042	2344

④互通式立交范围内凹形竖曲线优化设计。

高速公路凹形竖曲线对纵面视距的影响相对较小，因此 2017 年版《路线规范》中一般路段凹形竖曲线最小半径规定值总体偏小，相应的互通式立交范围内凹形竖曲线指标总体而言也偏小（表 7-1-1）。即使总体偏小，但当设计速度大于或等于 80km/h 时，互通式立交范围内的凹形竖曲线最小半径一般值仍大于或等于满足视觉所需要的竖曲线最小半径；当设计速度为 100km/h 时，极限值还大于满足视觉所需要的竖曲线最小半径。考虑凹形竖曲线对工程造价的影响较小，互通式立交范围内凹形竖曲线最小半径原则上宜采用 2017 年版《路线规范》中规定的一般值，受条件限制时，可经论证后采用极限值。

⑤存在问题的说明。

《立交细则》提出分流鼻端前的识别视距控制凸形竖曲线半径的规定非常必要，但 2017 年版《路线规范》与《立交细则》中的识别视距规定值偏大且应用范围不够明确或不够合理，致使互通式立交范围内主线竖曲线最小半径的规定缺乏依据。针对该问题，建议修订 2017 年《路线规范》的相关规定，通过修订识别视距规定值及应用范围，以提升互通式立交出入口路段纵面线形安全性设计。

3) 互通式立交主线平纵面线形设计指标及应用范围的建议

(1) 互通式立交主线平竖曲线线形设计指标及应用范围的建议

根据第 1.4 节的研究，互通式立交匝道出入口影响主线交通流及交通安全的范围如图 7-1-7 所示。图 7-1-7 中，出口识别视距路段与减速车道路段范围的交通安全风险最大，该组合区间范围可简称为"出口流出路段"，其主线平竖曲线最小半径应满足出口识别视距的规定要求；入口识别视距路段、加速车道路段范围存在一定交通安全风险，但相对出口流出路段安全风险较小，该组合区间范围可简称为"入口流入路段"，其主线平竖曲线最小半径应满足入口识别视距的规定要求。对互通式立交入口与隧道进口之间的小净距路段，匝道入口合流汇入后合流换道调整区路段范围也存在一定交通安全风险，该组合区间范围的主线平竖曲线指标应按入口流入路段确定。根据出口流出路段和入口流入路段的交通安全风险分析,并结合2017年版《路线规范》与《立交细则》相关规定,本书提出了互通式立交主线平竖曲线线形设计指标(表7-1-4)及应用范围(图7-1-7)的建议。其中,出口流出路段与入口流入路段的重叠范围应采用设计指标较高的出口流出路段的设计指标,当变速车道接主线曲线的内侧时,可采用表7-1-4中的最小值。

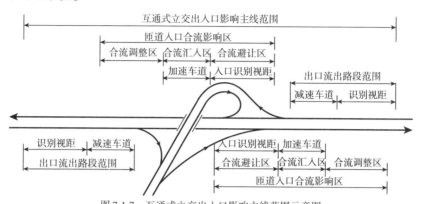

图 7-1-7 互通式立交出入口影响主线范围示意图

互通式立交主线平竖曲线线形指标建议值　　　　表 7-1-4

主线设计速度(km/h)		120			100			80		
次外侧车道运行速度或限速值(km/h)		120	110	100	100	90		80	70	
高速公路单向车道数		2	3	4	2	3	4	2	3	4
互通式立交出口流出路段的平竖曲线线形指标建议值										
圆曲线最小半径建议值(m)	最小值	1650		1520	1120		1120	720		720
	一般值	2500		2000	1750		1500	1100		1100
竖曲线最小半径建议值(m)	凸形 最小值	24900		19500	15000		10600	8300		5300
	凸形 一般值	37700		30900	25000		17800	13300		9400
	凹形 最小值	12000		10000	8000		6000	4000		
	凹形 一般值	16000		14000	12000		10000	8000		
《立交细则》减速车道下坡路段和加速车道上坡路段主线最大纵坡(%)	一般值	2			2			3		
	极限值	2			3			4(3.5)		
互通式立交入口流入路段的平竖曲线线形指标建议值										
主线设计速度(km/h)		120			100			80		
最外侧车道运行速度或限速值(km/h)		100			90			80		
圆曲线最小半径建议值(m)		1000			780			600		
竖曲线最小半径建议值(m)	凸形	11000			10000			7200		
	凹形	6000			4500			3000		
主线最大纵坡(%)		3			4			5		

注:1. 变速车道位于圆曲线内侧时的平曲线形指标可采用最小值。
　　2. 条件受限制时,识别视距范围路段竖曲线最小半径可采用最小值。
　　3. 当互通式立交位于主线连续长大下坡路段底部时,减速车道下坡路段取表中括号内的值。

互通式立交主线出口流出路段和入口流入路段的平竖曲线线形设计指标，主要从保证足够的出入口识别视距与停车视距的要求考虑；同时，还应考虑圆曲线外侧变速车道路段的交通运行平稳。表7-1-4中所提出的平竖曲线线形指标的应用范围和具体建议值可理解为对2017年版《路线规范》相关规定的进一步细化，不仅基本符合《立交细则》的规定要求，而且在设计原理与方法上更加科学合理。

（2）互通式立交范围最大纵坡指标应用范围的界定

2017年版《路线规范》与《立交细则》中对互通式立交范围最大纵坡的规定值较为合理，但规定值的应用范围宜采用《立交细则》的规定，即减速车道下坡路段和加速车道上坡路段的主线纵坡不应大于表7-1-4中的规定值；当互通式立交位于主线连续长大下坡路段底部时，减速车道下坡路段应取表中括号内的值。

7.1.2 分合流鼻端附近匝道平纵面线设计

1）分流鼻端附近匝道平面线形设计

减速车道长度是依据主线设计速度与匝道设计速度确定的，如图7-1-8所示，其长度应能保证车辆在减速段内从主线设计速度降至匝道设计速度。基于行车舒适性与交通安全性考虑，2017年版《路线规范》规定在分流鼻处，匝道平曲线的最小曲率半径应符合表7-1-5规定。相接分流鼻回旋线的匝道圆曲线半径应大于该相接处匝道运行速度对应的最小半径一般值，同时宜满足缓和曲线参数A与圆曲线半径R之比$A/R \leqslant 1.5$。

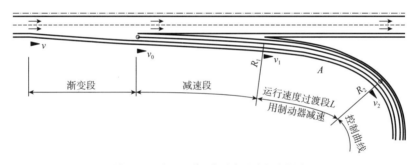

图7-1-8 出口匝道运行速度过渡段示意图

分流鼻处匝道平曲线最小曲率半径　　　　表7-1-5

主线设计速度(km/h)		120	100	80	60
分流鼻处的设计速度(km/h)		80	70	65	60	55
最小曲率半径(m)	一般值	450	350	300	250	200
	极限值	400	300	250	200	150

注：一般互通式立交可将表中分流鼻处的设计速度降低5km/h，取用对应的规定值。

当分流鼻处平曲线最小半径大于匝道最小半径时，相应的通过分流鼻处运行速度也大于匝道设计速度。出口匝道分流鼻端的通过速度是确定出口匝道线形指标和控制出口匝道几何设计的重要依据，根据现场观测运行速度和分析计算减速过程，《立交细则》规定出口匝道分流鼻端通过速度见表7-1-6，匝道及分流鼻端处出口匝道平曲线最小曲率半径不宜小于表7-1-7的规定值，回旋线最小参数不宜小于表7-1-8的规定值。

出口匝道分流鼻端通过速度　　　　　　　　表 7-1-6

主线设计速度(km/h)		120	100	80	60
分流鼻端通过速度（km/h）	一般值	70	65	60	55
	最小值	65	60	55	45

分流鼻端处出口匝道平曲线的最小曲率半径　　　　　　　　表 7-1-7

主线设计速度(km/h)		120	100	80	60
匝道最小曲率半径（m）	一般值	350	300	250	200
	极限值	300	250	200	150

分流鼻端附近出口匝道回旋线最小参数　　　　　　　　表 7-1-8

主线设计速度(km/h)		120	100	80	60
匝道回旋线最小参数（m）	一般值	100	80	70	60
	极限值	80	70	60	40

从分流鼻端至匝道控制曲线起点路段,出口匝道应按运行速度过渡段设计(图 7-1-8)。运行速度过渡段上任一点的平曲线曲率半径不宜小于由图 7-1-9 查取的曲率半径值,当线形设置困难时,可按 2017 年版《路线规范》的规定,以分流鼻处的设计速度降低 5km/h 取值;也可按《立交细则》规定,以低一级主线设计速度取值。

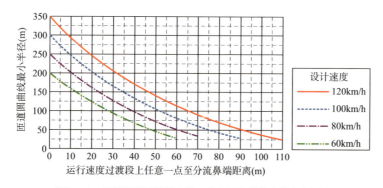

图 7-1-9　运行速度过渡段上任一点的平曲线最小曲率半径图

当出口匝道采用基本型回旋线不能满足运行速度过渡段最小长度的要求或线形布局困难时,可采用复合型回旋线(图 7-1-10)。图 7-1-10 中 R_0 为第一回旋线起点曲率半径,R_1 为两回旋线衔接点曲率半径,R 为匝道控制曲线曲率半径,A_1 为第一回旋线参数,A_2 为第二回旋线参数。

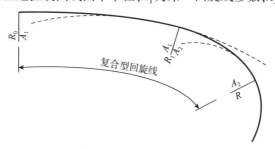

图 7-1-10　复合型回旋线示意图

2) 分流鼻端附近匝道纵面线形设计

驾驶人一般根据匝道平面线形确定车辆行驶速度，分流鼻端的平面线形指标高于匝道基本路段，因此运行速度高于匝道的设计速度，分流鼻端附近的纵面线形指标也宜大于匝道的技术指标。根据《立交细则》规定，在分流鼻段附近，出口匝道竖曲线半径不宜小于表 7-1-9 的规定值。当匝道设计速度大于 50km/h 时，可能出现按匝道设计速度选取的竖曲线最小半径大于表 7-1-9 的值，这时应按匝道设计速度取值。

鼻端附近匝道竖曲线最小半径　　　　　　　表 7-1-9

主线设计速度（km/h）			120	100	80	60
最小竖曲线半径（m）	凸形	一般值	3500	2800	2000	1800
		最小值	2000	1800	1400	1200
	凹形	一般值	2000	1800	1500	1200
		最小值	1500	1200	1000	850

3) 合流鼻端附近匝道平纵面线形指标

根据现场观测结果表明，在合流鼻端附近，驾驶人一般先观察匝道和主线上的交通流状况，当进入加速车道后开始加速行驶，并寻找主线外侧车道的可插车间隙汇入，在合流鼻端附近的运行速度与匝道基本路段设计速度基本相同。因此，《立交细则》规定，合流鼻端附近的设计速度可采用匝道基本路段的设计速度，在鼻端附近的平面线形也可采用匝道基本路段的线形指标。

《立交细则》规定在合流鼻端附近，入口匝道竖曲线最小半径不宜小于表 7-1-14 的规定值。当按匝道基本路段设计速度选取的竖曲线最小半径大于表 7-1-14 中的值时，应按匝道设计速度取值。

在合流鼻端前，2017 年版《路线规范》规定，主线距合流鼻端 100m、匝道距合流鼻端 60m 形成的通视三角区内，主线与匝道之间应满足车辆相互通视的要求（图 7-1-11）。

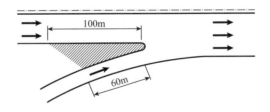

图 7-1-11　合流鼻端前通视三角区示意图

7.1.3　匝道平纵面线形设计

1) 匝道平纵面指标

匝道的平纵面指标应根据匝道设计速度、交叉类型、交通量、地形、用地条件、造价等因素确定，匝道的圆曲线最小半径、不设超高的圆曲线最小半径应符合表 7-1-10 的规定。

匝道圆曲线最小半径和不设超高的圆曲线最小半径　　表 7-1-10

匝道设计速度（km/h）		80	70	60	50	40	35	30
匝道圆曲线最小半径（m）	一般值	280	210	150	100	60	40	30
	极限值	230	175	120	80	50	35	25
不设超高的圆曲线最小半径(m)	路拱≤2%	2500	2000	1500	1000	600	500	350

匝道及其端部回旋线参数及长度不宜小于表 7-1-11 的规定值，回旋线长度同时不应小于超高过渡所需要的长度。

匝道回旋线的最小参数及长度　　表 7-1-11

匝道设计速度(km/h)	80	70	60	50	40	35	30
回旋线最小参数(m)	140	100	70	50	35	30	20
回旋线最小长度(m)	70	60	50	40	35	30	25

匝道的最大纵坡应符合表 7-1-12 的规定。

匝道最大纵坡　　表 7-1-12

匝道设计速度(km/h)			80	70	60	50	40	35	30
最大纵坡（%）	出口匝道	上坡	3	3	4	4	5	5	5
		下坡	3	3	3	3	4	4	4
	入口匝道	上坡	3	3	3	3	4	4	4
		下坡	3	3	4	4	5	5	5

注：1. 当地形困难或用地紧张时，最大纵坡可在表中规定值基础上增加 1%。
　　2. 当地形条件特殊困难时，在非积雪冰冻地区，出口匝道上坡和入口匝道下坡可在表中规定值基础上增加 2%。

匝道竖曲线的最小半径及最小长度应符合表 7-1-13 的规定。

匝道竖曲线的最小半径及最小长度　　表 7-1-13

匝道设计速度(km/h)			80	70	60	50	40	35	30
竖曲线最小半径（m）	凸形	一般值	4500	3500	2000	1600	900	700	500
		极限值	3000	2000	1400	800	450	350	250
	凹形	一般值	3000	2000	1500	1300	900	700	400
		极限值	2000	1500	1000	700	450	350	300
竖曲线最小长度(m)		一般值	100	90	70	60	40	35	30
		最小值	75	60	50	40	35	30	25

2）匝道平纵面线形设计

匝道平纵面线形应视觉连续、走向清晰，平纵面之间应相互协调。匝道平纵面线形设计应考虑全路段及相邻路段运行速度变化规律，线形及技术指标应与运行速度及其变化规律相适应。

(1) 匝道平面线形设计要点

① 直线与圆曲线、不同半径及不同方向圆曲线之间宜插入回旋线。

② 为适宜地形地物的变化，在平面线形设计时，可采用非对称型、卵形、复合型等组合

线形。

③匝道基本路段相邻曲线衔接点的曲率应一致，线形变化应连续、流畅，避免出现突变的线形。

④分合流鼻端附近的平面线形指标应与路段运行速度的变化相适应。

⑤右转弯匝道和左转弯直连式或半直连式匝道应采用较高的平面指标。

⑥直连式互通式立交中，纵面起伏时凸形竖曲线前后的平面线形应一致，或具备良好的线形诱导；严禁在小半径凸形竖曲线后紧接反向平曲线。

⑦匝道平面线形指标应与交通量相适应，当交通量大于或等于600pcu/h时，匝道应采用较高的平面线形指标。

⑧应避免不必要的支弯；各要素线形的长度不宜小于3s设计速度对应的行程长度。

(2)匝道纵断面线形设计要点

①匝道纵断面布置及上跨下穿交叉方案的确定，应综合考虑互通式立交平面形式及空间立体造型等因素。

②匝道与主线相连接的纵断面线形应连续，并应避免指标的突变。

③在同等条件下，出口匝道宜采用上坡；当出口为下坡时，不宜采用最大纵坡。

④在同等条件下，入口匝道宜采用下坡；当入口匝道为上坡时，在合流鼻端通视三角区范围内，匝道与主线之间的高差不应对相互通视产生影响。

⑤匝道中设收费站时，邻接收费广场的路段，其纵坡应平缓，不得以较大的下坡紧接收费广场。

⑥匝道的纵坡应平缓，并避免不必要的反坡。有条件时，匝道跨线桥路段宜按提高一级设计速度的标准确定凸形竖曲线半径。

⑦匝道端部纵坡变化处应采用较大半径的竖曲线。匝道中间难以避免反坡时，尤其在其后不远有反向平曲线或匝道分、汇流的情况下，凸形竖曲线应具有较大的半径。

(3)匝道平纵线形组合设计应注意的问题

匝道平纵面线形设计应从平纵面组合后形成的立体空间组合考虑。匝道平纵面组合设计应注意以下的主要问题：

①分合流鼻端附近的匝道设计速度的选择，应以行车舒适性与提升匝道交通安全性为原则，在分析设计指标变化路段的运行速度及其变化规律的基础上，合理运用技术指标。

②匝道线形指标的选择应以匝道设计速度为依据，结合现场条件、环保要求、综合效益和自然景观等确定。匝道控制曲线指标以采用规范规定的一般值或稍大于一般值为宜，不应盲目追求高指标。

③匝道平纵面线形各曲线单元长度不宜小于以3s设计速度对应的行程长度。

④匝道平纵面线形的组合设计应注重为驾驶人提供良好的视觉诱导条件。小半径凸形竖曲线之后应避免紧接反向平曲线或分流端。

⑤当匝道为下坡且采用规范规定的最大纵坡值时，匝道末段圆曲线半径不宜采用极限最小值。

⑥在确定匝道平面线形指标与布设方案时，应同时考虑纵断面的纵坡控制设计(图7-1-12)。匝道长度往往受匝道的纵坡控制，特别是右转弯匝道。

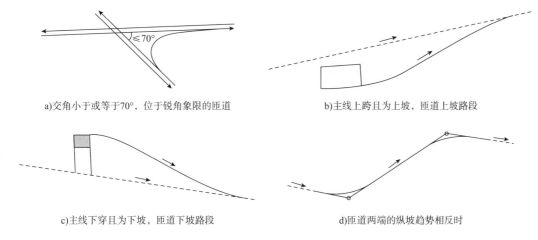

a) 交角小于或等于70°，位于锐角象限的匝道

b) 主线上跨且为上坡，匝道上坡路段

c) 主线下穿且为下坡，匝道下坡路段

d) 匝道两端的纵坡趋势相反时

图 7-1-12　匝道线形指标及长度受纵坡控制的情况

7.2 互通式立交匝道横断面设计

7.2.1　互通式立交匝道横断面设计

1) 匝道横断面组成及宽度设计

在匝道横断面及其宽度设计中，除应考虑正常运行状态之外，还应考虑交通组成或突发事件对路段运行速度和通行能力的影响等。一方面，车辆因故障等原因紧急停车时，如若未设置专门的紧急停车空间，则故障车辆将占用部分车道，从而影响正常通行能力；另一方面，通常匝道上大型车运行速度相比小型车较慢，难以达到设计速度，因此在单车道匝道上，当大型车过多时，后车的运行速度往往会被大型车压制，从而影响匝道全路段的通行能力。此外，匝道功能还应考虑管理、养护、救援等的应急行车需求。

因此，匝道横断面组成及宽度设计应受多因素控制，包括匝道设计交通量、运行速度、设计服务水平、基本路段与连接部通行能力、紧急停车需求、交通组成与大型车影响、管理和养护需求等。

(1) 匝道横断面组成

匝道横断面由行车道、路缘带、左侧硬路肩、右侧硬路肩和土路肩等组成（图 7-2-1）。单条匝道车道数通常应为单车道或双车道，且一般不宜多于双车道。当对向交通的两条匝道并列时，通常采用整体式路基设计，此时匝道横断面组成还应包括中央分隔带和左侧路缘带，即中间带（图 7-2-2）。

(2) 匝道横断面分类

如上所述，根据匝道横断面的不同可分为单向匝道和对向匝道两大类型。《立交细则》根据匝道性质、车道数和横断面各组成要素等，将匝道横断面划分为下列四种基本类型：

① Ⅰ型——单向单车道匝道[图7-2-3a)]；
② Ⅱ型——无紧急停车带的单向双车道匝道，可用作对向非分隔双车道匝道[图7-2-3b)]；
③ Ⅲ型——有紧急停车带的单向双车道匝道[图7-2-3c)]；
④ Ⅳ型——对向分隔式双车道匝道[图7-2-3d)]。

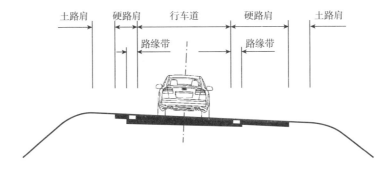

图 7-2-1　单向匝道横断面的组成

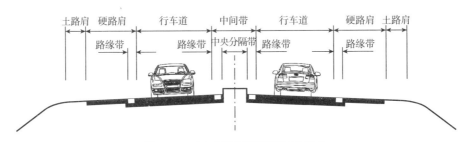

图 7-2-2　对向分隔式匝道横断面的组成

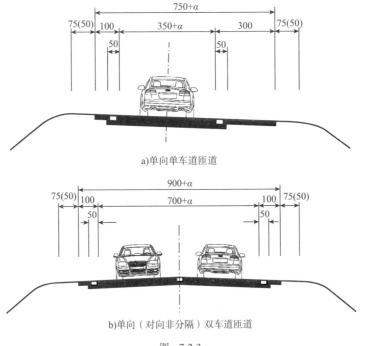

a) 单向单车道匝道

b) 单向（对向非分隔）双车道匝道

图　7-2-3

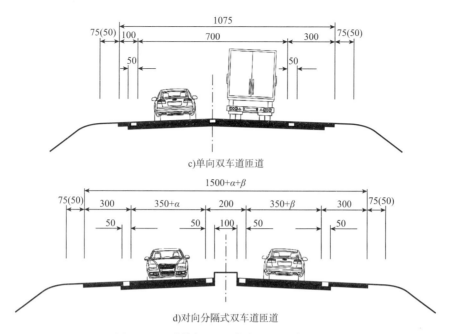

图 7-2-3 匝道横断面的基本类型(尺寸单位:cm)
α、β-圆曲线路段加宽值

此外,另规定当匝道按高速公路延续路段设计时,应采用高速公路分离式断面。

(3)横断面组成宽度

匝道横断面各组成部分的宽度可按表 7-2-1 取值,并应符合下列规定:

①当匝道设计速度大于 60km/h 时,车道宽度可采用 3.75m。

②左侧硬路肩(含路缘带)宽度为 1.00m;当单向双车道匝道设供紧急停车用的右侧硬路肩时,左侧硬路肩宽度可采用 0.75m。

③当右侧硬路肩具有紧急停车功能时,其宽度应采用表中一般值,当交通组成以小客车为主时,可采用括号中值;当受地形、地物等条件限制时,受限路段右侧硬路肩可适当减窄,但其宽度不应小于表中最小值;当为对向分隔式双车道时不应小于括号中最小值。

④当条件受限时,土路肩宽度可采用表中最小值。

匝道横断面各组成部分宽度值　　　表 7-2-1

组成部分		车道	路缘带	左侧硬路肩(含路缘带)	右侧硬路肩(含路缘带)		土路肩
					有紧急停车功能	无紧急停车功能	
宽度(m)	一般值	3.50	0.50	1.00	3.00(2.50)	1.00	0.75
	最小值	—	—	0.75	1.50(2.00)	—	0.50

2)匝道车道加宽及加宽过渡设计

车辆转弯时实际占用的路面宽度较直线路段更宽,当圆曲线半径较小时,若匝道路面宽度按标准横断面宽度取值可能难以满足运行要求。因此,匝道圆曲线路段的路面应按照通行条件要求在圆曲线内侧予以加宽,对向分隔式匝道则宜在内、外侧分别加宽。

路面加宽值受通行条件控制,匝道通行条件应根据互通式立交的功能、交通量及其组成等确定,并应满足当路肩停有车辆时另一辆车能慢速通过的通行条件,或两辆车能慢速并行或错车通过。车型则主要根据交通量组成等确定。对长度很短的平面交叉转弯车道或交通量很少的 U 形转弯车道等,可采用只通行一辆大型车的通行条件。

(1)加宽值规定

根据《立交细则》规定,圆曲线路段路面加宽的通行条件应符合表 7-2-2 的规定。

匝道路面通行条件   表 7-2-2

匝道横断面类型	通行条件	
	一般通行条件	特殊通行条件
单向单车道(Ⅰ型)	当路肩停有载重汽车时,铰接列车能慢速通过	当路肩停有小客车时,铰接列车能慢速通过
对向分隔式双车道(Ⅳ型)		
单向双车道(Ⅱ、Ⅲ型)	两辆铰接列车能慢速并行或错车通过	铰接列车与载重汽车能慢速并行或错车通过

当采用一般通行条件时,匝道圆曲线路段的路面加宽值可由表 7-2-3 查取。

匝道圆曲线路段路面加宽值   表 7-2-3

匝道圆曲线半径 R(m)				路面加宽值 (m)
单向单车道 (Ⅰ型)	无紧急停车带的 单向双车道(Ⅱ型)	对向分隔式双车道(Ⅳ型)		
		曲线内侧车道	曲线外侧车道	
		$25 \leq R < 26$		3.50
	$25 \leq R < 26$	$26 \leq R < 27$		3.25
	$26 \leq R < 27$	$27 \leq R < 28$		3.00
	$27 \leq R < 28$	$28 \leq R < 30$		2.75
	$28 \leq R < 30$	$30 \leq R < 32$	$25 \leq R < 26$	2.50
$25 \leq R < 27$	$30 \leq R < 31$	$32 \leq R < 35$	$26 \leq R < 29$	2.25
$27 \leq R < 29$	$31 \leq R < 33$	$35 \leq R < 38$	$29 \leq R < 32$	2.00
$29 \leq R < 32$	$33 \leq R < 35$	$38 \leq R < 42$	$32 \leq R < 36$	1.75
$32 \leq R < 35$	$35 \leq R < 37$	$42 \leq R < 46$	$36 \leq R < 40$	1.50
$35 \leq R < 38$	$37 \leq R < 39$	$46 \leq R < 53$	$40 \leq R < 46$	1.25
$38 \leq R < 43$	$39 \leq R < 42$	$53 \leq R < 60$	$46 \leq R < 55$	1.00
$43 \leq R < 50$	$42 \leq R < 46$	$60 \leq R < 73$	$55 \leq R < 67$	0.75
$50 \leq R < 58$	$46 \leq R < 50$	$73 \leq R < 92$	$67 \leq R < 85$	0.50
$58 \leq R < 70$	$50 \leq R < 55$	$92 \leq R < 123$	$85 \leq R < 117$	0.25
$R \geq 70$	$R \geq 55$	$R \geq 123$	$R \geq 117$	0

注:Ⅳ型匝道的圆曲线半径为中央分隔带中心线半径,其余为车道中心线半径。

同时,在加宽值的选用中,应有以下注意要点:

①表 7-2-3 中,路面加宽值按匝道路面标准宽度计算确定,其中Ⅰ型和Ⅳ型为硬路肩为 3.00m 时的路面标准宽度,Ⅱ型为标准横断面时的路面宽度。因此,当路面标准宽度有变化时应重新计算确定。

②当Ⅰ型匝道与Ⅳ型匝道在相同半径圆曲线路段衔接时(图 7-2-4),由于两类匝道的圆曲线半径位置不同即设计基线不同,且Ⅳ型匝道单向路面宽度小于Ⅰ型匝道,故应按Ⅳ型匝道选取加宽值。

③当Ⅲ型匝道硬路肩宽度为3.00m且圆曲线半径大于32m时,匝道路面标准宽度满足一般通行条件,故可不予加宽。

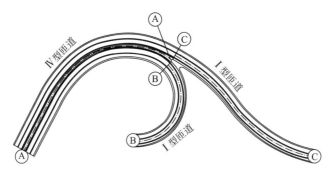

图7-2-4　Ⅰ型与Ⅳ型匝道衔接示意图
A、B、C-匝道编号

（2）加宽过渡方式

匝道路面加宽过渡宜在回旋线路段或超高过渡段进行,且加宽过渡段长度不应小于10m。路面加宽过渡方式有线性过渡、抛物线过渡和线性过渡加两端插入曲线过渡等。

①线性过渡。

当匝道路面加宽渐变率小于1/25时,加宽可采用线性过渡。匝道路面加宽过渡示意见图7-2-5,加宽过渡段上任一点的路面加宽值可按下式计算:

$$B_X = B \cdot \beta \tag{7-2-1}$$

$$\beta = \frac{L_X}{L} \tag{7-2-2}$$

式中:B_X——加宽过渡段上任一点的路面加宽值(m);
　　　B——圆曲线路段路面加宽值(m);
　　　β——加宽过渡段上任一点至起点距离与加宽过渡段全长比;
　　　L_X——加宽过渡段上任一点至起点的距离(m);
　　　L——加宽过渡段全长(m)。

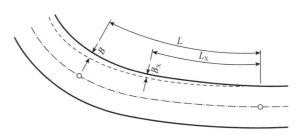

图7-2-5　匝道路面加宽过渡示意图

②抛物线过渡。

当匝道路面加宽渐变率大于或等于1/25时,加宽可采用三次抛物线或四次抛物线过渡,加宽过渡段上任一点的路面加宽值可按下式计算:

三次抛物线过渡：
$$B_X = B(3\beta^2 - 2\beta^3) \qquad (7\text{-}2\text{-}3)$$

四次抛物线过渡：
$$B_X = B(4\beta^3 - 3\beta^4) \qquad (7\text{-}2\text{-}4)$$

式中：B_X——加宽过渡段上任一点的路面加宽值(m)；

B——圆曲线路段路面加宽值(m)；

β——加宽过渡段上任一点至起点距离与加宽过渡段全长比。

③线性过渡两端插入曲线。

该类过渡方式常用于匝道收费广场，广场两端与相邻路段的路面加宽渐变率不宜大于1/5，条件受限则不应大于1/3。当路面加宽采用线性过渡时，两端应插入曲线，且其切线长不应小于10m，如图7-2-6所示。采用抛物线过渡时，可按上述方法计算。

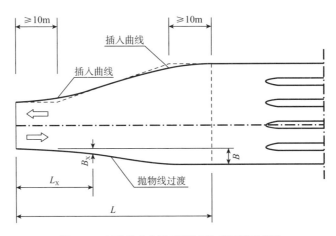

图7-2-6 匝道收费广场两端路面加宽过渡示意图

3)匝道车道超高及超高过渡设计

(1)匝道车道超高

2017年版《路线规范》规定，当匝道圆曲线半径小于不设超高的最小半径时，圆曲线路段应设置超高，不同路面横坡度的路段之间应设置超高过渡段。

①最大超高。

在一定设计速度条件下，当圆曲线半径小于一定值时，通过路面设置超高可为车辆提供其重力在离心力相反方向的分力，以达到抵消部分横向力的效果。因此，匝道最大超高值可受匝道设计速度、圆曲线半径控制；此外，匝道最大超高值的确定还取决于低速运行车辆的频率和稳定性、车辆重心的高低、气候条件、地形条件和地区类别、匝道线形特征、外观及与周围景观的协调等因素。

《立交细则》规定，匝道圆曲线路段的最大超高宜采用6%，在积雪冰冻地区，最大超高不得大于6%；在非积雪冰冻地区，当交通组成以小客车为主时，匝道最大超高可适当增大，但不应大于8%。

②圆曲线路段超高。

匝道圆曲线路段的超高值应根据匝道设计速度、最大超高和圆曲线半径采用不同的超高值。超高值与设计速度、圆曲线半径和横向力系数的关系见式(7-2-5)。

$$i = \frac{v^2}{127R} - f \qquad (7\text{-}2\text{-}5)$$

式中：i——超高值；

v——设计速度(km/h)；

R——圆曲线半径(m)；

f——横向力系数。

参考《公路横向力系数》的研究成果,按照最大超高为6%和8%两种情况,对横向力系数进行分配,得出不同圆曲线半径时的横向力系数,并得到最大超高分别为6%和8%时横向力系数与圆曲线半径的关系,见图7-2-7和图7-2-8,进而计算得到不同路段圆曲线半径时的超高值(表7-2-4)。

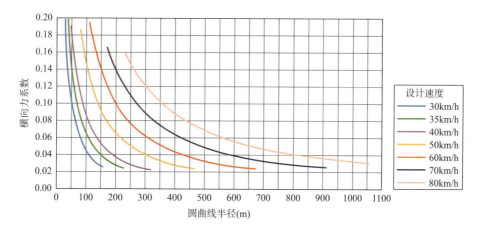

图 7-2-7　最大超高为 6% 时横向力系数与圆曲线半径的关系

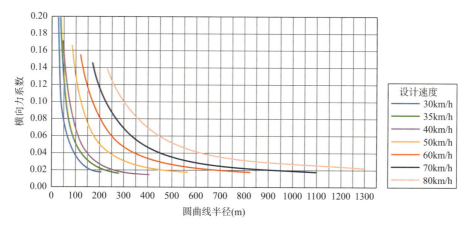

图 7-2-8　最大超高为 8% 时横向力系数与圆曲线半径的关系

匝道圆曲线路段超高值　　　　　表 7-2-4

匝道设计速度（km/h）	80		70		60		50		40		35		30		超高（%）
最大超高（%）	8	6	8	6	8	6	8	6	8	6	8	6	8	6	
圆曲线半径 R(m)	230≤R<290	—	175≤R<240	—	120≤R<160	—	80≤R<100	—	50≤R<60	—	35≤R<40	—	25≤R<30	—	8
	290≤R<390	—	240≤R<320	—	160≤R<220	—	100≤R<140	—	60≤R<90	—	40≤R<60	—	30≤R<40	—	7
	390≤R<510	230≤R<290	320≤R<420	175≤R<230	220≤R<300	120≤R<160	140≤R<200	80≤R<100	90≤R<130	50≤R<70	60≤R<90	35≤R<50	40≤R<60	25≤R<30	6
	510≤R<660	290≤R<430	420≤R<560	230≤R<360	300≤R<400	160≤R<250	200≤R<270	100≤R<160	130≤R<180	70≤R<100	90≤R<130	50≤R<70	60≤R<90	30≤R<50	5
	660≤R<900	430≤R<660	560≤R<770	360≤R<560	400≤R<560	250≤R<400	270≤R<380	160≤R<260	180≤R<260	100≤R<170	130≤R<190	70≤R<120	90≤R<130	50≤R<80	4
	900≤R<1330	660≤R<1050	770≤R<1130	560≤R<910	560≤R<830	400≤R<670	380≤R<570	260≤R<460	260≤R<400	170≤R<320	190≤R<290	120≤R<230	130≤R<210	80≤R<160	3
	1330≤R<2500	1050≤R<2500	1130≤R<2000	910≤R<2000	830≤R<1500	670≤R<1500	570≤R<1000	460≤R<1000	400≤R<600	320≤R<600	290≤R<500	230≤R<500	210≤R<350	160≤R<350	2

（2）超高过渡

①超高过渡方式。

具有不同超高值或横坡度的路段之间应设置超高过渡段。匝道超高的过渡方式主要有绕车道中心旋转和绕左侧路缘带外缘旋转两种，如图 7-2-9 所示。

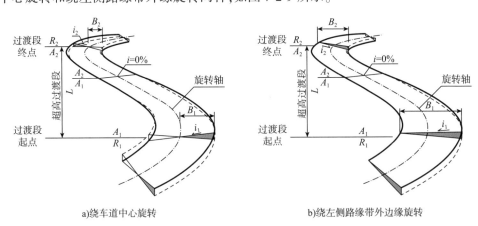

图 7-2-9　匝道超高过渡方式示意图

a.绕车道中心旋转。

当匝道断面为单向或对向无中央分隔带时，超高过渡以车道中心线为旋转轴，路面绕其旋转,直至达到超高横坡值[图 7-2-10a)]。当断面为对向有中央分隔带时,分别以两侧车道中心线为旋转轴,两侧路面分别绕其旋转,使其各自成为独立的单向超高[图 7-2-10b)]。

当对向分隔式匝道的中央分隔带铺筑路面时,可将中间带的中心线作为旋转轴,按绕车道中心旋转的方法进行超高过渡。

b. 绕左侧路缘带外援旋转。

当匝道断面为单向或对向无中央分隔带时,超高过渡以左侧路缘带外边缘线为旋转轴,路面绕其旋转,直至达到超高横坡值[图 7-2-10c)]。当断面为对向有中央分隔带时,以中央分隔带两外边缘线为旋转轴,两侧路面分别绕其旋转,使之各自成为独立的单向超高,中央分隔带维持原水平状态[图 7-2-10d)]。

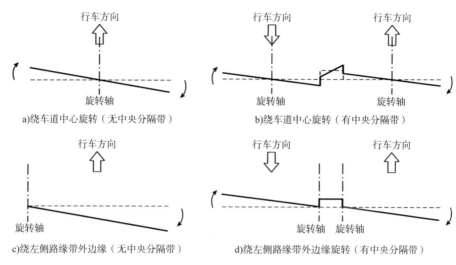

图 7-2-10 旋转轴位置及旋转方式示意图

②超高渐变率。

a. 超高最大渐变率。

匝道超高渐变率指路面边缘相对于旋转轴或纵断面设计基线的倾斜度,同时反映了路面空间曲面的圆滑度。当渐变率过大时,过渡段两端的路面尤其路面边缘附近会形成明显的折线,对车辆运行的平稳性和视觉不利。因此,超高最大渐变率的确定应考虑行车舒适性与安全性,其计算见式(7-2-6)。

$$\omega = \frac{h}{B'} \cdot \frac{1}{3.6L_c/v} = \frac{v}{3.6B'} \cdot \frac{h}{L_c} = \frac{v}{3.6B'}P_{max} \quad (7-2-6)$$

式中:ω——旋转轴外侧的路面旋转角度(rad/s);

h——超高值(m);

v——行驶速度(km/h),可取设计速度;

B'——旋转轴外侧的行车道宽度(包含路缘带)(m);

L_c——超高过渡段长度(m);

P_{max}——超高最大渐变率。

2017 年版《路线规范》中规定了匝道超高渐变率,见表 7-2-5。

匝道最大超高渐变率 表 7-2-5

匝道设计速度 (km/h)	断面类型及旋转轴位置			
	单向单车道		单向双车道及非分隔式对向双车道	
	左路缘带外边线	行车道中心线	左路缘带外边线	行车道中心线
80	1/200	1/250	1/150	1/200
70	1/175	1/235	1/135	1/185
60	1/150	1/225	1/125	1/175
50	1/125	1/200	1/100	1/150
≤40	1/100	1/150	1/100	1/150

b. 超高最小渐变率。

超高渐变率很小时即可以达到良好的过渡效果,但此时过渡段上存在较长的横坡接近水平路段,当纵断面也接近于平坡时,容易导致排水不畅并妨碍车辆的正常运行。因此,对超高过渡段的最小渐变率也应有所限制。

当匝道超高过渡段位于凹形竖曲线底部或纵坡小于0.5%的路段且在横坡接近水平状态位置附近时,属于路面排水困难路段。其中横坡接近水平的路段包括直线向曲线路段过渡段和反向平曲线拐点附近路段。其超高最小渐变率 P_{min} 可根据式(7-2-7)计算,计算得到排水困难路段匝道超高最小渐变率见表 7-2-6。

$$P_{min} = \frac{B' \cdot \Delta i}{L_{cm}} \quad (7-2-7)$$

式中:B'——旋转轴外侧的行车道宽度(包含路缘带)(m);

L_{cm}——匝道排水不畅路段最大长度(m);

Δi——旋转轴外侧超高坡度与路拱坡度的代数差绝对值,可取4%。

排水困难路段匝道超高最小渐变率 表 7-2-6

断面类型		单向单车道	单向双车道、非分隔式对向双车道
旋转轴位置	行车道中心线	1/800	1/500
	路缘带外边线	1/500	1/300

4) 主线及匝道分合流连接部前后车道数平衡

主线及匝道分合流连接部前后车道数平衡,即要求主线与匝道分合流前后的车道总数应保持平衡关系。其目的在于使出、入口处每个方向的车道数保持连续或变化最小,并清楚地显示前方道路的去向。

(1) 分流连接部

分流前后的车道数关系见图 7-2-11,且应符合式(7-2-8)要求。分流前的车道数等于分流后的主线与匝道车道数之和,或为分流后车道数之和减去一个车道,即主线基本车道数每次减少的车道数不超过一个车道。

$$N_C = \begin{cases} N_F + N_E - 1 \\ N_F + N_E \end{cases} \qquad (7\text{-}2\text{-}8)$$

式中：N_C——分流前的主线车道数；
　　　N_F——分流后的主线车道数；
　　　N_E——匝道车道数。

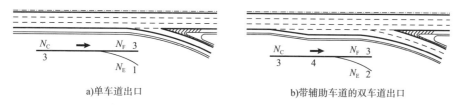

图 7-2-11　主线及匝道分流连接部前后车道数平衡

（2）合流连接部

合流前后的车道数之间关系见图 7-2-12，且应符合式（7-2-8）要求。合流后的车道数等于合流前主线与匝道车道数之和，或者为合流前的车道数之和减去一个车道，即主线基本车道数每次增加的车道数不超过一个车道。这时，式（7-2-8）中符号的含义为：N_C 表示合流后的主线车道数；N_F 表示合流前的主线车道数；N_E 表示匝道车道数。

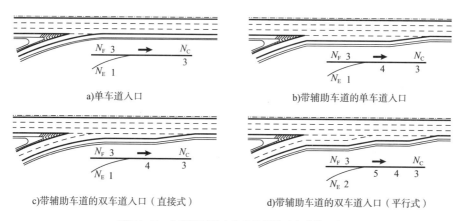

图 7-2-12　主线及匝道合流连接部前后车道数平衡

7.2.2　单车道匝道横断面宽度优化设计

1）单车道匝道路基宽度存在的问题

（1）单车道匝道路基宽度原标准偏低

我国 1994 年版和 2006 年版《路线规范》将单车道匝道标准路基宽度规定为 8.5m，其中行车道宽度 3.5m，右侧硬路肩宽度 2.5m，左侧硬路肩宽度 1.0m（包含 0.5m 左侧路缘带），土路肩宽度 0.75m；当条件受限时，右侧硬路肩可由 2.5m 减为 1.5m，此时单车道匝道路基宽度为 7.5m。对向分隔式双车道匝道路基总宽度为 15.5m，其横断面宽度组成与单车道匝道基本相同。

2017年版《路线规范》在原有单车道匝道8.5m横断面宽度的基础上,将右侧硬路肩宽度由2.5m提升至3.0m,使单车道匝道路基总宽度达到9.0m。规定条件受限时,右侧硬路肩宽度可采用1.5m,且土路肩宽度可由0.75m减至0.5m,即最小路基宽度为7.5m。对向分隔式双车道匝道路基总宽度为16.5m,横断面宽度组成与单车道匝道基本相同;当匝道设计速度大于60km/h时,车道宽度可采用3.75m。同时,匝道路面加宽值基本上较2006年版《路线规范》提升约0.25m。《立交细则》规定与2017年版《路线规范》一致。

综上所述,2017年版《路线规范》中对于单车道匝道或对向分隔式双车道匝道(以下统称为"单车道匝道")路基宽度规定,较2006年版《路线规范》宽约1.0m。该修订主要考虑了近年来我国高速公路交通运输中超宽超长车辆明显增多的实际情况,且我国2014年版《标准》对设计车辆外廓尺寸进行了相应调整。我国2003年版及之前版本《公路工程技术标准》采用的设计车辆外廓尺寸中,车辆最大长度为16m(表7-2-7);而2014年版《标准》采用的设计车辆外廓尺寸规定中,将车辆最大长度提升为18.1m(表7-2-8),二者相差2.1m。

2003年版及之前《公路工程技术标准》中设计车辆外轮廓尺寸   表7-2-7

车辆类型	总长(m)	总宽(m)	总高(m)	前悬(m)	轴距(m)	后悬(m)
小客车	6	1.8	2	0.8	3.8	1.4
载重汽车	12	2.5	4	1.5	6.5	4
鞍式列车	16	2.5	4	1.2	4+8.8	2

2014年版《标准》中设计车辆外轮廓尺寸   表7-2-8

车辆类型	总长(m)	总宽(m)	总高(m)	前悬(m)	轴距(m)	后悬(m)
小客车	6	1.8	2	0.8	3.8	1.4
大型客车	13.7	2.55	4	2.6	6.5+1.5	3.1
铰接客车	18	2.5	4	1.7	5.8+6.7	3.8
载重汽车	12	2.5	4	1.5	6.5	4
铰接列车	18.1	2.55	4	1.5	3.3+11	2.3

2017年之前完成施工图设计并在建设或运营的高速公路中,互通式立交匝道路基宽度均采用了1994年版或2006年版《路线规范》规定值,即单车道匝道路基宽度较2017年版《路线规范》规定值减小约1.0m。因此当匝道圆曲线半径较小时,匝道路基宽度难以适应超宽超长车辆的正常通行要求。

(2)国家标准之间的修订不同步带来的问题

2017年版《路线规范》和《立交细则》依据2014年版《标准》中的设计车辆外廓尺寸(表7-2-8),选取了长度最大的18.1m铰接列车作为匝道路基宽度与路面加宽的通行条件。2014年版《标准》中设计车辆的车型标准则是依据《道路车辆外轮廓尺寸、轴荷及质量限值》(GB 1589—2004)(以下简称2004年版《车辆限值》)中的规定而制定,但在《汽车、挂车及汽车列车外廓尺寸、轴荷及质量限值》(GB 1589—2016)(以下简称2016年版《车辆限值》)中,已对2004年版《车辆限值》的相关规定进行了修改(表7-2-9),即在挂车系列中增加了中置轴、牵引杆挂车,并在汽车系列中增加了货车列车;其中,货车列车车辆长度最大限值为22.0m,较2014年版《标准》中长度最大的18.1m铰接列车长度增加了3.9m。但目前2017年版《路线规范》与《立交细则》中,匝道路基宽度与路面加宽的通行条件仍然采用了18.1m铰接列车(表7-2-10)。

设计车辆外轮廓尺寸 表7-2-9

车辆类型		总长(m)	总宽(m)	总高(m)	前悬(m)	轴距(m)	后悬(m)
2004年版《车辆限值》规定	小客车	6	1.8	2	0.8	3.8	1.4
	大型客车	13.7	2.55	4	2.6	6.5+1.5	3.1
	铰接客车	18	2.5	4	1.7	5.8+6.7	3.8
	载重汽车	12	2.5	4	1.5	6.5	4
	铰接列车	18.1	2.55	4	1.5	3.3+11	2.3
2016年版《车辆限值》新增加车型	货车列车	22.0	2.55	4	1.5	8.5+9.7	2.3
养护专用作业车(载重汽车)		12	2.55	4	1.5	6.5	4

注:表中铰接客车、载重汽车总宽度,在2016年版《车辆限值》中已修订为2.55m。

《立交细则》中匝道路面通行条件 表7-2-10

匝道横断面类型	通行条件	
	一般通行条件	特殊通行条件
单向单车道(Ⅰ型)	当硬路肩停有载重汽车时,铰接列车能慢速通行	当硬路肩停有小客车时,铰接列车能慢速通行
对向分隔式双车道(Ⅳ型)		

随着公路交通运输行业与物流市场的迅速发展,越来越多符合2016年版《车辆限值》22.0m最大长度规定的超宽超长车辆在互通式立交匝道上通行。但匝道圆曲线半径总体仍较小,特别是环形匝道,使得超宽超长的车辆在单车道匝道上即使以较慢的车速行驶,仍然难以顺畅通行,非常容易发生与防撞护栏碰擦、剐蹭进而导致侧翻等事故(图7-2-13),这不仅增加了公路养护成本,甚至引发重大交通事故。

图7-2-13 单车道匝道交通事故图

(3)匝道公路养护停车对交通影响较大

近年来,国家高速公路网建设步伐的日益加快,高速公路总里程不断增加,公路养护需求与日俱增,且对精细化养护管理理念越发重视。但2014年版《标准》中对超宽超长车辆数量的迅速增长考虑不足,在匝道养护期间对交通带来较大的影响。据调查,在公路养护作业期间,为保证养护车辆停靠及工人作业安全,必须在匝道的一定长度范围内采取交通管制等措施,如设置隔离墩、限速标志牌等(图7-2-14)。但在圆曲线半径较小的匝道路段,匝道宽度不足情况普遍存在,造成养护人员及正常行驶车辆面临着较高的安全风险,并严重影响匝道的通行能力。近年,部分省份从基于匝道养护需求考虑,统一采用"应考虑超车之需"作为新建高速公路包括环形匝道在内的所有匝道路基宽度的设置条件。

图 7-2-14　公路养护交通管制图

2）单车道匝道路基横断面宽度优化

（1）匝道路基横断面宽度的通行条件

根据上述分析，匝道路基横断面宽度应满足 2016 年版《车辆限值》中规定的最长车型，即 22.0m 货车列车的通行要求。在互通式立交单车道匝道上，事故车辆停靠在硬路肩上的情况较少，但存在较多的公路养护专用作业车（载重汽车）在路肩停车或低速行驶情况。因此，单车道匝道路基横断面宽度设计时的通行条件，应满足公路养护专业作业用车在右侧路肩上低速行驶时货车列车可同时正常通行的要求，即宜符合表 7-2-11 中的通行条件要求。

匝道养护维修期间的通行条件　　　　　　表 7-2-11

匝道横断面类型	通行条件
单向单车道（Ⅰ型）	当专用作业车利用匝道硬路肩保持低速行驶时，货车列车能正常通行
对向分隔式双车道（Ⅳ型）	

（2）单车道匝道路基横断面宽度的建议值

各国规范在规定行车道宽度时，普遍采用了波良可夫经验公式［式(7-2-9)］进行计算。在上述通行条件下，$v \leqslant 20$km/h 时为低速行驶状态，$v \geqslant 40$km/h 时为正常行驶状态，根据式(7-2-9)即可计算得到同向行车的横向安全距离。

$$D = 0.7 + 0.02v^{0.75} \tag{7-2-9}$$

式中：D——车辆的侧向安全余宽或同向行车的横向安全距离（m）；

　　　v——车辆的行驶速度（km/h）。

基于 2016 年版《车辆限值》中货车列车与公路养护专用作业车的宽度规定，并结合波良可夫经验公式，可得货车列车与专用作业车在正常行驶（$v=40$km/h）状态下，所需车道宽度分别为 3.57m、3.44m。因此，在该通行条件下，单车道匝道路基横断面组成及宽度可取用为：0.75m 土路肩 + 0.50m 左侧路缘带 + 3.57m 货车列车行车道 + 0.50m 路缘带 + 3.44m 专用作业车行车道 + 0.50m 路缘带 + 0.75m 土路肩 = 10.01m。考虑匝道两侧受防撞护栏限制，货车容易剐蹭护栏，总宽度宜取 10.5m，以满足公路养护期间的临时停车和在路肩上低速行驶的通行条件。公路养护期间，匝道临时断面布置可参照图 7-2-15。

10.5m 的匝道路基宽度与 2017 年版《路线规范》规定的 Ⅱ 型单向双车道匝道总宽度相同，可为其将来改造为单向双车道匝道以提高通行能力预留充足的空间。同时，该宽度较 2006 年版《路线规范》中的单向单车道匝道 8.5m 标准宽度规定增加 2.0m，较 2017 年版《路线规范》和《立交细则》中9.00m标准宽度规定增加1.5m。考虑互通式立交匝道长度总体较短,且将来超宽、超长车辆越来越多,因此建议新建高速公路单车道匝道采用10.5m的路基宽度。

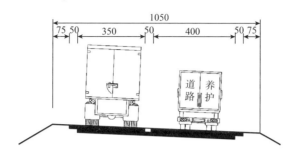

图7-2-15 单向单车道匝道养护期间断面车辆布置图(尺寸单位:cm)

3)单车道匝道车道路面加宽值

(1)匝道圆曲线路段车道路面加宽的通行条件

匝道车道路面加宽的通行条件,同样应满足2016年版《车辆限值》中最大长度货车列车的正常通行要求,同时还应考虑匝道两侧防撞护栏对侧向余宽的影响;进而根据不同的匝道圆曲线半径,确定匝道车道路面加宽值。

(2)匝道圆曲线路段路面加宽值计算模型

由于车辆在圆曲线段行驶时占用的路面宽度宽于直线路段,当按匝道标准横断面取用的路面宽度不能满足车辆通行需求时,圆曲线段路面应予以加宽。影响匝道加宽值的因素主要有圆曲线半径、交通组成、车辆的转弯性能、车身尺寸、匝道路面的通行条件等。本节主要研究满足2016年版《车辆限值》中的货车列车在正常通行条件下,圆曲线半径对行车道加宽值的影响。

① 车辆转向和转动半径。

通常车辆的后轮与后轴成直角安装,车辆在行驶中靠前轮来实现转向。车辆前轮的各轴中心线的延长线和后轴中心线的延长线交会在车辆转动半径的圆心上,即前轮各轴将会以不同的角度 α 和 β 转动。因此,车辆的转向架之间并不是相互平行的,而会形成一定角度,并交于 O 点(图7-2-16)。

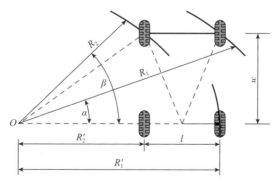

图7-2-16 车辆的转向与转动半径

l-车轮间距(假设前后轮间距相等)(m);R_1-前轴外侧轮的回转半径(m);R_1'-后轴外侧轮的回转半径(m);w-轴距(m);R_2-前轴内侧轮的回转半径(m);α-前轴外侧轮的转向角度(°);R_2'-后轴内侧轮的回转半径(m);β-前轴内侧轮的转向角度(°)

其中，R_1、R_1'、R_2、R_2'的计算分别见式(7-2-10)。

$$\left.\begin{array}{l} R_1 = w\csc\alpha \\ R_1' = w\cot\alpha \\ R_2 = w\csc\beta \\ R_2' = w\cot\beta \end{array}\right\} \quad (7\text{-}2\text{-}10)$$

式中：$\alpha = \arctan\dfrac{w}{R + \dfrac{l}{2}}$；

$\beta = \arctan\dfrac{w}{R - \dfrac{l}{2}}$。

②圆曲线路段车轮及车体的轨迹。

车辆在圆曲线路段行驶时，前轮与后轮的行驶轨迹不同(图7-2-17)。车辆转向靠前轮完成，后轮跟随前轮行驶，且前轮转向半径大于后轮。因此在圆曲线路段，为使后轮不脱离行车道，应在直线段车轴的宽度基础上加宽内外轮轨迹差值w_0。

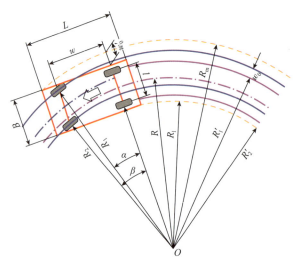

图7-2-17　车轮及车体行驶轨迹

B-车辆宽度(m)；L-车辆长度(m)；R-行车道中心曲线半径(m)；R_m-外侧圆曲线半径(m)；R_1-内侧圆曲线半径(m)；w_0'-车体内移值(m)

由图中的几何关系可得内外轮轨迹差值w_0的计算公式，见式(7-2-11)。

$$w_0 = R_1 - R_1' = w(\csc\alpha - \cot\alpha) \quad (7\text{-}2\text{-}11)$$

但实际上，式(7-2-11)仅考虑了车轮内移值，对匝道车道宽度还必须考虑车体的轨迹，即可将曲线段车辆的宽度取为$B + w_0'$。因此可将式(7-2-11)转化为式(7-2-12)：

$$w_0' = \sqrt{w^2 + (B + w\cot\beta)^2} - w\cot\beta - B \quad (7\text{-}2\text{-}12)$$

(3)匝道圆曲线路段路面加宽值

为便于计算,可将车轮间距近似作为车辆宽度,即取 $B=l$。根据式(7-2-12),即可计算出单车道匝道(Ⅰ型)、对向分隔式双车道匝道(Ⅳ型)两类匝道的圆曲线路段车道路面加宽值。当采用上述通行条件时,匝道圆曲线路段路面加宽值如表 7-2-12 所示,即在 2017 年版《路线规范》规定的匝道基本宽度基础上加宽约 0.50m。

匝道圆曲线路段车道路面加宽值　　　　　表 7-2-12

匝道圆曲线半径 R(m)		路面加宽值(m)
单向单车道(Ⅰ型)	对向分隔式双车道(Ⅳ型)	
	$25 \leqslant R < 26$	3.50
	$26 \leqslant R < 28$	3.25
$25 \leqslant R < 26$	$28 \leqslant R < 30$	3.00
$26 \leqslant R < 28$	$30 \leqslant R < 33$	2.75
$28 \leqslant R < 30$	$33 \leqslant R < 36$	2.50
$30 \leqslant R < 33$	$36 \leqslant R < 40$	2.25
$33 \leqslant R < 36$	$40 \leqslant R < 44$	2.00
$36 \leqslant R < 40$	$44 \leqslant R < 50$	1.75
$40 \leqslant R < 44$	$50 \leqslant R < 57$	1.50
$44 \leqslant R < 50$	$57 \leqslant R < 67$	1.25
$50 \leqslant R < 57$	$67 \leqslant R < 81$	1.00
$57 \leqslant R < 67$	$81 \leqslant R < 102$	0.75
$67 \leqslant R < 81$	$102 \leqslant R < 139$	0.50
$81 \leqslant R < 102$	$139 \leqslant R < 215$	0.25
$R \geqslant 102$	$R \geqslant 215$	0

4)单车道匝道横断面组成及宽度值

(1)单车道匝道横断面组成对交通安全的影响

①单车道匝道硬路肩过宽对交通安全的影响。

据调查,为满足公路养护需要,部分省份采用了大于 2017 年版《路线规范》与《立交细则》中 3.0m 规定的硬路肩宽度值,部分项目硬路肩宽度甚至达到宽于行车道的 4.0m 或 4.5m[图 7-2-18a)]。此种做法尽管解决了匝道公路养护中安全、通畅通行需要的问题,但由于路肩过宽,出现多数车辆在加宽的硬路肩上行驶,将行车道作为超车道或从加宽的硬路肩上超车的情况,进一步导致频繁的超车与加速、超速行驶行为,从而诱发交通事故[图 7-2-18b)]。因此,硬路肩宽度应避免出现右侧大于 3.0m,而左侧仅有 0.5m 路缘带的横断面宽度组成。

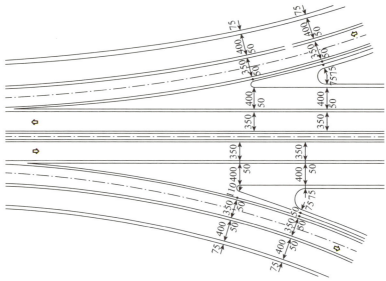

a) 匝道硬路肩宽度为4.0m(尺寸单位: cm)

b) 车辆利用匝道硬路肩超车

图 7-2-18　匝道硬路肩过宽及存在的问题

②匝道横断面组成中侧向安全余宽对交通安全的影响。

从有利于交通安全考虑,尽管单车道匝道路基宽度采用10.5m时,基本符合双车道匝道的路基宽度要求,但原则上匝道交通需求小于单车道匝道通行能力(≤1000pcu/h)时,应按单车道形式布置。如果采用双车道匝道横断面组成:a. 土路肩被防撞护栏占用后,左右侧都仅有0.50m的路缘带作为侧向余宽。国内外资料显示,当路肩宽度达1m以上时,对车速影响较小,仅0.50m的车道侧向余宽不利于提高匝道的通行能力。b. 侧向余宽小,视距的横净距小,难以满足车道的停车视距要求。c. 双车道匝道提供了在较小半径的匝道曲线上,车辆保持并排或相互超越行驶的可能,但是也带来更大的交通安全风险。

(2) 单车道匝道横断面组成及宽度值

①单车道匝道路基宽度的采用。

根据匝道圆曲线路段路面加宽计算值(表7-2-12),当圆曲线半径大于40m(Ⅰ型)或50m

(Ⅳ型)时,加宽值小于或等于 1.5m。同时根据本节中单车道匝道宽度优化的计算结果,加宽后匝道路基基本宽度应为 10.5m(Ⅰ型)或 19.5m(Ⅳ型),在现行规范的基础上,单向已增加 1.5m。因此,当匝道圆曲线半径大于 40m(Ⅰ型)或 50m(Ⅳ型)时,不需再考虑圆曲线路段路基加宽。综合分析来看,结合匝道公路养护 10.5m 的路基宽度需求,并考虑匝道长度总体较短,因此建议新建高速公路单车道匝道路基宽度采用 10.5m,对向分隔式双车道匝道路基宽度采用 19.5m。

②单车道匝道横断面组成及宽度值。

考虑匝道平面线形多为小半径的圆曲线,基于曲线路段行加宽需求考虑,行车道宽度宜采用 4.0m;基于车道侧向安全余宽和避免提供超车条件考虑,左侧硬路肩宽度宜采用 2.0m,右侧硬路肩宜采用 3.0m。综上所述,单车道匝道横断面组成的布置及宽度值如图 7-2-19a)所示,对向分隔式双车道匝道横断面组成及宽度值与单车道匝道应一致,如图 7-2-19b)所示。

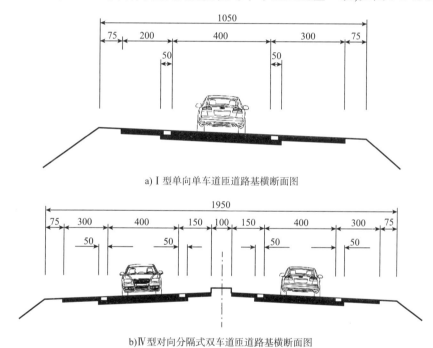

a)Ⅰ型单向单车道匝道路基横断面图

b)Ⅳ型对向分隔式双车道匝道路基横断面图

图 7-2-19　单车道匝道横断面组成及宽度值(尺寸单位:cm)

5)已建高速公路单车道匝道路基宽度不足路段及优化设计

(1)单车道匝道路基宽度不足路段

依据 1994 年版或 2006 年版《路线规范》设计并建成通车的高速公路中,单车道匝道路基宽度通常为 8.5m,条件受限情况下最小值为 7.0m;对向分隔式双车道匝道路基总宽度通常为 15.5m,最小值为 14.0m。根据本章提出的匝道通行条件及加宽值计算结果,当单车道匝道圆曲线半径小于 100m 时,匝道横断面存在总宽度不足的问题。如图 7-2-20、图 7-2-21 所示,单喇叭形或苜蓿叶形互通式立交中的 A、B、D、E 四个匝道圆曲线路段均存在路面加宽不足的可能,且圆曲线半径小于 200m 时的对向双车道匝道也存在加宽不足,如图 7-2-20 中的 C 匝道。

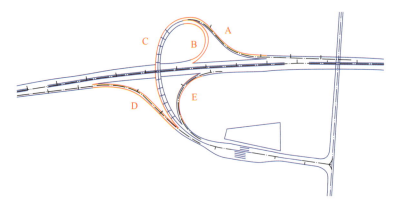

图 7-2-20　单喇叭形互通匝道曲线加宽不足位置图

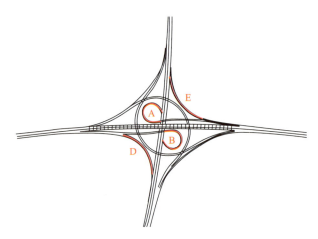

图 7-2-21　苜蓿叶形互通匝道曲线加宽不足位置图

(2)既有互通式立交单车道匝道路基宽度不足时局部改建方案

①方案一:仅加宽四个单向单车道匝道。

四个单向单车道匝道宽度均采用 10.5m,具体方案为:a.将左侧硬路肩宽度由 1.0m 加宽至 2.0m(含 0.5m 路缘带);b.将行车道宽度由 3.5m 加宽至 4.0m,即路面加宽 0.5m;c.右侧硬路肩宽度不变(含 0.5m 路缘带)。

对于对向分隔式双车道匝道,其宽度维持 16.5m 不变,此时对匝道上跨桥没有影响,且解决了多数匝道圆曲线路段路基宽度不足的问题。匝道断面组成及宽度如图 7-2-22 所示。

②方案二:仅加宽环形匝道。

将环形匝道路基宽度加宽至 10.5m,具体方案同方案一,即:a.将左侧硬路肩宽度由 1.0m 加宽至 2.0m(含 0.5m 路缘带);b.将行车道宽度由 3.5m 加宽至 4.0m,即路面加宽 0.5m;c.右侧硬路肩宽度不变(含 0.5m 路缘带)。

该方案解决了匝道路基宽度不足的最突出问题,匝道断面组成及匝道如图 7-2-23 所示。

(3)新建互通式立交单车道匝道路基宽度及断面组成

①考虑目前高速公路交通运输中超宽超长货车越来越多的现实情况,以及匝道公路养护作业需求,单车道匝道路基宽度宜采用 10.5m,横断面组成及宽度值如图 7-2-24 所示。

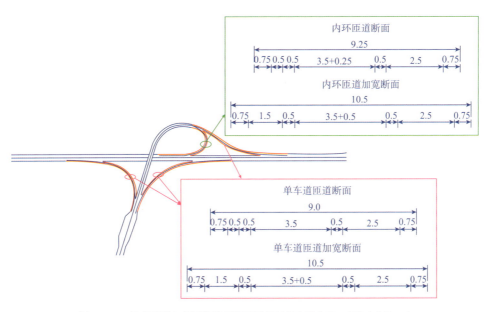

图7-2-22 单喇叭形立交匝道路基宽度不足时的改建方案一(尺寸单位:m)

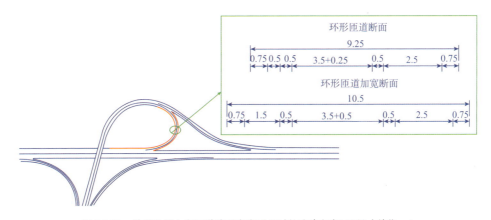

图7-2-23 单喇叭形立交匝道路基宽度不足时的改建方案二(尺寸单位:m)

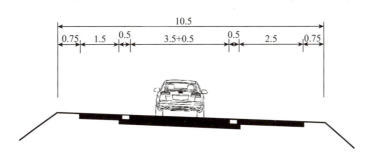

图7-2-24 单车道匝道路基宽度组成图(尺寸单位:m)

②对向分隔式双车道匝道宽度的横断面组成及宽度值,应结合匝道圆曲线半径大小考虑,具体有三个方案(图7-2-25~图7-2-27)。其中,圆曲线半径小于100m时宜采用方案一,大于或等于100m但小于200m时可采用方案二,大于或等于200m时可采用方案三。

a. 方案一：对向分隔式双车道匝道宽度采用 19.5m。其中，左侧硬路肩宽度采用 1.5m（含 0.5m 路缘带），行车道宽度由 3.5m 加宽至 4.0m，右侧硬路肩宽度采用 3.0m（含 0.5m 路缘带）。路基宽度及匝道断面组成如图 7-2-25 所示。

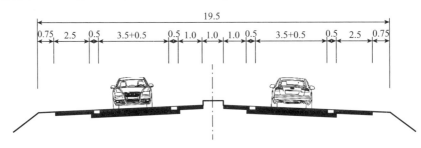

图 7-2-25　对向双车道匝道路基宽度组成方案一（尺寸单位：m）

b. 方案二：对向分隔式双车道匝道宽度采用 18.5m。其中，左侧硬路肩宽度采用 1.5m（含 0.5m 路缘带），行车道宽度仍采用 3.5m，右侧硬路肩宽度采用 3.0m（含 0.5m 路缘带）。路基宽度断面组成如图 7-2-26 所示。

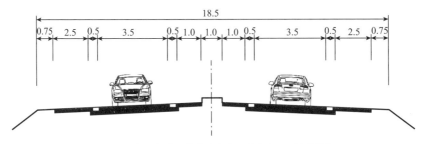

图 7-2-26　对向双车道匝道路基宽度组成方案二（尺寸单位：m）

c. 方案三：对向分隔式双车道匝道宽度采用 17.5m。其中，左侧硬路肩宽度采用 1.0m（含 0.5m 路缘带），行车道宽度仍采用 3.5m，右侧硬路肩宽度采用 3.0m（含 0.5m 路缘带）。路基宽度断面组成如图 7-2-27 所示。

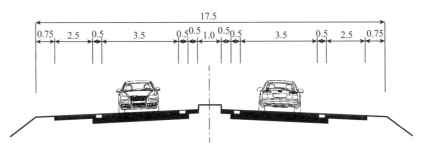

图 7-2-27　对向双车道匝道路基宽度组成方案三（尺寸单位：m）

7.2.3　单出入口双车道匝道过渡段优化设计

1）考虑超车之需的相关规定

（1）考虑超车之需的匝道横断面相关规定

2006 年版《路线规范》规定，当匝道交通量小于 300pcu/h 且匝道长度大于或等于 500m

时,或匝道交通量大于或等于300pcu/h但小于1200pcu/h且匝道长度大于或等于300m时,应考虑超车之需而采用双车道匝道,但此时出入口仍采用单车道形式。

2017年版《路线规范》规定,匝道交通量大于或等于100pcu/h但小于1200pcu/h且匝道长度大于500m时,应考虑超车之需而采用Ⅱ型匝道横断面(图7-2-28),此时出入口仍采用单车道设计。

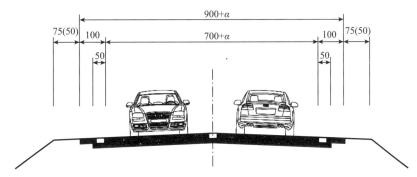

图7-2-28 单向双车道Ⅱ型匝道横断面尺寸(尺寸单位:cm)
α-圆曲线路段加宽值

《立交细则》规定,匝道横断面类型和变速车道的车道数宜根据匝道设计速度、设计小时交通量和匝道长度选取,选择条件见表7-2-13。当匝道设计小时交通量小于单车道设计通行能力,但匝道采用双车道时,变速车道宜取单车道。

考虑超车之需的匝道横断面选择条件　　　　　表7-2-13

匝道设计速度 (km/h)	80	70	60	50	40	35	30	匝道长度 (m)	匝道断面 类型
匝道设计 小时交通量 (pcu/h)	<400	<400	<400	<400	<400	<400	<400	>500	Ⅱ型
	400≤ <1500	400≤ <1400	400≤ <1300	400≤ <1200	400≤ <1100	400≤ <900	400≤ <800	>350	Ⅱ型

(2)双车道匝道接单车道出入口过渡设计的规定
①《路线规范》规定。
2017年版《路线规范》规定,汇流前的匝道为超车之需而采用双车道时,宜在汇流前先并流为单车道,其渐变段长度不应小于50m(图7-2-29)。在并流前应设置预告标志,且在并流渐变段内的路面上画有并流标记。

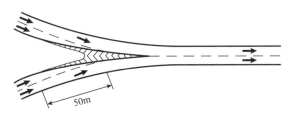

图 7-2-29

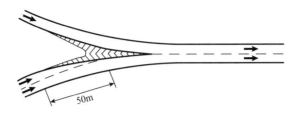

图 7-2-29 双车道匝道接单车道出入口图(一)

但 2017 年版《路线规范》中缺少主线出口单车道接双车道匝道的过渡设计规定。

②《立交细则》规定。

《立交细则》规定,匝道横断面双车道与单车道之间的过渡应在匝道范围内完成。当由单车道减速车道过渡为双车道匝道时,过渡段长度不宜小于 70m,且过渡段起点距鼻端的距离不宜小于 40m[图 7-2-30a)],当由双车道过渡为单车道加速车道时,过渡段长度不宜小于 60m[图 7-2-30b)]。

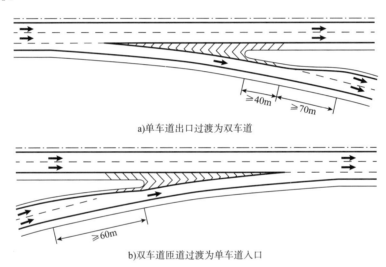

a)单车道出口过渡为双车道

b)双车道匝道过渡为单车道入口

图 7-2-30 双车道匝道接单车道出入口图(二)

图 7-2-30 中,过渡段中匝道路基宽度出现明显的"瓶颈"段落,存在安全风险,采用图 7-2-29 中的并流标线方式(三角导流区)设计相对为合理一些。

(3)考虑超车之需相关规定的理由

2006 年版《路线规范》中首次增加了单车道匝道应考虑超车之需的规定,规定采用Ⅱ型匝道断面,并在其条文说明中阐明了理由,即在较陡的上坡匝道上,因载重车的明显降速而增加了小车超车的迫切性。因此,虽然匝道长度未达到规定值,也可采用单车道出入口的Ⅱ型断面。2017 年版《路线规范》条文说明中同样指出,当匝道长度为 300m 时,可供超车的路段仅有 100m,难以完成超车。因此,将考虑超车需求而采用的Ⅱ型横断面的匝道长度由 300m 调整为 500m。

《立交细则》条文说明中指出,匝道车道数同时根据匝道长度选取,主要基于超车之需和保证通行能力等方面的考虑。在单车道匝道上,大型车的慢速影响将导致全路段运行速度的下降,进而导致通行能力的下降。匝道越长,该影响越大。因此,即使交通量未超过单车道的设计通行能力,但在匝道达到一定长度时,增加一个车道供超车之用也是必要的。

2) 考虑超车之需的相关规定存在的不足

根据针对超车之需规定建成通车的互通式立交匝道交通现状调查结果,匝道较长时,车辆在匝道的各自车道上自由行驶[图7-2-31a)];当交通量较大时在变窄位置容易出现交通拥堵现象[图7-2-31b)];受制于双车道接单车道的过渡段"瓶颈"口通行能力,并不能真正解决匝道大交通量问题,仅仅在交通量较小时给开快车的驾驶员提供了超速的便利。匝道较短时,实际上难以超车,车辆均在匝道一侧上按正常顺序排队行驶,只有出现拥堵时才会有部分车辆行驶至超车道上,并在并流前再次插入主车道。图7-2-31b)中的匝道拥堵现象是主线入口与匝道合流过程出现交通拥堵造成的。

a) 交通量非常小时的交通现状图(单喇叭形互通式立交)

b) 左转弯匝道拥堵时的交通现状图(直连式互通式立交)

图7-2-31 考虑超车之需匝道交通现状图

在双车道匝道变为单车道的过渡段上,容易出现拥挤、刮蹭、追尾等交通事故。存在的主要不足如下:

(1) 匝道通行效率与匝道通行能力提升有限

匝道交通量小时[图7-2-31a)],如 DDHV≤600pcu/h 时,无须采用双车道匝道。当匝道长度较长时,在双车道接单车道过渡段的"瓶颈"位置交通流量尚未饱和之前,部分车辆分流至超车道上行驶,进而提高匝道车辆通行效率。但双车道匝道的通行能力最终受制于过渡段的"瓶颈"位置(图7-2-32)。同时,互通式立交匝道长度总体较短,一般不超过2.0km,即使大型车行驶速度缓慢,其对小客车行程时间效率的影响终归有限,对匝道通行能力的影响幅度更为有限;目前大型车整体性能的明显提升,单车道匝道考虑超车之需的迫切性将明显降低。

图7-2-32　双车道匝道接单车道入口位置交通现状图

(2)双车道匝道超车过程存在安全风险

双车道匝道虽然提供了车辆各行其道的充分条件,但容易出现车辆在赶超另一车道车辆时超速、并行或强行变道等情况。同时,因匝道长度较短,匝道曲线半径总体较小,曲线路段视距富裕度不足,加之匝道超高横坡度较大,在匝道曲线路段尤其在阴雨天及冰冻积雪天气容易发生侧滑或侧翻(图7-2-33)。

图7-2-33　对向双车道匝道交通事故

(3)双车道匝道接单车道过渡段存在安全风险

根据超车之需对双车道匝道与单车道之间过渡的相关规定,单车道变为双车道行车安全风险较小,但因匝道长度总体较短,在较短的距离再变为单车道后,车辆超车往往难以完成,此时若强行超车则会存在较大的安全风险。

3)单车道匝道横断面设计不宜强调超车之需

当只需单车道匝道即能满足交通需求时,匝道应尽量考虑采用单车道,应慎重采用"匝道宽度应考虑超车之需"的规定。单车道匝道不宜考虑超车之需的主要理由包括:

①匝道"应考虑超车之需"的规定,其规范用词不符合《道路交通安全法实施条例》第八十二条中关于"匝道不得超车"的规定。

②从双车道接单车道出入口的并流标线(三角导流区)来看,似乎超车道均在左侧,但往往左转匝道(半定向匝道)的行车道位于左侧,提供超车之需的超车道位于右侧[图 7-2-31b)]。《道路交通安全法实施条例》第四十七条规定:后车应当在确认有充足的安全距离后,从前车的左侧超越,在与被超车辆拉开必要的安全距离后,开启右转向灯,驶回原车道。显然超车之需匝道与车辆必须从左侧超车的要求不符,存在安全风险。

③匝道曲线线形多为小半径平曲线,不具备超车条件。匝道曲线路段视距较短,多数仅能满足停车视距要求,而超车视距要求远大于停车视距,匝道曲线路段视距难以满足超车视距要求。因此,匝道不应考虑超车之需。

④考虑超车之需的双车道匝道,车辆多偏于顺接出入口车道一侧的车道上行驶,造成匝道的桥梁、路面等结构长期处于偏压状态,对其使用寿命有较大的不利影响。

⑤互通式立交匝道长度一般为 500~1200m,较少有超过 2km 的情况。按最长为 2km 计算,在 40km/h 的行驶速度下车辆行驶时间约 3min,60km/h 时约 2min,慢速车对行驶时间的影响有限,考虑超车功能带来降低时间成本较低。

⑥随着汽车整体性能的大幅提升,当匝道限速不高于 60km/h 时,货车运行速度已能达到限速要求,小客车与货车行驶速度已基本一致,不存在明显的速度差,此时小客车驾乘人员将不再存在超车的紧迫性要求。

⑦单车道匝道通行能力一般为 1000~1200pcu/h,环形匝道单车道通行能力为 800~1000pcu/h。多数互通式立交的匝道交通流量小于单车道匝道设计小时交通量,采用单车道匝道完全可以满足通行要求;且单车道匝道左右侧侧向余宽明显大于双车道匝道,行车舒适性、安全性高,降低了交通事故的风险与可能的经济损失。而若预测交通量较大,超过单车道匝道的通行能力时,则应按正常的双车道匝道相关规定进行设计。

⑧国外匝道设计不考虑超车之需,多数匝道采用单车道。

尽管本章前文推荐的单车道匝道路基宽度与 2017 年版《路线规范》中单向双车道匝道路基总宽度相同,但并不推荐按双车道匝道的横断面宽度组成进行划分;当远景交通量较大、单车道匝道通行能力难以满足交通需求时,可通过重新规划设计标线将其改为双车道匝道,且此时应优化双车道接单车道过渡方式的设计,提高匝道通行能力与交通安全性。

4)单车道匝道标准宽度不满足匝道养护作业的需要

2006 年版《路线规范》中所规定的 8.5m 单车道匝道路基宽度,与 2017 年版《路线规范》中规定的 9.0m 宽度,均难以满足匝道公路养护车辆停靠或低速行驶时货车列车正常通行的宽度要求。而单向双车道匝道的路基宽度为 10.5m,基本满足该要求;因此,部分省份为满足匝道公路养护作业车辆停靠或低速行驶的需要,将互通式立交所有匝道统一采用单向双车道匝道替代单车道匝道,甚至部分省份在服务区加减速车道及贯穿车道处也采用了双车道匝道(图 7-2-34)。因此,应调整单车道匝道标准横断面宽度,使其满足匝道公路养护的需要。

图 7-2-34　高速公路服务区贯穿匝道采用双车道匝道现状图

5）对考虑超车之需相关规定的理解与建议

早年间我国汽车整体性能较差，存在爬坡能力差、行驶速度慢的现实问题；匝道长度较长时，小客车驾乘人员确实存在超车的迫切性要求。因此，2006 年版《路线规范》考虑匝道长度较长时采用双车道匝道，以利于提高匝道通行能力，并在出入口仍然采用单车道形式的规定，是有必要的。

但随着我国汽车整体性能的大幅提高，匝道限制速度在 60km/h 以内时，货车运行速度目前完全可以达到限速规定，与小客车运行速度基本保持一致。因此，单车道匝道可不再考虑因超车之需而采用双车道匝道。并且单车道匝道横断面宽度标准偏低，不满足公路养护作业的需要，同时匝道路面加宽应采用 2016 年版《车辆限值》中尺寸最大的货车列车作为通行条件。基于以上考虑，单车道匝道横断面宽度宜采用 10.5m，但此时断面组成应按单车道匝道设计，而非按双车道匝道设计，如此则有利于提升匝道交通安全性。

此外，2017 年版《路线规范》和《立交细则》对双车道接单车道出入口过渡设计的规定不够明确或不够合理。因此，必要时应对既有高速公路双车道接单车道出入口的过渡段进行优化设计。

6）考虑超车之需建成的双车道接单车道过渡段优化设计

①考虑超车之需规定建设的匝道，若匝道在圆曲线处视距不满足超车视距的要求，宜在匝道公路养护大修期间对标线重新规划设计，将双车道匝道改为单车道匝道；若满足超车视距要求，宜优化单双车道过渡段"瓶颈"段落设计（图 7-2-35），避免出现明显的右侧为超车道的设计[图 7-2-31b)]，降低交通安全风险。

②对不具备超车条件的匝道圆曲线半径较小路段，应根据《道路交通安全法实施条例》，对匝道设置严禁超速、超车标志。

③宜增加 300m、200m、100m 出口标志，强化出口位置的提示性作用，以利于诱导分流车辆的安全驶离高速公路。

图 7-2-35　双车道接单车道匝道优化设计现状图

7.3 互通式立交内的平面交叉设计

7.3.1 基本原则

（1）匝道端部平面交叉设计宜采用互通式立交交通量预测年限的预测交通量。当匝道端部交叉分期修建时，可采用立体交叉建成通车后第10年的预测交通量，并应按远期规划方案预留建设条件。

（2）当被交叉公路为二级及二级以上公路时，平面交叉应采用被交叉公路直行车辆优先通行的交通管理方式。当被交叉公路为二级以下公路时，可采用无优先交叉。当平面交叉位于城镇及其附近，或出入平面交叉的交通量接近设计通行能力时，可采用信号控制的交通管理方式。

（3）当平面交叉不能满足设计通行能力要求时，应通过调整互通式立交形式，可改变平面交叉的形式、布局和交通量分布等，或增设部分立体交叉匝道以减少交叉范围内的冲突交通量。

7.3.2 视距

（1）平面交叉范围内，由各引道视距形成的通视三角区（图7-3-1）内不得存在任何有碍通视的固定物体，引道视距不应小于表7-3-1的规定值。引道视距是驾驶人发现另一交叉道路车辆驶近路口时做出反应并制动所需要的最小距离。

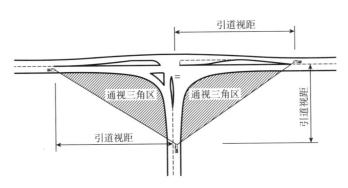

图 7-3-1　引道视距通视三角区示意图

引道视距　　　　　　　　　　　　　　　　　　　　表 7-3-1

设计速度(km/h)		100	80	60	40	30
引道视距(m)	一般地区	160	110	75	40	30
	积雪冰冻地区	175	135	100	45	30

(2) 当引道视距通视三角区的通视条件难以保证,且采用主路优先的交通管理方式时,主路至次路左转弯停车线之间的视距应采用安全交叉停车视距,如图 7-3-2 所示。安全交叉停车视距不应小于表 7-3-2 的规定值。安全交叉停车视距是保证主路驾驶人发现支路车辆抵达路口时做出反应并制动所需要的最小距离,由主路停车视距加驾驶人反应和制动所需要的距离组成。

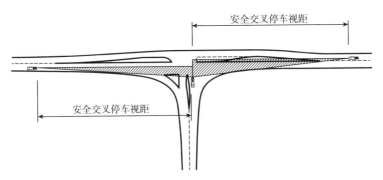

图 7-3-2　安全交叉停车视距

安全交叉停车视距　　　　　　　　　　　　　　　　　表 7-3-2

主线设计速度(km/h)		100	80	60	40	30
安全交叉停车视距(m)	一般地区	250	175	115	70	55
	积雪冰冻地区	265	200	140	75	55

(3) 引道视距和安全交叉停车视距检验所采用的相关参数应为:视认对象为汽车,目高取 1.2m,物高取 0.7m。

7.3.3　直行道路

直行道路指有直行车道穿过平面交叉的交叉公路或匝道。主要技术指标如下:

（1）直行道路在平面交叉范围内的设计速度宜采用基本路段的设计速度，且不宜超过80km/h。当受现场条件限制时，平面交叉范围内的设计速度可适当降低，但不宜小于基本路段设计速度的0.7倍，且与基本路段的设计速度差不应超过20km/h。

（2）平面交叉范围内直行道路的圆曲线半径不应小于表7-3-3的规定值。

平面交叉范围内直行道路圆曲线最小半径　　　　　　　　　　表7-3-3

直行道路设计速度(km/h)		80	70	60	50	40	35	30
圆曲线最小半径(m)	一般值	1050	910	670	460	320	230	160
	极限值	660	560	400	260	170	120	80

注：表中一般值以超高不大于2%为取值依据，极限值以超高不大于3%为取值依据。

（3）平面交叉范围内直行道路的纵坡不宜大于2.5%；条件受限时，不应大于3%。

（4）当平面交叉采用主路优先的交通管理方式时，在平面交叉前后的安全交叉停车视距范围内，主路凸形竖曲线半径不应小于表7-3-4的规定值。

安全交叉停车视距范围内主路凸形竖曲线最小半径　　　　　　表7-3-4

主线设计速度(km/h)	100	80	60	40	30
凸形竖曲线最小半径(m)	16000	8000	3500	1300	800

注：主路凸形竖曲线最小半径采用安全交叉停车视距的临界竖曲线半径。

7.3.4 转弯车道

（1）平面交叉转弯车道的设计速度宜采用20～30km/h，最大不应超过40km/h。

（2）平面交叉转弯车道的圆曲线半径不应小于表7-3-5的规定值，其中左转弯车道不应小于表7-3-5中的一般值。

转弯车道圆曲线最小半径　　　　　　　　　　　　　　　　　表7-3-5

转弯车道设计速度(km/h)		40	35	30	25	20
圆曲线最小半径(m)	一般值	70	55	40	30	20
	极限值	55	40	30	20	15

（3）平面交叉转弯车道宽度不宜小于表7-3-6的规定值，车道两侧应设置不小于0.5m的侧向余宽。当需考虑货车列车等大型车的通行需求时，车道宽度应相应增加。

平面交叉转弯车道宽度　　　　　　　　　　　　　　　　　　表7-3-6

转弯车道圆曲线半径R(m)	15≤R<16	16≤R<18	18≤R<20	20≤R<23	23≤R<28	28≤R<34	34≤R<46	46≤R<69	R≥69
转弯车道宽度(m)	7.5	7.0	6.5	6.0	5.5	5.0	4.5	4.0	3.5

注：表中转弯车道宽度由通过一辆铰接列车的通行条件来确定。

（4）平面交叉右转弯车道宜设置不小于2%的超高，当导流岛长度小于25m或超高过渡困难时，可适当减小超高值；当不得已出现反向横坡时，反向横坡值不应大于2%，且圆曲线半径不应小于表7-3-5规定的一般最小值。

（5）当平面交叉右转弯车道超高与相邻路面横坡不一致时，其间应设置超高过渡段，或通过立面设计调整路面高程使其圆滑过渡。

7.3.5 被交叉公路侧平面交叉

(1)被交叉公路侧平面交叉位置的选择应综合考虑互通式立交形式、被交叉公路线形、通视条件、地形和用地等因素。

(2)在被交叉公路上,匝道端部平面交叉与其他平面交叉之间的距离(图7-3-3)应满足渠化和交织等需要,包括设置加减速和交织车道等所需要的长度,该距离应大于安全交叉停车视距,且不应小于表7-3-7的规定值。

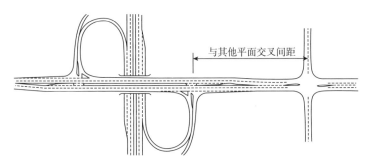

图7-3-3 被交叉公路侧平面交叉间距示意图

匝道端部平面交叉与其他平面交叉最小间距　　　　表7-3-7

被交叉公路设计速度(km/h)	100	80	60	40	30
与其他平面交叉最小间距(m)	260	210	180	150	120

(3)被交叉公路侧的平面交叉应通过设置分隔岛、导流岛和标线等进行渠化(图7-3-4)。渠化设计应为车辆提供清晰的路线引导,应提供清晰的转弯车道,应为来自直行车道的左转弯车辆提供等候转弯的附加车道,应通过渠化减小交叉冲突面积,应通过渠化防止车辆误行、相互侵占车道和干扰运行路线。

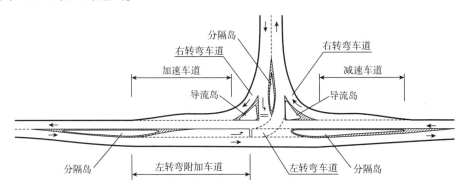

图7-3-4 被交叉公路侧平面交叉渠化要素示意图

(4)当平面交叉的交叉角度小于70°时,应通过调整匝道线形或通过分隔岛和导流岛的布置使交叉角度接近于直角(图7-3-5)。

(5)当平面交叉为部分苜蓿叶形和四岔单喇叭形等互通式立交的T形平面交叉时,根据被交叉公路等级和交通量分布等,可采用如图7-3-6所示的渠化方式。渠化方式的采用应符合下列规定:

①当被交叉公路为三级公路和四级公路时,可采用仅设分隔岛或分隔岛加部分导流岛的渠化方式[图7-3-6a)、图7-3-6b)]。

②当被交叉公路为三级以上公路时,宜采用设分隔岛加导流岛的渠化方式[图7-3-6c)、图7-3-6d)]。

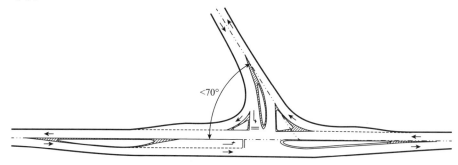

图7-3-5 斜交正做的渠化方案示意图

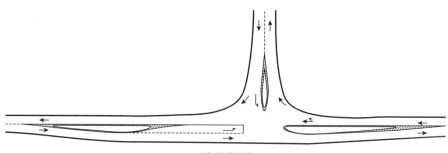

a)仅设分隔岛

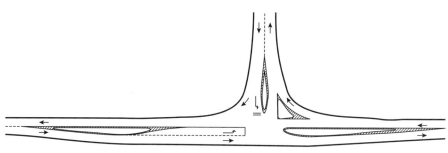

b)分隔岛加部分导流岛

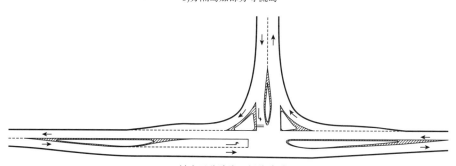

c)被交叉公路为二级公路时

图 7-3-6

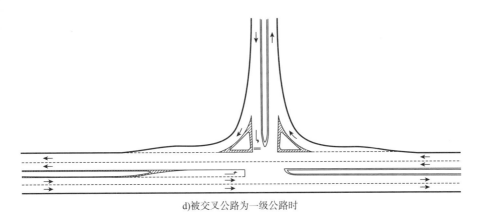

d) 被交叉公路为一级公路时

图 7-3-6　T 形平面交叉渠化示意图

（6）在部分苜蓿叶形互通式立交两平面交叉之间，应根据互通式立交形式、平面交叉间距和渠化需要等设置附加车道。附加车道的设置和被交叉公路增加的宽度应符合下列规定：

①在 A 型部分苜蓿叶形的两平面交叉之间，被交叉公路应增加一个附加车道宽度[图 7-3-7a)]。

②在 B 型部分苜蓿叶形的两平面交叉之间，应设置两条左转弯附加车道，被交叉公路在两平面交叉之间应增加一个附加车道宽度[图 7-3-7b)]。

③当 B 型部分苜蓿叶形的两平面交叉间距较小，且左转弯附加车道设置困难时，两左转弯附加车道可并列设置，被交叉公路在两平面交叉之间应增加两个附加车道宽度[图 7-3-7c)]。

④AB 型部分苜蓿叶形的两平面交叉之间应设置一条左转弯附加车道，被交叉公路在两平面交叉之间应增加一个附加车道宽度[图 7-3-7d)]。

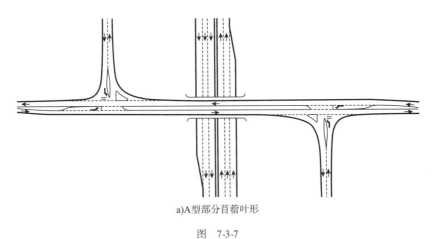

a) A 型部分苜蓿叶形

图　7-3-7

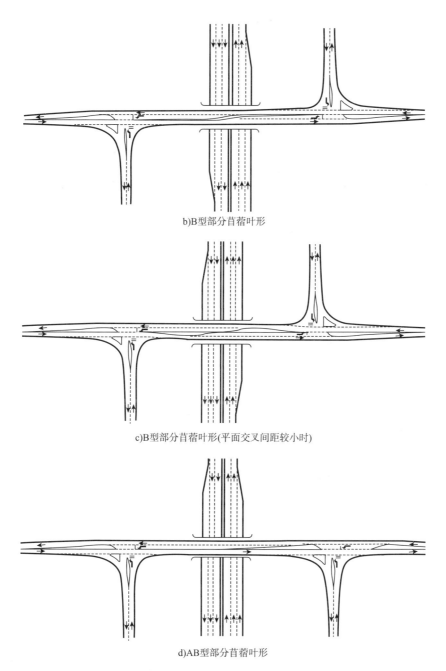

b) B型部分苜蓿叶形

c) B型部分苜蓿叶形(平面交叉间距较小时)

d) AB型部分苜蓿叶形

图7-3-7 部分苜蓿叶形互通式立体交叉的平面交叉布置示意图

(7)菱形互通式立交的平面交叉应通过渠化设计防止车辆错误直行、错误右转或错误左转。平面交叉范围内,匝道左侧路面边缘线应与左转弯车辆行驶轨迹相一致,并宜与被交叉公路路面边缘线相割(图7-3-8)。

(8)在菱形互通式立交两平面交叉之间,应根据平面交叉间距和渠化需要等设置附加车道。附加车道的设置和被交叉公路增加的宽度应符合下列规定:

①两平面交叉之间应设置两条左转弯附加车道,被交叉公路在两平面交叉之间应增加一个附加车道宽度[图7-3-9a)]。

②当两平面交叉间距较小,且左转弯附加车道设置困难时,两左转弯附加车道可并列设置,被交叉公路在两平面交叉之间应增加两个附加车道宽度[图7-3-9b)]。

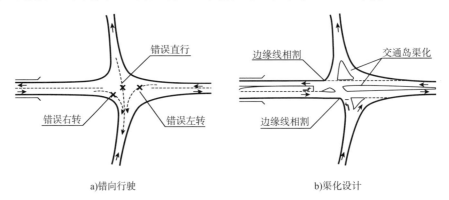

图7-3-8 菱形平面交叉渠化示意图

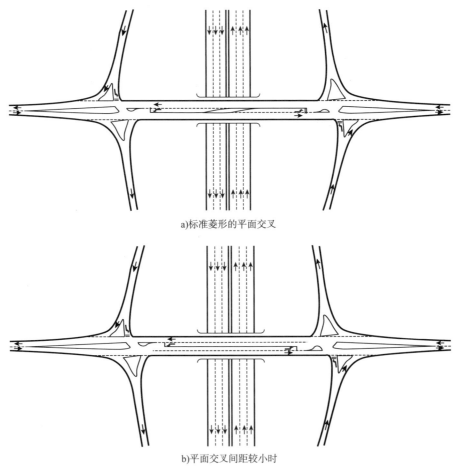

图7-3-9 菱形互通式立交的平面交叉布置示意图

7.3.6 匝道与匝道平面交叉

1)《立交细则》匝道平面交叉的规定

(1)匝道与匝道之间的平面交叉可采用交叉冲突或交织冲突等类型(图7-3-10)。当条件受限时,匝道之间或匝道与连接线之间的分合流连接部可按平面交叉转弯车道的标准设计,三岔菱形互通式立交平面交叉位置实景图见图7-3-11。

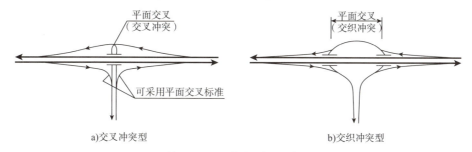

图7-3-10 匝道平面交叉的类型

图7-3-11 三岔菱形互通式立交平面交叉位置实景图

(2)高速公路上的车辆运行速度较高,为避免排队车辆影响到主线出口,匝道平面交叉时应采用出口匝道优先通行的交通管理方式,出口匝道在平面交叉之前的视距应采用安全交叉停车视距(图7-3-12)。

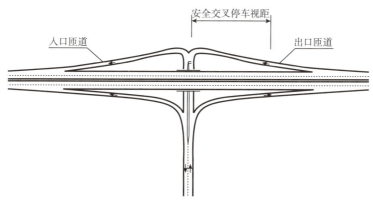

图7-3-12 三岔菱形互通式立交

(3)匝道平面交叉中优先通行的转弯车道应设置超高,且超高不应小于2%。

(4)优先通行匝道在平面交叉前后50m范围内的纵坡不应超过2.5%,非优先通行匝道的纵坡应服从优先通行匝道的横坡。

(5)匝道平面交叉应通过渠化防止车辆错误直行或错误右转。匝道路面边缘线应与车辆行驶轨迹相一致,匝道路面边缘线之间及匝道路面边缘线与连接线路面边缘线之间宜相割(图7-3-13)。

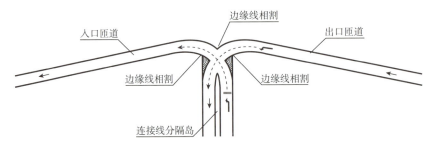

图 7-3-13 匝道平面交叉的渠化示意图

2)匝道与匝道平面交叉的适应条件

山区高速公路较多项目的互通式立交选址是从合理间距与带动沿线乡镇或较小的县城经济发展考虑,因此,有些互通式立交匝道交通量非常小,当互通式立交匝道交通量小于300pcu/h时,部分匝道与匝道之间可采用平面交叉,如图7-3-14所示。根据调查,图7-3-14中的两个项目的两处互通式立交匝道与匝道采用平面交叉,自建成通车以来交通运行平稳,没有因为采用了平面交叉而发生交通事故或出现交通拥堵现象。

图 7-3-14 匝道与匝道平面交叉实景图

7.4 互通式立交范围内的停车视距与保证措施

7.4.1 视距

1)停车视距

(1)客车停车视距

汽车在道路上行驶时,驾驶人自看到前方障碍物后,完成紧急安全制动所需的最短距离称作停车视距。停车视距由三部分组成:①驾驶人在反应时间内行驶的距离;②开始制动到车辆停止所行驶的距离,即制动距离;③安全距离5~10m。根据2017年版《路线规范》的要求,高速公路每条车道的客车停车视距应不小于表7-4-1的规定。

客车停车视距   表7-4-1

设计速度(km/h)	120	100	80	60
停车视距(m)	210	160	110	75

(2)货车停车视距

高速公路、一级公路以及大型车比例高的二级公路、三级公路的下坡路段,应采用下坡段货车停车视距对相关路段进行检验。根据2017年版《路线规范》规定,各级公路下坡路段货车停车视距规定见表7-4-2。

下坡段货车停车视距(m)   表7-4-2

设计速度(km/h)		120	100	80	60	40	30	20
不同纵坡坡度(%)的货车停车视距(m)	0	245	180	125	85	50	35	20
	3	265	190	130	89	50	35	20
	4	273	195	132	91	50	35	20
	5	—	200	136	93	50	35	20
	6	—	—	139	95	50	35	20
	7	—	—	—	97	50	35	20
	8	—	—	—	—	—	35	20
	9	—	—	—	—	—	—	20

(3)停车视距检查

2017年版《路线规范》规定,路线设计应对各种可能存在视距不良的路段和区域进行视距检验。可能存在视距不良的路段和区域包括:采用较低几何指标、线形组合复杂、中间带设置护栏或防眩设施、路侧设有路基边坡或构造物、公路两侧各类出入口、平面交叉、隧道等路段。路段不符合对应的视距要求时,应采取相应的技术和工程措施予以改善。

主线平、纵面技术指标满足互通式立交区规定要求的路段,基本能满足高速公路停车视距要求。

2)匝道停车视距

根据2017年版《路线规范》规定,匝道全长范围内的停车视距应不小于表7-4-3的规定。但匝道平纵面技术指标满足互通式立交匝道规定要求的路段,不一定满足匝道停车视距要求,故应结合匝道横断面组成进行验算。此外,对于积雪冰冻地区,停车视距以设计速度为依据时与实际情况不符。积雪冰冻天气车辆实际行驶速度明显低于设计速度,因此应以运行速度为依据,但目前缺少积雪冰冻时的运行速度成果资料。考虑我国绝大部分地区每年的积雪冰冻时间总体较短,建议以一般地区为设计依据。

互通式立交匝道停车视距 表 7-4-3

设计速度(km/h)		80	70	60	50	40	35	30
停车视距 (m)	一般地区	110	95	75	65	40	35	30
	积雪冰冻地区	135	120	100	70	45	35	30

3) 主线侧分合流区出、入口识别视距

本书第 1.4 节提出了 2014 年版《标准》、2017 年版《路线规范》和《立交细则》对主线出入口识别视距规定存在的不足。本书对出入口识别视距进行了准确定义，并提出了保障交通安全的识别视距指标，以供设计者在设计时及标准、规范修改时参考。互通式立交主线侧分合流区出入口识别视距建议值见表 7-4-4、表 7-4-5。

分流区主线次外侧车道出口识别视距建议值 表 7-4-4

次外侧车道运行速度(km/h)		120	110	100	90	80	70
识别视距建议值 (m)	一般值	320	290	260	220	190	160
	最小值	260	230	200	170	150	120
设计速度(km/h)		120		100		80	
2017 年版《路线规范》 识别视距 (m)	一般值	350		290		230	
	信息复杂值	460		380		300	
	受条件限制时，可采用 1.25 倍的停车视距，但应进行必要的限速控制和加强管理措施						

合流区合流影响区主线最外侧车道入口识别视距建议值 表 7-4-5

主线设计速度(km/h)		120		100		80
最外侧车道运行速度或限速值(km/h)		100	90	80		70
主线侧入口识别视距建议值(m)		170	160	140		120
2017 年版《路线规范》规定互通区合流鼻端 通视三角区长度(m)	主线侧	100				
	匝道侧	60				

主线平纵面技术指标满足互通式立交区规定要求的路段，基本能满足高速公路主线侧分合流区出入口识别视距要求。

7.4.2 匝道停车视距规定存在的不足

停车视距规定值及所需要的横净距如表 7-4-6 所示。根据 2017 年版《路线规范》规定，停车视距对应的小客车目高为 1.2m，货车目高为 2.0m，对应的物高均为 0.10m。若单车道匝道与单向双车道匝道驾驶人视点位置为左侧车道距离左侧路缘带边缘 1.2m 处，双车道匝道为右侧车道距离车道左侧标线（中线）1.2m 处，则受路侧防撞护栏的遮挡。当匝道为左偏曲线时，无论是单车道还是单向双车道的左侧车道，匝道宽度所能提供的横净距仅有 2.2m，难以满足停车视距规定要求；当匝道为右偏曲线时，单车道横净距为 5.3m，匝道平面半径大于一般值时基本能满足停车视距规定要求，但极限值在设计速度小于或等于 40km/h 时能够满足停车视距规定要求；而单向双车道的右侧车道横净距为 3.3m，仅当设计速度为 40km/h 且匝道平面半径不小于一般值时，能满足停车视距的规定要求。经反算，当横净距为 2.2m 和 3.3m 时，

满足停车视距所对应的匝道圆曲线临界半径远大于圆曲线最小半径规定值。圆曲线最小半径一般值所能满足的视距约为停车视距规定值的64%~93%,如表7-4-6所示。

互通式立交匝道停车视距与横净距对应的视距 表7-4-6

	设计速度(km/h)		80	70	60	50	40	35	30
规范规定值(m)	停车视距		110	95	75	65	40	35	30
	匝道圆曲线最小半径	一般值	280	210	150	100	60	40	30
		最小值	230	175	120	80	50	35	25
匝道圆曲线最小半径	一般值对应的匝道横净距(m)		5.40	5.38	4.69	5.28	3.33	3.83	3.75
	最小值对应的匝道横净距(m)		6.58	6.45	5.86	6.6	4.00	4.38	4.50
横净距 2.2m	圆曲线最小半径一般值对应的视距(m)		70	61	51	42	32	27	23
	对应左偏曲线最小半径(m)		688	513	320	240	91	70	51
横净距 3.3m	圆曲线最小半径一般值对应的视距(m)		86	74	63	51	40	32	28
	对应右偏曲线最小半径(m)		458	342	213	160	61	46	34

注:对应视距计算时,匝道圆曲线半径采用一般值;对应左偏或右偏曲线半径计算时,停车视距采用2017年版《路线规范》规定值。

综上分析,已建高速公路互通式立交匝道中较多左偏曲线,以及双车道匝道的右偏曲线(设计速度大于40km/h)的匝道停车视距存在不满足规定要求的情况。但调查结果同时表明,这些路段上的交通大多保持安全、平稳的运行,其主要原因应为:①2017年版《路线规范》对匝道停车视距的相关规定仍然采用1994年版《路线规范》的规定值,与当前汽车整体性能大幅提升的现实情况不匹配。②既有互通式立交视距不足的匝道路段交通的平稳运行说明停车视距安全冗余度取值过大。调查研究表明,小客车在紧急情况下停车距离不到停车视距规定值的50%,而从横净距反算的视距均大于停车视距规定值的60%。③对物高采用0.10m是否合理存在较大争议,如果物高以汽车尾灯为基准(0.60~0.8m),横净距较容易满足停车视距规定要求,特别是在左偏圆曲线上。

7.4.3 匝道曲线内侧通视区的保证

在匝道上行驶的车辆,驾驶人除了根据小客车紧急停车距离(汽车性能)控制掌握其驾驶速度外,同时还根据前方汽车制动灯判断应保持的安全距离,即以前车制动灯作为速度控制与紧急制动的判断与决策依据,因此匝道停车视距中可考虑以前车制动灯作为物高。此外,匝道一般不设防眩板,物高以汽车尾灯为基准时,左偏曲线能满足停车视距要求;右偏曲线存在被匝道内侧的景观绿化遮挡视线现象,应对匝道路侧景观绿化区进行控制,停车视距控制区间如下。

1)匝道曲线内侧挖方路基通视区的控制

根据调查,环形匝道曲线内侧为挖方路基时,路侧路基容易遮挡停车视距,造成事故多发,如图7-4-1所示。故针对该类路段,应根据横净距验算,采取后退挖方坡脚、开挖视距台、挖除匝道所围区域内的山体等方法(图7-4-2、图7-4-3),清除匝道曲线内侧阻挡视线的障碍物,确保停车视距的要求。

a) 环形匝道视线被遮挡路段交通安全性差

b) 变形苜蓿叶形中环形匝道视线被遮挡　　　　c) 单喇叭形中环形匝道视线被遮挡

图 7-4-1　环形匝道内侧绿化导致视距不良示意图

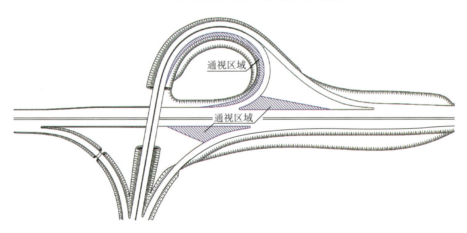

图 7-4-2　环形匝道内侧通视区及入口三角通视区的路基挖除控制区

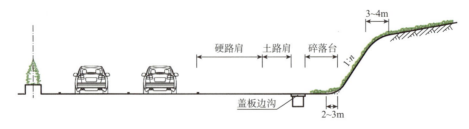

图 7-4-3　挖方路段横断面设计示意图

224

2) 匝道曲线内侧景观绿化区的控制

匝道为右偏曲线时,弯道内侧防眩植物可能影响停车视距。此时应根据横净距验算,确保停车视距的要求。图 7-4-4 为环形匝道内侧绿化导致视距不良的示意图,应基于横净距验算确定绿化控制区;图 7-4-5 为匝道内侧景观绿化控制区示意图。

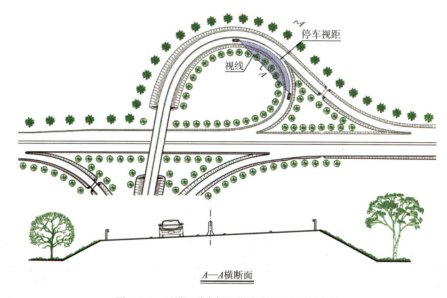

图 7-4-4　环形匝道内侧绿化导致视距不良示意图

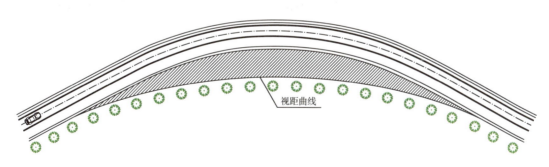

图 7-4-5　匝道内侧景观绿化控制区示意图

3) 半菱形平交交叉三角通视区的控制

当受条件限制且交通冲突交通量小于 300pcu/h 时,可采用匝道带平面交叉的互通式立交形式,典型代表如半菱形互通式立交(图 7-4-6)。调查发现某半菱形互通式立交在平面交叉的交通冲突处交通事故多发(图 7-4-7),主要原因在于三角通视区被植物遮挡,导致停车视距明显不足。针对此类情形,应严格限制景观绿化控制区,确保半菱形平面交叉三角通视区的视线不被遮挡。

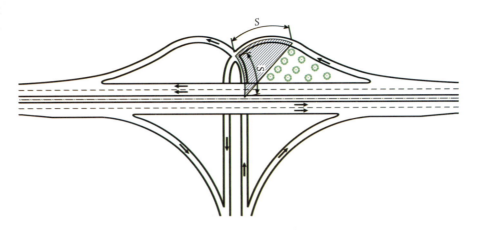

图 7-4-6 半菱形平面交叉三角通视控制区示意图
S-停车视距

图 7-4-7 匝道内侧景观绿化控制区被遮挡实景图

7.4.4 主线侧出入口三角通视区的保证

1) 主线侧分流鼻端部三角通视区的控制

互通式立交出口路段通常为交通事故多发路段,其原因与出口标志不合理、出口标识不明显等因素有较大关系。对立体交叉、服务区、停车区等,按规定应在出口匝道前的减速车道渐变段起点位置设置出口标志,为提高驾驶人对出口的辨识程度,距离出口标志的一定距离(不短于识别视距)应能使驾驶人看到更远的分流鼻端部,即以驾驶人位置、识别视距起点位置与分流鼻端部的匝道侧 30m 位置为视距线。分流鼻端部前景观绿化控制区示意如图 7-4-8 所示,阴影部分为路侧景观绿化控制区。

2) 合流影响区鼻端部前景观绿化控制区

在互通式立交、服务区、停车区等的入口匝道合流鼻端部前,主线和匝道距合流鼻端一定距离所形成的通视三角区内应没有遮挡主线与匝道之间相互通视的障碍物,如图 7-4-9、图 7-4-10 所示。因此,合流鼻端部前的三角通视区为景观绿化控制区,三角通视区主线侧与匝道侧长度应满足入口匝道识别视距及 2017 年版《路线规范》中的规定要求。

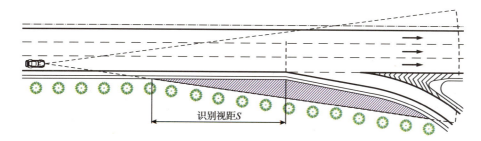

图 7-4-8 分流鼻端部前景观绿化控制区示意图

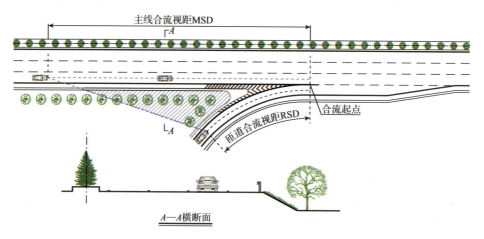

图 7-4-9 合流鼻端部前景观绿化不满足通视要求

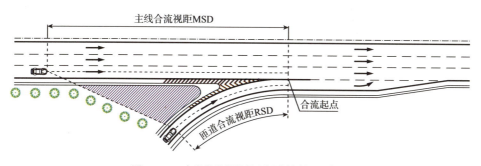

图 7-4-10 合流鼻端部前景观绿化控制区示意图

3）主线侧分流区识别视距范围的景观绿化控制区

互通式立交分流区的出口识别视距范围应保持通视，景观绿化不应影响驾驶人对出口位置的识别。应根据识别视距的规定要求验算视距，保证景观绿化不至于因遮挡视线导致识别视距不足，如图 7-4-11 所示。

7.4.5 平面交叉附近的景观绿化控制区

在平面交叉口处一定范围内的景观绿化设置不当，容易影响驾驶人视线，导致视距不足，带来交通安全隐患。平面交叉景观绿化控制区示意见图 7-4-12 ～ 图 7-4-14。图 7-4-12 ～ 图 7-4-14 中的阴影部分为平面交叉口的景观绿化控制区。

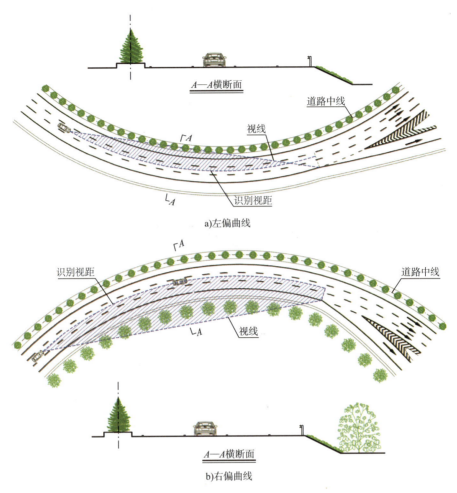

图 7-4-11 主线分流区识别视距范围景观绿化控制区

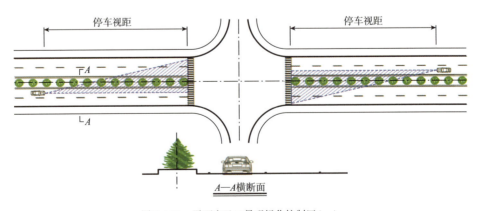

图 7-4-12 平面交叉口景观绿化控制区(一)

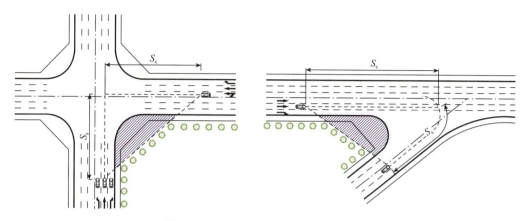

图 7-4-13 平面交叉口景观绿化控制区(二)
S_s-相应主线或被交线上的停车视距(m)

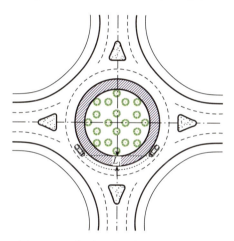

图 7-4-14 平面交叉中心岛景观绿化控制区
L_1-环道上的停车视距(m)

第 8 章
CHAPTER 8 〉〉

互通式立交分合流连接部优化设计

> **本章导读**
>
> 本章共三节,第一节重点研究变速车道形式与安全性的关系和主线为曲线时变速车道平面线形与路拱横坡优化设计两方面内容:针对直接式减速车道出口识别困难和出口流出"开口"长度过短等不利于出口安全的因素,建议新建项目均采用平行式变速车道;已建项目出口路段如果存在交通事故多发的情况,建议在直接式减速车道起点前增设辅助车道的方式进行优化设计与改建;针对接小半径的环形匝道减速车道,提出"复合式减速车道"的方案并论证了其可行性。第二节重点论述主线及匝道分合流连接部优化设计;第三节重点介绍了辅助车道与集散车道的优化设计。

8.1 主线侧变速车道连接部设计

8.1.1 变速车道分合流鼻端构造

互通式立交分合流连接部是互通式立交的重要组成部分,也是交通运行状况最复杂的区域,直接影响互通式立交驶出区域和汇入区域的交通功能和行车安全。互通式立交连接部设计应考虑出入口单一性原则、运行速度连续性原则、车道衔接平衡性原则、通行能力适应性原则等;同时,应充分考虑交通流特性、车辆特性、驾驶人驶出和汇入操作行为特性,为驾驶人驶出和汇入提供符合要求的停车视距、识别视距和标志引导信息等基本条件,保障驾驶人安全、舒适的交通出行。

1) 连接部分类

互通式立交分合流的连接部按连接方式不同,可分为主线侧变速车道连接部、主线分岔连接部、匝道分岔连接部和主线侧连续分合流连接部。连接部主要包括变速车道(加速车道、减速车道)、辅助车道(加减速车道辅助车道、交织段辅助车道、单出入口辅助车道、复合式辅助车道)和集散车道等。

2) 鼻端构造

①鼻端分为分流鼻端和合流鼻端两类。分流鼻端是指分流点之后,路面(含硬路肩)完全分离的位置。合流鼻端是指合流点之前,路面完全合并的位置。

②减速车道分流鼻端,主线侧可按偏置值控制,匝道侧可按偏置加宽值控制[图8-1-1a)]。主线相互分流鼻端,鼻端两侧均可按偏置值控制[图8-1-1b)]。匝道相互分流鼻端,鼻端左侧匝道按偏置值控制,右侧匝道按偏置加宽值控制。

③主线侧交织段辅助车道或主线侧连续合分流辅助车道的分流鼻端应按变速车道鼻端设计。

④互通式立交集散车道与主线之间的鼻端应按变速车道鼻端设计,匝道与集散车道之间的鼻端宜按匝道相互分流鼻端设计。

⑤合流鼻端可不设置偏置,鼻端圆弧半径宜采用0.6m。

⑥在分流鼻端处,分流鼻端左侧与右侧路面偏置后的边缘线用圆弧连接(图8-1-1)。偏置值、偏置加宽值和分流鼻端圆弧半径不应小于表8-1-1的规定。分流鼻处偏置的路面应设置过渡段收敛到正常路面,偏置过渡段长度不宜小于10m,且过渡段渐变率不应大于表8-1-2的规定。

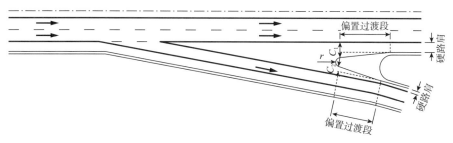

a)减速车道分流鼻端

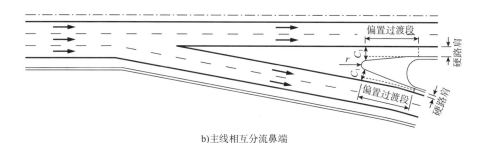

b)主线相互分流鼻端

图8-1-1 分流鼻端构造示意图

分流鼻端最小偏置值和偏置加宽值(m) 表8-1-1

分流类型	最小偏置值 C_1	最小偏置加宽值 C_2	连接部半径 r
减速车道分流	3.0	0.6	
主线相互分流	1.8	—	0.6~1.0
匝道相互分流	2.5	0.6	

分流鼻偏置过渡段的最大渐变率 表8-1-2

设计速度(km/h)	120	100	80	60	≤40
渐变率	1/12	1/11	1/10	1/8	1/7

⑦当分流鼻端位于路基段,且土路肩上设置防撞护栏时,护栏端部与分流鼻端之间的距离应大于6m,并应在分流鼻端与护栏端部之间安装防撞缓冲设施。

⑧当分流鼻端位于构造物路段,或路面外缘设置刚性护栏时,护栏端部应从常规分流鼻端位置后移6~10m,并应在分流鼻端与护栏端部之间安装防撞缓冲设施。

8.1.2 变速车道形式的选择

匝道与主线之间的连接部应设置变速车道,变速车道分为减速车道和加速车道。其中,车辆由主线驶出进入匝道所需要的减速长度路段称为减速车道,车辆从匝道驶入主线所需要的加速长度路段称为加速车道;变速车道长度包括变速段和渐变段两部分。根据与主线流出和汇入的形式不同可分为平行式与直接式两种。按照变速车道的车道数,变速车道又以分为单车道变速车道和双车道变速车道;车道数为双车道时,为避免出现交通瓶颈路段,从提升出入口通行能力考虑,应设置辅助车道,使路段前后衔接的车道数保持平衡。

1)加速车道形式的选择

(1)单车道加速车道

加速车道设置于主线车道的外侧,平行式单车道加速段有较长一段与主线车道保持平行,在整个加速汇流过程中为驾驶人提供观察后方主线交通流及车头时距状况,并等待主线最外侧车道可插入间隙的行驶空间[图8-1-2a)]。直接式加速车道则以一定渐变角直接衔接,难以通过倒车镜观察到主线后面的车辆,驾驶人只能通过观察主线车头时距间隙汇入主线[图8-1-2b)]。由于直接式加速车道缺少平行加宽段,车辆在等待插入主线过程中难以保持合理的速度与车头时距,交通安全风险偏大。因此,2017年版《路线规范》规定单车道加速车道应采用平行式。

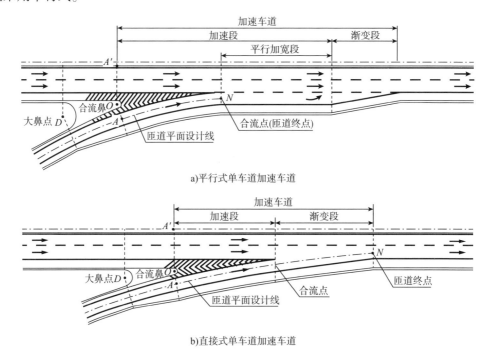

图8-1-2 单车道加速车道形式

(2)双车道加速车道

平行式双车道加速车道一端与辅助车道对接,另一端与匝道顺接,线形顺畅;直接式双车道加速车道一端与辅助车道对接,但另一端匝道是以一定的渐变率与主线相衔接,线形不够顺畅。2017年版《路线规范》规定双车道加速车道应根据车道数平衡要求设置辅助车道,辅助车道设置于主线车道的外侧,并与主线车道保持平行。由于辅助车道较长,无论是平行式还是直接式加速车道,辅助车道均为驾驶人在加速、等待过程中选择合适时机汇流主线提供了较为充分的条件(图8-1-3)。因此,双车道加速车道无论是采用平行式还是直接式,均较为合理。2017年版《路线规范》规定双车道加速车道应采用直接式,但从变速车道的行车舒适性考虑,双车道加速车道宜采用平行式。

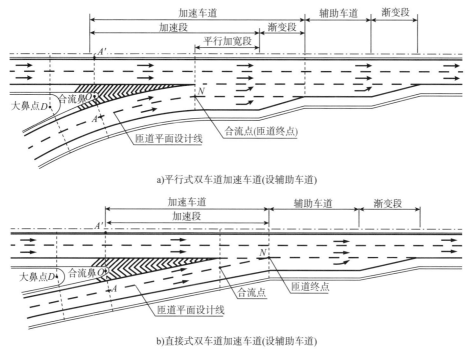

图8-1-3 双车道加速车道形式

2)减速车道形式的选择

（1）单车道减速车道

直接式减速车道是以一定的渐变率平顺地与主线形成有效衔接。目前较多设计人员以流出角驶离主线的车辆不存在方向的回正过程,认为其线形符合驾驶人行车轨迹。2017年版《路线规范》也因此规定主线出口减速车道为单车道时宜采用直接式。

但实际上,根据对分流车辆从主线最外侧车道进入平行式减速车道过程的分析,车辆在分流换道过程中行驶轨迹为S形,因此从理论上所得出的平行式减速车道在行驶顺畅性、舒适性方面差于直接式的结论显然不全面。从车辆换道过程的驾驶行为角度分析,当换道距离符合要求时,行车平稳性与舒适性并不会受到影响。车辆从主线最外侧车道进入减速车道的换道过程中,由于减速车道较长且顺接匝道,因此其提供的换道区间距离充裕。而平行式减速车道渐变段起点突变明显,更加易于识别,能起到重要的提示作用,有利于及时识别出口位置,缩短识别视认时间。同时,平行式减速车道具备较长一段平行于主线的路段,使驶出主线的车辆换道操作更加从容,有利于保障交通安全[图8-1-4a)]。

直接式减速车道由于与主线行车道没有平行路段,驶出车辆必须在到达减速车道渐变段起点后立即打方向驶入减速车道,否则车辆容易出现违规进入三角导流区,造成驾驶人操作紧张,降低交通安全性[图8-1-4b)]。直接式减速车道分流鼻前的三角导流区长度较长,车辆流出段落偏短,且流出角度较小,出口不易识别,容易出现分流车辆错过出口的现象,特别是主线圆曲线半径较小、识别视距不足时。

综上所述,互通式立交主线出口宜采用平行式减速车道,如图[8-1-4a)]所示。

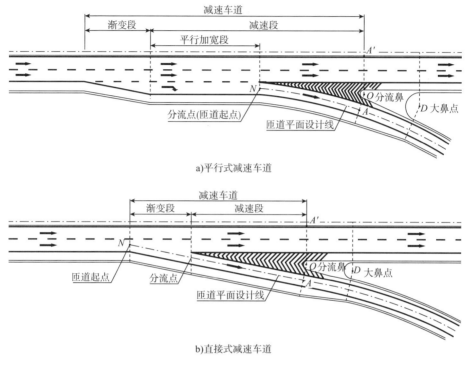

图 8-1-4 单车道减速车道

(2)双车道减速车道

2017年版《路线规范》规定双车道减速车道应根据车道数平衡要求设置辅助车道。与双车道加速车道相同,辅助车道应设置于主线车道的外侧,并与主线车道保持平行。平行式减速车道与辅助车道对接,与匝道顺接[图8-1-5a)],但直接式与辅助车道是以一定的渐变率相衔接[图8-1-5b)],显然车辆在由辅助车道进入减速车道过程中,平行式减速车道较直接式更舒顺。且由于辅助车道较长,无论是平行式还是直接式,主线上的分流车辆多数都已在辅助车道路段换道进入辅助车道。因此,尽管2017年版《路线规范》规定双车道减速车道应采用直接式,但从变速车道的平稳性、舒适性考虑,双车道减速车道宜采用平行式,如图[8-1-5a)]所示。

(3)减速车道应采用平行式的特殊规定

①2017年版《路线规范》规定:减速车道接小半径环形匝道时宜采用平行式。条文说明中对其主要理由的阐述为:出口接小半径环形匝道时,采用直接式减速车道时能存在曲率半径变化过大、过急的情况,否则往往难以满足适应地形等条件。因此该条件下宜采用平行式出口,使匝道与主线既分离又靠近。对苜蓿叶形互通式立交中的环形出口匝道,也可通过设置辅助车道而采用平行式出口。其实主要原因在于平行式变速车道能更好地适应建设条件的变化。

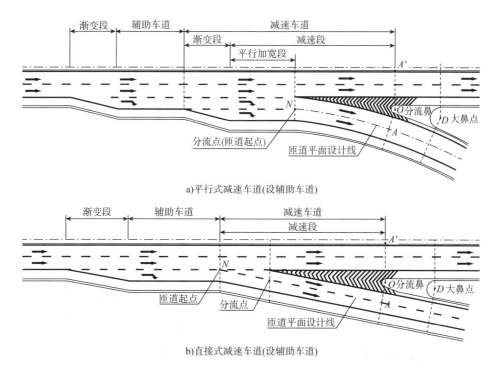

图 8-1-5 双车道减速车道

②2017年版《路线规范》规定：主线为左偏圆曲线并且接近圆曲线最小半径的一般值(超高为3%)时，由于超高过渡困难，且交通安全会受到影响，其外侧(右侧)的减速车道应为平行式，且应缩短渐变段长度，并将缩短的长度补在平行段上。

以上特殊规定说明平行式减速车道更有利于交通安全，2017年版《路线规范》规定在交通安全有保证的前提下，变速车道为单车道时，减速车道宜采用直接式，加速车道宜采用平行式，均为"宜"的指标。但根据调查，互通式立交单车道出口附近路段是交通事故多发路段，因此，单车道减速车道也应采用平行式，并建议修订规范相应规定。

3) 国外变速车道形式

英国规定出入口变速车道均为直接式。澳大利亚的公路出口采用平行式，入口采用直接式。我国的城市快速路主干道上出入口均为平行式。德国和日本规定，单车道入口为平行式，其余为直接式。但德国新近规定，出入口均为平行式，且根据调研结果，德国目前高速公路(包括不限速高速公路)上多数出入口均采用了平行式变速车道。此外，采用平行式出入口的国家有进一步增多的趋势。我国公路从1994年版《路线规范》开始，出入口的形式参照并沿用了日本的规定，即单车道出口采用直接式、入口采用平行式，双车道出入口均采用直接式。

4) 变速车道形式采用的建议

结合调研结果，我国高速公路互通式立交出口附近为交通事故多发路段，其中减速车道采用直接式不够合理也是主要原因之一。由于出口直接式减速车道渐变段起点位置不明显，出口减速车道缺少与主线平行路段，三角区导流标线范围过长而允许换道驶出的"开口"路段过短,这些因素容易造成流出车辆在分流过程出现操作误判,甚至出现强行变道的驾驶行为,易导致交通事故。综上所述,高速公路互通式立交出入口均应采用平行式变速车道。

5)已建高速公路直接式减速车道形式优化设计

已建高速公路直接式减速车道出口附近,存在曲线路段识别视距不足、出口识别困难、出口驶出的"开口"过短等情况;因此原因导致交通事故多发的路段,可采用增设辅助车道方式对直接式减速车道进行优化改造设计(图8-1-6)。即在既有直接式减速车道的(L_2)基础上,在减速车道起点(满足一个车道宽度位置)前拼宽一定长度(L_1)的与主线平行的辅助车道,使减速车道总长度在原有的长度基础上再加上辅助车道长度(L_1+L_2),并增设三角过渡段(L_0),如图8-1-7所示。其中,L_1长度可取最外侧车道车辆运行速度的2.5s行程距离。直接式减速车道增加L_1长度的辅助车道,弥补了直接式减速车道可供驶出的"开口"长度过短、出口识别困难等带来的问题,为主线流出车辆提供了较为充裕的换道决策时间,保障了交通安全。

图8-1-6 已建工程直接式减速车道增设辅助车道示意图

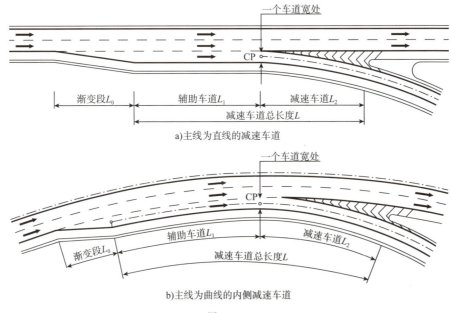

a)主线为直线的减速车道

b)主线为曲线的内侧减速车道

图 8-1-7

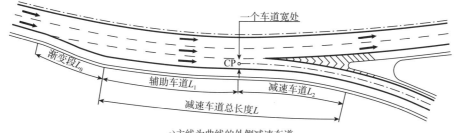

c) 主线为曲线的外侧减速车道

图 8-1-7　已建工程直接式减速车道优化设计示意图
注:图中 CP 点表示渐变至一个车道宽度的终点或起点位置。

6) 接环形匝道采用复合式减速车道形式合理性探讨

环形匝道线形指标低,接主线的减速车道采用直接式时,相当于较长的直线接小半径曲线的组合线形。从有利于交通安全考虑,2017 年版《路线规范》规定减速车道接小半径环形匝道时宜采用平行式。调查与安全性分析结果也均表明,平行式减速车道有利于交通安全。增设辅助车道的减速车道优化设计方案可认为是平行式与直接式两种形式的组合方案,故也可称为"复合式减速车道"。新建工程接环形匝道的减速车道是否可采用"复合式减速车道"也具有较大的进一步研究价值,主要理由如下:

(1) 可行性探讨

①针对平行式与直接式减速车道之间的衔接存在小偏角,如何优化线形设计的问题,研究认为:在小偏角交叉点前后的车道标线及路基外轮廓需设置圆曲线,提升车道线形的连续性,改善路基外观的美观。

②针对从主线最外侧车道上的分流车辆进入平行式减速车道路段、至直接式车道路段的换道行驶过程,是否存在行车舒适性与安全性的问题,研究认为:复合式减速车道车辆换道流出行驶过程为不完整的非标准 S 形。在主线上不同车道之间的车辆换道过程行驶速度通常保持匀速状态,换道轨迹为标准的 S 形;但在主线外侧车道与平行式减速车道之间换道过程中,车辆行驶速度处于持续减小状态,因此换道轨迹为非标准的 S 形。复合式减速车道前一段为平行式,后一段为直接式,其换道过程为:从主线进入平行式减速车道路段(前一段)的车辆换道轨迹为不足一个非标准的 S 形,随后便开始进入直接式减速车道(后一段),并沿直线行驶,在进入分流鼻端前驶入缓和曲线,通过分流鼻处进入曲线匝道。从行驶轨迹分析结果得出,操作全过程的步骤与单一的平行式减速车道基本相同,因此不会由于平行式与直接式之间存在小角度衔接而影响行车的舒适性与安全性。

(2) 接环形匝道采用复合式减速车道形式的目的

直接式减速车道出口与主线存在一定角度,其减速车道在分流鼻端前已与主线有明显的分离。因此,在分流鼻处前设置较短或较小回旋线参数的缓和曲线,既能满足出口分流鼻处分离主线与减速车道的要求,也较容易满足分流鼻处的线形规定要求[图 8-1-8a)]。但直接式减速车道与环形匝道的线形组合为较长直线与小半径曲线组成的不利组合,在出口分流鼻处存在行车舒适性与安全性问题。

平行式减速车道在分流鼻端前与主线分离需要通过设置缓和曲线或圆曲线完成,分流鼻处曲率半径与回旋线参数指标应满足规定要求,且比直接式需要更长的缓和曲线长度和更大的回旋线参数[图 8-1-8b)]。但较长缓和曲线与小半径圆曲线的线形组合,存在曲率变化过快、过急问题,也不利于交通安全;有些设计者采用复合式线形解决这一问题[图 8-1-8c)],但仍存在增加占地、增大工程规模的问题。采用平行式与直接式的组合形式,使其优缺点互补,可基本消除其所存在的缺陷,这也是本书提出"复合式减速车道方式"的根本目的。

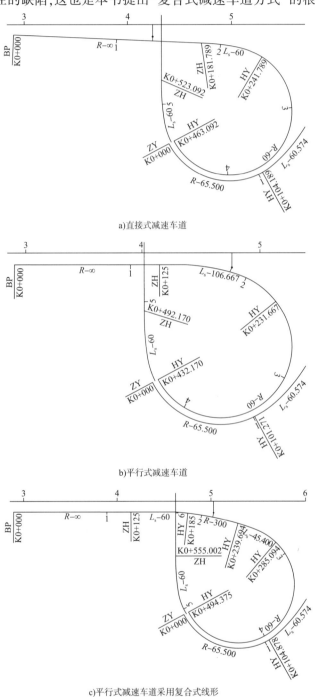

a)直接式减速车道

b)平行式减速车道

c)平行式减速车道采用复合式线形

图 8-1-8　B 型喇叭形接环形匝道的减速车道设计示意图

注:图中 R、L_s 单位均为 m。

8.1.3 变速车道长度、辅助车道长度及横断面组成

1）变速车道长度、渐变率与辅助车道长度

加、减速车道长度指渐变段达到一个车道宽度的位置与分流或合流鼻端之间的距离;渐变段长度指渐变段达到一个车道宽度的位置至主线之间的渐变长度。

变速车道长度、渐变率与辅助车道长度应符合表8-1-3的规定。当高速公路出口通行能力高于入口,受条件限制时,辅助车道长度可采用最小值。

变速车道长度、渐变率与辅助车道长度 表8-1-3

变速车道类别		主线设计速度（km/h）	变速车道长度(m)		渐变率	辅助车道长度（m）	全长（m）
			变速段(m)	渐变段(m)			
减速车道	单车道	120	145	100	1/25		245
		100	125	90	1/22.5		215
		80	110	80	1/20		190
		60	95	70	1/17.5		165
	双车道	120	225	90	1/22.5	300(580)	615
		100	190	80	1/20	250(510)	520
		80	170	70	1/17.5	200(440)	440
		60	140	60	1/15	180	380
加速车道	单车道	120	230	90(180)	(1/45)		320(410)
		100	200	80(160)	(1/40)		280(360)
		80	180	70(160)	(1/40)		250(340)
		60	155	60(140)	(1/35)		215(295)
	双车道	120	400	180	(1/45)	400	980
		100	350	160	(1/40)	350	860
		80	310	150	(1/37.5)	300	760
		60	270	140	(1/35)	250	660

注:1.加速车道括号内的数值为直接式单车道加速车道的渐变段长度与全长,直接式双车道渐变段的渐变率。
2.辅助车道长度括号内的数值为2017年版《路线规范》一般值,括号外为2017年版《路线规范》与《立交细则》的最小值。
3.入口为单车道的双车道匝道时加速车道的长度应增加10~20m。

2）变速车道长度的修正

下坡路段的减速车道和上坡路段的加速车道,其长度应根据主线平均纵坡,按表8-1-4中的修正系数予以修正。

坡道上变速车道长度的修正系数 表8-1-4

主线平均坡度（%）		$i \leq 2$	$2 < i \leq 3$	$3 < i \leq 4$	$i > 4$
修正系数	下坡减速车道	1.00	1.10	1.20	1.30
	上坡加速车道	1.00	1.20	1.30	1.40

3) 变速车道设计标准的修正

对下列三种情况,变速车道宜采用高一档设计速度标准的长度:

①主线设计速度小于或等于100km/h,且匝道的线形指标较低;

②主线、匝道的预测交通量接近通行能力;

③载重汽车和大型客车比例较高。

4) 变速车道横断面组成

变速车道横断面由左侧路缘带、行车道、右侧硬路肩(含右侧路缘带)、土路肩组成(图8-1-9)。各组成部分宽度应符合下列规定:

①变速车道与主线直行车道之间应设置宽度为0.50m路缘带。

②变速车道行车道宽度宜采用匝道行车道宽度。匝道设计速度大于60km/h时,一般采用3.75m;小于或等于60km/h时,一般采用3.50m。

③右侧硬路肩宽度宜采用主线与匝道硬路肩中较宽者的宽度。当条件受限时,右侧硬路肩宽度可适当减窄,但不应小于1.50m。

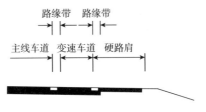

图8-1-9 变速车道横断面布设示意图

8.1.4 变速车道平面线形与路拱横坡优化设计

1) 变速车道在主线为直线(含不设超高的圆曲线)的范围内

主线为直线或不设超高的圆曲线时,主线路拱横坡一般为2%。

直接式变速车道在分流鼻端前一般采用直线或曲率半径较大的缓和曲线,因此,在变速车道全长范围内可采用与主线相同的横坡[图8-1-10a)]。路拱横坡示意方式如图8-1-10c)所示,以下均相同。

平行式变速车道在与主线平行路段的横坡,可采用与主线路拱相同的横坡;在曲线路段应根据运行速度和曲线半径确定路拱横坡,并在一个车道宽度处至鼻端之间的三角区设置附加路拱线,如图8-1-10b)所示。

平行式变速车道路拱横坡设置可以与运行速度变化良好匹配结合,且平面线形与匝道衔接舒顺,较直接式更合理。因此,从该角度来看,减速车道宜采用平行式。

2) 加速车道在主线为曲线的范围内

(1) 加速车道在主线曲线的内侧时

2017年版《路线规范》规定加速车道宜采用平行式。平行式加速车道在主线曲线的内侧时,变速车道的平面线形与路拱横坡宜按如下方式优化设计:

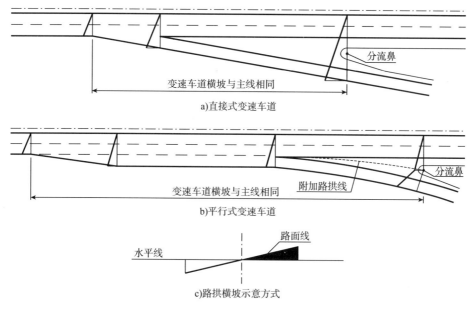

图 8-1-10　主线为直线时变速车道横坡设置示意图

①加速车道平面线形：加速车道与主线平行路段，平面线形采取主线平行加宽的方法设置，平行加宽段前采用卵形或复合型回旋线并与匝道相连。与主线平行路段相连的曲线终点简称 CP 点，CP 点至加速车道加速段终点的长度，应依据 CP 点至鼻端处的距离确定 [图 8-1-11a)]。

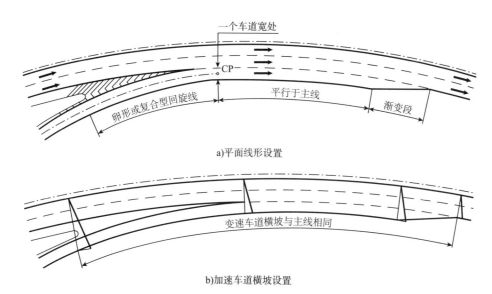

图 8-1-11　加速车道在主线曲线的内侧时平面线形与横坡设置示意图

243

②加速车道路拱横坡:当主线超高≤2%时,平行加宽段应采用与主线相同的路拱横坡;当主线超高>2%时,可采用主线最外侧车道的运行速度或限速值确定加速车道的路拱横坡。CP点至鼻端处路段原则上不应采用与主线相同的横坡[图8-1-11b)],而应根据匝道设计速度或鼻端运行速度确定该段加速车道的路拱横坡。

(2)加速车道在主线曲线的外侧时

2017年版《路线规范》规定加速车道宜采用平行式。平行式加速车道在主线曲线的外侧时,变速车道的平面线形与路拱横坡宜按如下方式优化设计:

①加速车道平面线形:加速车道与主线平行路段,平面线形采取主线平行加宽的方法设置,平行加宽段前采用S形回旋线或不设超高的圆曲线与匝道相连。平行加宽段CP点至加速车道加速段终点的长度,应依据CP点至鼻端处的距离确定[图8-1-12a)]。

②加速车道路拱横坡:当主线超高≤2%时,平行加宽段应采用与主线相同的路拱横坡;当主线超高大于2%时,可采用主线最外侧车道的运行速度或限速值确定加速车道的路拱横坡。CP点至鼻端处路段应为横坡反向过渡段,鼻端处的横坡采用应根据匝道设计速度或鼻端运行速度确定[图8-1-12b)]。

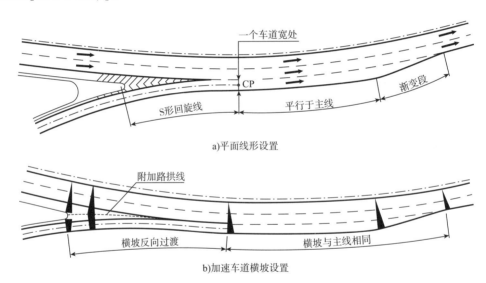

图8-1-12　平行式加速车道在主线曲线的外侧时平面线形与横坡设置示意图

3)减速车道在主线为曲线的范围内

(1)当减速车道在主线曲线的内侧时

2017年版《路线规范》规定减速车道宜采用直接式,本书建议采用平行式。减速车道在主线曲线的内侧时,变速车道的平面线形与路拱横坡宜按如下方式优化设计。

①减速车道平面线形。

a.平行式减速车道与主线平行路段,平面线形采取主线平行加宽的方法设置,平行加宽段前采用卵形或复合型回旋线并与匝道相连[图8-1-13a)];平行式减速车道减速段起点至CP点的长度,应依据CP点至鼻端处的距离确定。

b.直接式减速车道平面线形一段可采用与主线相同或邻近的线形,另一段按《立交细则》

规定采用卵形或复合型回旋线,其中卵形或复合型回旋线也可为相连匝道的一段[图 8-1-13b)]。

c.受条件限制时,直接式减速车道全长范围内平面线形可采用与主线一致的线形[图 8-1-13c)]。由于鼻端平面线形指标偏高,需要增加匝道长度保持线形的合理过渡,造成互通式立交占地与工程造价的增加。

②减速车道路拱横坡。

a.当主线超高≤2%时,平行式减速车道中平行加宽段应采用与主线相同的路拱横坡;当主线超高>2%时,可采用主线最外侧车道的运行速度或限速值确定减速车道的路拱横坡。平行式减速车道 CP 点至鼻端处路段原则上不应采用与主线相同的横坡[图 8-1-13d)],而应根据匝道设计速度或鼻端运行速度确定该段减速车道的路拱横坡。

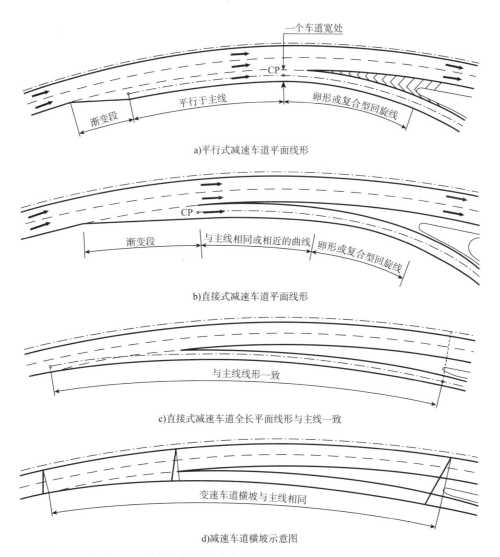

图 8-1-13 减速车道在主线曲线的内侧时平面线形与横坡设置示意图

b. 当主线超高≤2%时,直接式减速车道可采用与主线相同的路拱横坡[图 8-1-11d];当主线超高>2%时,宜根据主线最外侧车道的运行速度或限速值确定减速车道的路拱横坡。

(2) 减速车道在主线曲线的外侧时

2017 年版《路线规范》规定减速车道宜采用直接式,本书建议采用平行式。减速车道在主线曲线的内侧时,变速车道的平面线形与路拱横坡宜按如下方式优化设计。

①减速车道平面线形。

a. 平行式减速车道与主线平行路段,平面线形采取主线平行加宽的方法设置,另一段采用 S 形回旋线并与匝道相连[图 8-1-14a];平行式减速车道减速段起点至 CP 点的长度,应依据 CP 点至鼻端处的距离确定。当主线的圆曲线半径大于 2000m(超高<3%)时,可采用完整的回旋线。

b. 2017 年版《路线规范》规定,当主线超高≥3%时,主线外侧减速车道应为平行式。当主线超高<3%时,直接式减速车道平面线形一段可采用与主线一致的线形,再接一段 S 形回旋线并与匝道顺接[图 8-1-14b];S 形回旋线范围为在主线外侧车道外缘线和减速车道内缘线的距离为 3.5m 处至分流鼻端范围内。

c. 受条件限制,且主线超高<3%时,直接式减速车道全长平面线形可采用与主线一致的线形[图 8-1-14c]。

②减速车道路拱横坡。

a. 当主线超高≤2%时,平行式减速车道中平行加宽段应采用与主线相同的路拱横坡;当主线超高>2%时,可采用主线最外侧车道的运行速度或限速值确定减速车道的路拱横坡。CP 点至鼻端处路段应为横坡反向过渡段,鼻端处的横坡采用应根据匝道设计速度或鼻端运行速度确定。

b. 当主线超高≤2%时,直接式减速车道全长可作为横坡反向过渡段,鼻端处横坡根据鼻端运行速度确定[图 8-1-14d];当主线超高>2%时,平面线形与主线一致路段路拱横坡,宜根据主线最外侧车道的运行速度或限速值确定,S 形回旋线路段应为横坡反向过渡段。

c. 当主线超高≥3%时,根据 2017 年版《路线规范》规定不应采用直接式,而应采用平行式减速车道。

d. 受条件限制,平面线形不设 S 形回旋线时,当主线超高≤2%时,直接式减速车道全长可作为横坡反向过渡段设置;当主线超高>2%时,不应将减速车道全长作为横坡反向过渡段设置,而应根据鼻端处的运行速度和曲线半径确定横坡,鼻端处有可能为向内侧的顺坡。若分流鼻处横坡与主线一致,为向内的顺坡,此时横坡过渡需要在匝道上进一步完成,以满足反向横坡过渡,该设置方案[图 8-1-14c]不符合驾驶人对前方横坡设置的预判,原则上不推荐。

4) 主线超高≥3%时的变速车道横坡取值

变速车道与主线最外侧车道相衔接,最外侧车道运行速度或限速值一般较内侧车道或设计速度低约 10~20km/h。当主线超高≥3%时,根据 2017 年版《路线规范》对超高取值的规定,变速车道超高值可较主线低约 1%,表 8-1-5 中的变速车道超高取值可供参考。

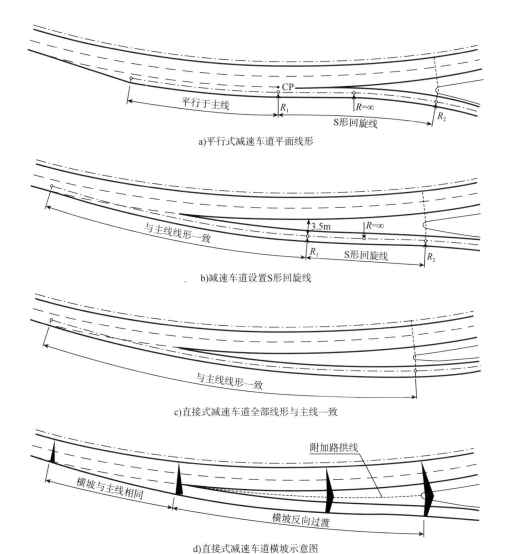

图 8-1-14 曲线外侧减速车道平面线形与横坡设置示意图

分流鼻处匝道平曲线最小曲率半径 表 8-1-5

主线	设计速度（km/h）		120	100	80	60
主线	圆曲线半径(m)	超高 3%	1990~2860	1480~2150	960~1410	590~870
		超高 4%	1500~1990	1100~1480	710~960	430~590
		超高 5%	1190~1500	860~1100	550~710	320~430
变速车道	最外侧车道运行速度或限速值（km/h）		100	80	60	60
	主线圆曲线半径对应的超高取值	超高 3%	2%~3%	2%~2%	2%~2%	3%~3%
		超高 4%	3%~3%	2%~3%	2%~3%	4%~4%
		超高 5%	3%~4%	3%~4%	3%~4%	5%~5%

注：超高取值均按最大超高为 8% 时的规定。

8.2 主线及匝道分合流连接部设计

8.2.1 主线分合流连接部设计

1) 主线分合流的界定与灵活性设计

(1) 主线分合流界定

主线分流:一条高速公路单幅行车道分成两条连接到另一条高速公路上的多车道匝道的分岔部,或者由一条高速公路分成两条高速公路的分岔部。

主线合流:自一条高速公路引出的两条直连式或半直连式多车道匝道汇合成为另一条高速公路的一幅行车道,或者由两条高速公路的同向行车道合并成为一条高速公路的一幅行车道。

主线相互分合流在分合流前后应均为高速公路。主线相互分合流方式主要有主线分岔形、三岔Y形、三岔T形等,主线分合流组成的互通式立交均为枢纽互通式立交,如图8-2-1所示。

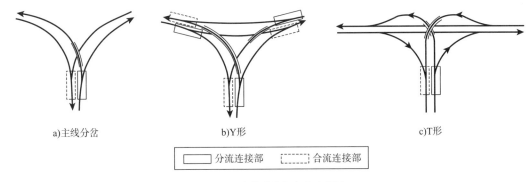

图 8-2-1 主线分岔与合流示意图

(2) 主线分合流灵活性设计

①当四岔交叉枢纽互通式立交左转弯匝道交通量特别大时,可按主线相互分合流设计并考虑主线车道数平衡。如某枢纽互通式立交有一个方向左转弯匝道交通量非常大,可采用主线相互分岔方式的双车道匝道设计;同时,主线直行方向车道数为四车道,主线分岔之前车道数为五车道,前后车道平衡,主线分岔前可不设辅助车道,如图8-2-2所示;如果车道数不平衡需设置辅助车道。

②当三岔交叉枢纽互通式立交左转弯交通量比较小时,左转匝道平面线形可采用设计标准较低的指标,且左转匝道可采用单车道或双车道匝道单车道出口形式,主线不设辅助车道,如图8-2-3所示。

2) 主线相互分流连接部形式

主线相互分流连接部采用以下形式。

①在分流交通量中,当左行交通量为主交通流时,左行方向宜作为主线布设在左侧,随后左右线自然分离,平面线形指标均较高(左侧略高些),如图8-2-4a)所示。

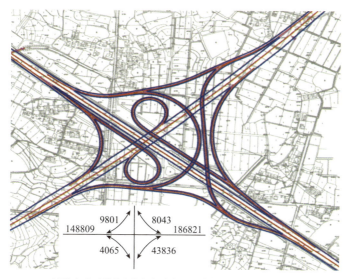

a) 四岔交叉互通式立交方案及交通量分布(交通量单位: pcu/d)

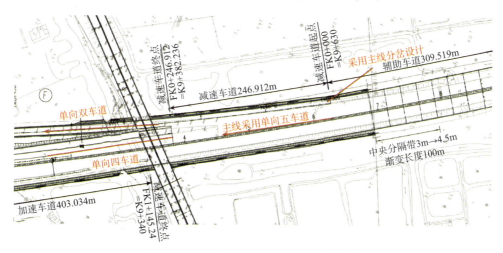

b) 主线相互分岔方式设置匝道并考虑主线车道数平衡

图 8-2-2　四岔交叉主交通流方向按主线分岔设计并考虑车道数平衡示意图

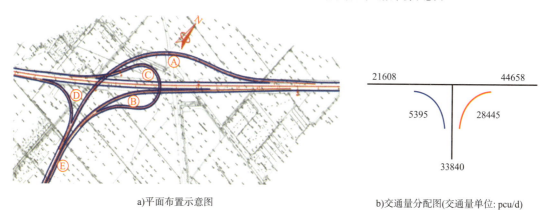

a) 平面布置示意图　　　　　　　　b) 交通量分配图(交通量单位: pcu/d)

图 8-2-3　左行交通量较小时主线分岔方案图

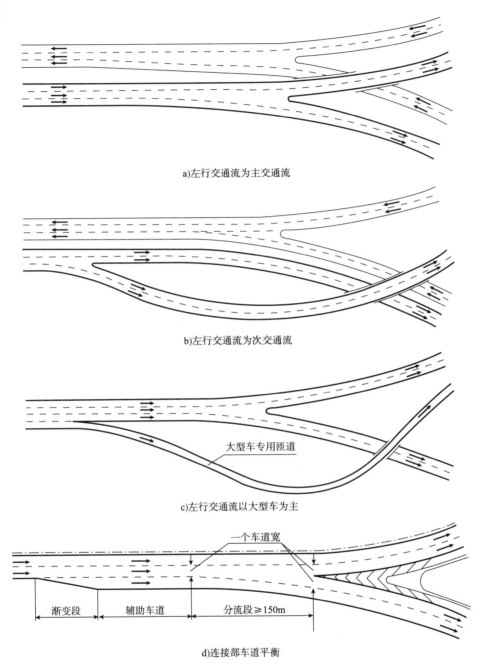

图 8-2-4　主线相互分流连接部形式

②在分流交通量中,当左行交通量为次交通流,且交通量相差较大时,通常右行方向作为主线布设在左侧,左行从主线的右侧分流,如图 8-2-4b)所示。或者当左行方向主线所需车道数少于右行方向时,应采用图 8-2-4b)的连接部形式。

③在分流交通量中,当左行交通量为次交通流,但交通量相差不大时,仍然宜采用第一种连接部形式[图 8-2-4a)];因为车辆驾驶人在分岔前较难发现两个方向的交通量差异,而第一种分流形式两条分岔主线线形指标均较高,分岔主线无反向横坡,线形顺畅。

④当左行交通量从左侧直接分流且以大型车为主时,应考虑并论证在主线分流前设置半直连式左转弯大型车专用匝道,如图 8-2-4c)所示;但从方案合理性考虑,原则上应采用图 8-2-4b)的连接部形式。

⑤当分流连接部车道不平衡时,应增设辅助车道,如图 8-2-4d)所示。辅助车道和渐变段长度采用表 8-1-3 规定值。

3)主线相互合流连接部形式

主线相互分流连接部采用以下形式。

①当两个方向交通量均较大时,宜从左侧合流,如图 8-2-5a)所示。

②当跨越另一条高速公路的交通量较小时,宜从右侧合流,如图 8-2-5b)所示。

③当两个方向的交通量均接近设计通行能力时,可按原有车道数直接合流,如图 8-2-5c)所示。

④当其中一个方向的交通量接近设计通行能力、另一方向交通量较小时,交通量较小方向宜从右侧合流,且合流后可减少一个车道,但应有辅助车道过渡,辅助车道长度不应小于400m,如图 8-2-5d)所示。

⑤当两个方向的交通量均较小时,合流后可减少一个车道,并可采用直接合流的方式,如图 8-2-5e)所示。

⑥当合流连接部车道不平衡时,应增设辅助车道[图 8-2-5f)],辅助车道及渐变段长度应采用表 8-1-3 规定值。

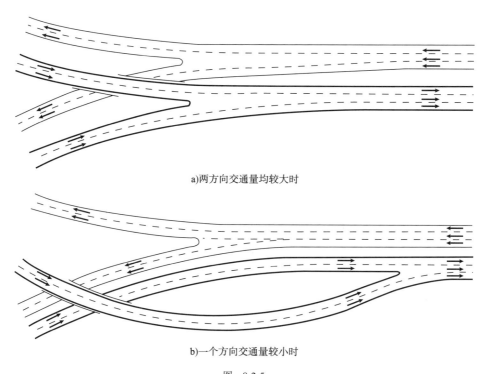

a)两方向交通量均较大时

b)一个方向交通量较小时

图 8-2-5

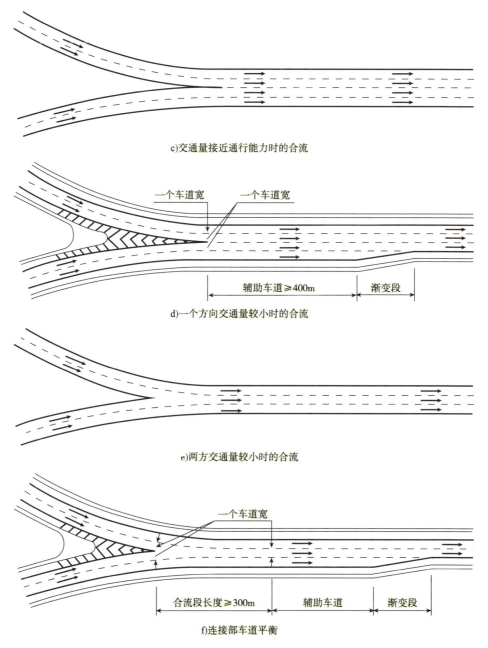

c)交通量接近通行能力时的合流

d)一个方向交通量较小时的合流

e)两方交通量较小时的合流

f)连接部车道平衡

图 8-2-5 主线相互合流连接部形式

4）主线相互分合流连接部平面线形设计

①自分流起点开始或至合流终点，两主线宜分别进行平面线形设计，两条设计线起点应位于同一断面，且起点方位角宜保持一致。主线相互分流时起点至一个车道宽度处的距离不应小于150m，如图 8-2-6a）所示。主线相互合流时一个车道宽度处至合流终点的距离不应小于300m，如图 8-2-6b）所示。

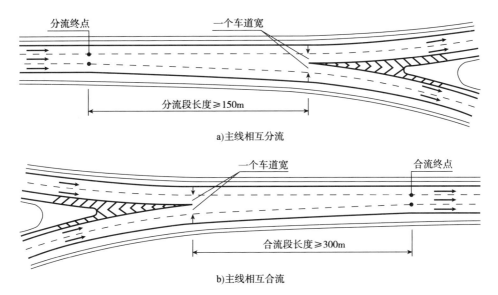

图 8-2-6 主线相互合流连接部平面线形设计示意图

②连接部左侧主线平面线形指标一般高于右侧,因此,纵断面线形和路面横坡应由左侧主线的设计基线控制设计,横坡过渡可采用变速车道横坡过渡方法。

③主线的分岔和合流中渐变段设计。

a. 自分岔前或合流后的路幅(包括为维持车道数的平衡而增加的辅助车道)至增加或减少一条车道(两幅行车道出现公共路缘带的断面)的渐变段内,路幅宽度应线性变化。

b. 分岔和合流渐变段的渐变率应分别不大于 1:40 和 1:80。

c. 渐变段的边线及其邻接的双幅路段的边线,其线形应连续。

8.2.2 匝道分合流连接部设计

1) 匝道相互分流连接部形式

①当匝道分流车道平衡时,可采用直接分流的形式,如图 8-2-7a)、b)、c)、d)所示。

②当匝道分流车道不平衡时,可增设一条辅助车道,辅助车道长度不应小于 150m,如图 8-2-7e)所示。

③当匝道分流车道不平衡,考虑交通量较小采用单出口的双车道匝道时,可从分流鼻处开始渐变[图 8-2-7f)],但渐变方式不宜采用断面变窄的形式,宜采用导流标线。

2) 匝道相互合流连接部形式

①当匝道合流车道平衡,且合流交通量均较小时,可采用直接合流的形式[图 8-2-8a)]。

②当匝道合流车道平衡,但合流后的交通量接近设计通行能力,或单车道匝道汇入速度相对较高的双车道匝道时,应增加渐变段长度或增设一条辅助车道,辅助车道长度不应小于 100m[图 8-2-8b)]。

③当匝道合流车道不平衡,且交通量较大时,应增设一条辅助车道,辅助车道长度不应小于 150m[图 8-2-8c)]。

④当匝道合流车道不平衡,考虑交通量较小采用单入口的双车道匝道时,可从合流鼻处开始渐变[图 8-2-8d)],但渐变方式建议采用导流标线[图 8-2-8e)、f)]。

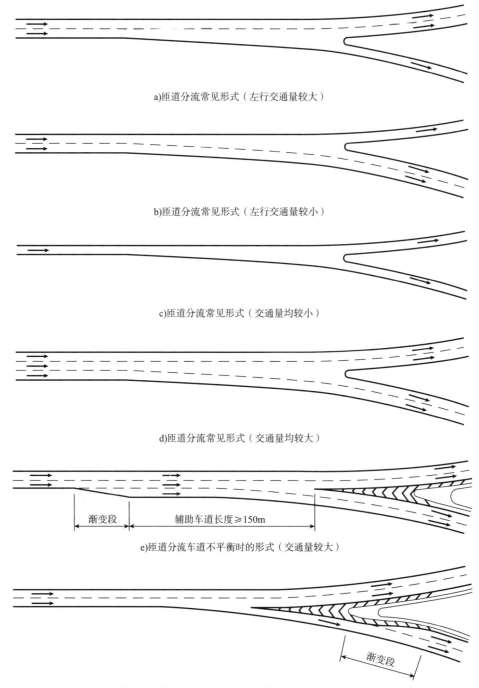

图 8-2-7　匝道相互分流连接部形式

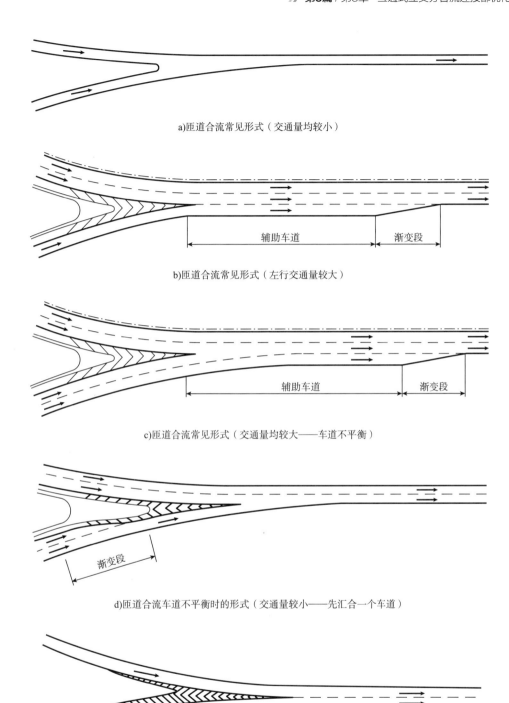

a)匝道合流常见形式（交通量均较小）

b)匝道合流常见形式（左行交通量较大）

c)匝道合流常见形式（交通量均较大——车道不平衡）

d)匝道合流车道不平衡时的形式（交通量较小——先汇合一个车道）

e)匝道合流车道不平衡时的形式（交通量较小——导流标线汇合一个车道）

图 8-2-8

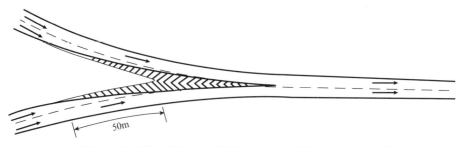

f) 匝道合流车道不平衡时的形式（交通量较小——导流标线各自汇合一个车道）

图 8-2-8　匝道相互合流连接部形式

3) 匝道相互分合流连接部平面线形设计

①在分合流路段，两条匝道宜分别进行平面线形设计，分流起点和合流终点处各设计基线的方位角宜保持一致，如图 8-2-9 所示。分合流段长度不应小于表 8-2-1 的规定值。

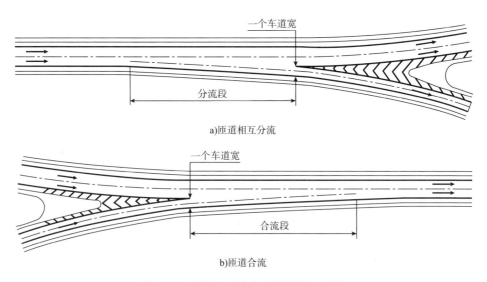

a) 匝道相互分流

b) 匝道合流

图 8-2-9　匝道相互分合流连接部设计示意图

连接部分流段与合流段的最小长度　　　　　表 8-2-1

分合流速度(km/h)	80	70	60	50	40	35	30
分流最小长度(m)	80	70	60	55	50	50	50
合流最小长度(m)	120	100	90	80	70	60	50

②连接部纵断面线形和路面横坡应由交通量较大或在几何设计中居主导地位的匝道设计基线进行控制，横坡过渡可采用变速车道的横坡过渡方法。

③匝道分流、合流前后车道数不平衡时，应增设一段辅助车道，辅助车道长度不应小于 150m，渐变段长度不应小于 50m。

4)匝道分合流连接应避免左侧出入

当两个方向均为单车道匝道时,匝道分流或合流连接部设计不存在左侧出入的问题。当一个方向为双车道匝道,另一个方向为单车道匝道时,应避免单车道匝道从双车道匝道的左侧出入(图8-2-10)。当分流或合流交通量主次分明且相差较大时,从有利于提高匝道通行能力和提升交通安全性考虑,次交通量宜统一在主交通流匝道的右侧分流或合流[图8-2-10c)]。

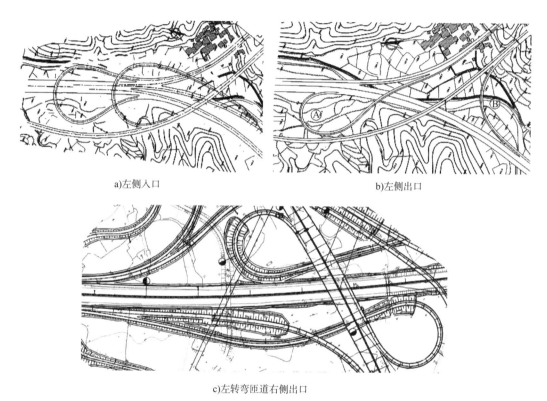

a)左侧入口　　　　　　　　　　　b)左侧出口

c)左转弯匝道右侧出口

图8-2-10　匝道左侧出入口与右侧出口设计示意图

8.2.3　主线侧连续分合流连接部设计

1)主线侧连续分流连接部设计

根据2017年版《路线规范》规定,当主线侧相邻出口最小间距大于表8-2-2中的规定值时,可设置连续分流的出口。《立交细则》规定连续分流最小间距为连续分流鼻端之间的距离;本书侧重于考虑满足主线次外侧车道上的分流车辆,在第二出口驶出前(渐变段起点)换道至最外侧车道所需要的换道距离要求,提出连续分流最小间距以第一出口导流线起点为起点,至第二出口渐变段起点之间的距离。该连续分流最小间距的起止点规定更符合车辆驾驶人的正常操作行为与换道要求,建议修订2017年版《路线规范》相应规定。连接部设计应符合下列规定:

主线侧连续分流的分流点(鼻端)最小间距　　　　　　　　　表 8-2-2

			120	100	80
2017 年版《路线规范》	连续分流鼻端最小间距(m)	一般值	400	350	310
		最小值	350	300	260
建议值	连续分流的分流点最小间距(m)	一般值	460	375	295
		最小值	310	245	180

注：最小间距最小值的建议值小于上游双车道加速车道的加速段长度，故本条规定当连续合流的上游加速车道为双车道时，连续合流鼻端之间的距离不应小于表中一般值。

①当为连续分流且下游减速车道为单车道时，减速车道可直接设于主线侧，图 8-2-11a)为连接部均为直接式单车道的设计示意图，图 8-2-11b)为连接部均为平行式单车道的设计示意图。

②当为连续分流且下游减速车道为双车道时，上游减速车道前应设辅助车道，辅助车道长度不短于 150m[图 8-2-11c)]。

③建议减速车道采用平行式，当连续分流的第二出口为双车道时，相应的辅助车道应在第一出口的平行式减速车道前设置，其长度不短于 150m。

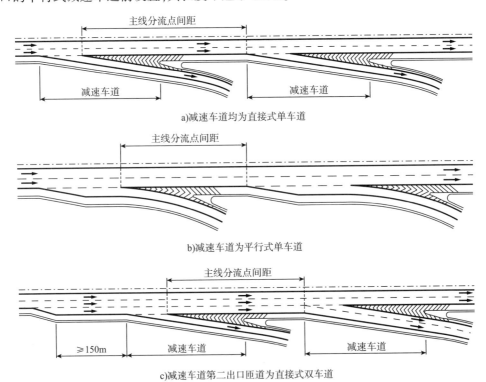

图 8-2-11　主线侧分流连接部设计示意图

2) 主线侧连续合流连接部设计

根据 2017 年版《路线规范》规定，当主线侧相邻入口最小间距大于表 8-2-3 中的规定值时，可设置连续合流的入口。当连续合流中的上游加速车道为双车道时，连续合流鼻端间距离不应小于表 8-2-3 中一般值。《立交细则》规定，连续合流最小间距为连续合流鼻端之间的距离。本书连续合流最小间距是以第一入口渐变段终点为起点，至第二入口导流线终点之间的距离，侧重于考虑满足主线最外侧车道上的合流车辆，在第二入口驶入前（导流线终点）小客车换道至次外侧车道所需要的换道距离要求。该连续合流最小间距的起止点规定与加速车道的形式、车道数无关，因此仅需提供一个最小值指标，该规定较 2017 年版《路线规范》规定更合理，并建议修订 2017 年版《路线规范》相应规定。连接部设计应符合下列规定：

①当为连续合流且上游加速车道为单车道时，加速车道可直接设于主线侧，如图 8-2-12a）所示。

②当为连续合流且上游加速车道为双车道时，下游加速车道应设于辅助车道上，且辅助车道自加速车道终点向下游延伸长度不应小于辅助车道长度的规定值，如图 8-2-12b）所示。

主线侧连续合流点（鼻端）最小间距　　　　表 8-2-3

主线设计速度（km/h）			120	100	80
2017 年版《路线规范》	连续分流鼻端最小间距（m）	一般值	400	350	310
		极限值	350	300	260
建议值	连续合流的合流点最小间距（m）	最小值	390	315	240

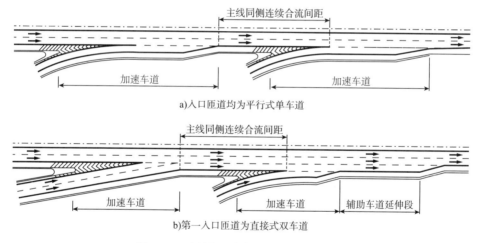

a）入口匝道均为平行式单车道

b）第一入口匝道为直接式双车道

图 8-2-12　主线侧连续合流连接部设计示意图

3）主线侧主线至匝道连续分流连接部设计

2017 年版《路线规范》规定从主线侧出口至匝道上的出口可连续设置，相邻分流鼻端之间的距离不应小于表 8-2-4 中的规定值，2017 年版《路线规范》对枢纽互通与一般互通提出了不同的最小间距要求，《立交细则》仅提供了一个最小值的规定（表 8-2-4）。

《立交细则》中的最小间距为匝道上相邻分流鼻端之间的距离，为驾驶人认读标志、反应决策和车辆侧移等过程所需要的最小距离，加上第二个分流端部斑马线三角区的长度。其中，车辆运行过程所需要的距离与分流鼻端的通过速度有关，而通过速度又与主线设计速度有关，故相邻分流鼻端的最小间距按主线设计速度控制。

匝道上相邻分流鼻端最小间距　　　　　表 8-2-4

		主线设计速度(km/h)	120	100	80	60
2017 年版《路线规范》	相邻分流鼻最小间距(m)	枢纽互通	240	210	190	—
		一般互通	180	160	150	—
《立交细则》	相邻分流鼻最小间距(m)		240	210	190	170
建议值	分流鼻与分流点最小间距(m)		140	130	110	90

本书最小间距建议值是以主线侧出口分流鼻端至匝道分流点之间的距离为准,与《立交细则》相比较少了第二个分流端部斑马线三角区的长度(图 8-2-13),在计算参数取值上也有些不同,故最小间距规定值不同。该规定较 2017 年版《路线规范》规定更合理,并建议修订 2017 年版《路线规范》相应规定。

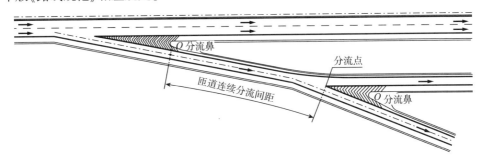

图 8-2-13　匝道上相邻分流鼻端间距示意图

4) 主线侧匝道至主线连续合流连接部设计

2017 年版《路线规范》规定从匝道相互合流至主线侧入口可连续设置,《立交细则》规定匝道相互合流的分流鼻端至主线侧合流鼻端之间的距离不应小于表 8-2-5 的规定值。相邻合流鼻端的最小间距,包括连接部渐变段最小长度和第一个合流端部斑马线三角区的最小长度等;该距离与匝道设计速度有关,故相邻合流鼻端的最小间距按匝道设计速度控制。

匝道上相邻合流鼻端最小间距　　　　　表 8-2-5

	匝道设计速度(km/h)	80	70	60	50	40	35	30
《立交细则》	相邻合流鼻端最小间距(m)	210	180	160	140	120	110	100
建议值	合流点与合流鼻最小间距(m)	170	145	125	100	80	70	60

本书所提出最小间距是以匝道相互合流的合流点至主线侧合流鼻端之间的距离为准,与《立交细则》相比较少了匝道相互合流端部斑马线三角区的长度(图 8-2-14),在计算参数取值上也有些不同,因此最小间距规定值不同。该规定较 2017 年版《路线规范》规定更合理,并建议修订 2017 年版《路线规范》相应规定。

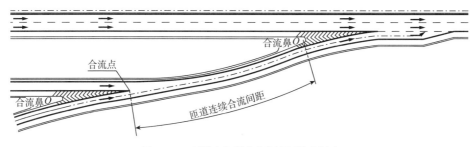

图 8-2-14　匝道上相邻合流鼻端间距示意图

8.3 辅助车道与集散车道设计

8.3.1 辅助车道与集散车道中的交织区长度

（1）交织区辅助车道或交织区长度相关规定

2017 年版《路线规范》规定复合式互通式立交的交织段长度不应小于 600m（表 8-3-1）；《立交细则》规定合分流鼻端之间辅助车道长度不应小于表 8-3-1 的规定值，当主线单向基本车道数大于 3，或匝道中有双车道时，不应小于一般值。

复合式立交辅助车道（交织区）最小长度　　　　　表 8-3-1

		主线设计速度（km/h）		120	100	80	60
2017 年版《路线规范》	交织区长度（m）	最小值		600			
《立交细则》	合分流鼻端之间辅助车道长度（m）	一般值		1200	1100	1000	800
		最小值		1000	900	800	700
	出口主线侧	渐变段长度（m）		150			
		渐变率		1/40			
《互通式立体交叉设计原理与应用》	交织区长度（m）	互通式立交类型		一般互通与一般互通		一般互通与枢纽互通	
		四车道高速公路		480		508	
		八车道高速公路		450		508	

《立交细则》中的规定值是指合分流鼻端之间的辅助车道长度，而 2017 年版《路线规范》规定的是交织区最小长度（图 8-3-1），加上两端的分流鼻端的构造长度后，短于《立交细则》的规定值。

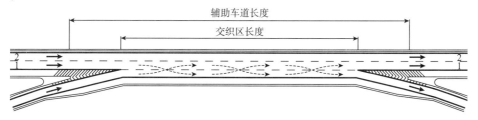

图 8-3-1　交织区最小长度（较短时）示意图

(2) 交织区最大交织长度

《互通式立体交叉设计原理与应用》一书中按照一般互通与一般互通构成的复合式立交和一般互通与枢纽互通构成的复合式立交两种组合,高速公路取二级服务水平时的最大交通量,匝道取四级服务水平时的最大交通量进行交织区长度计算。计算结果表明,交织区的鼻端构造对交织长度的影响较大,高速公路的车道数对交织区长度的影响相对较小,计算结果见表 8-3-1。

当辅助车道较长时,合分流鼻端的两个连接部附近会形成单纯的合分流交通运行状态,只有在辅助车道中间较短路段才可能出现部分交织现象。辅助车道最理想的长度,就是使辅助车道上的交通运行基本为分布于两端的分合流运行。国内外研究成果表明,当交织区长度大于 760m 时,绝大多数交织车流会转化为单纯的合分流,对主线直行车流的影响则随着交织长度的增加逐步减弱。因此,交织长度 760m 可作为理想状态的辅助车道最小长度的一个控制值;《立交细则》规定值是依据《互通式立体交叉设计原理与应用》中交织区最小长度,并取单纯的合分流交通运行状态所需要的最小长度(理想状态),故相比 2017 年版《路线规范》规定值,其辅助车道最小长度明显偏长。

(3) 交织区最小交织长度

本书 2.2 节根据美国《道路通行能力手册》中 HCM2000 法的交织区长度计算方法,提出了辅助车道与集散车道中不同的主线服务水平与匝道交织交通量下交织区最小长度设计指标,详见表 3-2-3、表 3-2-4。根据已建高速公路现场调研表明,基于 HCM2000 法的交织区长度计算方法所得的交织区最小长度设计指标基本符合我国交通现状。本书所提出的基于 HCM2000 法的交织区最小长度设计指标完善了我国规范中的相关规定;在实际运用时,可根据主线或集散车道服务水平、匝道入口交通量、匝道出口交通量确定交织区最小交织长度。

8.3.2 辅助车道优化设计

1) 辅助车道分类

从保持主线车道数平衡考虑,在主线最外侧车道之外增设的附加车道,通常称为辅助车道。

①高速公路主线基本车道发生变化时,为了保持主线车道数平衡,辅助车道的增减方式通常有两种,一种在互通式立交内,另一种在互通式立交外。该类辅助车道可统称为基本车道平衡型辅助车道。

②在互通式立交分合流双车道变速车道连接部、枢纽互通式立交相互分岔、匝道相互分岔等,为保持出入口连接部的车道数平衡,以利于提高连接部通行能力而增设的辅助车道,可统称为变速车道平衡型辅助车道。

③当两座互通式立交净距较小时,以辅助车道相连构成复合式互通式立交的辅助车道,可称为复合式立交交织型辅助车道。

④当全苜蓿叶形互通式立交,或高速公路主线同侧采用双环式变形苜蓿叶形互通式立交时,相邻入口、出口之间采用贯通的辅助车道相连,可称为苜蓿叶形立交交织型辅助车道。

2) 辅助车道设置

(1) 基本车道平衡型辅助车道设置

主线基本车道数的增减方式应根据互通式立交的形式、匝道车道数及交通量的分布等确

定,并应符合下列基本原则:

①当入口匝道为双车道时,基本车道数的变化也不宜大于 1 条;基本车道数增减一般宜在基本路段进行,如图 8-3-2a)所示,基本车道数的增加可由双车道入口的辅助车道延伸而成。

②当入口匝道为单车道时,且交通量明显小于出口匝道,基本车道数可在互通式立交内减少。被减去的车道宜由分流鼻端下游不小于 150m 处开始渐变结束,渐变率不应大于 1/50 [图 8-3-2b)]。

③当入口匝道为单车道,但在互通式立交内减少车道存在困难时,如改扩建工程,基本车道数宜在互通式立交外减少。被减去的车道应自加速车道终点向下游延伸一段距离后再渐变结束,延伸长度不应小于 500m,渐变率不应大于 1/50 [图 8-3-2c)]。

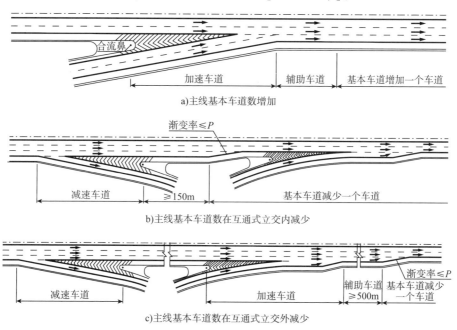

图 8-3-2 主线车道平衡型辅助车道设置示意图

(2)变速车道平衡型辅助车道设置

①变速车道平衡型辅助车道设置。

a. 当变速车道为双车道,且车道数不平衡时,应增设车道平衡型辅助车道,如图 8-3-3 所示;

b. 当主线相互分岔,且车道数不平衡时,应增设辅助车道;

c. 当匝道相互分岔,且车道数不平衡时,应增设辅助车道。

②变速车道平衡型辅助车道最小长度。

变速车道平衡型辅助车道最小长度可采用表 8-3-2 的规定值。《立交细则》仅提供了出口减速车道前的辅助车道长度最小值,且采用了 2017 年版《路线规范》规定的最小值;从互通式立交出口通行能力大于入口考虑,出口辅助车道最小长度可取 2017 年版《路线规范》规定的最小值。

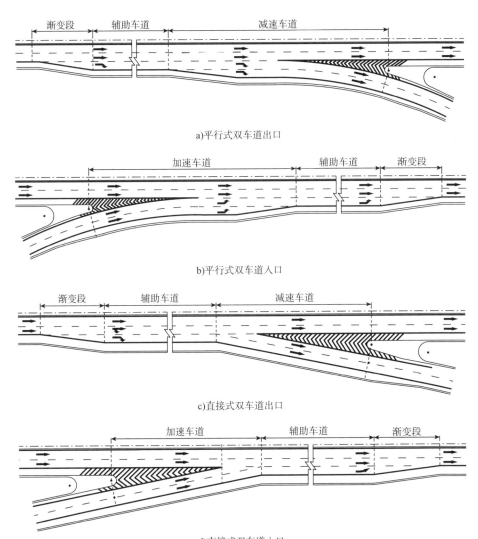

图 8-3-3 变速车道平衡型辅助车道设置示意图

变速车道平衡型辅助车道最小长度　　　　表 8-3-2

		主线设计速度(km/h)		120	100	80	60
2017 年版《路线规范》	变速车道平衡型辅助车道长度(m)	入口		400	350	300	250
		出口	一般值	580	510	440	370
		出口	最小值	300	250	200	180
《立交细则》		入口	最小值	400	350	300	250
		出口	最小值	300	250	200	180
辅助车道三角渐变段长度				90	80	70	60

(3) 复合式互通式立交交织型辅助车道设置

① 复合式立交交织型辅助车道设置。

根据《立交细则》规定,当相邻互通式立交净距小于表6-2-1规定值,且经论证必须设置时,可利用辅助车道相连的方式构成复合式互通式立交。辅助车道设置原则如下:

a. 当入口匝道为单车道、出口匝道为双车道时,入口匝道应采用平行式加速车道,出口双车道匝道可采用直接式减速车道,本书建议均采用平行式。出口匝道采用直接式减速车道,其渐变率应符合双车道减速车道的规定。主线侧辅助车道宜由分流鼻端前渐变结束,渐变率不应大于1/40[图8-3-4a)]。

b. 当入口匝道为双车道、出口匝道为单车道时,入口匝道宜以直接式与主线相接;出口匝道应以平行式与主线相接。主线侧辅助车道宜由分流鼻端开始渐变结束,渐变率不应大于1/40[图8-3-4b)]。

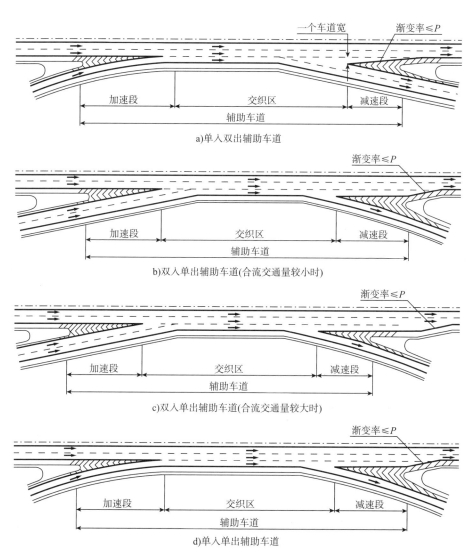

a)单入双出辅助车道

b)双入单出辅助车道(合流交通量较小时)

c)双入单出辅助车道(合流交通量较大时)

d)单入单出辅助车道

图8-3-4 车道交织型辅助车道设置示意图

c. 当入口匝道为双车道,且合流前匝道交通量接近设计通行能力时,主线侧辅助车道应由分流鼻端向下游延伸一段距离后再渐变结束,延伸长度不应小于150m,渐变率不应大于1/40[图8-3-4c)]。

d. 当入口和出口匝道均为单车道时,入口和出口匝道均应以平行式与主线相接。主线侧辅助车道宜由分流鼻端开始渐变结束,渐变率不应大于1/40[图8-3-4d)]。

e. 渐变率具体取值宜从有利于缩短导流区标线长度为宜。

②辅助车道的交织区最小长度。

在实际运用中,有条件时尽量满足《立交细则》规定值要求(表8-3-1);受条件限制时,应根据主线车道服务水平、匝道入口交通量、匝道出口交通量确定交织区最小交织长度,即根据表3-2-3确定。

(4)同侧双环式互通式立交辅助车道设置

①同侧双环式立交辅助车道设置。

当互通式立交左转向交通量均比较小时,高速公路主线同侧可采用双环式变形苜蓿叶形互通式立交(图8-3-5),连续出入口之间可在主线最外侧之外增加一个车道,车道宽度同匝道宽度,与主线车道之间设置路缘带。辅助车道应在第二入口减速车道之后再延长不小于500m,终点渐变段渐变率不应大于1/40[图8-3-6a)];当环形匝道交通量较小时,辅助车道可在第二入口减速车道之前结束[图8-3-6b)]。

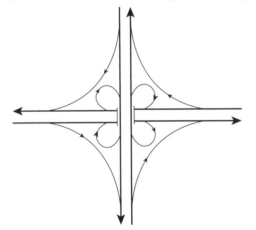
a)全苜蓿叶形立交示意图

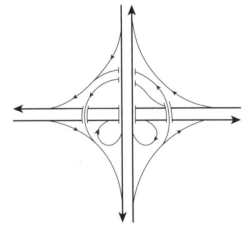
b)双环式变形苜蓿叶形立交示意图

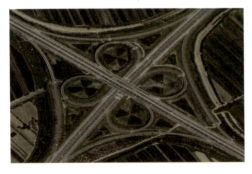
c)全苜蓿叶形立交实景图

d)双环式变形苜蓿叶形立交实景图

图8-3-5 主线同侧双环式互通式立交辅助车道设置

②辅助车道与匝道连接部设置。

a. 互通式立交辅助车道的交织区路段设计速度可采用大于或等于匝道设计速度。

b. 主线侧辅助车道与匝道的连接部应按变速车道设计。

③辅助车道的交织区最小长度。

在辅助车道上连续合分流时,连续合分流的交织区最小长度,可根据表 3-2-3 确定。

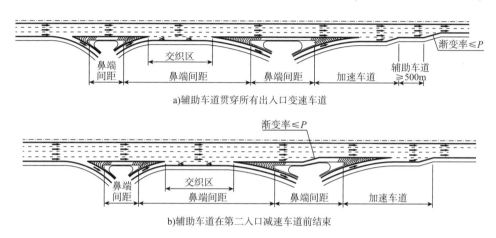

图 8-3-6 双环式立交辅助车道与匝道连接部设置示意图

(5)辅助车道的横断面设计

辅助车道的宽度宜与主线车道相同。当交织区交通量较小时,与主线车道之间宜设置路缘带,并采用可变道的虚线标线分隔,路缘带宽度取 0.5m。当交织区交通量较大时,与主线车道之间也可按具有分隔功能的分隔带设置(图 8-3-7),即采用不允许变道的实线标线进行软隔离,使辅助车道具有集散车道的功能作用,这时分隔带宽度可取 1.0m。辅助车道右侧硬路肩宽度宜与主线路段硬路肩相同,用地或其他条件受限制时可减窄,但不得小于 1.50m。

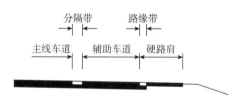

图 8-3-7 辅助车道具有集散车道功能的横断面布置示意图

8.3.3 集散车道优化设计

1)集散车道分类

为使主线与交织区分离、并采用单一的出入口形式而设置于主线外侧并与主线隔离的附加车道,通常称为集散车道。

集散车道分为互通式立交内的集散车道和互通式立交之间的集散车道。互通式立交内集散车道一般在变形苜蓿叶形互通式立交或全苜蓿叶形互通式立交中采用;互通式立交范围的集散车道可简称为双环式立交集散车道(图8-3-8)。互通式立交之间的集散车道主要应用场景为：①两座互通式立交净距较小，且设置辅助车道也不能满足车辆在交织区平稳运行的要求时，采用集散车道相连方式构成复合式互通式立交[图8-3-9a)]；②高度城市化地区的高速公路项目，部分路段存在连续多座净距较小的互通式立交，需要采用集散车道相连方式构成复合式互通式立交群[图8-3-9b)]。以上两种集散车道也可统称为复合式立交集散车道。

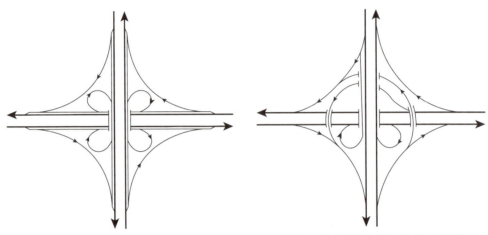

a)全苜蓿叶形互通式立交示意图　　　　b)同侧双环式变形苜蓿叶形互通式立交示意图

c)全苜蓿叶形互通式立交实景图　　　　d)同侧双环式变形苜蓿叶形互通式立交实景图

图8-3-8　双环式互通式立交集散车道设置

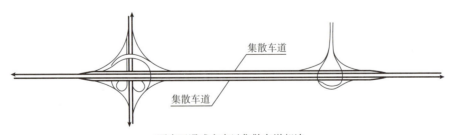

a)两座互通式立交以集散车道相连

图　8-3-9

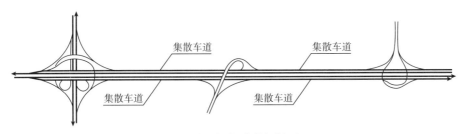

b)互通式立交群以集散车道相连

图8-3-9　复合式立交集散车道设置示意图

2) 集散车道设置原则

当辅助车道相连的复合式互通式立交不能满足其交织区最小长度要求时(查表3-2-3),可考虑采用集散车道相连的复合式互通式立交(图8-3-10)。互通式立交集散车道线形及连接部设置原则:

①互通式立交范围内的集散车道线形设计,可采用匝道设计速度及相关技术指标。

②复合式立交集散车道线形设计时,可采用比主线低一级的技术标准。

③集散车道与主线的连接部应按变速车道设计,匝道与集散车道连接部宜按匝道相互分合流设计。

④当集散车道上有连续分合流时,相邻鼻端之间的距离应符合表3-2-2(本书建议值)的有关规定。

⑤集散车道交织区最小长度,应根据集散车道服务水平、匝道入口交通量、匝道出口交通量确定,即根据表3-2-4确定。

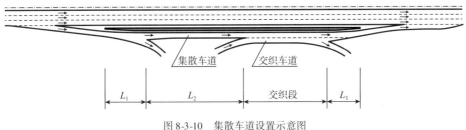

图8-3-10　集散车道设置示意图

L_1、L_2、L_3—匝道/集散车道上相邻出入口净距(m)

3) 集散车道横断面设计

集散车道横断面由车道、路缘带、硬路肩和分隔带等组成(图8-3-11),相关设计应遵循以下原则:

①互通式立交集散车道各路段车道数及横断面类型的选用,可根据设计交通量参照匝道横断面设计的相关规定。

②高速公路连续集散车道的基本车道数不宜少于两条,车道宽度可采用高速公路车道宽度。

③集散车道与主线之间应设置分隔带,分隔带宽度不宜小于2.0m;在主线范围的集散车道宜维持原有硬路肩的宽度,用地或其他条件受限制时可减窄,但不得小于1.50m。

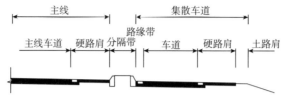

图8-3-11 集散车道横断面组成

第 9 章
CHAPTER 9

互通式立交方案优化设计

> **本章导读**
>
> 本章共五节,第一节重点阐述了以主线出口是否为单一形式,将互通式立交分为简单型与复杂型两种类型,并论述两大类型的特点、常用形式与适用条件。第二节侧重于介绍简单型互通式立交中的单喇叭形及变形互通式立交在方案设计上的灵活运用方面内容。第三节论述了2017年版《路线规范》对复杂型互通式立交缺少出口方式的选用规定、缺少同侧双环式交织区最小长度规定而带来的对互通式立交方案设计的影响,分析研究了已建项目中全苜蓿叶形、变形苜蓿叶形等设计方案的合理性及安全性等问题,提出了采用单一出口方式的适用条件、采用单向双出口的最小间距规定等,并基于主线同侧双环式交织区长度研究成果,提出采用与匝道交通量相匹配的变形苜蓿叶形方案优化设计的运用原则。第四节根据《立交细则》规定,提出相邻两座小间距互通式立交之间的相连方式宜优先采用辅助车道,不得已时采用匝道相连(多岔形交叉),并基于辅助车道与集散车道中交织区最小长度的研究成果,提出复合式互通式立交优化设计的运用原则。第五节重点阐述了2017年版《路线规范》与《立交细则》中主线出入口与隧道口之间最小净距规定的合理性与适应性,分析研究了已建项目小净距路段交通安全性与互通式立交方案布设的合理性等问题,并基于交通安全综合保障技术,提出小净距路段方案优化设计时最小净距合理控制的运用原则。

9.1 互通式立交常用形式及适应条件

9.1.1 互通式立交分类体系

1) 简单型与复杂型

互通式立交的形式直接影响匝道的通行能力、交通安全与运行效率,对收费公路还影响其运营管理。互通式立交的设计形式应根据高速公路、交叉道路的设计标准、车道数、交通量等因素结合具体工程条件选用,并应与匝道设计交通量、设计速度、车辆运行效率及环境相适应,同时综合考虑交通安全性、行车舒适性与工程造价等因素。出入口的多与少与互通式立交复杂程度密切相关,根据互通式立交是单出入口还是多出入口形式,可分为简单型和复杂型两大体系;简单型互通式立交指高速公路主线一侧均为单出入口形式的互通式立交,复杂型互通式立交指高速公路主线一侧为多出入口或多出入口统一规划为单一出口、单一入口的四岔互通式立交。互通式立交分类体系与常用形式见表9-1-1。

互通式立交分类体系与常用形式　　　　　　　　表 9-1-1

分类体系	交叉路口数	常用形式	出入口形式
简单型互通式立交	三岔交叉	单喇叭形、Y形、T形、叶形、环形	单出入口
	四岔交叉	双喇叭形、半苜蓿叶形、菱形	单出入口
复杂型互通式立交	四岔交叉	全苜蓿叶形、变形苜蓿叶形、X形、涡轮形、X形与涡轮形的组合型	单向双出入口或被规划为单一出入口方式
	多岔交叉	多岔互通式立交型	

2）枢纽型与一般型

互通式立交按被交叉公路等级，可分为枢纽型与一般型，高速公路与高速公路相互交叉的互通式立交称为枢纽互通式立交；高速公路与除了高速公路之外的低等级公路相互交叉的互通式立交称为一般互通式立交。

枢纽互通式立交和一般互通式立交均含有简单型和复杂型互通式立交；枢纽互通式立交不一定匝道交通量就大，一般互通式立交也不一定匝道交通量就小；随着我国高速公路网与地方道路网的不断完善、加密，枢纽与一般互通式立交之间、枢纽与枢纽互通式立交之间、一般与一般互通式立交之间的小间距组合越来越多，复合式互通式立交连接处理方式如何选择，对互通式立交总体规划设计及工程造价的影响越来越大。

9.1.2 互通式立交出入口形式与运用原则

1）互通式立交出入口形式

（1）单向单出入口形式

单出入口形式指在主线一侧仅设置单个出口和入口，互通式立交形式以三岔交叉为主，基本形式包括：单喇叭形、双喇叭形、Y形、T形、菱形、叶形、环形、半苜蓿叶形和匝道设置平面交叉的互通式立交。

典型示例：图 9-1-1 所示 A 型单喇叭形与 A 型半苜蓿叶形互通式立交，其主线一侧单向均仅设单个出口和单个入口。该设计方案工程规模小，占地少，工程造价低。

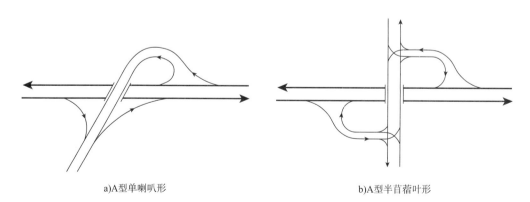

a) A型单喇叭形　　　　　　　　　b) A型半苜蓿叶形

图 9-1-1　单向单出入口形式互通式立交示意图

（2）单向单一出入口形式

单向单一出入口指在主线一侧通过辅助车道或集散车道将连续双出入口或多出入口规划为主线侧单一出入口的设计方案，互通式立交形式均为四岔交叉，基本形式包括：全苜蓿叶形、变形苜蓿叶形、X形、涡轮形、X形与涡轮形的组合型、多岔交叉的复合型和部分互通式立交型。

典型示例：图9-1-2所示的设集散车道的全苜蓿叶形与X形互通式立交，其在主线一侧单向均仅设单一出口与单一入口。该设计方案工程规模大，占地多，工程造价高。

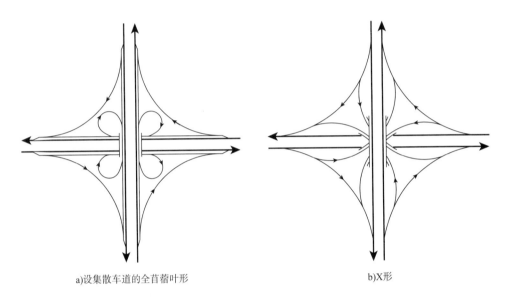

a)设集散车道的全苜蓿叶形　　　　　　　b)X形

图9-1-2　单向单一出入口形式的互通式立交示意图

（3）单一出口与单向双入口组合形式

单一出口与单向双入口组合形式指在大交通量高速公路主线一侧采用单一出口与交通量较小的被交叉高速公路主线一侧采用单向双入口的组合，互通式立交形式均为四岔交叉，基本形式包括：全苜蓿叶形、变形苜蓿叶形、多岔交叉的复合型和部分互通式立交。

典型示例：图9-1-3所示两座互通式立交设计方案，均为对角象限双环式互通式立交，在大交通量高速公路主线一侧仅设单一出口与单一入口；在交通量较小的被交叉高速公路主线一侧仅设单一出口，入口采用双入口形式。该设计方案工程规模较大，占地较多，工程造价较高。

（4）单向双出入口形式

单向双出入口形式指在主线一侧设置一组或多组单向双出入口，互通式立交形式均为四岔交叉，基本形式包括：全苜蓿叶形、变形苜蓿叶形和部分互通式立交型。

典型示例：图9-1-4所示无集散车道的全苜蓿叶形与三环式变形苜蓿叶形互通式立交。该设计方案工程规模较小，工程造价较低，但存在交织区路段。

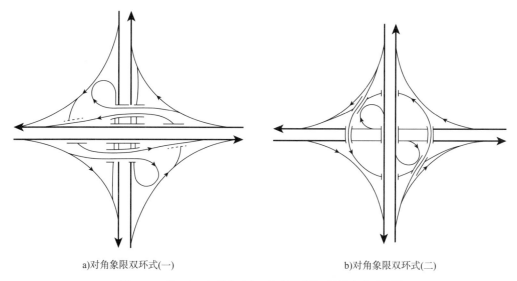

a) 对角象限双环式(一)　　　　　　　　b) 对角象限双环式(二)

图 9-1-3　单一出口与单向双入口组合形式的互通式立交示意图

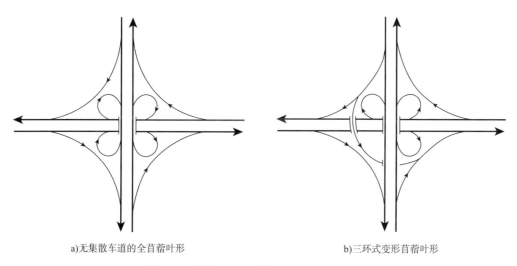

a) 无集散车道的全苜蓿形　　　　　　　b) 三环式变形苜蓿形

图 9-1-4　单向双出入口形式的互通式立交示意图

2) 互通式立交出入口形式的运用原则

(1) 简单型互通式立交

简单型互通式立交出入口均为单出入口形式，设计方案较为简单，占地较少，工程规模较小，在方案设计时，当三岔交叉中有一个方向的左转弯匝道交通量(DDHV≤800pcu/h)小于环形匝道的通行能力时，应首选单喇叭形互通式立交；两个方向的左转弯匝道交通量都大于环形匝道的通行能力时(枢纽互通式立交)，应首选T形互通式立交；对四岔交叉中四条匝道交通量均较小时，通常采用半苜蓿形或双喇叭形。

(2) 复杂型互通式立交

① 单一出入口形式。

当枢纽互通式立交各个转向交通量均较大时，宜采用单一出入口的X形或涡轮形互通式立交设计方案。

主线侧采用单一出入口，减少了分流或合流车辆对主线交通流的影响范围，在交通标志明显提示单出口时，有利于驾驶人判别具体出口位置，有利于保障主线交通流连续通畅运行，有利于提升出口附近路段交通安全性。但单一出入口的设计方案工程规模普遍偏大，占地偏多，工程造价偏高。

②单一出口与单向双入口的组合形式。

考虑高速公路入口附近路段交通安全风险较小，且《立交细则》仅规定宜采用相对一致的出口形式和单一出口方式。因此，主线侧可采用单一的出口方式，入口采用单向双入口的组合形式。在四岔交叉的互通式立交设计方案中，该组合形式可采用对角象限为环形的变形苜蓿叶形互通式立交设计方案，与单一出入口形式的设计方案相比较，凸显工程经济、方案合理和适应地形等优势，从而被广泛采用。

③单向双出入口形式。

2017年版《路线规范》没有规定互通式立交出口或入口形式需要采用单一的方式。为了合理控制互通式立交工程规模，可采用单向双出入口。在四岔交叉主线一侧采用双出入口的运用原则如下：

a. 当左转弯与右转弯两个方向的匝道交通量之和小于单车道匝道的通行能力时，可采用单一出口与单向双入口的组合形式，也可采用单向双出入口形式。

b. 当左转弯与右转弯两个方向的匝道交通量之和大于单车道匝道的通行能力时，宜采用单一出口与单向双入口的组合形式，也可采用单一出入口的理想形式。

c. 当左转弯与右转弯两个方向的匝道交通量之和大于双车道匝道的通行能力时，应采用单向双出入口形式，以免造成交通拥堵，但应加强分合流区的交通组织与管理。

3) 单向双出口或双入口形式的交通安全保障措施

单向双出口或双入口形式的互通式立交路段路况较为复杂，可能存在交织路段，其分合流区应积极推广应用车道交通数字化主动管控系统。通过车道级主动管控，使得处于不同车道、不同位置的车辆在分合流影响区能够"及时、精准、高效"地获得导航主动管控的交通引领，使分流区内主线中的分流车辆有序驶出各自车道，及时换道至最外侧车道（应于出口减速车道渐变段前）；使合流影响区内主线中的直行车辆以换道至内侧车道或减速方式及时避让由匝道驶入主线的合流车辆。通过该系统的成功应用，有效提升主线分流、合流影响区及交织区通行能力与交通安全性。

9.1.3 简单型互通式立交常用形式及适应条件

三岔交叉的简单型互通式立交基本形式包括：单喇叭形、Y形、T形、叶形、环形；四岔交叉的简单型互通式立交基本形式包括：双喇叭形、半苜蓿叶形、菱形和匝道设置平面交叉的互通式立交。

1) 三岔交叉的简单型互通式立交

(1) 单喇叭形

单喇叭形互通式立交是三岔交叉互通式立交的典型代表形式，是由一个环形匝道和一个半定向匝道来实现车辆左转弯的全互通式立交。据调查,我国单喇叭形(含变形)互通式立交占比远超过其他形式的总和,是高速公路上最为常见的互通式立交形式之一。

单喇叭形互通式立交根据出口与跨线桥的相对位置关系分为 A 型与 B 型两种形式,其中 A 型单喇叭形互通式立交出口位于跨线桥前,B 型单喇叭形互通式立交出口则位于跨线桥后,如图 9-1-5 所示。

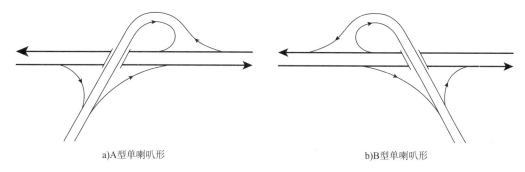

a) A型单喇叭形　　　　　　　　　　b) B型单喇叭形

图 9-1-5　单喇叭形互通式立交

单喇叭形互通式立交的优点较为明显,适用于高速公路与一般道路相交的三岔交叉。除环形匝道以外,其他匝道能满足与较高设计速度匹配的线形指标要求,且线形和结构简单、造型美观,行车方向容易辨别,且仅需修建一座跨线桥,投资最为经济。但环形匝道通常线形指标较低,适应运行速度较低,因此布设时应尽量将其布置于交通量较小方向。

在 A、B 两类形式选择上,从行车的角度考虑,由于 A 型出口位于跨线桥之前,易于驾驶人识别,且所接出口匝道线形较优,有利于驾驶人较为从容地减速驶出,因此在不同方向交通量主次差别不大时应优先选择 A 型;而 B 型由于出口位于跨线桥后,不利于识别,且出口所接环形匝道线形指标较低,行车舒适性较差。因此,仅当左转驶离主线的交通量较小或受地形、地物的限制时,推荐采用 B 型单喇叭形互通式立交。

在实际工程设计中,一些山区高速互通式立交的布设时常受到地形、地质等条件的限制,常规单喇叭形互通式立交往往难以适应特殊的地形条件,带来工程造价上的大幅度提高与对自然环境的破坏。考虑到山区互通式立交的特点,设计时可根据具体工程条件在常规单喇叭形互通式立交的基础上进行改进,形成 U 形单喇叭形、右转环形单喇叭形等全新的设计灵活、安全经济的变异优化形式,如图 9-1-6 所示。

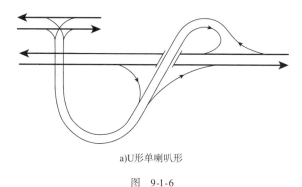

a) U形单喇叭形

图　9-1-6

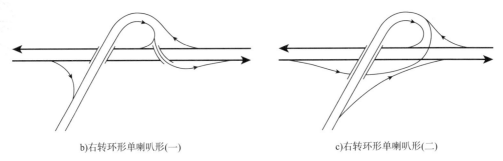

b)右转环形单喇叭形(一)　　　　　　　c)右转环形单喇叭形(二)

图 9-1-6　单喇叭互通式立交的变异形式

（2）T 形/Y 形

T 形互通式立交为主线保持整体式横断面,左转弯匝道采用半直连式的三岔互通式立交,适用于直行交通量与转弯交通量相差不大,且交通量较大时的两条高速公路的相互交叉,如图 9-1-7 所示。Y 形互通式立交是指左转弯匝道均为左出左进直连式的三岔互通式立交,适用于高速公路之间的相互分岔式交叉,如图 9-1-8 所示。

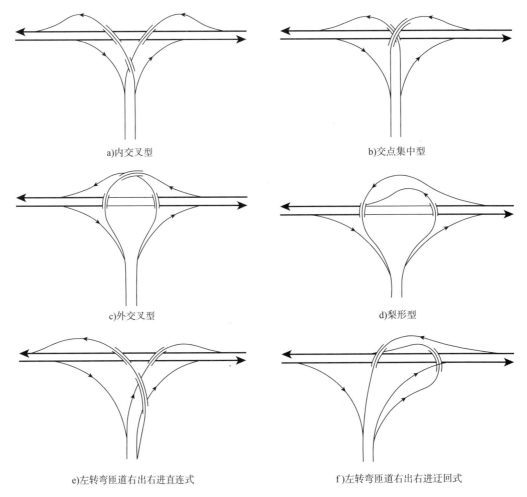

a)内交叉型　　　　　　　　　　　　　b)交点集中型

c)外交叉型　　　　　　　　　　　　　d)梨形型

e)左转弯匝道右出进直连式　　　　　　f)左转弯匝道右出右进迂回式

图 9-1-7　T 形互通式立交

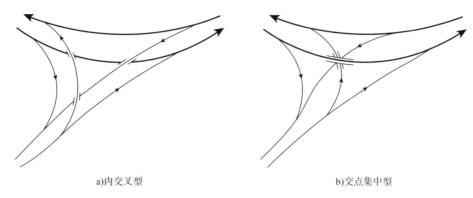

a)内交叉型　　　　　　　　　　b)交点集中型

图 9-1-8　Y 形互通式立交

T 形互通式立交的突出特点是优先保持主线线形和车道的连续性,主线侧的出口匝道和入口匝道相应采用右出和右进的匝道形式。而 Y 形互通式立交的突出特点体现了两高速公路功能地位和交通量相当,左转弯匝道均采用左出左进直连式,且各匝道均可视为高速公路的延续路段,可采用高速公路的分离式横断面(在车道数平衡基础上),并能保证互通式立交范围与高速公路基本路段之间运行速度的连续性(速度差≤20km/h)。

T 形互通式立交的主要优缺点为:

①优点:对左转弯车辆能提供较高速度的半定向匝道,通行能力较大;各方向运行流畅,方向明确;主线外侧占用土地较少;左转弯车辆由主线右侧分离或汇入,运行安全便捷,主线双向行车道之间不需要分离。

②优点:匝道建设和运行长度较定向 Y 形互通式立交长;需要跨线构造物多,占地较大,造价较高。

因此,T 形立交一般用于主线双向交通量较大或主线外侧受平行于主线的铁路、河流、建筑物等因素限制不宜采用分离式断面时。

Y 形互通式立交的主要优缺点为:

①优点:对转弯车辆能提供直接、无阻的定向匝道,行车速度高,通行能力大;转弯行驶路径短捷,运行流畅,方向明确;主线外侧不需占用过多土地。

②优点:主线双向行车道间必须有足够距离,以满足匝道纵断面布置的要求;当主线单向有两条以上车道时,左侧车道为超车道或快车道,左转弯车辆由左侧车道快速分离或快速汇入困难;需要跨线构造物多,占地较大,造价较高。

因此,Y 形互通式立交适用于各方向交通量都很大的高速公路之间的相互分岔式交叉,特别是主线双向为分离式断面,且相距一定宽度时。

(3)环形

环形互通式立交是由平面环形交叉发展而来,通过主线与环道交叉以确保主线直行方向交通流通畅运行,转弯及次要交通流则在环道上行驶。当相交道路直行交通量较大时,立体交叉可建成三层式或四层式,即上、下两层为直行道,中间层为环形道,供转弯车辆环行。

①三路环形立交。

在半定向左转弯匝道之间通过交织的方式,来实现转弯运行,如图 9-1-9 所示。

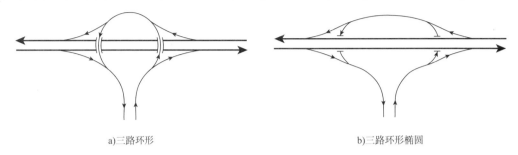

a)三路环形　　　　　　　　　　　　b)三路环形椭圆

图 9-1-9　三路环形互通式立交

三路环形互通式立交转弯行驶方向明确,交通组织方便,不需信号控制,可保证主线交通流快速畅通地运行;且结构紧凑,占地较少。但环道上存在交织运行,在一定程度上限制了环形互通式立交的通行能力和运行速度;且左转弯车辆在环道上的绕行距离较长,需要两座双向双层式或两座单向双层式跨线构造物。

综上,三路环形互通式立交适用于主要道路与次要道路相交叉时交通量适中的情况。布设时,宜保障主要道路直通,并将交织路段设在地面一层。主要道路应综合考虑地形、地质、排水等条件选择采用上跨式或下穿式。

②四路环形立交。

四路环形立交中,由所有半定向左转弯匝道形成环道,车辆在环道上通过交织的方式来实现转弯运行,如图 9-1-10 所示。

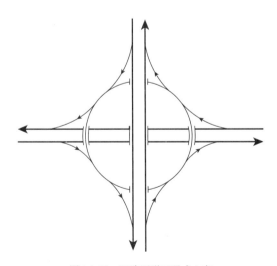

图 9-1-10　四路环形互通式立交

四路环形互通式立交的特点与三路环形类似,能够保证主要道路交通流快速畅通运行,转弯行驶方向明确;无冲突点,行车较安全,交通组织方便;且结构紧凑,占地较少。但同样的存在交织运行,通行能力受到环道交织能力的限制;运行速度受到环道半径影响,速度较低;左转弯车辆绕行距离长;且构造物较多,工程费用较高。

四路环形立交多用于城市立交。视具体情况可采用二层式、三层式或四层式：其中，二层式用于主要道路与次要道路相交；三层式和四层式可用于相交道路上直行车辆较多，运行速度较高的快速路、主干路、环城道路之间的交叉；或用于市区机动车与非机动车分离行驶的情况。布设时，应使主要道路直通，将交织段设在次要道路或匝道上。当机动车、非机动车分离行驶时，宜将非机动车设在地面一层或邻近地面层，以利于非机动车行驶。

（4）叶形

叶形互通式立交是由两个环形匝道实现车辆左转弯的全互通式立交，如图9-1-11所示。

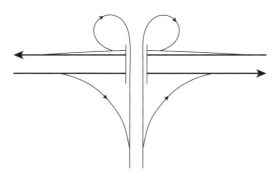

图9-1-11　叶形互通式立交

叶形互通式立交只需一座跨线构造物，造价较低；同时匝道对称布置呈叶状，造型美观。但左转环形匝道线形指标较低，提供的运行条件较低；且左转弯车辆绕行距离较长；主线上由于两个环形匝道入-出口间距过近而存在交织运行，因此一般不采用该形式的互通式立交。

叶形互通式立交的适用性与喇叭形互通式立交相近，多用于苜蓿叶形立交的前期工程。布设时以使主线下穿为宜。

（5）匝道平面交叉形

匝道平面交叉形互通式立交的经典常用形式主要为三岔菱形，其中两个左转弯匝道之间存在平面交叉冲突。此类形式可有效减少主线两侧的占地宽度，在三岔和四岔互通式立交中均可采用，如图9-1-12所示，通常适用于现场条件受限且交叉冲突交通量小于500pcu/h的场景。

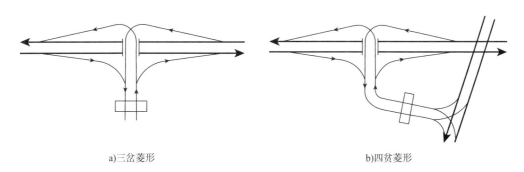

a) 三岔菱形　　　　　　　b) 四岔菱形

图9-1-12　匝道带平面交叉的互通式立交

2) 四岔交叉的简单型互通式立交

(1) 双喇叭形

双喇叭形互通式立交指用一定长度的连接线将两个单喇叭形(形式相同或不同)互通式立交相连构成的四路全互通式立交。主要适用于高速公路与一级公路或交通量大的二级公路相互交叉,且匝道有收费站设置需求的四岔交叉场景。双喇叭形互通式立交有4种不同的组合方式(A-A、A-B、B-A、B-B),如图9-1-13所示。

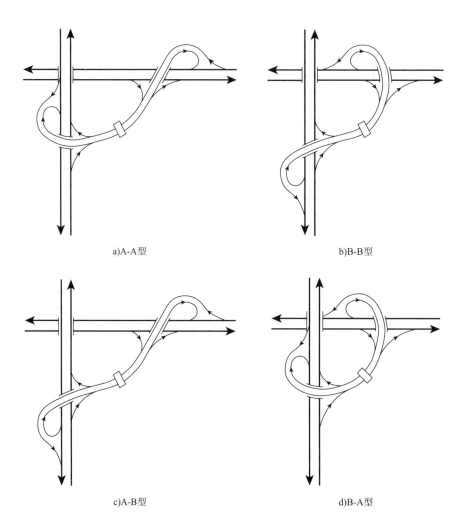

图 9-1-13　双喇叭形互通式立交

双喇叭形互通式立交保持着单喇叭形互通式立交的所有优点,占地面积小,收费管理方便,仅需单个收费站即可解决两条相互交叉公路的收费问题,且造价较低,只需两座匝道跨线构造物;在交通运行方面,双喇叭形互通式立交具有较大的通行能力,除环形匝道适应车速较低外,其他匝道都能为转弯车辆提供较高的运行速度,且造型简单,行车容易辨认。因此,双喇叭形互通式立交在收费公路及改扩建工程中得到广泛的应用。

但双喇叭形互通式立交发挥单喇叭形互通式立交优点的同时,也进一步扩大了单喇叭形互通式立交的缺点。一方面,两个环形匝道线形指标较低,适应运行速度低;另一方面,双喇叭形立交将两个单喇叭形中的半定向匝道利用连接线相接,增大了车辆的绕行距离,且在连接线上还存在一定的交织运行问题。

双喇叭形互通式立交应根据各个方向的转向交通量大小选择组合形式,应尽量将交通量较小的左转弯车道布置在环形匝道上,右转匝道根据互通式立交所在主线的几何线形、地质情况、自然地形和环境条件综合考虑布设。若两相交主线左转分流交通量均较大,且交通流经过连接线后驶入主线的左转合流交通量均较小时,宜采用 A-A 式,反之则宜采用 B-B 式;当其中一条主线左转分流交通量较大,交通流经连接线后驶入该主线的左转合流交通量较小,而另一条主线情况相反时,则宜采用 A-B 式,反之则宜采用 B-A 式。

(2)半苜蓿叶形

当四岔交叉的部分象限用地受限,且被交叉公路交通量较小时,可选用半苜蓿叶形。按照左转匝道布置方式的不同,半苜蓿叶形互通可分为 A 型、B 型、AB 型及附加右转匝道的形式,如图 9-1-14 所示。

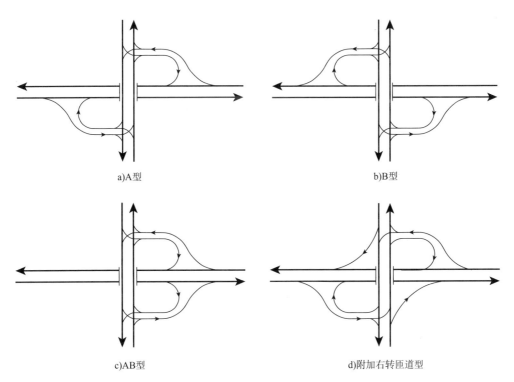

图 9-1-14　半苜蓿叶形互通式立交

半苜蓿叶形互通式立交可保证主要道路直行车辆快速通畅,单一的出入口方式简化了主要道路上的交通标志,且仅需一座跨线构造物,用地和工程费用较少,同时还便于预留远期扩建为全苜蓿叶形互通式立交。

但半苜蓿叶形互通式立交的次要道路上存在平面冲突点,对通行能力和交通安全产生影响,次要道路上可能有停车等待和错路运行现象;次要公路交通量较大时平面交叉口需设信号控制。

在半苜蓿叶形互通式立交的形式选用方面,主要应根据具体地形、地物情况而定,但不论 A 型、B 型或 AB 型,均只适用于转向交通量较小的场景。当转向交通量较大时,宜采用附加右转匝道的形式有效缓解交通拥堵。必要时应在次要道路上组织渠化交通或设置信号控制。

(3)菱形

在菱形互通式立交中,仅设右转和右转公用的匝道,在跨线构造物两侧的次要道路上存在平面交叉口,如图 9-1-15 所示。在传统标准菱形的基础上,基于交通安全、通行效率考虑,可将标准菱形立交进行变形,进而减少冲突点个数或将交叉冲突变为交织冲突,以达到改善交通安全、提高通行效率的目的。变异形式包括分裂式、单点式、双环形等。

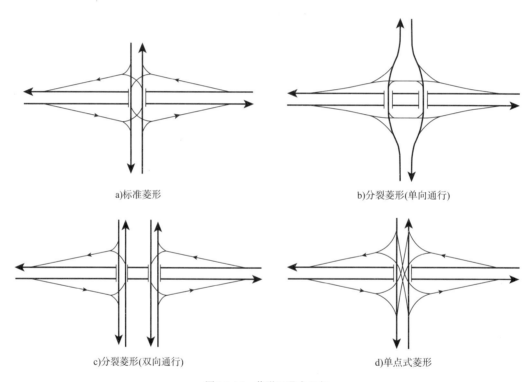

a)标准菱形　　　　　　　　　　b)分裂菱形(单向通行)

c)分裂菱形(双向通行)　　　　　　d)单点式菱形

图 9-1-15　菱形互通式立交

菱形互通式立交可保证主线直行车辆快速畅通;主线上具有高标准的单一出入口,交通标志简单;主线下穿时匝道坡度便于驶出车辆减速和驶入车辆加速;且形式简单,仅需一座路线构造物,用地和工程费用小。

但在菱形互通式立交中,被交叉公路与匝道连接处为平面交叉,影响了通行能力和交通安全;在被交叉公路上还可能存在视认性差、错路运行或行车等待等问题;且菱形互通式立交不便于收费管理,因此多用于城市道路的主要道路与次要道路相交且用地困难的情况。高速公路通常需要考虑收费管理,一般不采用菱形互通式立交;当高速公路与被交叉公路可设置为分离式断面时,可采用分裂式菱形互通式立交,在布设时将平面交叉设在次要道路上。

菱形互通式立交主要道路采用上跨式或下穿式应视地形和排水条件而定,一般以下穿为宜。次要道路上可通过渠化或设置交通信号等措施组织交通。

(4) 部分互通式立交

部分互通式立交是指缺少某一个或多个转向匝道的互通式立交,如图 9-1-16 所示,部分互通式立交一般适用于:①某一转向匝道的预测交通量非常小,从交通需求考虑无设置匝道的必要时;②受地形地物严格限制而无法设置某一或多个方向的转向匝道,且从区域路网角度考虑能解决交通分合流的问题时。

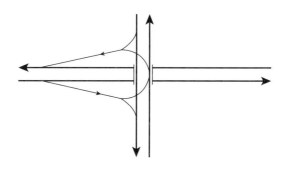

图 9-1-16　部分互通式立交

9.1.4　复杂型互通式立交常用形式及适应条件

复杂型互通式立交均为四岔交叉,常用形式有:全苜蓿叶形、变形苜蓿叶形、X 形、涡轮形、X 形与涡轮形的组合型、多岔互通式立交型和部分互通式立交型。

1) 全苜蓿叶形

全苜蓿叶形互通式立交指采用四个环形匝道实现各方向左转弯的全互通式立交[图 9-1-17a)],是四岔交叉的最常用形式。全苜蓿叶形互通式立交结构简单,交通流运行特征明显,交通连续流畅,且仅需单座跨线桥。因此,当四岔交叉各转弯交通量均小于单车道设计通行能力时,可采用全苜蓿叶形互通式立交。

但该形式也存在占地面积大,左转弯稍有绕行,环形匝道适应运行速度较低,且在跨线桥上下的主线上存在交织段,一定程度上限制了其通行能力。因此,当被交叉公路为高速公路或具干线功能的一级公路,且交织区交通量大于 600pcu/h 时,应在主线外侧设置辅助车道或集散车道将两环形匝道之间的交织区与主线隔离[图 9-1-17b)],减小或消除对主线的交通运行,主线侧出入口变为单一出口与入口,简化了交通标志布设与驾驶人的判别。设置集散车道工程规模和占用土地均增加较多;当需要采用单一出入口形式时,可在全苜蓿叶形式的基础上进一步优化,消除交织区段,如图 9-1-17c) 所示。

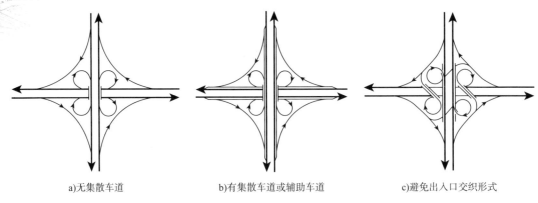

a) 无集散车道　　　　　　　b) 有集散车道或辅助车道　　　　　　c) 避免出入口交织形式

图 9-1-17　全苜蓿叶形互通式立交

2) 变形苜蓿叶形

当四岔交叉各方向转弯交通量相差较大时,可根据不同转向的交通量大小,选用相应象限采用环形匝道,构成不同型式的变形苜蓿叶形互通式立交。

(1) 单环式

左转匝道由一个环形匝道和三个半定向匝通组合而成的互通式立交,如图 9-1-18 所示。环形匝道所处的象限不同,变形形式有所差异。

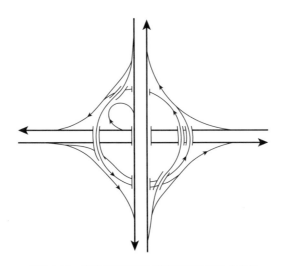

图 9-1-18　单环式匝道的变形苜蓿叶形互通式立交

(2) 双环式

左转匝道由两个环形匝道和两个半定向匝道组合而成的互通式立交,如图 9-1-19 所示。双环式匝道布设的象限不同,变形形式有所差异。

(3) 三环式

左转匝道由三个环形匝道和一个半定向匝道组合而成的互通式立交,如图 9-1-20 所示,三环式匝道布设的象限不同,变形形式有所差异。

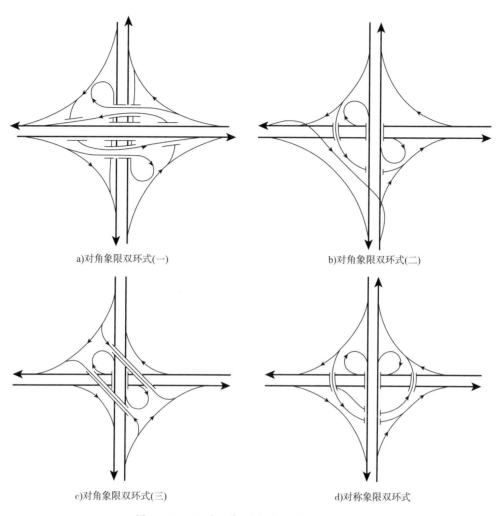

a) 对角象限双环式(一)　　　　b) 对角象限双环式(二)

c) 对角象限双环式(三)　　　　d) 对称象限双环式

图 9-1-19　双环式匝道的变形苜蓿叶形互通式立交

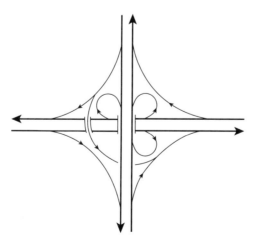

图 9-1-20　三环式匝道的变形苜蓿叶形互通式立交

3) X形

X形互通式立交是由四条半直连式左转弯匝道组成的全互通式立交,如图9-1-21所示。该形式的各转向匝道的交通运行自然流畅,转向明确;出入口均规划为单一出入口形式,符合出入口一致性设计要求,便于简化布置交通标志;无冲突点、无交织,安全性良好,各条匝道均能满足较高的线形设计标准,适应运行速度高,通行能力大。但同时,其桥梁构造物多,通常需要4层,且匝道桥与跨线桥布设集中、密集,结构复杂,工程造价高。另外,当转向交通量较大时,互通式立交采用单一出口或入口,容易造成主线出口或入口前的交通拥堵。

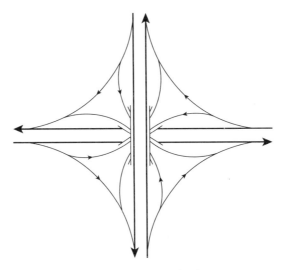

图9-1-21　X形互通式立交

因此,当四岔交叉各转弯交通量均大于1000pcu/h,两个转向交通量之和不大于2000pcu/h时,宜采用左转弯匝道均为内转弯半直连式的X形互通式立交。

4) 涡轮形

涡轮形互通式立交是由四条半直连式左转弯匝道组成的全互通式立交,如图9-1-22所示;该形式各匝道纵坡较缓,平面线形指标较高,桥梁仅需两层半,可适应较高的运行速度。且互通式立交范围内无冲突点、无交织,适应通行能力较大。但左转弯匝道绕行距离较长,且需多座两层跨线构造物,占地面积大,造价较高。另外,当转向交通量较大时,互通式立交采用单一出口或入口,容易造成主线出口或入口前的交通拥堵。

当四岔交叉各左转弯交通量大小相当,且小于1500pcu/h,两个转向交通量之和不大于2000pcu/h时,可采用左转弯匝道均为外转弯半直连式的涡轮形互通式立交。

5) X形与涡轮形的组合型

当各方向左转交通量均比较大(1500pcu/h左右),且受地形、地物限制时,可采用由内转弯与外转弯的半直连式的匝道组合互通式立交,如图9-1-23所示。优缺点及适用条件同X形或涡轮形互通式立交。

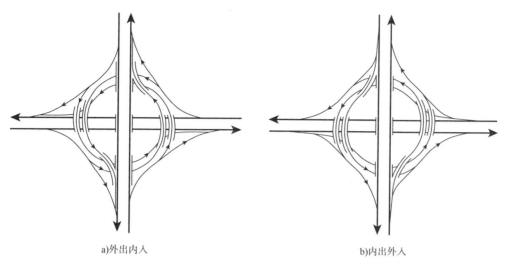

a) 外出内入　　　　　　　　　　　　b) 内出外入

图 9-1-22　涡轮形互通式立交

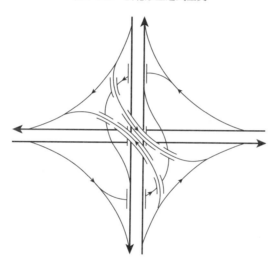

图 9-1-23　X 形与涡轮形的组合型互通式立交

6) 多岔互通式立交型

当一条以上被交叉道路与主线在一处或接近于同一处相互交叉时,可能形成五岔或以上的多岔交叉,如图 9-1-24、图 9-1-25 所示(仅为示意)。

多条道路集中交汇于一点形成多岔全互通式立交时,需要设置十数条乃至数十条匝道,出入口设置复杂、密集,易导致驾驶人迷失方向,行错路径;且主线与匝道相互间纵横交错,跨线构造物规模庞大,纵向起伏大,结构复杂,造价昂贵。即使为减少跨线构造物而采用环形交织形的互通式立交[图 9-1-25b)],也会存在交织运行,使得通行能力受限。

综上,当所规划多岔道路交汇于一点附近时,应在设计时尽量将交汇点错开,避免形成多岔互通式立交。有条件使交汇点错开后相邻互通式立交净距较大时,即可按独立三岔或四岔互通式立交处理;若净距难以拉开时,可通过设置辅助车道或集散车道连接相毗邻的互通式立交,形成复合式互通式立交。

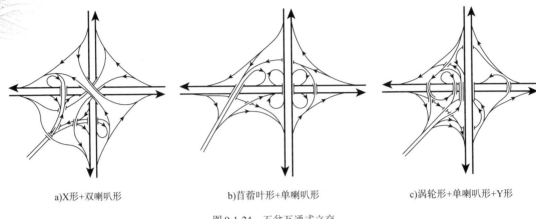

a) X形+双喇叭形　　　　b) 苜蓿叶形+单喇叭形　　　　c) 涡轮形+单喇叭形+Y形

图 9-1-24　五岔互通式立交

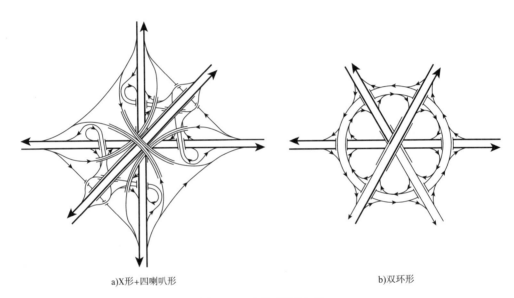

a) X形+四喇叭形　　　　　　　　　　　b) 双环形

图 9-1-25　六岔互通式立交

7) 部分互通式立交型

与简单型部分互通式立交相类似,复杂型部分互通式立交是指缺少某一个或多个转向匝道的复杂型互通式立交,如图 9-1-26 所示,部分互通式立交适用条件同简单型互通式立交。

9.1.5　复合式互通式立交及适应条件

复合式互通式立交指两座相邻净距较小(小于表 3-2-1 规定值)时,应以辅助车道或集散车道方式相连构成复合式互通式立交,如图 9-1-27、图 9-1-28 所示。

① 当两座互通式立交为简单型与简单型或简单型与复杂型组合时,可根据相邻互通式立交的净距确定连接方式。当设辅助车道连接时,主线与辅助车道上存在交织区路段,可能对主线直行交通流产生干扰,影响主线的通行能力和服务水平;当交织区交通量较大时,应考虑所设辅助车道与主线车道之间设置隔离带。当交织区长度满足交织需求时,可以在主线最外侧

车道增加一个车道构成辅助车道连接相邻互通式立交；当交织区长度不能满足要求时，可采用集散车道连接方式，集散车道设计速度较低，交织区所需要的最小长度较短。

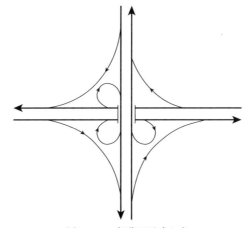

图9-1-26　部分互通式立交

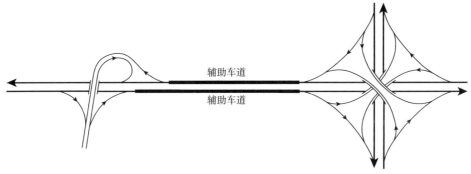

图9-1-27　辅助车道连接的复合式互通式立交

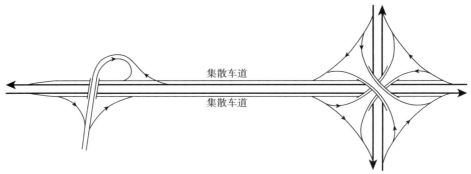

图9-1-28　集散车道连接的复合式互通式立交

②当两座互通式立交为枢纽型与枢纽型组合时，原则上最小净距应满足表3-2-1规定值。当互通式立交入口与下一个互通式立交出口均设有或其中之一设有辅助车道，且入口终点至出口起点的距离小于1000m时，应将辅助车道贯通设置。

③当相邻互通式立交净距过近，设置集散车道时难以满足在集散车道上的连续分合流最小间距要求，应采用以匝道连接的方式构成复合式立交。而此种连接方式实质上就是多岔互通式立交型（图9-1-24）。

9.2 单喇叭形及变形互通式立交灵活性设计

9.2.1 单喇叭形及变形互通式立交灵活设计运用原则

1) 单喇叭形方案灵活性设计

(1) 单喇叭形中 A 型与 B 型方案的选择

①当环形匝道布设在相同位置时。

当环形匝道布设在相同位置,且匝道交通量 DDHV≤400pcu/h 时,可不考虑不同方向的匝道交通量大小,均应采用 A 型方案。由于方案布设时需要考虑地形条件,通常不论采用 A 型还是 B 型方案,其环形匝道的布设位置都是一致的;这时布设的 A 型与 B 型匝道的长度、运营里程及工程造价基本一致,如图 9-2-1 所示。因此,在 A 型与 B 型方案的选择中,应优先考虑采用行车安全性与舒适性更优的 A 型方案。

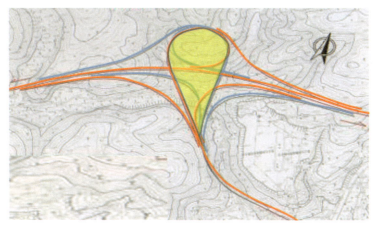

图 9-2-1　A 型与 B 型方案布设示意图

②当工程规模相差较大时。

在 A 型与 B 型的喇叭形互通式立交方案布设时,经常出现两个方案的环形匝道不能布设在相同位置的情况,相应的匝道、连接线布设方案和工程规模也差异较大。当匝道交通量 DDHV≤400pcu/h,且 B 型方案工程规模明显小于 A 型方案时,可采用 B 型方案。

③当匝道交通量主次分明时。

当匝道主交通量 DDHV≥600pcu/h,次交通量 DDHV≤400pcu/h 时,次交通量的匝道应采用环形匝道,即可采用 B 型喇叭形方案;当匝道主交通量 DDHV≤400pcu/h,次交通量更小时,尽管匝道交通量主次分明,但在工程规模相差不大情况下也宜采用 A 型喇叭形方案。

④平面交叉位置不同对 A 型与 B 型方案布设的影响。

在选择与被交叉公路相交的平面交叉位置时,一般布设在靠近交通量较大的方向上。当受条件限制,平面交叉布设在靠交通量较大方向时,环形匝道只能采用迂回布设,且为 B 型方案[图 9-2-2a)],如果工程规模较大,可考虑适当调整平面交叉,并尽量布设 A 型方案[图 9-2-2b)];在工程规模相差不大情况下,宜采用 A 型喇叭形方案。

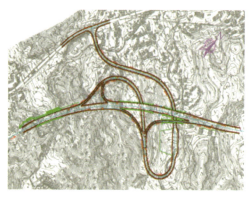 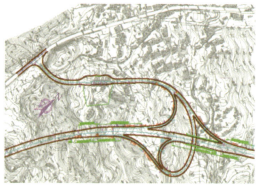

a)A型方案　　　　　　　　　　　　　　b)B型方案

图 9-2-2　A 型与 B 型方案采用不同的平面交叉位置示意图

(2)单喇叭形中 A 匝道与主线交叉角度灵活性设计

①A 匝道与主线斜交方向,宜与环形匝道保持一致,与主线交叉角度宜大于 65°,如图 9-2-3a)所示。

a)A匝道与主线大角度斜交　　　　　　　　b)A匝道与主线较小角度斜交

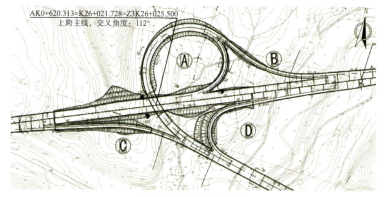

c)A匝道与主线小角度斜交

图 9-2-3　A 匝道与主线斜交时交叉路段 A 匝道线形布设图

②A 匝道与主线斜交方向,与环形匝道不一致时,原则上宜尽量采用较大的交叉角度[图9-2-3b)],且A 匝道与主线交叉路段宜采用曲线线形,并与环形匝道组成卵形线形。

③困难路段,A 型喇叭形中A 匝道与主线可采用小角度交叉[图9-2-3c)];主要考虑接减速车道的 C 匝道可采用较高的平面指标,接加速车道的 D 匝道可采用较低的平面指标,既能符合运行速度要求,又可减少土地占用。

(3)单喇叭形中主线为曲线时变速车道位置灵活性设计

当主线为曲线,且圆曲线超高值大于3%时,与主线曲线外侧相衔接的匝道,宜尽量衔接在曲线路段之外,如图9-2-4所示的 D、C 匝道。与主线曲线内侧相衔接的匝道,可直接相衔接,但超高值不宜大于4%,如图9-2-4所示。

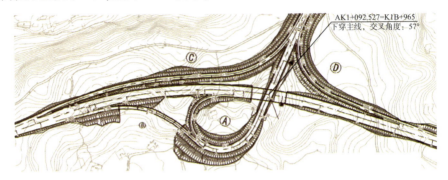

图9-2-4 主线为曲线的单喇叭形匝道线形布设图

2)单喇叭形方案中环形匝道线形灵活性设计

(1)单喇叭形中环形匝道缓和曲线长度合理取值分析

缓和曲线长度或回旋线参数的取值对环形匝道的布设影响较大,如图9-2-5所示的 A 型环形匝道,与 $A=75m$、$L=93.75m$ 相比较,接主线位置的回旋线参数 $A=120m$、缓和曲线长度 $L=240m$ 时的环形匝道需要的占地更大,B 型也完全相同。因此,环形匝道缓和曲线长度或回旋线参数的取值,应根据地形条件,并结合 A 匝道与主线交叉角度选择合适的缓和曲线长度与回旋线参数;在用地范围不变的情况下宜采用较小的缓和曲线长度以获得更大的圆曲线半径,以利于减小曲线路段超高值,提升交通安全性;当条件受限且不得已时,可考虑采用较长的缓和曲线作为环形匝道线形的一部分。

(2)单喇叭形中环形匝道采用复合式线形的适应条件

在环形匝道及外侧车道的线形设计中,当内侧车道交通量较小时,环形匝道可采用较小的圆曲线半径;当外侧车道(B 匝道)交通量较大,要求以更大的圆曲线半径与其前后路段较高指标相衔接时,环形匝道宜采用复合式线形(卵形)(图9-2-6);当受条件限制时也可采用复合式线形,该方案占地较大,但环形匝道的外侧车道线形指标容易满足较高标准的设计要求。

(3)单喇叭形中环形匝道及外侧车道采用单圆曲线线形的适应条件

在环形匝道及外侧车道(B 匝道)的线形设计中,当内侧车道交通量较小时,环形匝道可采用较小的圆曲线半径;当外侧车道交通量也较小时,相应的设计标准及指标相对也较低,环形匝道及外侧车道均可采用单圆曲线线形[图9-2-7a)]。该方案占地较小,环形匝道及外侧车道线形指标与交通量大小相匹配;但需注意的是,应检查 B 型环形匝道与主线衔接时分流鼻处曲率半径及回旋线参数是否符合规定要求。在环形匝道与外侧车道线形设计时既可采用整体式方式的线形设计,也可采用分离式方式的分幅线形设计,其中,内侧环形匝道可为单圆曲线[图 9-2-7b)],分幅线形设计对环形匝道对应的外侧车道线形设计具有更大的灵活性。

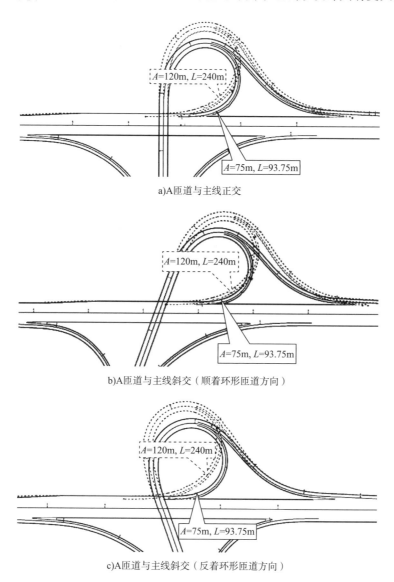

a) A匝道与主线正交

b) A匝道与主线斜交(顺着环形匝道方向)

c) A匝道与主线斜交(反着环形匝道方向)

图 9-2-5　缓和曲线长度取值对环形匝道布设的影响示意图

若设置过长的缓和曲线线形,在较短的匝道上容易出现线形曲率变化过快、过急的情况,并导致出现超高过渡与曲率变化不匹配的情况,影响行车舒适性与安全性;当匝道线形为过长的缓和曲线(偏移值较大)与过小的圆曲线半径组合而成时,还容易使驾驶人对匝道线形的曲率产生误判,从而发生偏离车道进而造成与防撞护栏刮蹭等交通事故。因此,环形匝道线形宜采用单圆曲线(非复曲线)与较短的缓和曲线组合,避免采用单圆曲线与过长的缓和曲线组合。

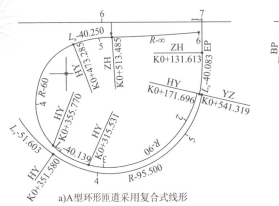
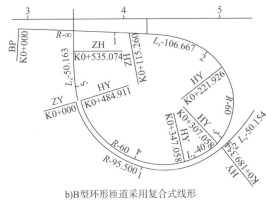

a) A型环形匝道采用复合式线形　　　　b) B型环形匝道采用复合式线形

c) B型环形匝道采用复合式线形实景图

图 9-2-6　环形匝道采用复合式线形设计示意图与实景图

注：图中 R、L_s 单位均为 m。

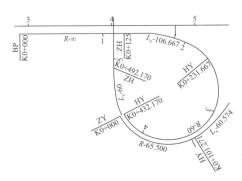

a) B型环形匝道与外侧车道为整体式线形设计　　　　b) A型环形匝道与外侧车道为分幅线形设计

图 9-2-7　环形匝道采用单圆曲线时线形设计示意图

注：图中 R、L_s 单位均为 m。

(4) B 型单喇叭形中环形匝道及楔形端部附近的运行速度调查

某 B 型单喇叭形互通式立交环形匝道采用复合式线形（卵形），且楔形端部附近线形指标明显高于环形匝道。无人机视频调查、分析结果表明：车辆在环形匝道范围内的运行速度基本保持一致，且运行速度取决于环形匝道中的最小平面半径路段的线形指标，与是否采用复合式线形无关，楔形端部附近的运行速度非常接近环形匝道的运行速度，如图 9-2-8 所示。图 9-2-8 中三张视频截图时间差为 2s，车辆从楔形端部附近开始，到进入环形匝道，车距几乎一直保持不变。因此,在不受地形条件限制时,环形匝道平面线形可采用单圆曲线;2017年版《路线规范》规定的减速车道长度满足主线相应设计速度与匝道设计速度之间的减速要求;当楔形端部附近平面线形指标满足2017年版《路线规范》规定要求时,线形指标能保证车辆平稳地进入环形匝道中,因此,楔形端部线形指标不必过分追求高指标。

a) 视频截图一

b) 视频截图二

c) 视频截图三

图9-2-8　B型单喇叭形中环形匝道及楔形端部附近运行速度调查视频截图

3)单喇叭形与迂回型T形方案灵活性设计

(1) A型单喇叭形与左转弯匝道迂回型T形方案的选择

当受地形、河流、铁路或建筑物限制,需布设A型单喇叭形的工程规模较大时,应与T形方案进行比较,在工程造价差距不大的情况下,宜采用绕行距离较短的A型单喇叭形设计方案,如图9-2-9所示。

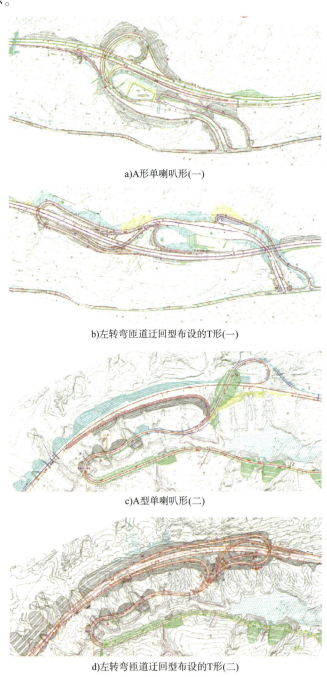

a) A形单喇叭形(一)

b) 左转弯匝道迂回型布设的T形(一)

c) A型单喇叭形(二)

d) 左转弯匝道迂回型布设的T形(二)

图9-2-9 A型单喇叭与T形方案布设图

(2)B型单喇叭形与左转弯匝道迂回型T形方案的选择

当受地形、河流、铁路或建筑物限制,只能布设B型单喇叭形,且工程规模较大时,应与T形方案进行比较,在工程造价增加较少的情况下,宜采用安全性与舒适性更优的T形(左转车道迂回型)方案,如图9-2-10所示。

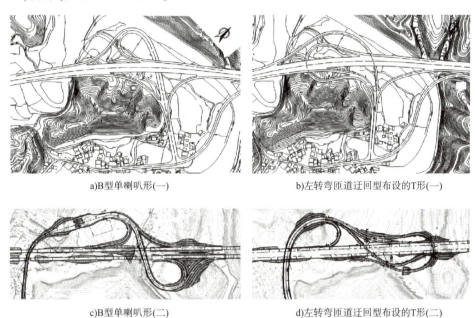

a)B型单喇叭形(一)　　　　b)左转弯匝道迂回型布设的T形(一)

c)B型单喇叭形(二)　　　　d)左转弯匝道迂回型布设的T形(二)

图9-2-10　B型单喇叭形与T形方案布设图

(3)左转弯匝道迂回型的T形匝道线形灵活性设计

当地形条件特别困难,难以布设环形匝道时,宜考虑采用左转弯匝道迂回型的T形互通式立交灵活设计方案,如图9-2-11所示。

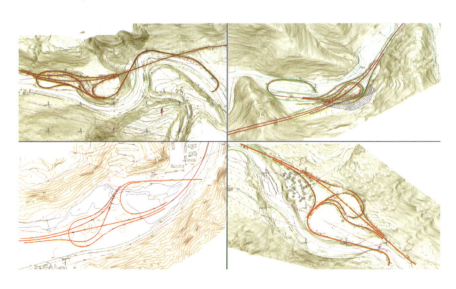

图9-2-11　左转弯匝道迂回型的T形互通式立交灵活设计方案示意图

9.2.2 单喇叭形互通式立交与主线收费站合并设置方案

1)《立交细则》规定

当条件受限时,主线收费站渐变段终点至前方减速车道起点的间距可适当减小,但最小净距不宜小于600m,主线入口至与前方收费站之间净距不宜小于200m。当因现场条件限制不能满足最小净距要求时,主线出、入口与收费站之间宜采用辅助车道相连接方式,收费站与前方主线出口之间的辅助车道长度不宜小于600m;入口匝道终点至主线收费站渐变段起点之间的最小净距应符合表9-2-1的规定。

主线入口与收费站之间的辅助车道最小长度　　　　　表9-2-1

主线设计速度(km/h)	120	100	80	60
辅助车道最小长度(m)	500	450	400	350

2)已建工程现状调查

由于2017年版《路线规范》中缺少对主线出、入口与收费站最小间距的规定,因此,已建工程小于《立交细则》最小净距规定的小净距情况较多[图9-2-12a)],由于车辆进入收费站前已减速行驶,越靠近收费站,其行驶速度越低,同时与主线合建的互通式立交匝道交通量一般较小,故交通流总体运行平稳。

a)已建工程小净距实景图

b)匝道收费采用专用车道设置方案

c)合并设置方案优化设计

图9-2-12　主线出入口与收费站小净距路段方案设计示意图

3) 小净距路段优化设计

当受条件限制难以满足规定要求时,部分项目提出匝道入口与主线收费站之间设置匝道专用收费车道。考虑到收费站广场较宽,且自匝道入口进入主线过程路面会进一步逐渐增宽,因此,可不设置匝道专用收费车道[图9-2-12b)],只需将匝道入口接至收费站变宽起始位置,即可保证车辆平稳地进入收费岛;但从交通组织考虑,匝道出口与主线收费站之间宜尽量满足200m规定要求;为增大其最小净距长度,可采用B型喇叭形[图9-2-12c)]。

9.2.3 单喇叭形互通式立交与服务区合并设置方案

当服务区与互通式立交分设困难且进出服务区的交通量总体较小时,服务区与互通式立交可合并设置(图9-2-13)。

服务区与单喇叭形互通式立交合建方案应结合地形条件,有条件时应分设于主线两侧[图9-2-13a)];当受条件限制时,服务区可单侧设置,并可设置在匝道内[图9-2-13b)],也可利用周边风景与景观设置于匝道之外,各自保持相对独立的形式[图9-2-13c)]。

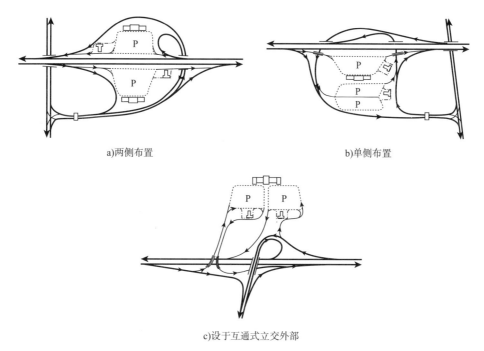

a)两侧布置   b)单侧布置

c)设于互通式立交外部

图9-2-13　服务区与互通式立交合并设置形式

当服务区与互通式立交合并设置时,应按以下要点做好交通组织设计:

①互通式立交和服务区的交通流应统一规划,保障匝道交通的连续性和便捷性;简化交通流的组合。

②山区高速公路或高度城市化地区改扩建工程,往往用地困难,贯穿车道利用率非常低;因此,当受用地限制时,为了有效地利用土地资源,可不考虑服务区或停车区内的贯穿车道设置[图9-2-14a)];如图9-2-14b)所示,停车区可用面积非常小,不应设置贯穿车道。

a) 不设贯穿车道　　　　　　　　　　b) 不应设置贯穿车道

图 9-2-14　服务区或停车区不设与不应设置贯穿车道实景图

9.3 变形苜蓿叶形互通式立交方案优化设计

9.3.1 已建全苜蓿叶形及变形互通式立交现状

1) 2017 年版《路线规范》相关规定

2017 年版《路线规范》中对全苜蓿叶形及变形互通式立交方案设计的规定主要是主线连续分合流的相关规定。相应的规定如下：

① 主线同侧相邻出口或入口之间的距离规定应不小于表 9-3-1 所列值。

高速公路主线（匝道）同侧相邻出、入口最小间距　　　表 9-3-1

连续分合流名称	连续分或合流			连续分或合流			连续分流与合流			连续合流与分流
连续分合流图式										
最小间距（m）	设计速度（km/h）									苜蓿叶形立交交织区长度没有规定。复合式立交交织区长度不应小于600m
	120	100	80	120	100	80	120	100	80	
	枢纽互通式立交									
	400	350	310	240	210	190	200	150	150	
	一般互通式立交									
	350	300	260	180	160	150	150	150	120	

②当不能保证主线出入口间的应有距离或遇转弯车流的紧迫交织干扰主线车流时,应采用与主线相分隔的集散车道将出入口串联起来。

③环形匝道采用单车道匝道,其设计通行能力为800~1000pcu/h。

2)已建互通式立交符合2017年版《路线规范》规定的形式

根据2017年版《路线规范》的规定,只要最小间距符合表9-3-1规定,高速公路互通式立交主线侧连续分流、连续合流、连续分流与合流、连续合流与分流(未规定交织区长度)、匝道连续分流和连续合流的设计均被允许。2006年版《路线规范》与2017年版《路线规范》的规定基本一致,1994年版《路线规范》则未进行具体规定。因此,在已建项目中,高速公路枢纽互通式立交采用全苜蓿叶形互通式立交或单侧双环式变形苜蓿叶形的情况较多,包括无辅助车道、无集散车道的枢纽互通式立交,且一般互通式立交中此类情况更多。

在《立交细则》发布实施前,由于2017年版《路线规范》未对互通式立交出入口形式进行规定,因此,互通式立交设计时较少考虑单一出入口的问题,其方案设计主要依据转向匝道交通量与用地控制因素确定;由于当设计方案完全满足高速公路单一出口规定要求时,互通式立交范围的主线跨线桥、匝道桥梁长度均较长,工程造价非常高;因此,只有当各个转向交通量均较大时,才会采用直连或半直连变形苜蓿叶形、X形或涡轮形等符合单一出口形式的方案。

根据2017年版《路线规范》中的相关规定,以下典型示例均符合规定要求:

(1)已建单向双出入口方式的全苜蓿叶及变形苜蓿叶形互通式立交现状

①左转弯交通量均较小,且主线交通量也偏小时,采用无辅助车道和无集散车道的全苜蓿叶形,工程规模最小,如图9-3-1所示。但由于四个方向左转弯交通量均较小的情况较少,已建枢纽互通式立交中该类形式较少,但在不收费管理的城市道路中,该类形式的互通式立交较多。

图9-3-1 无辅助车道和无集散车道的全苜蓿叶形实景图(双出双入)

②相邻左转弯交通量较小时,采用主线一侧对称双环式变形苜蓿叶形互通式立交(图9-3-2)。尽管工程规模较大,但交通量分布符合采用双环式的情况较多,因此,已建枢纽互通式立交中该类形式较多。

③一条高速公路为单一出口与双入口,另一条高速公路为单向双出口与单入口的设计方案(图9-3-3)。其主要优点为:连续分流或连续合流的间距较大,为分流车辆或合流车辆提供了较为充裕的判断、决策时间,有力保障了交通安全。当左转弯交通量小于环形匝道通行能力时,均可采用该类设计方案,因此,已建枢纽互通式立交中该类形式最多。

图 9-3-2　对称双环式变形苜蓿叶形互通式立交实景图(部分双出双入)

图 9-3-3　对角象限双环式苜蓿叶形实景图(单出双入与双出单入)

(2)已建单一出口形式的全苜蓿叶及变形苜蓿叶形互通式立交现状

①当相邻左转弯交通量之和较大,并采用双环式设计方案时,如果主线交通量较大,需要采用辅助车道(一条车道)与连续的出口-入口-出口-入口相衔接。辅助车道与主线间应设置分隔带,避免出入口车辆连续对主线交通流的影响。该辅助车道的功能与集散车道相同,但工程规模相对较小,如图9-3-4所示。由于总体而言其辅助车道仍较长,工程规模仍偏大,该形式在已建枢纽互通式立交中占比较少。

a)设置辅助车道的全苜蓿叶形实景图

b)设置辅助车道的变形苜蓿叶形实景图

图 9-3-4　设有辅助车道的互通式立交实景图(单一出口)

②当左转弯匝道交通量较大,且用地受限制时,一般采用半直连或直连式匝道;两个左转弯交通量较小时,可采用单环形匝道+平面半径较小的迂回匝道,如图9-3-5所示。该形式适用于地形困难路段或用地受限情况;尽管其工程规模较大,但该类方案在已建枢纽互通式立交中占比仍然较多。

图9-3-5 单环式+迂回匝道的变形苜蓿叶形互通式立交实景图(单一出口与双出口)

③当所有匝道的交通量均较大,且受用地限制时,可采用X形(无环形)互通式立交设计方案(图9-3-6)。由于该形式工程规模非常大,在已建枢纽互通式立交中占比较少。

图9-3-6 X形(无环形)互通式立交实景图(单一出口,单一入口)

④当所有匝道交通量均较大,但用地允许时,一般会采用涡轮形互通式立交设计方案(图9-3-7)。该形式工程规模较X形方案低较多,因此,在已建枢纽互通式立交中占比较多。

图9-3-7 涡轮形互通式立交实景图(单一出口,单一入口)

9.3.2 《立交细则》相关规定

1)《立交细则》中相邻出、入口间距的规定

①《立交细则》对相邻出入口最小间距的规定见表9-3-2。其区间长度范围明确起止点位置为分/合流鼻端,规定值与2017年版《路线规范》相比:①缺少对相邻出口与入口组合 L_3 的规定;②相邻合流鼻端最小间距 L_2、相邻入口与出口组合最小间距 L_4 规定不相同,相比规范值较大,其他规定基本相同;③未具体规定首蓿叶形交织长度。

《立交细则》高速公路相邻出入口最小间距　　　　表9-3-2

主线(匝道)设计速度(km/h)		120	100	80	70	60	50	40	35	30	与规范比较
L_1	一般值	400	350	310	—	270	—	—	—	—	规定值相同,但含义不同
	最小值	350	300	260	—	220	—	—	—	—	
L_2	相邻分流鼻端	240	210	190	—	190	—	—	—	—	规定不同
	相邻合流鼻端	—	—	210	180	160	140	120	110	100	
L_3	一般值	—	—	—	—	—	—	—	—	—	
L_4	一般值	1200	1100	1000	—	800	—	—	—	—	为复合式立交辅助车道最小长度
	最小值	1000	900	800	—	700	—	—	—	—	

②当存在连续两条或两条以上的匝道与主线连接时,所采用的连续分合流连接方式应符合表9-3-3的规定,其中,连续分流、连续合流为"条件受限时可采用的方式"。

连续分合流连接方式　　　　表9-3-3

连接方式	连续分流	连续合流	分合流	合分流
宜采用的方式	L_2	L_2	L_3	L_4
条件受限时可采用的方式	L_1	L_1		

③高速公路直行车道之间不得采用相互交织的连接方式,匝道之间的交织区宜与高速公路直行车道相隔离。

2) 左转弯环形匝道设计小时交通量的规定

《立交细则》规定,当 DDHV < 1000pcu/h 时,左转弯匝道可选用环形匝道。

3) 互通式立交出口一致性设计要求的规定

①高速公路宜采用相对一致的出口形式。有条件时,分流端部宜统一设置于交叉点之前,并宜采用单一的出口方式[图9-3-8a)],出口形式不一致的情况如图9-3-8b)所示。

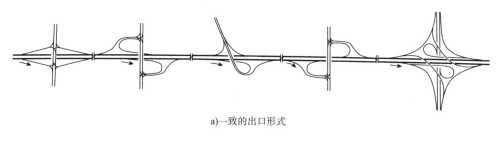

a) 一致的出口形式

b) 不一致的出口形式

图 9-3-8　出口形式示意图

②当分流交通量主次分明时,次交通流应采用一致的分流方向。次交通流宜统一于主交通流的右侧分流,不应采用左、右侧交替分流的方式。

③互通式立交形式设计要点:

a. 出口形式应符合《立交细则》中有关一致性设计的要求。

b. 相邻连接部之间的距离应符合《立交细则》中有关间距控制和连续分合流间距的要求。

4) 全苜蓿叶形互通式立交设计的规定

①当四岔交叉各转弯交通量均小于单车道设计通行能力时,可采用4条左转弯匝道均为环形的全苜蓿叶形互通式立交。当交叉公路为高速公路或具干线功能的一级公路,或交织交通量大于600pcu/h时,应设置集散车道将两环形匝道之间的交织区与交叉公路直行车道隔离。全苜蓿叶形互通式立交如图9-3-9所示。

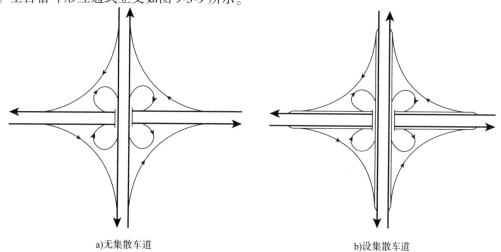

a) 无集散车道　　　　　　　　　　b) 设集散车道

图 9-3-9　全苜蓿叶形互通式立交

②集散车道或匝道上交织区的最小长度应根据交通量及其分布或交织区的构造形式等,经通行能力验算后确定。

9.3.3 《立交细则》相关规定的探讨

1)《立交细则》与美国《绿皮书》相关规定的比较

①1984年版美国《绿皮书》便已有互通式立交出口一致性设计要求。2018年版《绿皮书》指出,当设计互通式立交群时,由于市区互通式立交间距较近,连续的互通式立交出口布置不统一,易引起驾驶人的混乱,导致其在高速公路上进行减速行驶、紧急制动等不当操作。因此,应考虑互通式立交出口的一致性与连续性设计。

对《绿皮书》中上述规定的理解为:该规定主要针对市区互通式立交间距较近的情况。与《绿皮书》中上述规定相比较,《立交细则》对"出口一致性"与"出口采用单一的出口方式"的规定,规范用词为"宜"是合适的,增加该条文规定也较合理的。

②2018年版美国《绿皮书》同时指出,在一般情况下,由于需要增加车道,增加桥梁长度,有时还需增加分离式立交桥,因此,采用单出口造价很高,故应考虑设有辅助车道的苜蓿叶形互通式立交的整体功能。对匝道交通量小,且预测增量不大,或部分苜蓿叶交织交通量未超出1000vph/h的互通式立交,可以考虑使用辅助车道。

对《绿皮书》上述规定的理解为:《绿皮书》对"出口一致性"的规定,考虑了工程规模增加,对匝道交通量较小情况,规定可考虑使用辅助车道。但《立交细则》缺少与匝道交通量的关联规定。

③2018年版美国《绿皮书》还指出,部分情况下,设置单出口效果甚至不及双出口。例如在大交通量和高速定向型互通式立交处,特别是在交通量大到足以采用双车道出口,且从出口端部至岔口的距离不满足交织需求和设置适当的交通标志时,在第二个判断点经常会导致驾驶人的混乱,引起不当操作,以致造成交通事故[图9-3-10a)]。因此,宜在某些定向型互通式立交的每条高速公路岔口设置两个出口[图9-3-10b)]。

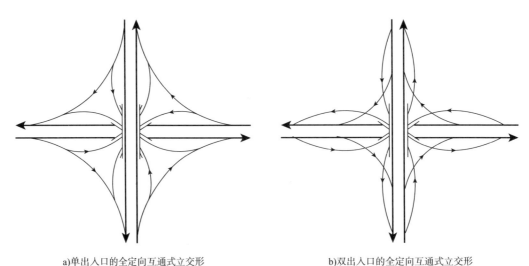

a) 单出入口的全定向互通式立交形　　b) 双出入口的全定向互通式立交形

图9-3-10　单出入口与双出入口全定向互通式立交布置示意图

对美国《绿皮书》上述规定的理解为：单一出口的设置仅适用于出口两个方向的交通量之和小于单车道的通行能力，但《立交细则》缺少与匝道交通量的关联规定。

2)《立交细则》有关问题的探讨

(1)《立交细则》相关规定的探讨

《立交细则》中互通式立交出口形式一致性、连续性的规定，主要采纳了美国《绿皮书》中的相关规定。在主线侧采用单一出口，可减少主线分流车辆对主线交通流的影响范围，当交通标志明显提示为单出口时，有利于驾驶人判别具体出口位置，有利于保障主线交通流连续、通畅运行，有利于提升出口附近路段交通安全性，在设计中有条件时应遵守执行该规定。《立交细则》在以下两方面存在前后规定不一致的问题，有待进一步完善：

①规范用词"宜"与"应"前后规定不一致时应如何掌握。

主线侧采用单一出口方式的规定，主要条文内容与问题如下：

第6.2.1条第3款规定"出口形式应符合有关一致性设计的要求"；规范用词为"应"，与第5.6.1条"宜采用相对一致的出口形式"和"宜采用单一的出口方式"的用词不一致。由于第6.2.1条第3款规范用词为"应"，较多设计者将其解读为互通式立交出口形式必须采用单一的出口方式，致使两条高速公路相互交叉的枢纽互通式立交，在出入口形式采用时均选用单一的出口与单一的入口，造成较多互通式立交工程造价增加非常大。

②规定内容前后不一致时应如何理解。

第6.5.5条中的规定存在前后内容不一致的情况：

a. 当四岔交叉各转弯交通量均小于单车道设计通行能力时，可采用4条左转弯匝道均为环形的全苜蓿叶形。

b. 当交叉公路为高速公路或具干线功能的一级公路，或交织交通量大于600pcu/h时，应设置集散车道将两环形匝道之间的交织区与交叉公路直行车道相隔离。

研究分析认为：规定a非常合理，而规定b应是对规定a的细化、补充，但出现了对规定a内容的否定。正常情况规定中"或交织交通量大于600pcu/h时"的"或"字应为"且"字；"应设置集散车道"宜为"应设置集散车道或辅助车道"；因为设置与主线分隔的辅助车道，功能与集散车道基本相同，但工程规模较小，占地较少，应为可采用的设计方案之一。规定b导致全苜蓿叶形或一侧双环式变形苜蓿叶形均需设置集散车道，工程规模与占地均需增加非常大。

(2)前后规定不一致对苜蓿叶形互通式立交方案设计的影响

在执行《立交细则》时，若出现前后规定不一致，往往较多设计者与审查专家支持"就高不就低"的原则，较少系统地考虑其合理性与灵活性的问题。盲目的采用"较高不较低"的指标或相关规定，必然造成相应工程投资的增加。《立交细则》中上述两方面前后规定不一致的问题，对苜蓿叶形互通式立交方案设计影响非常大，具体情况如下：

①对《立交细则》规定中"宜"与"应"的规定，当理解为高速公路出口形式应采用单一的出口方式时，即使四岔交叉各转弯交通量均小于单车道设计通行能力，在方案比选时，也不得不采用变形苜蓿叶形互通式立交方案，与设置4条集散车道的方案进行综合比较。

典型示例：某高速公路枢纽互通式立交，主线均为设计速度120km/h的双向六车道，地处偏远的经济欠发达地区，因此，匝道交通量预测结果较小[图9-3-11a)]，主交通流的交通量仅为6625辆/日(504pcu/h)，其他方向的交通量更小，分别为交通量为4668辆/日(355pcu/h)、

2662 辆/日（202pcu/h）、1552 辆/日（118pcu/h）；仅两个方向的交通量之和大于 600pcu/h，远低于环形匝道通行能力（800~1000pcu/h）。根据《立交细则》规定，高速公路出口宜采用单一的出口方式，故只能提出与主线分离的对角象限双环式或单环式变形苜蓿叶形与设置集散车道的全苜蓿叶形进行比较，具体设计方案如图 9-3-11 所示。

a) 方案一（与主线分离的对角象限双环式）

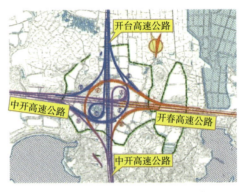
b) 方案二（与主线分离的对角象限双环式）

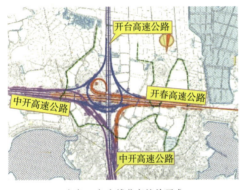
c) 方案三（与主线分离的单环式）

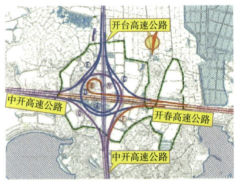
d) 方案四（与主线分离的单环式）

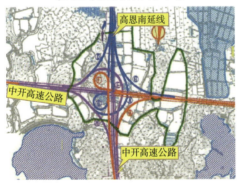
e) 方案五（双环式单集散车道）

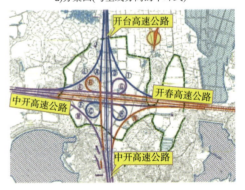
f) 方案六（四环式四集散车道）

图 9-3-11 变形苜蓿叶形设计方案示意图

在方案设计时，从结合地形、地物等条件考虑，方案可选择余地较大，因此，布设了五个变形苜蓿叶形设计方案，出口方式均为单一出口、单一入口，符合出口形式一致性设计的要求，但设计方案占地与工程规模均较大，如图 9-3-11a)~e) 所示。同时，考虑各方向左转向交通量均较小,布设了设置集散车道的全苜蓿叶形设计方案[图9-3-11f)]。但设置四条集散车道后,增加跨线桥工程规模也较多,且占地也增加较多,工程造价较高。

由于《立交细则》在出口形式的规定上没有与匝道交通量相关联。因此,本项目在初步设计阶段,经综合比选,推荐采用了方案三。

根据匝道左转弯交通量[图9-3-12b)],结合2017年版《路线规范》相关规定,与交通量相匹配的设计方案宜为如图9-3-12b)所示的全苜蓿叶形设计方案。如果采用无集散车道全苜蓿叶形设计方案,工程造价将大大降低,即使增设有分隔带的辅助车道,工程造价也将降低较多。

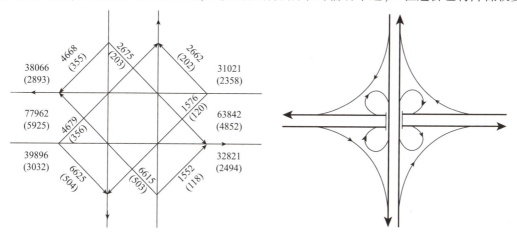

a)交通量预测图(单位:pcu/d,括号内数据单位为pcu/h)　　　b)与交通量相匹配的方案

图9-3-12　交通量预测与相匹配的方案图(二)

②根据《立交细则》规定,四岔交叉采用全苜蓿叶形时,即使各转弯交通量均小于单车道设计通行能力,也必须设置4条集散车道,如图9-3-13a)所示。在双向四车道高速公路中,设置集散车道后,互通式立交范围内直行断面车道数变为8个,从基本车道平衡分析,与交通需求不匹配。设置4条集散车道后工程规模和占地较无集散车道的设计方案增加较多[图9-3-13b)]。同时,该规定也造成辅助车道无法采用的间接问题。

a)设置集散车道的全苜蓿叶形　　　b)无集散车道的全苜蓿叶形

图9-3-13　有无集散车道的四环式全苜蓿叶形互通式立交实景图

3)单一出口互通式立交设计方案与工程造价

(1)代表性设计方案

四岔交叉的高速公路枢纽互通采用单一出口方式的设计方案,且多为对角象限的双环式

变形苜蓿叶形[图 9-3-14a)]。部分枢纽互通式立交采用了单环式变形苜蓿叶形[图 9-3-14b)],但主线与匝道桥梁占比非常高,工程造价也非常高。

a)与主线分离的对角象限双环式实景图(单一出入口)

b)与主线分离的单环式实景图(单一出入口)

图 9-3-14 枢纽互通式立交单一出入口设计方案实景图

(2)典型示例的工程造价

以某项目主线为双向六车道高速公路的枢纽互通式立交为例。该枢纽互通式立交根据地形、地质等条件,结合左转弯匝道交通量,提出采用两个单一出口方式的变形苜蓿叶形设计方案,如图 9-3-15 所示。工程规模与工程造价比较见表 9-3-4,从表 9-3-4 中可知,方案一仅建安费为 46229 万元,方案二为 48101 万元,工程造价均非常高。两个方案主线长度均为 2.700km,主线桥 1817m/1 座,方案一匝道桥 2699m/9 座,方案二匝道桥 3268m/10 座,较方案一匝道长度增长 569m/1 座,用地增加 77.3 亩❶,工程造价相差 1872 万元。

a)方案一　　　　　　　　　　b)方案二

图 9-3-15 双环式苜蓿叶形设计方案示意图

---

❶ 1 亩 = 666.6m²。

某枢纽互通式立交方案工程规模比较表　　　　　　　　　　表 9-3-4

序号	指标名称	单位	方案一	方案二
	主线			
1	主线路线长度	km	2.700	2.700
2	桥梁	m/座	1817/1	1817/1
3	用地（全互通）	亩	892.5	969.8
	匝道			
4	匝道长度	km	7.520	8.415
5	最小平曲线半径	m	60	60
6	最大纵坡	%	3.5	3.5
7	匝道桥梁	m/座	2699/9	3268/10
	被交叉高速公路			
8	被交路改建长度	km	2.800	3.000
9	建安费	万元	46229	48101

（3）工程造价分析

互通式立交方案的工程造价主要由路基工程和桥梁工程两部分构成，其中桥梁长度对互通式立交的工程造价影响最大。若四个方向的左转弯匝道交通量均很小，可采用全苜蓿叶形设计方案，主线桥与匝道桥的长度均有可能较上述示例中两个方案减少一半以上。以表 9-3-5 中方案一的桥梁长度减短幅度为例，对减短 1/3、1/2 和 2/3 三种情况分别进行造价分析，最终，桥梁工程减少使工程造价降低分别约为 8355.7 万元、12533.5 万元和 16671.3 万元。

桥梁工程减短对工程造价的影响　　　　　　　　　　表 9-3-5

项目名称	方案一设计桥长(m)	桥长减短 1/3		桥长减短 1/2		桥长减短 2/3	
		桥长减短(m)	造价降低(万元)	桥长减短(m)	造价降低(万元)	桥长减短(m)	造价降低(万元)
主线桥	1817	605.67	5837.1	908.5	8755.6	1211.3	11634.1
匝道桥	2699	899.67	2518.6	1349.5	3777.9	1799.3	5037.2
造价降低			8355.7		12533.5		16671.3

核算指标：桥梁指标按 4000 元/m²，主线路基 4000 万元/km，匝道路基 1400 万元/km

（4）适用于单一出口方式的全苜蓿叶形设计方案

在西北某省经济欠发达地区咨询审查时，某枢纽互通式立交两条高速公路为南北方向与东西方向的相互交叉，两条主线交通量均偏小，各个方向的左转弯匝道交通量也均较小；但设计单位提交的设计方案出口形式均为符合单一的出口方式（代表型）方案，无交织且未设置辅助车道或集散车道，桥梁工程规模大，工程造价高。为了降低该枢纽互通式立交工程规模，咨询审查专家经研究后提出了无交织的与主线分离的四环式设计方案，如图 9-3-16 所示。设计单位根据专家咨询意见并结合项目地形条件完成了方案设计[图 9-3-17a)]，桥梁工程规模明显减少，但占地相对较大，主线桥梁长度较长，工程造价也比较高。

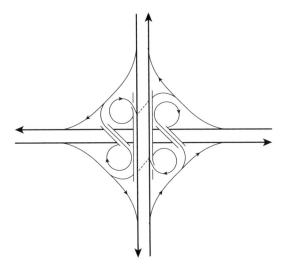

图 9-3-16　与主线分离的无交织四环式设计方案

经与对角象限和主线分离的双环式设计方案[图 9-3-17b)]综合比较,尽管四个环形匝道技术指标较低,但桥梁规模较小,工程造价总体较低,考虑该枢纽互通式立交左转弯交通量均很小,故推荐采用与主线分离的无交织四环式设计方案。

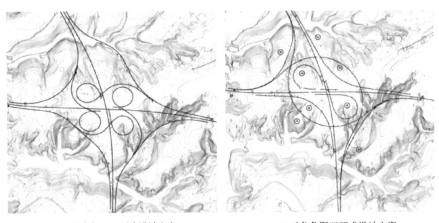

a) 无交织四双环式设计方案　　　　　　b) 对角象限双环式设计方案

图 9-3-17　采用单一出口方式的枢纽互通式立交设计方案

综上论述,针对匝道交通量均较小情况,提出了单一出口方式的四环式变形苜蓿叶形互通式立交设计方案,可供设计时参考。在具体运用时可能也存在占地较大,主线桥长度较长,工程规模偏大等问题,但总体而言工程造价相对较低。

4) 已建的全苜蓿叶及变形苜蓿叶形立交交通安全性现状调查

(1) 主线分合流区交通安全性调查

主线出入口附近及分合流区交通安全性分析见本书 4.1.1 中 1) 的相关内容,出口附近交通事故较多,主因在于分流车辆在出口前未能及时换道至最外侧车道,而在出口附近强行变道。入口附近交通事故少,但当入口匝道交通量较大时,容易影响主线交通量的顺畅运行,容易造成交通拥堵。

(2) 环形匝道及交织段通行能力与交通安全性调查

根据调查,在双向六车道或双向四车道高速公路枢纽互通式立交中,左转弯匝道采用环形匝道及同侧双环式交织路段,未发现交通事故明显多于其他匝道的问题,且绝大多数环形匝道的通行能力满足交通需求,包括无辅助车道、无集散车道的全苜蓿叶形互通式立交。

根据《立交细则》规定,匝道设计小时交通量 DDHV < 1000pcu/h,左转弯匝道可选用环形匝道;2017 年版《路线规范》则规定环形匝道通行能力为 800~1000pcu/h。高速公路枢纽互通式立交多数左转弯匝道设计小时交通量 DDHV < 800pcu/h,具体设计时,环形匝道设计小时交通量一般不大于 600pcu/h,远小于 1000pcu/h。因此,未发现左转弯匝道采用环形匝道设计时存在通行能力不满足需求的情况;此外,因环形匝道设计速度较低,实际运行速度也较低,故交通安全有保证。

在交通安全有保障情况下,相关规定应结合匝道交通量提出单一出口或单向双出入口的不同规定,才能解决互通式立交工程造价居高不下的根本性问题。

9.3.4 苜蓿叶形互通式立交方案优化设计

1) 对互通式立交单一出口相关规定的建议

《立交细则》中的互通式立交出口形式一致性、连续性的规定,有利于保障主线交通流连续、通畅运行。但从《立交细则》对互通式立交出口一致性规定用词为"宜",且从 2017 年版《路线规范》没有规定的情况来看,该规定应具有灵活性。在实际运用时,是否需要采用单一的出口方式,应结合主线及各匝道交通量大小、主线及交织区服务水平、交织交通量,以及桥梁规模、占用土地、工程造价等因素,经综合论证后确定。对互通式立交单一出口方式的相关规定,建议补充如下内容:

①当交织区交通量小于 600pcu/h,且各个转向交通量远小于 600pcu/h(特别是小于或等于 300pcu/h)时,可论证采用无辅助车道和无集散车道的全苜蓿叶形设计方案(图 9-3-1)。

②当交织区交通量小于 600pcu/h,且部分匝道交通量接近 600pcu/h 时,可论证采用增设辅助车道(一个车道)方式与主线交通流分道行驶的设计方案,从而降低工程规模,如图 9-3-18 所示的上层为双环式交织区。

图 9-3-18 三环式 + 集散车道的变形苜蓿叶形互通式立交实景图

③当交织区交通量小于600pcu/h,且两个或三个左转弯交通量均较大时,应论证地采用单出口+双入口组合或双出入口组合,并结合匝道交通量大小设置集散车道,如图9-3-18所示(左侧集散车道),或设置具有集散车道功能的辅助车道,如图9-3-19所示。

图9-3-19 双环式一侧增设具有集散车道功能的贯通辅助车道实景图

2)苜蓿叶形互通式立交方案优化设计运用原则

高速公路苜蓿叶形互通式立交优化设计运用原则如下:

①互通式立交出入口形式的采用,可按本书9.1.2中2)互通式立交出入口形式的运用原则掌握。

②互通式立交分合流区应积极推广应用车道交通数字化主动管控系统,提升互通式立交出入口交通安全;具体设计方案见第2篇中相应的章节。

③当单向匝道设计小时交通量DDHV≤800pcu/h时,左转弯匝道可采用环形单车道匝道;当交织区交织交通量DDHV≤600pcu/h(特别是DDHV≤300pcu/h)时,主线一侧可采用双环式有交织的设计方案。

④当采用单一出入口形式时,若两个方向的匝道交通量之和达到双车道匝道的通行能力,减速车道前和加速车道后应增设辅助车道;辅助车道按变速车道平衡型要求取值。

⑤主线侧连续分合流间距应符合表3-2-2的建议值。

⑥高速公路及匝道连续分合流连接部设计应符合第8章相关规定。

9.4 复合式互通式立交方案优化设计

9.4.1 已建高速公路复合式互通式立交现状

1)复合式互通式立交相关规定

(1)2006年版《路线规范》相关规定

2006年版《路线规范》中高速公路互通式立交最小间距的规定如下:

①高速公路相邻互通式立交的最小间距不宜小于4km。因路网结构或其他特殊情况限制,经论证,当相邻互通式立交的最小间距需适当减小时,加速车道渐变段终点至下一互通式

立交的减速车道起点间的距离,不应小于1000m;若小于1000m,且经论证必须设置时,应将两者合并为复合式互通式立交。互通式立交与服务区、停车区之间最小净距不小于1000m。

②当不能保证主线出入口间的应有距离或遇转弯车流的紧迫交织干扰主线车流时,应采用与主线相分隔的集散车道将出入口串联起来。

2006年版《路线规范》未对交织区长度进行规定。

(2) 2017年版《路线规范》相关规定

2017年版《路线规范》中高速公路互通式立交最小间距的规定如下:

①高速公路相邻互通式立交的最小间距,不宜小于4km。因路网结构或其他特殊情况限制,经论证,相邻互通式立交的间距需适当减小时,其上一互通式立交加速车道渐变段终点至下一互通式立交的减速车道起点间的距离,不得小于1000m,且应进行专项交通工程设计,设置完善、醒目的标志、标线和警示、诱导设施;若小于1000m,且经论证必须设置时,应将两者合并为复合式互通式立交。非高速公路互通式立交的最小间距,可参照上述规定执行。条件受限时,经对交织段的通行能力验算后可适当减小间距。

②当不能保证主线出入口间的应有距离或遇转弯车流的紧迫交织干扰主线车流时,应采用与主线相分隔的集散车道将出入口串联起来。

③当互通式立交入口与下一互通式立交出口均设有或其中之一设有辅助车道,且入口终点至出口起点的距离小于1000m时,应将辅助车道贯通设置。当交通大、交织运行比例较高,间距不大于2000m,且增加车道的成本不高时,也宜采用贯通的辅助车道。

④复合式互通式立交的交织段长度不应小于600m,其连接可采用下列三种方式:

a. 采用辅助车道将两处互通式立交的相邻出入口直接连通(简称辅助车道相连方式)。

b. 采用与主线分隔的集散车道将主线一侧所有的出口或入口连通(简称集散车道相连方式)。

c. 采用分离车道,形成两处互通式立交间无交织运行方式(简称分离车道相连方式)。

以上规定与2006年版《路线规范》相比较,2017年版《路线规范》强调了最小间距小于4km,且大于1000m时,应进行专项交通工程设计;并提出交织区长度不应小于600m。

(3)《立交细则》相关规定

《立交细则》中高速公路互通式立交最小间距的规定如下:

①一般互通式立交与枢纽互通式立交最小间距为4.5km;一般互通式立交最小间距为4.0km;互通式立交与服务区、停车区最小间距为4.0km。

②受路网结构或其他特殊情况限制,当互通式立交之间、互通式立交与服务区、停车区之间的距离不能满足一般值要求时,经论证,间距可适当减小,但不应小于表6-2-1的规定值。

③主线侧合分流连接部的辅助车道长度不应小于表8-3-1中的规定值,当主线单向基本车道数大于3或匝道中有双车道时,不应小于一般值。

④集散车道或匝道上交织区的最小长度应根据交通量及其分布或交织区的构造形式等,经通行能力验算后确定。

⑤高速公路相邻互通式立交不同相连方式的规定。

a. 高速公路相邻互通式立交以辅助车道相连的规定(辅助车道相连方式)。

当相邻互通式立交的净距小于表6-2-1的规定值时,可采用辅助车道相连的复合式互通式立交(图9-4-1)。

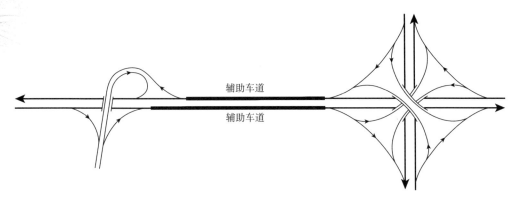

图 9-4-1 辅助车道相连的复合式互通式立交示意图

b. 高速公路相邻互通式立交以集散车道相连的规定(集散车道相连方式)。

当相邻互通式立交的间距不能满足辅助车道的设置要求时(表 8-3-1 中的规定值),可采用集散车道相连的方式构成复合式互通式立交(图 9-4-2)。

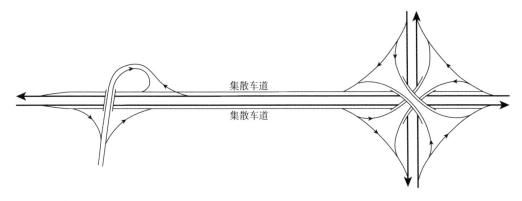

图 9-4-2 集散车道相连的复合式互通式立交示意图

c. 高速公路相邻互通式立交以匝道相连的规定(匝道相连方式)。

当相邻互通式立交因距离过近设置集散车道困难时(缺少集散车道的交织区车道规定值),可采用匝道相连的方式构成复合式互通式立交(图 9-4-3)。当交织长度不能满足设计通行能力要求时,可采用匝道之间立体交叉等方式减少交织交通量或消除交织区(图 9-4-4)。

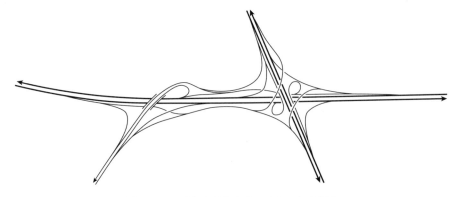

图 9-4-3 匝道相连的复合式互通式立交示意图

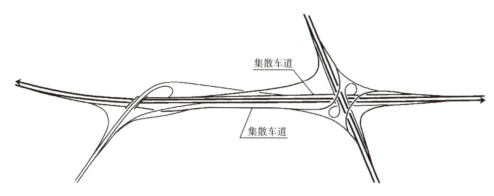

图 9-4-4 集散车道与匝道相连的复合式互通式立交示意图

2)已建高速公路复合式互通式立交现状

总体而言,2006年版及2017年版《路线规范》及《立交细则》的相关规定基本一致,相关规定均较合理。其中2017年版《路线规范》规定复合式互通式立交的交织区长度不应小于600m;《立交细则》规定复合式互通式立交辅助车道最小长度应符合表8-3-1中的规定要求,较2017年版《路线规范》以交织区最小交织长度为基础的规定值长较多,可理解为理想的最小长度。

(1)辅助车道相连的复合式互通式立交

①2006年版《路线规范》未规定复合式互通式立交辅助车道中的交织区交织长度,因此,已建高速公路复合式互通式立交辅助车道中交织区长度小于600m情况较多。在图9-4-5示例中,交织区交织长度分别为210m、255m;在图9-4-6示例中,交织区交织长度分别为350m、380m。根据本书第2章第2.2节研究成果,当交织区运行速度为80km/h,且匝道入口交通量不大于800pcu/h时,出口匝道不大于1200pcu/h,交织区最小长度大于190m时能满足交织交通流的交通需求,图9-4-5示例符合该规定要求;匝道入口交通量不大于100pcu/h时,出口匝道不大于1600pcu/h,交织区最小长度大于350m时能满足交织交通流的交通需求,图9-4-6示例则符合该规定要求。

a)两座枢纽互通构成的复合式互通式立交

图 9-4-5

b)辅助车道路段

图 9-4-5　辅助车道相连的复合式互通式立交(一)

a)两座枢纽互通构成的复合式互通式立交

b)辅助车道路段

图 9-4-6　辅助车道相连的复合式互通式立交(二)

②尽管 2006 年版《路线规范》未规定复合式互通式立交辅助车道中的交织区交织长度，但已建高速公路复合式互通式立交辅助车道中交织长度按 600m 控制的情况也较多。在图 9-4-7 示例中，交织区交织长度分别为 660m、810m；在图 9-4-8 示例中，交织区交织长度分别为 680m、1050m。根据本书第 2 章第 2.2 节研究成果，当交织区运行速度为 80km/h，且匝道入口交通量不大于 1600pcu/h 时，出口匝道不大于 1200pcu/h，交织区最小长度大于 640m 时能满足交织交通流的交通需求，图 9-4-7 示例和图 9-4-8 示例均符合该规定要求。

a) 枢纽互通与一般互通构成的复合式互通式立交

b) 辅助车道路段

图 9-4-7　辅助车道相连的复合式互通式立交(三)

a) 一般互通与枢纽互通构成的复合式互通式立交

b) 辅助车道路段

图 9-4-8　辅助车道相连的复合式互通式立交(四)

(2)集散车道相连的复合式互通式立交

2017年版《路线规范》发布实施后,已建高速公路复合式互通式立交采用集散车道相连方式构成复合式互通式立交的情况越来越多。如图9-4-9、图9-4-10和图9-4-11所示的典型示例,其交织区交织长度均有可能满足设置辅助车道的交通需求,但由于2017年版《路线规范》缺少在不同的交织区运行速度下,不同的匝道交通量所需要的交织区最小交织长度的规定,导致只要当交织区长度小于600m,或辅助车道长度小于《立交细则》规定的最小长度要求时(表8-3-1),便不得不采用集散车道相连构成复合式互通式立交。

图9-4-9　集散车道相连的复合式互通式立交(一)

图9-4-10　集散车道相连的复合式互通式立交(二)

图9-4-11　集散车道相连的复合式互通式立交(三)

（3）匝道相连的复合式互通式立交

当交织段通行能力不足时，应根据交通量大小增加交织长度或增加交织车道数或采用匝道分离交织段，减少交织交通量或消除交织段。采用匝道相连方式构成的复合式互通式立交，实际上是多岔交叉的互通式立交，如图9-4-12所示。

a) 示例一

b) 示例二

c) 示例三

图9-4-12　匝道相连的复合式互通式立交

9.4.2　2017年版《路线规范》有关问题的探讨

1) 2017年版《路线规范》条文说明相关内容

2017年版《路线规范》对复合式互通式立交规定了三种相连方式，分别是辅助车道相连、集散车道相连和分离车道相连，但未具体规定如何选择。其在相应的条文说明中提出复合式互通式立交连接处理方式的选择原则如下：

①两处一般互通式立交构成的复合式互通式立交可选择辅助车道相连方式。

②一处一般互通式立交和另一处枢纽互通式立交构成的复合式互通式立交，应选择集散车道相连方式；交通量大、交织距离短、有双车道出入口匝道时，应选择分离车道方式。中西部地区且转向交通量较小时，经过充分论证并通行能力分析验算后，可采用辅助车道相连方式。

③两处枢纽互通式立交构成的复合式互通式立交应在路网规划时尽量避免，不得已设置时应选择分离车道相连方式。

2)2017年版《路线规范》条文说明有关内容的探讨

①2017年版《路线规范》条文说明提出的选择原则,较多设计者理解为是对规范规定的延伸,也应该遵照执行。

②2017年版《路线规范》条文说明强调了枢纽互通式立交流出、汇入交通的稳定运行问题,因此,2017年版《路线规范》不推荐一般互通式立交与枢纽互通式立交之间采用辅助车道连接方式。但是,互通式立交流出、汇入交通的稳定性取决于主线服务水平、匝道交通量,与一般互通式立交或枢纽互通式立交没有直接的关系。

③根据调查,高度城市化地区或大城市的绕城高速公路路段,条文说明中的三种组合均存在;其他地区由于高速公路与一般公路路网密度的差异,高速公路上一般互通式立交与枢纽互通式立交间距较近的情况最多,两处枢纽互通式立交间距较近的较少,两处为一般互通式立交且间距较近的情况更少。条文说明中的选择原则,造成大部分地区出现概率最大的一般互通式立交与枢纽互通式立交间距较近的组合,无法采用辅助车道相连的方式构成复合式互通式立交。

④转向交通量较小时的规定前面不宜加"中西部地区"加以限制。

9.4.3 《立交细则》复合式互通式立交相连方式的选择原则

《立交细则》中关于复合式互通式立交连接处理方式的选择原则如下:

①当互通式立交最小净距小于表6-2-1时,可采用辅助车道相连方式。

②当不能满足辅助车道设置要求时,可采用集散车道相连方式。

③当相邻互通式立交距离过近设置集散车道困难或交织区长度不能满足要求时,可采用匝道相连方式。

《立交细则》中的上述规定非常清晰、明确,也非常合理,宜按上述原则执行;但《立交细则》辅助车道最小长度缺少与交织交通量相关联,集散车道中的交织区长度需验算确定,故相关规定有待完善。建议辅助车道与集散车道中的交织区最小长度采用本书推荐值。

9.4.4 复合式互通式立交方案优化设计

1)复合式互通式立交方案优化设计基本原则

①复合式互通式立交路段路况较为复杂,存在交织路段,其合流、分流区应积极推广应用车道交通数字化主动管控系统。

②当两座互通式立交为简单型与简单型或简单型与复杂型组合时,可采用辅助车道相连方式,交织区最小长度可根据表3-2-3中的相应的设计速度、不同的匝道交通量查表确定。

③当采用辅助车道连接时,主线与辅助车道上存在交织区路段,可能对主线直行交通流产生干扰,影响主线的通行能力和服务水平;当交织区交通量较大时,应考虑在所设辅助车道与主线车道之间设置1.0m宽度的实线标线隔离,使辅助车道具有集散车道的功能。

④当辅助车道的交织区长度不能满足要求时(表3-2-3),可采用集散车道连接方式,但集散车道交织区最小长度应满足相应的设计速度、不同的匝道交通量所需要的交织区最小长度规定要求(表3-2-4)。

⑤当集散车道的交织区长度也不能满足要求时,宜采用匝道相连的多岔形互通式立交设计方案。

⑥当两座互通式立交为复杂型与复杂型组合,且匝道交通量较大时,原则上最小净距应满足表6-2-1规定值。当入口终点至下一互通式立交出口起点的距离小于1000m时,应将辅助车道贯通设置。

⑦相连接的辅助车道或集散车道的设计应符合第8章第8.3节中相关设计要求。

2)辅助车道相连的复合式互通式立交与主线车道衔接设置要点

根据2017年版《路线规范》与《立交细则》规定,当最小净距符合小于表6-2-1规定值,且交织长度大于表3-2-3(本书推荐值)要求时,可采用辅助车道相连的方式构成复合式互通式立交。但不同复杂程度、不同交织交通量对辅助车道的设计要求应有所区别,具体要求如下:

①当为简单型与简单型组合[图9-4-13a)],且出入口均为单车道匝道、交织区交织交通量较小时,辅助车道与主线车道之间可设置0.50m路缘带,辅助车道采用单车道。

a)简单型与简单型组合的复合式互通式立交方案示意图

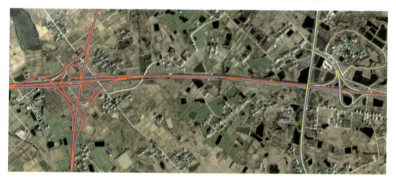

b)简单型与复杂型组合的复合式互通式立交方案示意图

c)匝道利用辅助车道迂回设置构成的复合式互通式立交示意图

图9-4-13 复合式互通式立交构成示意图

②当为简单型与复杂型组合[图9-4-13b)],且复杂型互通式立交出口为双车道匝道、交织区交织交通流较大时,交织区辅助车道与主线车道之间宜设置1.0m的分隔带,辅助车道可采用单车道。

③当为复杂型与复杂型组合,且复杂型互通式立交入口为单车道、出口为双车道匝道,交织区交织交通量相对较小,交织区辅助车道与主线车道之间宜设置1.0m的分隔带,辅助车道可采用单车道。

④当为复杂型与复杂型组合,且出入口均为双车道匝道、交织区交织交通流大时,应采用集散车道。

⑤当匝道利用辅助车道迂回设置构成的复合式互通式立交时[图9-4-13c)],辅助车道交织区最小交织长度应满足表3-2-3的规定要求。

⑥高速公路及匝道连续分合流连接部设计应符合第8章相关规定的要求。

3) 集散车道相连的复合式互通式立交集散车道设置要点

根据2017年版《路线规范》与《立交细则》规定,当互通式立交之间最小净距小于表6-2-1的规定值,且交织区最小长度小于表3-2-3(本书推荐)的规定值、但大于表3-2-4(本书推荐值)中的规定要求时,可采用集散车道相连的方式构成复合式互通式立交。集散车道的设计要点如下:

①集散车道原则上应采用双车道匝道。

②集散车道交织区长度应符合表3-2-4中的规定要求。

③高速公路及匝道连续分合流连接部设计应符合第8章第8.2节相关规定的要求。

9.5 主线出入口与隧道口小净距路段互通式立交方案优化设计

9.5.1 小净距路段最小净距相关规定及解读

1) 2017年版《路线规范》相关规定

①隧道出口至前方互通式立交间的距离,应满足设置出口预告标志的需要,条件受限制时,隧道出口至前方互通式立交出口起点的距离不应小于1000m(以下以净距小于1000m为基准称为"小净距路段"),小于时应在隧道入口前或隧道内设置预告标志。

②互通式立交加速车道渐变段终点至前方隧道进口的距离以不小于设计速度的1倍长度为宜。

2)《立交细则》相关规定

①隧道出口与前方主线出口的间距宜满足设置全部指路标志的要求。当受现场条件限制时,间距可适当减小,但隧道与前方主线出口之间的净距不宜小于表9-5-1(《立交细则》中表5.4.5-1)的规定值,且应提前于出隧道之前开始设置完善的出口预告等指路标志。

隧道出口至主线交出口之间的最小净距　　　　表9-5-1

主线设计速度(km/h)		120	100	80	60
最小净距(m)	主线单向双车道	500	400	300	250
	主线单向三车道	700	600	450	350
	主线单向四车道	1000	800	600	500

②主线入口与隧道入口之间的净距不宜小于表9-5-2(《立交细则》中表5.4.5-2)的规定值。

主线入口与隧道入口之间的最小净距　　　　表9-5-2

主线设计速度(km/h)	120	100	80	60
最小净距(m)	125	100	80	60

③当地形特别困难,不能满足上述净距要求,而互通式立交及其他设施必须设置时,应结合运行速度控制和隧道特殊结构设计等,提出完善的交通组织、管理和运行安全保障措施,经综合分析论证后确定设计方案。

3)最小净距相关规定的解读

(1)对隧道出口至主线出口路段最小净距相关规定的解读

《立交细则》针对2017年版《路线规范》中"不应小于1000m距离"的规定提出了补充、完善的规定,主要有两条:①当受现场条件限制时,间距可适当减小,并根据主线设计速度和车道数提出最小净距。②当地形特别困难,不能满足最小净距要求时,提出"应提出完善的交通组织、管理和运行安全保障措施"的规定。

从《立交细则》两条补充规定的含义可知:①受严格限制时,最小净距可比《路线规范》规定的1000m更小;②净距小于最小净距时,与2017年版《路线规范》规定一样,应解读为在做好标志标线等交通组织与管理设施后,符合2017年版《路线规范》和《立交细则》规定要求,包括隧道出口与主线出口直接衔接(最小值为0m)的情况。

(2)对主线入口至隧道入口路段最小净距规定的解读

《立交细则》与2017年版《路线规范》的规定基本一致;同时《立交细则》对地形特别困难,不能满足最小净距要求而设置时,与前述规定相同,即净距可以小于最小净距,直至为0m。

4)相关规定存在的不足问题

①隧道出口至主线出口路段最小净距规定存在的不足问题。

2017年版《路线规范》对净距小于1000m的情况,仅补充"应在隧道入口前或隧道内设置预告标志"的规定,从主线出口附近及分流区事故多发情况考虑,交通安全设施设置强调不够系统化、具体化。《立交细则》对净距小于最小净距的情况,补充"应提出完善的交通组织、管理和运行安全保障措施"的规定;但因该规定也不具体,至今对此又缺乏权威性的释义,造成对净距小于最小净距时能否设置出口匝道,交通安全有无保障存在不同意见,最终被较多设计者解读为只要净距小于最小净距值则均不符合《立交细则》规定的要求,对互通式立交(含服务区)选址及方案设计带来了重大影响。

②主线入口至隧道入口路段最小净距规定存在的不足问题。

2017 年版《路线规范》用词"宜",但在执行规范时基本上按用词"应"同等对待。而《立交细则》在条文说明中进一步解释:入口减速车道渐变段终点至前方隧道进口的最小净距为刚驶入主线的车辆在进入隧道前的安全准备距离,包括车辆驶入主线后调整车速和位置等所需要的最小距离;其使得《立交细则》发布实施后,净距一般应大于最小净距,因此,净距不能小于最小净距给灵活设计带来很大的限制。

③2017 年版《路线规范》规定的净距没有考虑主线车道数,也没有考虑不同车道车辆运行速度和换道距离不同的问题;《立交细则》虽然考虑了车道数,但没有考虑不同车道车辆运行速度和换道距离不同的问题,也没有考虑隧道路段和基本路段的限制速度往往不同的问题。

④2017 年版《路线规范》和《立交细则》虽然提出了最小净距的规定值,但条文解释中缺乏规定值制定的基本原理或确定方法;基本原理或方法不清楚,导致设计人员无法根据限制条件灵活运用;同时,对"完善的交通组织、管理和运行安全保障措施"具体内容不明确,难以指导设计。

对地形特别困难路段,《立交细则》提出了"当不满足最小净距要求时,应提出完善的交通组织、管理和运行安全保障措施"的规定,找到了解决问题的技术路线,但对如何根据实际净距的大小,结合运行速度控制和隧道特殊结构设计等,通过综合分析论证后确定设计方案和交通安全保障措施还是缺乏具体的指导意见。因此,针对互通式立交出入口与隧道口之间的小净距路段,如何完善交通组织设计及配套的安全保障技术等问题,已成为山区高速公路与改扩建工程建设和运营管理中急需解决的关键技术难点。

9.5.2 与隧道间最小净距现状及交通安全性调查

1) 小净距路段现状调查

经过 40 年大力发展,我国高速公路建设取得了令人瞩目的成绩,高速公路已经从东部平原、丘陵地带进入西部高原、山地等地形、地质复杂多样的山区。截至 2022 年底,我国高速公路里程已达 17.73 万 km;已建成公路隧道 24850 处,总长 26784.3km。互通式立交作为高速公路与地方道路或高速公路之间实现快速交通转换的载体,是高速公路的重要组成部分和重要构造物,随着高速公路里程的迅猛增加,互通式立交节点也越来越多;随着互通式立交节点和隧道数量的不断增加,已建高速公路互通式立交出入口与隧道洞口之间的净距小于 1000m 的小净距路段也比较多;地形特别困难路段,互通式立交出入口与隧道口还存在直接衔接的情况,隧道出口与主线出口之间净距难以满足最小净距要求的情况最多。

(1)地形特别困难路段存在主线出入口直接衔接隧道口的情况

在高速公路隧道群路段中,因受地形条件的限制,互通式立交选址特别困难,部分选址位置能布设单喇叭型互通,而部分选址位置仅够布设半互通,主线出入口与隧道口之间净距非常小,甚至直接衔接隧道口。但这些选址位置又必须设置互通式立交,如图 9-5-1 和图 9-5-2 所示。根据调查,主线出入口与隧道口直接相衔接的情况,在地形复杂的山区高速公路上较多。

(2)互通式立交出入口与隧道口之间净距小于最小净距的情况

受地形条件限制,当隧道之间净距较小时,高速公路互通式立交或服务区主线出入口与隧道口间距往往偏小,如图 9-5-3 和图 9-5-4 所示,我国西南与西北的山区高速公路上小于最小净距要求的情况也较多。

图 9-5-1 隧道群中主线出入口与隧道口相接实景图(一)

图 9-5-2 隧道群中主线出入口与隧道口相接实景图(二)

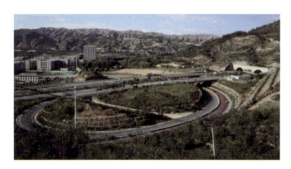 

图 9-5-3 主线入口与隧道入口间距偏小实景图

图 9-5-4 隧道出口与主线出口间距偏小实景图

(3)通式立交出入口与隧道口之间净距大于最小净距的情况

车辆从隧道出口行驶至主线出口前,内侧车道需要换道至最外侧车道,《立交细则》规定隧道出口至主线出口间的最小净距规定值远大于主线入口与隧道入口;同时,高速公路互通式立交或服务区在方案布设时还需要考虑减少耕地占用、降低工程造价等因素,故已建高速公路隧道出口与主线出口之间的净距仅满足《立交细则》最小净距要求的较多,如图9-5-5所示。

图9-5-5 隧道出口与主线出口之间的净距仅满足《立交细则》最小净距要求实景图

2)地形特别困难路段互通式立交设置及安全性调查

(1)特别困难路段互通式立交设置典型示例一

厦蓉高速公路某路段桥隧占比超过90%,且以隧道群为主,沿线人烟稀少,没有较大的乡镇。进行互通式立交总体规划时,除在乌村附近可勉强布设互通式立交外,暂无其他合适位置(图9-5-6);该互通式立交主要为某县城服务,如果在乌村位置因主线出入口与隧道口间净距不满足最小净距要求而无法设置该互通式立交,将对该地经济发展和沿线人民群众出行不利;同时因该县城互通东侧距离下一互通式立交42km,西侧距离上一处互通式立交5.5km;互通式立交的间距过大,且地方连接道路的等级较低,该县城的交通出行需要较长时间才能出入高速公路。因此,若取消设置该互通式立交,将不仅影响沿线群众出行问题,也会影响促进沿线经济发展,降低高速公路高效、快捷的功能作用。

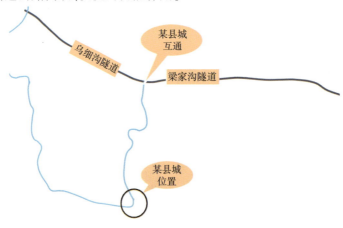

图9-5-6 某县城互通式立交与某县城位置示意图

设置某县城互通式立交后,尽管主线出入口与隧道口之间净距较小,隧道出口至主线出口净距为零(图9-5-7),但该路段的交通事故调查统计结果表明,从2011年3月31日建成通车以来,在互通式立交出入口与隧道口之间没有发生过交通事故。

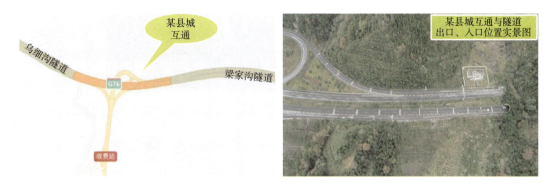

图9-5-7 某县城互通式立交设置位置与隧道出口至主线出口实景图

（2）特别困难路段互通式立交设置典型示例二

京昆高速公路某路段桥隧占比超过70%,沿线人烟稀少,没有较大的乡镇。根据路网布局,在朱雀互通与宁陕互通之间需设置皇冠互通式立交,该互通式立交北侧距离朱雀互通32km,南侧距离宁陕互通30km。为了满足最小净距要求,互通式立交选址如图9-5-8所示,需要设置连接线穿过皇冠镇,对城镇规划发展影响大,绕行距离也较远;不仅连接线和所有匝道都要采用桥梁方案,而且互通式立交匝道布设也非常困难,左侧无法布设符合平面技术指标要求的匝道,匝道必须采用隧道方案,工程造价增加较多。

a) 皇冠互通式立交比较方案图 b) 互通式立交总体布设方案图

图9-5-8 皇冠互通式立交选址示意图

皇冠互通式立交设置在皇冠镇北侧后,尽管互通式立交出入口与隧道口之间净距较小,其中,隧道出口至主线出口的净距几乎为零(图9-5-9),但交通事故调查统计结果表明,从2007年9月30日建成通车以来,皇冠互通式立交出入口与隧道口之间没有发生过交通事故。

a) 皇冠互通式立交实景图

b) 皇冠互通式立交与隧道位置示意图

图 9-5-9　皇冠互通式立交位置实景图与示意图

(3) 特别困难路段服务区设置典型示例三

京昆高速公路某连续长大纵坡路段全长约 85km,沿线地形条件复杂,设计速度采用 60km/h,路基宽度 20.0m;工程规模大,桥隧占比 82%,其中桥梁占比 65%,隧道占比 17%,项目投资大。连续长大纵坡路段中平面最小半径 175m,最大纵坡 5%,其中 K76+500~K33+000 路线长约 43.5km,平均纵坡 2.55%;3 座特长隧道位于连续长大纵坡路段的中间偏上游位置,秦岭一号特长隧道长 6144m、二号特长隧道长 6125m、三号特长隧道长 4930m,3 座特长隧道路段平均纵坡约 2.45%。交通事故多发路段位于秦岭一号特长隧道下游,桩号为 K58+600~K49+080 的 9520m 范围内(图 9-5-10),该段区间平均纵坡为 3.81%,其中大于 4.0% 的纵坡 8 段,总长 5693m,占比约 60%,最大纵坡 5%,其坡长 750m。在秦岭一、二号特长隧道之间设置秦岭服务区,恰好在连续长大纵坡事故多发位置的上游,下坡方向货车在此停车休息并检查车况,有利于下坡路段交通安全;同时,与前后服务区的间距较为合理,因此,设置秦岭服务区非常有必要。若因服务区出入口与隧道口净距不满足最小净距要求而无法设置,在其前后则无法找到更合适的设置位置。

设置秦岭服务区后,尽管互通式立交出入口与隧道口之间净距较小,其中隧道出口至主线出口净距几乎为 0m,如图 9-5-10 所示;但交通事故调查表明,自 2007 年 9 月 30 日建成通车以来,除了"8·10 特大交通事故"外,秦岭服务区出入口与隧道口之间没有发生过其他交通事故。在此需要说明的是,"8·10 特大交通事故"的事故车辆并非从服务区驶入主线,而是一直保持在主线外侧车道上正常行驶,由于疲劳驾驶出现行车方向的意外改变而撞上隧道口,与隧道口距离服务区变速车道过近无关。

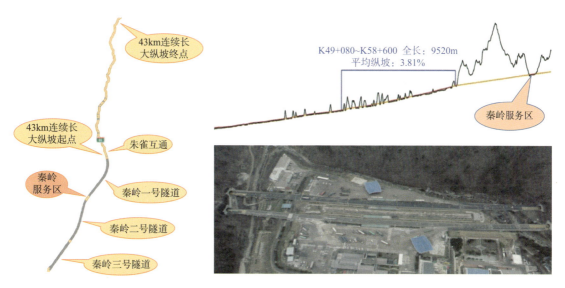

图 9-5-10　连续长大纵坡路段服务区设置位置及秦岭服务区实景图

3) 与隧道间小净距的安全性分析

根据交通事故调查,发现较多小净距路段尽管净距很小,甚至为 0m,但建成通车之后没有发生过交通事故。之所以能保证交通事故不发生或极少发生,主要与五个方面的因素关系较大:

①地形特别困难路段,一般人烟稀少,分合流交通量较小;

②部分互通式立交设置主要目的是为沿线乡村脱贫致富服务和群众出行方便,不仅分合流交通量较小,而且服务对象基本上为沿线乡村群众,驾驶人普遍熟悉路况;

③部分路段交通组成中大型货车占比较小;

④不熟悉路况的驾驶人一般会使用导航,通过导航提前提醒驾驶人在出入口前完成相关的操作;

⑤完善的交通组织与管理设施对预防和减少交通事故将起到关键作用。

虽然小净距路段绝大多数交通事故较少,但在可能的情况下,应根据最小净距指标制定的基本原理,以及影响交通安全的关键要素,在充分论证的前提下,提出互通式立交选址及方案设计、交通安全保障措施,保证交通安全。

9.5.3　与隧道间最小净距规定对互通式立交方案及工程造价的影响

《立交细则》发布并实施之后,当地形特别困难,净距小于《立交细则》中最小净距规定值时,因缺少完善交通组织与管理措施形成的保障交通安全的"共识"方案,审查时不得不放弃净距小于《立交细则》最小净距规定值的其他设计方案,从而对互通式立交设计及工程造价造成重大影响。以下通过典型示例予以说明。

某拟建项目为两条高速公路的联络线,高速公路设计速度为 80km/h。在竹林关拟利用既有落地互通式立交与既有高速公路搭接,联络线位置如图 9-5-11 所示。既有竹林关互通式立交如图 9-5-12 所示，在既有互通式立交方案中，隧道出口至互通式立交主线出口净距为 29m，主线入口至隧道入口净距为 5m，均不满足《立交细则》最小净距要求，即使调整匝道布设方案，也难以满足《立交细则》规定的要求（图 9-5-13）。

图 9-5-11　某高速公路联络线位置示意图

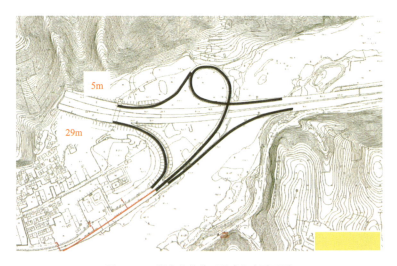

图 9-5-12　既有竹林关互通式立交平面图

图 9-5-13　竹林关枢纽互通式立交位置图

根据《某高速公路竹林关立交专项安全性评价报告》的结论,尽管《立交细则》中有专门对"当地形特别困难,不能满足最小净距要求而互通式立交必须设置时"的相应规定,但专项安全性评价认为,只有部分匝道通过完善交通安全基础设施后可以利用,最小净距不满足要求的两个匝道无法利用。针对无法利用的两个匝道,在既有互通式立交基础上提出了四个互通式立交比选方案。为满足《立交细则》规定要求,匝道布设采取在隧道洞口前分或合流的设计方案,如图9-5-14a)~c)所示。

a) 第一方案

b) 第二方案

c) 第三、第四方案

图9-5-14 竹林关枢纽互通式立交设计方案图

比较结果如下:

从四个方案中北转向西的匝道顺捷角度考虑,第三方案最优,绕行距离最短,但第三方案桥隧总长度最长,且北转向西或西转向北均是双向双车道匝道(主线),工程规模大,工程造价最高(约4.0765亿元);其余三个方案北转向西的匝道长度基本相当,但第一方案通过将原B型喇叭改为A型喇叭,使主线入口至隧道入口净距满足2017年版《路线规范》中不小于设计速度1倍长度的要求,较第二方案少了1座匝道隧道,匝道桥隧总工程规模最小,工程造价最少(1.5285亿元)。各方案工程规模和匝道工程造价详见表9-5-3。经综合比较后推荐采用第一方案。

以上四个方案仅匝道增加的工程造价在1.5亿元以上,如果按照《立交细则》中地形特别困难规定,仅仅通过"完善交通组织、管理与运行安全保障措施"能保证交通安全,包括调整部分匝道布设方案,工程造价远比满足《立交细则》最小净距要求的设计方案造价低得多。

互通式立交方案及增加工程造价（匝道）比较　　　　　　　表 9-5-3

项目名称	第一方案	第二方案	第三方案	第四方案
匝道设计方案	匝道新建	利用互通改造	定向匝道	定向+迂回
匝道设计速度(km/h)	环40(A型)	环35(B型)	60	60
匝道平面最小半径(m)	80(环60)	80(环40)	120	120
匝道桥梁总长度(m/座)	—	2075/6	4740/7	5100/6
匝道隧道总长度(m/座)	1035/1	2034/2	495/1	—
匝道造价估算(亿元)	1.5285	3.1837	4.0765	2.8242

9.5.4　与隧道小净距路段满足最小净距要求的典型示例及合理性分析

以下典型示例为互通式立交方案设计的实际例子，具有参考价值。

1) 互通式立交形式采用"半互通+U形"组合方案

（1）已建成通车的典型示例

互通式立交选址位置地形特别困难，由于匝道只能在一个方向上与主线相连接，最终不得已采用"半互通+U形"组合方案，如图9-5-15和图9-5-16所示。隧道路段采用匝道与主线分离的方案，交织段布设在桥梁路段上，交通量较小时，交通安全风险较小，但工程规模非常大。

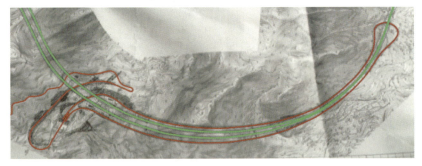

图9-5-15　某高速公路采用"半互通+U形"组合方案设计图

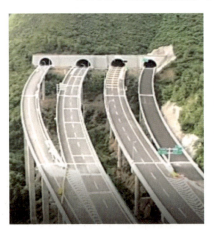

图9-5-16　某高速公路采用"半互通+U形"组合方案实景图

(2)在设计时应论证的典型示例一

某高速公路互通式立交选址在两隧道之间,隧道间距为680m。正常布设互通式立交匝道,主线出入口与隧道口间距难以满足《立交细则》最小净距要求,故初步设计拟定了两个"半互通+U形"组合方案。第一方案采用匝道上跨主线的半互通+匝道下穿主线的U形转弯形式,半互通与U形转弯的间距约为4.5km[图9-5-17a)、b)],出入口距离隧道口较远,交织长度较长,运营安全性较好;但存在的主要问题是车辆最大绕行距离达9km,且主要在主线特长隧道中,特长隧道存在交通流交织现象,安全风险较大。第二方案匝道均为匝道上跨主线,半互通与U形转弯的间距约为0.5km[图9-5-17c)]。该方案互通式立交出入口与隧道口之间距离较近,不满足隧道出口至主线出口最小净距的要求,需在两隧道进口前及隧道中设置预告标志;因交织长度较短,若交通量较大,则运营安全性较差,容易出现拥堵;其优点是车辆绕行距离较短,交通流交织在隧道外,交织段长度满足较小交通流量要求。在论证时认为该互通式立交交通量较小,通过设置完善的交通标志标线和加强隧道出口照明设计,运营安全有保障,因此,推荐采用第二方案。

a)第一方案总体布置图

b)第一方案连接部图

c)第二方案总体布置图

图9-5-17 某高速公路采用"半互通+U形"组合方案比较图

(3)在设计时应论证的典型示例二

某高速公路受地形条件限制,互通式立交选址在隧道附近。第一方案为了尽量远离隧道口,采用匝道下穿主线的 B 型单喇叭[图 9-5-18a)],但主线出入口与隧道口之间的净距仍然难以满足《立交细则》规定的最小净距要求。第二方案采用匝道下穿主线的"半互通+U形转弯"组合方案,最小净距满足要求,交织段在路基路段上[图 9-5-18b)],交织段长度满足该互通式立交交通流量的需求。第二方案工程规模较大,绕行距离较远,交织路段安全性较差;两个方案在运营期交通安全性取决于交通量大小和交通组织与管理设施设置,从工程规模和匝道绕行距离考虑,第一方案更优,故在初步设计阶段推荐采用第一方案。

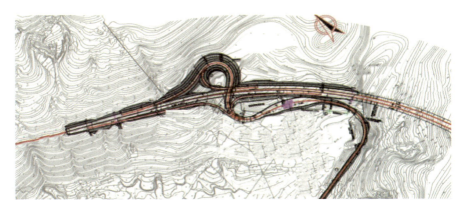

a)第一方案B型单喇叭

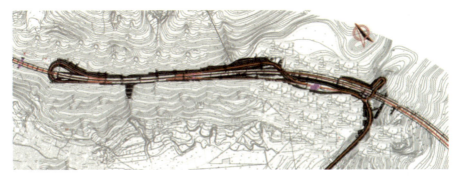

b)第二方案"半互通+U形"组合

图 9-5-18 某高速采用 B 型单喇叭与"半互通+U形"组合方案比较图

2)变速车道采用延长至隧道内满足最小净距要求的设计方案

当地形特别困难,不能满足最小净距要求时,如果隧道为短隧道,可考虑变速车道延伸进隧道,并将隧道全长加宽[图 9-5-19a)];如果隧道为中长隧道时,由于工程规模增加较大,应进行多方案论证后提出推荐方案。从交通安全考虑,原则上不应在中长隧道中采用加宽隧道设置变速车道[图 9-5-19b)];当交通量较小,且以小型车为主时,可参照城市地下道路设计规范设计。

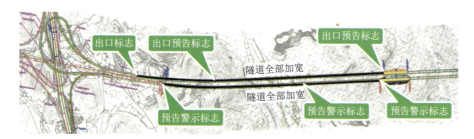

a) 第一方案隧道全部加宽

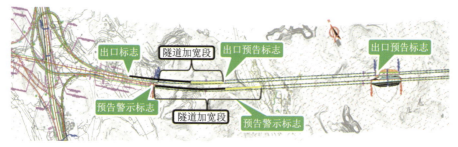

b) 第二方案隧道部分加宽

图 9-5-19　变速车道延伸进隧道的设计方案

3) 匝道迂回布设满足最小净距要求的设计方案

当匝道迂回布设能满足最小净距要求,若工程规模增加相对有限,可考虑采用此种方式,如图 9-5-20 所示。

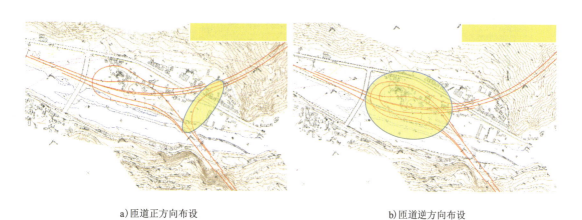

a) 匝道正方向布设　　　　　　　　　　b) 匝道逆方向布设

图 9-5-20　匝道迂回布设的设计方案

4) 匝道采用城市地下道路标准以规避最小净距不足问题的设计方案

在高度城市化地区,受城市发展与规划的限制,改扩建时互通式立交改建难度大,当隧道出口至互通式立交主线出口净距不能满足最小净距要求时[图 9-5-21a)],可提出采用城市地下道路建设标准,将匝道下沉改为隧道,如图9-5-21b)所示。这种处理方式规避了最小净距不足的问题,但往往工程造价增加较多,交通安全性也并没有得到提升。在图9-5-21b)的示例中,匝道标准宽度为10.5m,隧道匝道宽度为9.0m时,匝道下沉采用隧道方案,下沉匝道增加投资估算约为8758万元(建安费)。

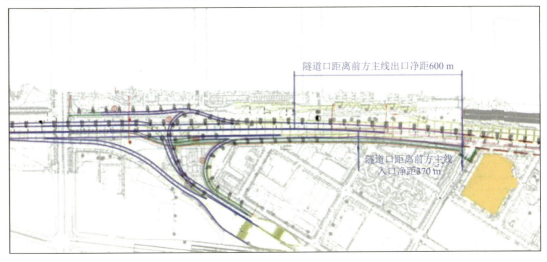

a) 匝道上跨主线

b) 匝道采用下沉隧道

图9-5-21 匝道采用城市地下道路标准的设计方案

5) 主线采取限速措施满足最小净距要求的设计方案

当地形受限制时,如果采取限速或将设计速度降低一挡能满足相应的最小净距要求时,可以考虑采取这种管理措施。这种措施不仅不会增加工程造价,同时对隧道群路段进行适当限速也有利于交通安全。但最终应通过完善交通组织与管理设施提升小净距路段的交通安全性,且隧道路段限制速度应与前后路段的限制速度相协调。图9-5-22的工程示例便采取了限速管理措施来提升交通安全。

a) 双龙互通式立交实景图

b) 双龙互通式立交比较方案

图 9-5-22　双龙互通式立交设置位置及方案图与建成实景图

9.5.5　与隧道间最小净距规定对互通式立交方案设计影响的思考

我国地势西高东低,复杂多样,山地、高原和丘陵约占陆地面积的 69%,盆地和平原仅占陆地面积的 31%。随着山区高速公路的陆续修建,互通式立交受地形条件或其他因素限制,经常出现互通式立交出入口与隧道洞口间距偏小的情况。《立交细则》发布并实施后,与《立交细则》最小净距规定值的矛盾成为普遍性和突出性问题;尤其在我国西部山岭重丘区,可供互通式立交选址的平坦地形非常稀缺,需要在狭窄逼仄、起伏剧烈的峡谷台阶处设置,常因距离隧道洞口较近,难以满足《立交细则》最小净距规定值的要求,该问题的矛盾非常突出。如果仅因最小净距不足而取消设置互通式立交,或不得不另外选址,必将给沿线群众出行造成不便,影响沿线乡镇经济发展,影响高速公路带动沿线经济发展的服务功能。若互通式立交选址不变,且满足最小净距要求,必然需要通过迂回布设匝道,或在隧道洞口前采用分合流方式布设匝道,必然大幅度增加桥隧工程规模,增加工程造价;有些方案工程造价增加比较多,给国家和政府在交通基础建设方面带来较大的经济压力;部分匝道迂回布设且采用隧道方案或在桥梁路段出现交通流交织的设计方案,交通安全风险也较大,其合理性已被质疑。

综上所述,互通式立交出入口(分合流区)及与隧道小净距路段,需要建立"及时、精准、可控"的车道交通数字化主动管控系统,并设置配套的交通安全综合保障体系。互通式立交出入口(分合流区)交通安全有保障前提下,应根据规范相关规定合理运用技术指标。

9.5.6　主线出入口与隧道口小净距路段互通式立交方案优化设计运用原则

1) 小净距路段分合流区最小净距合理控制的基本原则

① 基于车道行车安全诱导主动管控系统的交通安全综合保障技术,为小净距路段出入口之间不同净距的交通安全提出了不同的解决方案;采取车道行车安全诱导主动管控等综合保障技术措施后,不同净距(最小值为 0m)的分合流区间行车安全能得到良好的保障,因此,原则上分合流区最小净距可不受限制。

② 从隧道交通环境、出口预告标志设置、交通安全综合保障技术等因素考虑,分流区小净

距路段净距宜满足最内侧车道最小净距要求;受条件限制时,应满足次外侧车道(第二车道)最小净距要求;特别困难路段,最小净距可为0m;但不同净距应采取相应的交通安全保障技术措施。

③从匝道入口进入主线的车辆对主线车道上的车辆行车安全影响角度考虑,有条件时,合流避让区(隧出+互入)净距应满足小客车向内侧车道换道避让或货车减速(适当减速)避让所需区间距离(较大者)的最小净距要求,合流调整区(互入+隧入)净距应满足从入口匝道汇入主线的小客车向内侧车道换道行驶的最小净距要求;受条件限制,合流调整区最小净距不满足向内侧车道换道行驶要求时,应限制进入主线的小客车向内侧车道换道行驶,此时最小净距可为0m。

2) 分流区(隧出+互出)最小净距的合理运用

(1) 六车道、八车道高速公路

①有条件时,净距应满足最内侧车道(第三或第四车道)最小净距规定值要求,小净距路段需设置完善的车道交通数字化主动管控系统。

②受条件限制,且次外侧车道以小客车为主或流出车辆以货车为主时,净距可采用大于或等于次外侧车道(第二车道)最小净距规定值,但需设置完善的车道交通数字化主动管控系统,并采取相应的安全保障措施。

③特别困难路段,流出交通量较小时,可采用最外侧车道(第一车道)最小净距规定值,最小值为0m,但在出隧道口前需设置完善的车道交通数字化主动管控系统,并采取相应的安全保障措施。

④特别困难路段,流出交通量较大,且仅满足最外侧车道(第一车道)最小净距规定值,最小值为0m;此时,需加强隧道内及洞口的照明设计,并需设置完善的车道交通数字化主动管控系统,采取相应的交通安全保障措施与提升交通安全保障的建议措施等,必要时,须经专项研究后,确定基于车道交通数字化主动管控的交通安全综合保障技术措施。

(2) 四车道高速公路

①有条件时,净距应不小于内侧车道(第二车道)最小值规定值,小净距路段需设置完善的车道交通数字化主动管控系统。

②特别困难路段,同六车道、八车道高速公路的建议与意见。

小净距路段分流区最小净距见表9-5-4,本表不含纵坡影响距离,最小净距原则上宜采用规定值的一般值。

小净距路段分流区最小净距合理控制的建议   表9-5-4

不同车道的设计速度或限速值(km/h)		120	100	80
高速公路车道数及最小净距符合条件		有条件时,应满足最内侧车道最小净距要求,小净距路段需设置完善的车道交通数字化主动管控系统		
八车道高速公路最内侧车道(第四车道)	一般值	1270	980	730
	最小值	1120	850	620

续上表

不同车道的设计速度或限速值(km/h)		120	100	80
六车道高速公路 最内侧车道(第三车道)	一般值	890	700	530
	最小值	740	570	420
四车道高速公路 内侧车道(第二车道)	一般值	510	430	340
	最小值	360	290	220
高速公路车道数 及最小净距符合条件		条件受限时,应满足次外侧车道(第二车道)最小净距要求, 须设置完善的车道交通数字化主动管控系统和相应的交通安全保障措施		
六、八车道高速公路 次内侧车道(第二车道)	一般值	510	425	335
	最小值	360	290	220
高速公路车道数及 最小净距符合条件		特别困难路段,可采用最外侧车道的最小净距,最小值为0m, 但应设置完善的交通安全综合保障技术措施		
四、六、八车道高速公路 最外侧车道(第一车道)	一般值	55	50	40
	最小值	0	0	0
2017 年版《路线规范》推荐值为1000m				
《立交细则》推荐值(m)				
单向四车道高速公路		1000	700	500
单向三车道高速公路		800	600	400
单向双车道高速公路		600	450	300

3) 合流区避让区(隧出 + 互入)最小净距的合理运用

从已建高速公路项目分析,隧道出口与互通式立交入口之间的距离一般能满足最小净距要求(表 9-5-5);特别困难路段,对互通式立交匝道的布设方案进行适当调整后也能满足要求,结合合流区应满足入口识别视距的要求,建议净距应满足表 9-5-5 规定的最小净距要求。

小净距路段合流区避让区最小净距建议值　　　表 9-5-5

最外侧车道运行速度或限速值(km/h)	120	100	80	60
区间最小净距(m)	260	200	160	120
2017 年版《路线规范》和《立交细则》规定:通视三角区应满足车辆相互通视的要求,如右图,没有考虑主线设计速度的影响(不含隧道出口的明适应距离)	图示：100m 和 60m 的通视三角区			

注:最外侧车道的运行速度或限速值宜采用隧道路段。

4) 合流区调整区(互入 + 隧入)最小净距的合理运用

①有条件时,净距应采用满足小客车向内侧车道换道要求的最小净距。

②特别困难路段,可采用限制小客车向内侧车道换道的最小净距,最小值为0m;但应设置完善的车道行车安全诱导管控系统。

小净距路段合流区调整最小净距合理控制的建议值见表9-5-6。

小净距路段合流区调整区最小净距建议值　　　　表9-5-6

	有条件时,应采用满足小客车向内侧车道换道要求的最小净距				
	最外侧车道运行速度或限速值(km/h)	120	100	80	60
	最小净距(m)	410	330	250	170
	特别困难路段,可采用限制小客车向内侧车道换道的最小净距,最小值为0m;但应设置完善的车道行车安全诱导管控系统
最小净距(m)	一般值	120	100	80	60
	最小值	0	0	0	0
	2017年版《路线规范》推荐值	120	100	80	—
	《立交细则》推荐值	125	100	80	—

参考文献

[1] 程飞,郭唐仪,白泉.美国Florida州高速公路出口区域事故特征分析[J].中外公路,2015,35(05):313-317.

[2] 李玉岱,何国.高速公路出口路段车辆交通事故多发原因及对策[J].汽车运用,2011(01):32-33.

[3] 刘亚非,杨少伟,潘兵宏.基于交通心理学的高速公路出口匝道事故成因研究[J].公路,2011(11):104-108.

[4] 周天赤,於方莹,张秀松,等.高速公路喇叭形互通式立交事故多发位置及成因分析[J].公路交通技术,2019,35(01):129-133,139.

[5] 潘兵宏,赵一飞,梁孝忠.动视觉原理在公路线形设计中的应用[J].长安大学学报(自然科学版),2004,24(06):20-24.

[6] 廖军洪,邵春福,郇洪波,等.公路三维动态视距计算方法及评价技术[J].吉林大学学报(工学版),2013,43(03):640-645.

[7] 沈强儒,赵一飞,杨少伟,等.基于识别视距的特殊互通式立交出口区域主线线形指标分析[J].安全与环境学报,2015,15(03):89-92.

[8] 潘兵宏,王烨.基于双曲正切函数的小客车换道轨迹模型[J].江苏大学学报(自然科学版),2020,41(04):419-425.

[9] 潘兵宏,周锡涢,周廷文,等.高速公路互通式立交出口识别视距计算模型[J].同济大学学报(自然科学版),2020,48(09):1312-1318,1352.

[10] AASHTO. A Policy on Geometric Design of Highways and Streets [M].Washington DC,2011.

[11] 潘兵宏,田曦,董爱强.高速公路互通式立交合流区安全视距分析[J].中外公路,2016,36(01):317-320.

[12] 曾志刚,朱顺华.高速公路互通立交的路线视距指标研究[J].交通世界,2018,473(23):15-16,19.

[13] 尹和山.高速公路互通式立交路线视距指标研究[J].工程与建设,2017,31(01):81-82,100.

[14] 吴朝阳.高速公路主线分岔、合流连接部关键技术指标研究[D].西安:长安大学,2016.

[15] 李国春.基于运行速度下互通式立交分流区识别视距分析[J].辽宁省交通高等专科学校学报,2017,19(01):5-8.

[16] 高建荣.山区互通立交的停车视距修正[J].山西交通科技,2014(01):13-14,17.

[17] 吴艳.高速公路互通式立交出口识别视距研究[J].公路与汽运,2014(03):109-112.

[18] 杨少伟,冯玉荣,杨宏志,等.高速公路交织区运行分析方法综述[J].公路交通科技,

2018,35(10):92-103,139.

[19] 杨少伟,冯玉荣,杨宏志,等.高速公路交织区运行分析方法对比研究[J].公路交通科技,2018,35(08):134-143,158.

[20] MCCARTT A T,NORTHRUP V S,RETTING R A. Types and characteristics of ramp-related motor vehicle crashes on urban interstate roadways in Northern Virginia[J]. Journal of Safety Research,2004,35(1):107-114.

[21] CIRILLOJ A. The relationship of accidents to length of speed-change lanes and weaving areas on interstate highways[J]. Highway Research Record,1970(312):17-32.

[22] BAREDJ G,EDARA P K,KIM T. Safety impact of interchange spacing on urban freeways. Annual Meeting of the Transportation Research Board,Washington DC,2006.

[23] LUNENFELD H. Human factors associated with interchange design features[R]. Transportation Research Board,Washington DC,1993.

[24] BAUER K M,HARWOOD D W. Statistical models of accidents on interchange ramps and speed-change lanes[R]. Federal Highway Administration,Washington DC,1998.

[25] Federal Highway Administration. Manual on uniform traffic control devices for streets and highways[M]. Washington DC,1988.

[26] 姚晶.主线分合流与隧道及互通式立交出入口最小间距研究[D].西安:长安大学,2017.

[27] 赵一飞,陈敏,潘兵宏.隧道与互通式立交出口最小间距需求分析[J].长安大学学报(自然科学版),2011(03):68-71.

[28] 颉骥,何柏青.高速公路交通事故主要成因分析及解决方案研究[J].交通与运输,2013(12):144-146

[29] 裴玉龙,马骥.道路交通事故道路条件成因分析及预防对策研究[J].中国公路学报,2003,16(04):77-82.

[30] 周天赤,於方莹,张秀松,等.高速公路喇叭形互通式立交事故多发位置及成因分析[J].公路交通技术,2019,35(01):129-133,139.

[31] 邵飞.高速公路出口安全服务水平研究[D].南京:东南大学,2014.

[32] 尹露.高速公路变速车道几何设计参数及安全保障措施研究[D].重庆:重庆交通大学,2017.

[33] Jin ZHOU,Jing FANG,Ronggui ZHOU. Study on the safety length of acceleration and deceleration lane of left-side ramp on freeway[C]// 16th Road Safety on Four Continents Conference,Beijing,2013.

[34] MINE H,MIMURA T. Highway merging problem with acceleration area[J]. Transportation Science,1969,3(3):205-213.

[35] 陈谨.高速公路互通式立交出口和入口设置相关技术指标研究[D].西安:长安大学,2016.

[36] 李嘉,方霞.高速公路出入口设计与安全性研究[J].中南公路工程,2003,28(02):31-34.

[37] TWOMEY J M,HECKMAN M L,HAYWARD J C,et al. Accidents and safety associated with

interchange[R]. Transportation Research Board, Washington DC,1993.

[38] HASSAN Y, SAYED T. Effect of driver and road characteristics on required preview sight distance[J]. Canadian Journal of Civil Engineering,2002,29(2): 276-288.

[39] FAMBRO D B, FITZPATRICK K, KOPPA R. Determination of stopping sight distances. NCHRP Report 400[R]. Washington DC: National Research Council,1997.

[40] 金珊珊.公路横断面宽度过渡段技术指标研究[D].西安:长安大学,2013.

[41] 潘兵宏,董爱强,田曦.立交减速车道流出角的研究[J].中外公路,2014,34(01):328-333.

[42] VERMIJS R G, SCHUURMAN H. Evaluating capacity of freeway weaving section and on-ramps using the microscopic simulation model FOSIM [C] // Proceedings of the Second International Symposium on Highway Capacity,1994:651-670.

[43] IWASAKI M, SEKINE I, TAJIMA H. An analysis of traffic accidents at diverging and merging sections on the metropolitan expressway [C] // Proceedings of Infrastructure Planning. Tokyo: Japan Society of Civil Engineers,1992:311-316.

[44] 唐朝晖.城市高架道路匝道布置之研究[D].上海:同济大学,1993.

[45] 龙科军,杨晓光,王跃辉,等.城市快速路匝道最小间距模型[J].交通运输工程学报,2005,5(01):106-110.

[46] 高建平,廖丽.互通式立交匝道连续分流点最小间距研究[J].重庆交通大学学报(自然科学版),2014,33(02):103-107.

[47] 施卢丹.高速公路特长隧道驾驶人眼动注视特性研究[D].西安:长安大学,2011.

[48] 杜志刚,潘晓东,郭雪斌.高速公路隧道进出口视觉适应实验[J].哈尔滨工业大学学报,2007(12):1998-2001.

[49] 杜志刚,潘晓东,郭雪斌.公路隧道进出口行车安全评价指标应用研究[J].同济大学学报(自然科学版),2008,36(03):325-329.

[50] 杜志刚,潘晓东,杨轸,等.高速公路隧道进出口视觉震荡与行车安全研究[J].中国公路学报,2007(05):105-109.

[51] 杜志刚,潘晓东,郭雪斌.公路隧道进出口行车安全的视觉适应指标[J].华南理工大学学报(自然科学版),2007(07):15-19.

[52] 杜志刚,朱顺应,潘晓东.基于瞳孔面积变动的公路隧道视觉适应试验研究[C]//第四届全国公路科技创新高层论坛论文集.北京,2008.

[53] 潘兵宏,刘娟,柴虎,等.苜蓿叶立交集散车道连续入出口最小间距研究[J].深圳大学学报(理工版),2022,39(03):305-313.

[54] 丁光明.高速公路隧道环境对驾驶人生理及心理影响研究[D].西安:长安大学,2011.

[55] 王鹏英.高速公路匝道最小间距的研究[D].南京:东南大学,2009.

[56] 谢君平.高速公路出口匝道上游段类型划分及最小间距研究[D].南京:东南大学,2010.

[57] 汤振农.高速公路匝道出入口最小间距研究[D].南京:东南大学,2010.

[58] 曹荣青.城市道路出入口间距确定的理论方法研究[D].西安:长安大学,2007.

[59] 朱胜跃.城市快速路出入口设置探讨[J].城市交通,2004,2(04):59-63.

[60] 魏代梅.城市快速路进出口匝道组合类型和间距对组合区平均速度的影响分析[D].西安:长安大学,2013.

[61] 蒋飞.互通式交叉匝道连续出入口最小间距研究[D].西安:长安大学,2018.

[62] 王莹.城市互通立交最小间距研究[D].南京:东南大学,2006.

[63] 贺玉龙,刘小明,任福田.城市快速路互通式立交的最小间距[J].北京工业大学学报,2001,27(01):8-11.

[64] 肖忠斌,王炜,李文权,等.城市快速路互通立交最小间距模型[J].公路交通科技,2007,24(11):105-108.

[65] 李爱增,李文权,王炜.城市快速路互通立交最小间距[J].公路交通科技,2008,25(06):104-110.

[66] 吴明先,潘兵宏,王佐,等.八车道高速公路互通式立交最小净距计算模型[J].长安大学学报(自然科学版),2012,32(04):31-37.

[67] D R MCDONALD JR,R E STAMMER JR. Contribution to the development of guidelines for toll plaza design[J]. Journal of Transportation Engineering,2011,127:215-222.

[68] 冯玉荣.高速公路互通式立交最小间距研究[D].西安:长安大学,2009.

[69] TORBICD J,HARWOOD D W,GILMORE D K,et al. Safety analysis of interchanges[R]. MCLEAN:Federal Highway Administration,2007.

[70] BROEREN P T W,HENNINK H,HOEKSMA J. Tunnel road design:Junctions in and near tunnels in freeways[C]//4th International Symposium on Highway Geomtric Design. Polytechnic Uuiversity of Valencia Transportation Research Board,2010.

[71] 赵一飞,陈敏,潘兵宏.隧道与互通式立交出口最小间距需求分析[J].长安大学学报(自然科学版),2011,31(03):68-71.

[72] 孙明玲,赵源,葛书芳.双车道高速公路隧道与互通式立交出口最小间距分析[J].公路,2014(07):274-278.

[73] 王少飞,李伟聪,陈学文,等.高速公路互通式立交与隧道入口最小间距研究[J].铁道建筑,2013(09):74-76.

[74] 廖军洪,王芳,邬洪波,等.高速公路互通立交与隧道最小间距研究[J].公路,2012(01):1-7.

[75] 中交第一公路勘察设计研究院有限公司.邻近隧道的立交合流区车道行车安全诱导主动管控系统:ZL202223016966.3[P].2023-05-02[2023-05-28].

[76] 中交第一公路勘察设计研究院有限公司.邻近隧道的立交分流区车道行车安全诱导主动管控系统:ZL202223023797.6[P].2023-05-02[2023-05-28].

[77] 长安大学.一种基于图像识别洞口车辆自动开过灯方法:ZL201810241995.9[P].2021-07-02[2023-05-28].

[78] 中交第一公路勘察设计研究院有限公司.一种高速公路危险交通行为识别方法:201811615215.9[P].2019-08-27[2023-05-28].

[79] 中交第一公路勘察设计研究院有限公司.一种高速公路交通事故风险评估方法:

201811156908.6[P].2019-10-01[2023-05-28].

[80] 长安大学,中交第一公路勘察设计研究院有限公司.一种山区高速公路平纵组合安全水平的评价方法:ZL201711385128.4[P].2021-12-14.

[81] 长安大学.一种半挂车弯道超车风险分析方法:ZL201610872426.5[P].2019-06-04[2023-05-28].

[82] 长安大学.一种地下立交合流区预警系统:ZL202120027756.0[P].2021-08-03.

[83] 长安大学.一种高速公路的立交出口主动诱导装置:ZL201520945435.3[P].2016-04-13[2023-05-28].

[84] 长安大学.一种入口匝道反馈高速公路主线车辆位置的预警装置:ZL201520804720.3[P].2016-04-20[2023-05-28].

[85] 吴明先,周永涛,李星,等.匝道横断面宽度及加宽位置的研究[J].公路交通科技,2021,38(09):114-112,140.

[86] 林宣财,曹骏驹,周兴顺,等.互通式立交单车道匝道宽度取值与单出入口优化设计[J].公路交通科技,2021,38(09):1123-1131.

[87] 安欣,孙毅,李涛,等.高速公路隧道出口与互通出口最小净距研究[J].公路交通科技,2021,38(09):132-140.

[88] 李涛,方志森,吴善根,等.高速公路主线同侧相邻单车道入口与出口最小间距研究[J].公路交通科技,2021,38(09):141-147.

[89] 钟伟斌,曹骏驹,张江洪,等.互通式立交主线同侧相邻入口最小间距研究[J].公路交通科技,2021,38(09):148-158.

[90] 曹友露,高建平.圆曲线与缓和曲线组合对高速公路运营安全的影响[J].中外公路,2016,36(06):300-305.

[91] 范爽.高速公路平面线形指标及其组合安全性研究[D].西安:长安大学,2019.

[92] 中华人民共和国国家质量监督检验检疫总局,中国国家标准化管理委员会.汽车、挂车及汽车列车外轮廓尺寸、轴荷及质量限值:GB 1589—2016[S].北京:中国标准出版社,2016.

[93] 中华人民共和国国家质量监督检验检疫总局,中国国家标准化管理委员会.道路车辆外轮廓尺寸、轴荷及质量限值:GB 1589—2004[S].北京:中国标准出版社,2004.

[94] 中华人民共和国交通部.公路路线设计规范:JTJ 011—94[S].北京:人民交通出版社,1994.

[95] 中华人民共和国交通部.公路路线设计规范:JTG D20—2006[S].北京:人民交通出版社,2006.

[96] 高健强.客货分离高速公路互通式立交小客车专用匝道几何设计指标研究[D].西安:长安大学,2018.

[97] 王慧.立交环形匝道线形参数组合应用及安全评价方法研究[D].南京:东南大学,2017.

[98] 陈志贵,王雪松,张晓春,等.山区高速公路驾驶人加减速行为建模[J].中国公路学报,2020,33(07):167-175.

[99] 罗宜美,宋毅,纪宝泉.高速公路主线收费站通行能力改善研究[J].物流技术,2013,32

(05):285-287,330.

[100] 欧阳江湖.高速公路主线收费站设置位置及主线线形指标研究[D].西安:长安大学,2023.

[101] 姜国清,蔡斌,张文隽.将主线收费站放入互通立交内部进行互通立交设计模式的探讨[J].交通标准化,2011(Z1):68-70.

[102] 穆莉英.高速公路服务区合理规模与布局研究[D].天津:河北工业大学,2007.

[103] 张文成.高速公路服务区规划研究[D].西安:长安大学,2006.

[104] 钟纪楷.主线收费站和服务区与互通立交合建的工程可行性[J].公路交通科技,2001,8(18):136-139.

[105] 徐洋.互通式立交范围内主线主要技术指标研究[D].西安:长安大学,2014.

[106] 吴涛.山区互通式立交与服务区合并设置方案探讨[J].华东公路,2011(02):39-41.

[107] 侯锋,谢升晋,李振.互通立交与服务区、停车区合并设置方案探讨[J].西部交通科技,2013(07):39-41.

[108] 牛铭山,吴涛,魏奇.山区互通式立交与沿线设施合建原则的探讨[J].公路,2013(06):228-231.

[109] 吕晓东,杨少伟.高速公路互通式立交与服务区的净距分析研究[J].公路,2012(09):145-149.

[110] 刘子剑.互通式立体交叉设计原理与应用[M].北京:人民交通出版社股份有限公司,2015.

[111] 潘兵宏.道路交叉设计理论与方法[M].北京:人民交通出版社股份有限公司,2022.

[112] 杨少伟.道路勘测设计[M].3版.北京:人民交通出版社,2003.

[113] 许金良.道路勘测设计[M].5版.北京:人民交通出版社,2009.

[114] 孔令臣.多车道高速公路互通式立交加减速车道长度及最小净距研究[D].西安:长安大学,2012.

[115] 位树.山区高速公路互通式立交变异形式及适用性[D].西安:长安大学,2014.

[116] 张文,李雪莲.新型螺旋式喇叭形互通立交设计探讨[J].交通科技,2011(03):111-113.

[117] 周震.山区高速公路互通立交选型研究[D].广州:华南理工大学,2015.

[118] 邓洪宗.首蓿叶型互通立交特点分析[J].山西交通科技,2013(03):17-18,30.

[119] 殷缘.复合式互通式立交的设置条件研究[D].西安:长安大学,2017.

[120] 樊火印,侯明哲.鉴湖复合式枢纽互通立交方案研究[J].公路,2019,64(07):52-56.

[121] 谢阳阳.多路互通式立交的类型及适用条件[D].西安:长安大学,2012.

[122] 周震.山区高速公路互通立交选型研究[D].广州:华南理工大学,2014.

[123] 鲁海军,何禄诚.基于交通量差异性的单喇叭互通方案决策量化研究[J].公路,2021,66(06):77-80.

[124] 符琦.双喇叭类互通式立交适应性及技术指标研究[D].西安:长安大学,2014.

[125] 胡朝印,王赤心.T喇叭类组合无交织互通立交型式研究[J].公路,2021,66(07):95-99.

[126] 徐旺,李鑫鑫.无收费站双喇叭立交的连接线长度分析[J].公路,2017,62(10):167-171.

[127] 张晓芬.山区高速公路互通立交选型定位研究[D].西安:长安大学,2017.

[128] 臧晓东.城市快速路苜蓿叶互通立交交织区影响范围研究[J].交通运输系统工程与信息,2011,11(01):173-178.

[129] 臧晓东,周伟.城市快速路苜蓿叶互通立交的通行能力模型[J].中国公路学报,2011,24(03):86-92.

[130] 潘兵宏,许金良,杨少伟.多路互通式立体交叉的形式[J].长安大学学报(自然科学版),2002(04):31-33.

[131] 孔冰杰.复合式立交辅助车道设置条件及主要技术指标研究[D].西安:长安大学,2020.